末代王朝與近代中國

晚清與中華民國

ラストエンペラーと近代中国 清末 中華民国

菊池秀明——著
廖怡錚——譯

第二章 動盪的中華世界——自強運動與甲午戰爭……66

第三章　民族主義的誕生——戊戌變法與義和團……104

第四章　大清帝國的日暮黃昏——末代皇帝與辛亥革命……138

第五章 「民之國」的試煉——袁世凱政權與日本

第六章

青年的季節——五四運動與馬克思主義…………211

第九章

築建抗日長城——滿州國、長征、西安事變

作者序

從百年前的歷史，摸索未來的樣貌

繁體中文版之序文，執筆於二〇一六年。

本書的簡體中文版本於二〇一四年付梓出版之時，筆者在序文中首先述及的，便是感謝各個國家在二〇一一年日本東北發生大地震時期的諸多援助，特別是來自臺灣鉅額的捐款。身為一位日本人，筆者也希望在本書序文的開端，能夠明確地向雪中送炭的友邦表達感謝之意。

東亞國家，如何和今日的中國相處？

接著，筆者在簡體中文版的序文中提到，偏執於發展競賽，爭論「誰才是東亞霸主」的思考模式，實為愚昧幼稚。確實，甲午戰爭導致了清朝的衰頹以及日本統治臺灣的結果，與此同時，日本也被捲入了帝國主義戰爭的連鎖漩渦之中。筆者認為，比起爭奪東亞霸主的地位，我們學習一百年前的歷史，更應該將之體現在如何靈活運用彼此的特色與個性，構築雙贏的關係。

撰寫本書之時，許多日本人仍然將中國視為發展中國家，採取蔑視、輕視的態度。不久，中國的經濟出現飛躍性的發展，逐漸成長為大國；對此，日本或許是因為無法接受這項事實，焦急地想奪回第一名的寶座。筆者在簡體中文版的序文之中，一方面介紹了居住在日本的中國人，他們內心的苦惱掙扎：究竟要留在日本，抑或是返回中國的躊躇；另一方面也批判了日本的政治動向——不願接納鄰近的他人，對中國採取敵對的態度。

儘管如此，在其後的數年之間，東亞的情勢出現了更大的變化。中國發展成為具有優勢性、壓倒性影響力的國家，在其高壓統治的政治手段面前，東亞的人們面臨新的問題：該與中國維持著什麼樣的互動關係？二〇一四年，臺灣和香港接連發生了太陽花學生運動與雨傘運動，這或許是在向中國為了與屈辱的近代史劃清界線，高唱「復興中華」、過分地滿足國家自尊心的排外行為，所提出異議的行動吧！

筆者在二〇一六年前往臺北與香港之時，曾經嘗試探詢年輕世代們，對於東亞的未來以及與中國關係的意見。原以為他們會強烈地表述作為臺灣人、香港人的認同意識，沒想到他們的反應卻是沉著冷靜，相互尊重擁有不同背景的對方意見，無論是本省人、外省人，甚至是從中國來的留學生等。甚至還被他們追問道：「在日本，安保法和修憲等議題成為討論的焦點，日本的年輕世代們有什麼看法呢？」這讓筆者深刻地感受到臺灣與香港的成熟，前者是作為一個多元化公民社會，後者是作為一個「無法擁有民主卻自由」的空間。

這些成果，究竟是如何孕育出來的呢？毋須贅言，這是在高壓與殖民統治之下，一路堅持抵抗的臺灣人、香港人所努力得來的果實。而當我們將視野擴展到東亞全體之時，當然也不能忘卻，持續以中國、日本以及這些地區為活動舞台的改革者、革命者們的影響力。本書的宗旨，也希望能夠盡可能地站在中立、客觀的立場，描繪出這些鬥士們的足跡。

重新定位中國近代史上的要角

在本書付梓出版後，出現了諸多研究成果。特別是在二〇一一年前後，也就是辛亥革命一百週年的這一年，許多關於孫文及革命派的研究著作紛紛出版問世。此外，NHK也首次播出關於蔣介石的紀錄片節目。上述這些研究成果與節目，都與本書內容沒有太大的差異，此次的出版，為了維持原著的創見，並未施予任何的變更與修改。讀者或許會感受到，本書強調袁世凱的「強人」形象，且對於蔣介石與毛澤東的批判，筆者採取較為收斂的態度；相對於此，對於孫文的評價卻是較為辛辣。孫文向來是以「國父」的身分，成為眾人崇敬的對象；反過來說，孫文也成為一個難以單純用「個人」的角度來評價的對象。正如本書所述，孫文至逝世前仍舊是一位戰士，在日本發表大亞洲主義的演說，勸戒日本切勿追隨歐美列強的「霸道文化」，其所散發出的耀眼光輝至今仍未消退。而孫文所揭舉的軍政、訓政、憲政之政治進程計畫表，雖然無法在他逝世之前付諸實現，但在今日的臺灣，或許可以看見其憲政理想綻放花朵、結出果實。站在如此的觀點之上，將自己定位在「孫中山的接班人」之中國政府，也應該誠實地面對當前臺灣的現狀，而不應該走向另一條新的「霸道」。

在此次繁體中文版本付梓之時，筆者想事先提出幾點聲明。本書是講談社出版《中國的歷史》

系列叢書中之一冊，在第十章中大篇幅地記述關於日本統治時期的臺灣，其原因是為了說明臺灣與香港相似，皆是作為中華世界的邊境，帶有與中國大陸相異的歷史特質，並非主張臺灣是中國不可分割的領土。此外，本書的重點是放在近代日本與中華世界之間的關係歷史，臺灣的近代史也是一個重要的主題，無法斷然地切割捨棄。

繁中版完整重新翻譯本書的重要意義

在簡體中文版中的序文也已述及，本書主要是描述一九三六年以前的歷史，也就是七七事變發生以前，並未直接講述中日戰爭的原委以及南京大屠殺事件。對於如此的書寫架構，或許會有人批判筆者未能正視歷史吧？然而，本書一開始便已預定將討論年代截至一九三〇年代初葉為止，並補足本系列叢書第十一卷——《巨龍的胎動：毛澤東、鄧小平與中華人民共和國》（天兒慧）一書的內容，加入一九四五年為止的內容。關於南京大屠殺事件，天兒氏已經將與中國學生的討論內容書寫成文，為避免重複，筆者僅進行最小限度的記述。此次，簡體中文版未能翻譯出版的第十一卷，預計也納入繁體中文版的出版計畫之內，望讀者能參照一併閱讀。

最後，以臺灣商務印書館為首，筆者想要向參與繁體中文版出版計畫的諸位，致上感謝之意。特別感謝這項出版計畫，願意採取重新翻譯全文的方式、而非將簡體中文版直接轉譯為繁體中文版，當初因關於中國政治情勢而被刪除的原文，因而得以完整翻譯問世。當然，筆者絕非否定出版簡體中文版的廣西師範大學出版社，在嚴格的出版審查之下所付出的努力。筆者也殷切期盼，有朝一日，在中國國內，客觀的研究成果能夠不受出版審查的限制，完整重現研究者的心血結晶。

導讀 擺脫偏見，發現中國近代史的新面貌

輔仁大學歷史系教授兼系主任　林桶法

李鴻章曾以千年來未有之大變局來形容十九世紀中國所面臨的問題，二十世紀中國變化更為巨大，首先，政治體制從帝制走向共和，又從共和走向共產與民主對峙的局面；傳統中國的社會結構發生變化，家族制度逐漸崩解，男女雖未完全臻於平等，但婦女受教育者愈來愈多；農人仍是多數，但工商業蓬勃發展，人口往城市集中的現象更為明顯。然而中國的「近代」和日本的「近代」確實不同，多數的日本人，對於「近代（modern）」一詞，通常是懷抱著正面的印象，可以讓日本人聯想到明治時代所流行的「文明開化」；在中文的場合，至少在回顧中國歷史時，「近代」一詞所伴隨的往往是沉重、屈辱的印象。因為在中國的歷史上，「近代」，是一個屢受外國侵略，面臨著國家、民族存亡危機的時代。

即使邁向現代、或者說辛亥革命成功推翻帝制，建立民主共和體制，中國對外並未逃脫外侮，內部並未擺脫紛爭與貧窮，到底清末以來中國面臨那些問題？民國的成立又為何不能脫離困境？中國近代以來變化的過程，不僅中國人有義務去了解，同在亞洲的日本人、甚至更多的外國人對此課

題亦深感興趣。美國方面在費正清（John King Fairbank）主持與帶領下，出版劍橋中國史（The Cambridge History of China）系列，其中第十冊、第十一冊晚清篇，第十一冊及第十二冊是中華民國史（台北：南天出版社，一九八七、一九九九出版），這四大冊集結一些學者的觀點進行論述。個人方面如史景遷（Jonathan Dermot Spence）撰寫《追尋現代中國》（*The search for modern China*）、《上帝的中國之子：洪秀全的太平天國》（*God's Chinese Son: The Taiping Heavenly Kingdom of Hong Xiuquan*）等書，引起不少的討論；然而通俗而全面的論著相對有限。

三大論史特色，一改中國近代史的悲情敘述

本書為日本講談社於二〇〇四年至二〇〇五年間出版的「中国の歴史」叢書，此系列的十二部作品，反映了日本學界當時中國史研究成果的集體著作，時間自夏王朝開始，下至清末民國，以御繁為簡的寫作方式，重新引領人們認識中國歷史的發展。日本學者有為大眾著書的傳統，這既是一套大眾讀本，又兼具學術性；本書《末代王朝與近代中國》為第十冊，由菊池秀明撰寫。菊池秀明（一九六一年～）是日本東洋史學者，早稻田大學文學部畢業，東京大學人文科學研究部博士，國際基督教大學教授，專門研究中國近代史，特別是太平天國。外國人研究中國史，一般而言較無法全面且精準掌握中國時代的脈絡或精髓，然而菊池秀明卻能精準掌握中國近代以來的發展脈絡，既運用史料，又能跳脫學術論述的框架。本書有幾個特徵：

其一，具有獨特的視角：首先以南方邊地吹來的新時代之風的視角，來剪影這一時代。中國從秦漢以下的王朝，一直以北方為重鎮，雖然隨著運河的開通，南方的經濟與文化逐漸重要，但政治上仍然呈現北重南輕的現象，近代以來南方所帶動的影響愈來愈重要。作者觀察到太平天國運動、辛亥革命、國民革命以及中國共產黨的革命運動，都興起於南方大地，而後向北發展。洋務運動、維新變法運動等改革運動及新思想、新文化的引領者，有愈來愈多人出身南方各省。

由於作者專研太平天國，對於太平天國崛起的因素及其影響提出獨到的見解，書中提到：「軍紀嚴明的背後，也是利用唯恐觸犯天父的恐懼心理，而讓太平軍實現了領先於當時的高度道德水準。」（頁45）、「太平天國所提出的『天朝田畝制度』以及《資政新篇》的內容，作為中國所追求的兩個烏托邦理想，產生了重大的影響。前者『大同』的烏托邦理想，由清末維新變法派所繼承，在毛澤東時代的人民公社實際推行。後者的近代化路線，則是由清末的洋務運動開始施行，並連接著後來中華人民共和國建國後鄧小平改革開放路線。更為重要的是，抵抗列強干涉這一點，在隨後的中國歷史上，不斷的重演。」（頁64）

對於日本發動甲午戰爭，以日本學者的觀察，不是站在日本民粹的立場，認為：「明治天皇在開戰後表示：『這回戰爭，是大臣的戰爭，而不是我的戰爭』，拒絕派遣特使前往伊勢神宮和孝明天皇陵墓報告。換言之，甲午戰爭走向開戰征途的決定，已經凌駕了天皇個人的意志。」（頁98）對於洋務運動方面認為：「洋務運動之中，自始至終貫徹到底，對儒教文化毫不動搖的自信，也顯示出了孕育出古典文明的中國社會，在面對並接受異文化時的態度和方式。甲午戰爭後，『日本模式』被大肆宣傳之事實，可以看出經過兩次鴉片戰爭都未曾動搖的『中華』自信，在經過這場戰爭失敗的衝擊過後，終於出現了變化。」（頁101）對於九一八事變的情勢，作者提到：「關東軍的作戰行動能夠順利推展的主要原因，在於張學良所率領的東北軍採取不抵抗並撤退的方針。」（頁309）這些觀點都頗有見地。

其二，御用史料的能力甚佳。菊池秀明除了對太平天國的史料有充分的了解外，對於影響中國文學甚大的魯迅之相關作品，如《狂人日記》、《孔乙己》、《藥》等，也能如數家珍。中日關係中，尤其是與中國歷史有關的細微日方史料，這是本書的一個亮點。書中提及的日本軍閥政治家桂太郎、田中等，也可與戴季陶《日本論》中的評述參證，更能掌握關東軍作戰主任參謀石原莞爾《世界最終戰論》的意念。除了嚴謹的史料之外，作者也參酌一些稗官野史的資料，並引述一些小故事，增加全書的可讀性。

其三，深入淺出、引人入勝的敘述。菊池秀明指出：「了解日本和中國的歷史，從中學習，不拘泥於任何偏見和既成的觀念，用自己的眼睛去觀察真實的中國——我們面臨著許多的課題要解決，而中國確實是一個充滿了魅力的社會。」確立了本書的大方向，談到甲午戰爭之後，前往日本留學的學生愈來愈多，菊池秀明分析，日本被選為留學國家的最大理由，是中國為引進歐洲的學問、技術，而以日本的經驗為參考。此外，日本確立了立憲君主制，比起採用共和制的歐美各國，清政府更能夠放心地派送留學生。但是：「到日本的留學生們，由於日本與中國在生活習慣上的差異，受到了文化上的衝擊。首先，他們吃不慣日本的食物。其次，中國留學生最害怕的，莫過於日

本的地震和澡堂。」（頁140）

書中對人物的觀察，著重洪秀全、孫文、袁世凱、末代皇帝、胡適、魯迅、蔣介石、毛澤東等人，從生活到實際的影響，如談到孫文時指出：「不管孫文擁有多少缺點，或是最後的結果如何的未臻完全，無庸置疑的是，孫文確實將中國的歷史向前推進。」（頁259）提到蔣介石則指出：「蔣介石與將近二十位的同志、部下成為結拜兄弟，在他掌握權力的過程中，非常細心地構築起自己的人際關係網絡。」（頁256）也不吝於褒許袁世凱，認為：「他是一位具有卓越的記憶力與觀察力，並充滿『敏銳的好奇心』的人。」（頁178）

本書並未對中日戰爭詳加敘述，也未觸及國共內戰之課題，反而以〈邊境的街道和人們——香港、臺灣和上海〉，做最後的結尾。菊池秀明認為，這三個地方有一個共同點，就是他們都處在中國世界的邊緣，曾作為殖民地或租界接受外國的統治，社會積累了與異文化交流的經驗事實。這三個社會都是象徵近代的地方，無論喜惡與否，它們都帶有中國其他地區沒有的特性。正因為這裡是中國世界的邊境，也可以說是聚集了近代中國隱藏的可能性和能量的地方。香港、臺灣和上海，這三個地方，不僅聚集了近代中國隱藏的可能性和能量，直到今天，這三地也依然是聚集中國隱藏的可能性和能量最多的地方。

還原歷史，探究每一個事件的真實意義

近代以來，中國面臨許多戰爭，外來的侵略如：鴉片戰爭、英法聯軍、甲午戰爭、八國聯軍、日本侵華戰爭（抗日戰爭）等；內部的戰事也未曾間斷，如：太平天國戰役、辛亥革命、南北戰爭、北伐戰役、中原大戰、國共內戰等，不論對外或內部的戰役都帶來極大的影響，作者雖未一一細數，但已能掌握其間所帶來的衝擊，可惜有關中日戰爭僅稍微提及，亦未探討國共內戰，此其美中不足之處。此外，災難有雙重的構造，其意義需要透過歷史演進的過程才能顯露出來，中國歷史上的永嘉與靖康之難，都是歷史的災難，但同時也帶來南方文化的發展。加拿大的民國史專家拉里（Diana Lary）於《流離歲月：抗戰中的中國人民》一書提到：「戰爭帶來破壞性極大，這個效應在戰爭結束後，通常還會繼續影響著人們，那就是家庭的離散。」[1]或許從文化發展的角度而言，戰爭對被移民地區的人文與地域的發展產生了質變與量變，中國西南地區如果沒有抗戰時期的遷徙，大學的數量仍然有限、教育與文化或許仍然受忽視，經濟的發展或許仍然是邊陲；台灣如果沒有一九四九大撤退，大陸中原文化不會迅速在台灣茁壯，人們可能無法直接而全面地欣賞到中國過去精緻文化的作品。作者以政治及軍事史為主軸，未能加強論述，此為本書另一可加強的地方。

不論如何，以一位日本的東亞史學者而言，已屬不易，全書最後，菊池秀明引用魯迅先生說的：「世上本無路，走的人多了，便也成了路」，認為此話適合形容本書中的那些革命者，也表現了前途迷茫的混亂情況下，不斷尋找革命前途的近代中國的足跡。目前社會上愈來愈重視大眾史學（普及史學），然而歷史的敘事除趣味性之外，重要的是還原歷史的原貌，並能多一點關懷才有其價值。作者身為日本人，能擺脫過去日本看待中國的優越感，而將感情放在近代中國的發展上，提供一個看待中國歷史的新角度；畢竟在二十一世紀的現今，中國已成為一個必須慎重以對的全球大國，同為東亞住民，臺灣讀者更需要有別於以往的片面認知，從更多元的方向認識中國，這是本書值得引進與推廣的原因。

註釋

1 拉里（Diana Lary）著，廖彥博譯，《流離歲月：抗戰中的中國人民》，*The Chinese People at War: Human Suffering and Social Transformation*，台北：時報文化出版企業股份有限公司，二〇一五，頁一〇七。

序章　南風——來自邊境復興中華的嘗試

本書的內容是中國近代史，我想以一個問題來作為正文的開端：請問，正在閱讀本書的你，對於書名上的「近代」一詞，有什麼看法呢？

多數的日本人，對於「近代（modern）」一詞，通常抱持著正面的印象。

由近代意象看日本與中國

舉例而言，「近代」一詞，可以讓日本人聯想到明治時代所流行的「文明開化」，像是男性剪成短髮[1]配上西洋服裝的打扮、鐵道旁的煉瓦歐風建築，以及醫療技術的進步與學校等。近代日本引進歐洲文明與資本主義化，可說是為日本人帶來了富裕舒適的生活。

那麼，本書所要述說的中國，又是何種境況呢？而「近代」一詞在中文的意義上，至少在回顧中國歷史時所伴隨的，往往是沉重、消極的印象。因為在中國的歷史上，「近代」，是一個屢受外國侵略，面臨著國家、民族存亡危機的時代。

舉例來說，現在中國所推行改革開放政策的雛形，最早可以追溯到一九七五年，由當時的周恩來總理所提出的「四個現代化」，在這個口號中，並未採用「近代」一詞。最直接的理由是，根據中國官方的時代劃分，認為自鴉片戰爭起，至一九一九年的五四運動為止，為中國的近代史，其後則是現代史。由此可見，對中國人而言，近代史被認為是一段屈辱、抵抗侵略的歷史。

二十一世紀的今日，中國終於能夠洗刷近代以來所飽嚐的屈辱。其中最好的例子，便是鴉片戰爭後成為英國殖民地的香港，在經過一百五十六個年頭之後，於一九九七年回歸中國。此外，於二〇〇八年所舉辦的北京奧運，就如同當時東京奧運對日本人的意義一般，是一個讓中國人切身感受到新時代即將到來的里程碑。

當然，要清算過去的歷史，需要經過一段很長的時間，而現在的中國，也還身處在這一段過程之中。二〇〇一年，日本在教科書上將侵略行為正當化的記述，再次引燃教科書論述的戰火；二〇〇三年在西安、二〇〇五年在中國各地所發生的反日遊行等，不時趨於緊張的中日關係，顯示出即便是今日，苦難的近代史仍是多數中國人所共有的「負面記憶」。

相反的兩部中國近代史

本書所記述的中國近代史，具體而言，指稱的是鴉片戰爭後的十九世紀中葉以後，直至中日戰爭[2]爆發前的一九三六年。若要用一句話來形容這一段時期，便是「復興中華的嘗試」。然而，究竟該如何對這一項嘗試做出評價，中國史學家們的意見始終存在著很大的分歧，而原因必須從現代中國這數十年來劇烈震盪的政治中來探索。

日本真正開始研究中國近代史的契機，是一九四九年中華人民共和國的建國。過去日本人總是輕視中國，並對侵略（中國）之事實保持視而不見的態度；當時，這個被稱呼為「新中國」的社會主義政權的誕生，帶給日本人巨大的衝擊。人們也試圖從中國近代史中，尋求另一種可能性，亦即

鴉片戰爭圖　燒毀的大清帝國艦隊。

是否存在著與一九四五年因戰敗而挫折的近代日本，另一種不同「近代」的可能性。

由此為發端的中國近代史研究，將重心放在闡明中國革命成功的理由之上。特別是日本的研究，是在冷戰的體制之下，以批判軍國主義的復活、推進社會民主化的政治課題之下所開展出來的成果。

然而，這些研究大多偏重於與中國共產黨相關的革命運動歷史，比起實證性的分析，反而是帶有先入為主的成見，以「是否在革命上有所貢獻？是否反對革命？」之標準來評斷善惡。此外，中日之間直到一九七二年才恢復建交，對日本而言，中國可說是「尚未見面的情人」，包裹著一層神祕的面紗。因此，當時的中國近代史研究，想必也會出現背離中國社會的實際狀況，淪為偏向理念性的研究成果。

一九七八年開始施行的改革開放政策與中日之間正式的交流活動，為中國近代史研究帶來了巨大的變化。隨著一九五七年的「反右派」鬥爭，以及文化大革命中對知識分子的鎮壓及迫害等，中國現代史的黑暗面被搬上了檯面，以革命勝利為頂點的歷史模範受到了極大的震撼。再加上一九八九年的天安門事件，要求政治民主化的中國學生遭到政府的鎮壓，以及東歐、蘇聯等社會主義諸國的瓦解，對於革命中國的幻滅，也是無法避免的。親眼目睹中國社會「落後」狀況的日本人，也不再將中國視為日本應該學習的近代榜樣，而是普遍地認為，中國只是一個極其普通的發展中國家。

面對上述的現實狀況，多數日本人的想法開始改變，認為眼前的中國並非是因為革命而出現的新社會，而是在革命之後仍維持傳統特質的社會。加上外國人可以長期停留在中國國內，有助於加深對於中國的觀察與理解，特別是在近代史的研究領域中，出現了許多利用日本國內無法取得的史料而發表的研究成果。

儘管經過了上述的努力與嘗試，希望能夠勾勒出中國近代史的新輪廓，但從現在的角度看來，卻還是存在著許多的侷限。因為這些嘗試，是從相對於過往農村革命史的主流出發，注重改革史而非革命史，重視都市史而非農村史的研究。即使許多歷史事實確實因此獲得釐清，但終究不過是填補這塊研究上的空白罷了。用較為苛刻的眼光來看，只不過是將政治情勢上的變化（由毛澤東的革命路線，轉換至鄧小平的改革開放路線），反映在中國近代史研究上的結果。

更重要的問題是，過往的這些努力與嘗試，雖然在單一、細部的歷史上累積了詳細的研究成果，卻無法取代過往的革命典範模式，提出一個統括的、完整的歷史圖像。這在今日的學術界中可說是共通的問題，在中國近代史的領域中，專史內的分類愈來愈細化，導致統合、概括的概念與研究難以生成。

由南方邊境吹拂而來的新時代之風

在撰寫本書的過程中，二〇〇三年十月，新聞報導了蔣介石的夫人宋美齡逝世的消息，享年一百零三歲。繼張學良於二〇〇一年逝世之後，宋美齡的逝世，也代表本書所涉及的中國近代史上的主要登場人物，皆已仙逝。

說到張學良，他在一九九〇年接受日本NHK（日本放送協會）電視台的採訪，還讓人記憶猶新。為了讓日本的年輕人知道中日之間曾有著這麼一段不幸的歷史，時隔半個世紀，現身於公眾媒體上的張學良，精神奕奕地述說著那段陳年往事。中國有句成語為「蓋棺論定」，這兩位最後的當事人（張、宋）逝世，也正提醒著我們，該是以冷靜的態度來評論這個時代的時候了。

那麼，我們又該如何來描繪中國近代史才好呢？本書嘗試從「南方邊境吹來新時代之風」的視角，來捕捉這個時代的剪影。太平天國的起義、辛亥革命、國民革命以及中國共產黨的革命運動等，都是興起於南方大地，而後朝向北方發展。自強運動、變法運動等改革運動及新思想、新文化的接納與創造，擔負其中的重要角色與中心人物，也大多出身南方，或是以當時已發展的邊境街道作為運動推進的舞台。

眾所周知，地大物博的中國，南北兩地是完全迥異的社會。南方為稻作區，主食為稻米；北方則是小麥區，以麵類為主食。而代表北方的北京話，與香港、廣州人們所說的廣東話，更是互不相通，宛如兩國不同的語言。連接著地平線一望無際的平原，以及由乾燥黃土所覆蓋的華北大陸，與山川河流密布、地勢高低起伏、臨海與外國相通、開放的華南地區，遑論風景，就連人們的生活習慣、思維方式也是各有特色，互不相同。或許兩地的人們，在價值觀上也是相異的。

正如本叢書系列在各卷中所述說的一般，在近代以前，中國歷史上的新風氣往往是興起於北方邊境。中國文明每逢動盪時期，總是能夠吸收周邊世界所勃興的能量與活力，實現復興和擴張，延續數千年的命脈。承擔著這一項使命的旗手，是由北方而來的各部遊牧民族，外來的文化刺激也多是藉由內陸的貿易通道（絲路）傳遞進來。

當蒙古時代的海上交易以及大航海時代之後，世界各國間的交流網路逐步建立，情況也隨之不斷的變化。不過，宣告著新時代來臨的南風席捲中國全土的時刻，可說是本書所關心的「近代」以後，才真正開始的。本書的登場人物——洪秀全、孫文，以及孫文的後繼者蔣介石，皆是以南方邊境為出發點，將熱情傾注在稱為「北伐」的北上作戰之中。此外，以南方的農村根據地為出發點的毛澤東，其邊境革命也是朝著黃土高原的盡頭——延安，一路播下新時代的種子。換言之，所謂的近代中國，是中國史上首次由南方開始復興之路的時代。

接著，就讓我們來看看，與這股南風一同吹起，復興中華的嘗試與苦難的一齣戲劇。面對著列強（也包括過去的日本）的侵略，如何從不斷的挫折與失敗中重振雄風，宛如不死鳥一般浴火重生的中國，想必能夠為生活在這個不透明時代的我們帶來勇氣。

註釋

1 【譯按】明治初期，男性剪去傳統的髮髻，剃為短髮，為文明開化的象徵。

2 【編按】此處的中日戰爭，指的是從一九三七年爆發的盧溝橋事變（七七事變）開始的八年抗戰。

第一章　「南風」吹拂——太平天國運動與列強

洪秀全對基督教的接納與拜上帝會

探訪洪秀全故鄉的日本人

在中日關係持續惡化的一九三〇年，某一日，於廣東省廣州市郊外的花縣官祿坾村中，來了一位日本人，名為矢野興。他任職於日本領事館，並自稱是七十年前生於此村的太平天國領導人洪秀全的後裔。

根據矢野的說法，他的祖先在太平天國滅亡時期流亡到了日本。矢野十分熟知官祿坾村以及洪秀全的生平，他說：「家父告訴我，洪秀全似乎在村莊私塾前埋下了石獅。」沒想到果真挖出一尊石獅。於是，原先不相信矢野的村民們看見證據擺在眼前，不得不對他另眼相看。

隨後，中日戰爭爆發，一九三九年日軍占領花縣，官祿坾村中最為宏偉的建築物——洪氏先祖的祠堂遭到破壞。這一次，則是有位名為矢崎的日本人軍官，也自稱是洪秀全的後裔。矢崎命令下屬修繕祠堂，並宴請官祿坾村中的耆老，施予錢財。事實上，矢野與矢崎都是日本派來的特務人員，目的是為了籠絡官祿坾村的村民。

那麼，為何日本會這麼重視洪秀全的故鄉呢？太平天國運動是近代中國吹起的第一股「南風」，與其後的辛亥革命、國民革命軍北伐、中國共產黨長征一脈相承，為中國革命運動的起點。同時，太平天國運動也孕育了中國抵抗列強侵略的民族主義新芽。太平天國運動的領導人洪秀全的故鄉，遭到日軍占領，其祖先的祠堂又被踐踏搗毀，若是放任不管，勢必會引燃廣東人的反日情緒（自鴉片戰爭以來，廣東人有著抵抗外來侵略的歷史）。換句話說，矢野和矢崎的任務，是為了澆熄抵抗日本侵略的運動，因而被派遣至中國革命的震源地——官祿㘵村。

究竟，太平天國究竟是一場什麼樣的運動呢？我們不妨從洪秀全與「異文化」基督教之間的特殊相遇說起。

洪秀全的幻想與對基督教的接納

洪秀全生於一八一四年，是官祿㘵村的客家人。客家為漢民族的分支，擁有自己的語言系統——客家話，在中國古代，為了躲避戰亂而移民至南方的族群。當客家人移居至廣東時，已有先移民至當地的漢族（廣東人），因此，多數的客家人不得不定居在條件惡劣的處所。他們被廣東人視為異己，過著貧困的生活。然而，這樣的自卑情結反而激發出客家人的群體認同，認為「我們才是來自黃河文明發祥地，正統的漢民族後裔」。

洪秀全成長於自耕農家庭，自幼父母便對聰明伶俐的他寄予厚望。成年後，洪秀全一邊擔任私塾教師，一邊開始準備科舉考試。科舉為中國選拔官吏的傳統考試制度，要取得科舉考試的合格，

洪秀全

必須過關斬將，從地方上的初級考試（童試），一路向上到最後由皇帝親自主考的殿試。加上參加科舉考試的準備，也需要花費大筆金錢，因此，考生若非是富家子弟出身，想要在科舉考試中及第進榜，機率可說是微乎其微。

表面上，科舉考試是對所有人民打開大門，但是考生要參加考試，必須要有同鄉的仕紳作擔保人，像是客家人這類的後起移民中，讀書人少，有時會因為找不到擔保人而無法參加科考。另外，一八三四年廣東地區的地方考官，營私舞弊等現象猖獗，有負責考試的官員畏罪自殺，科舉考試的公正性受到極大的動搖。一八三七年，洪秀全在第三次科舉考試落榜後，因承受不了打擊而大病一場。

就在洪秀全徘徊於生死邊緣之時，他做了一場怪夢，夢見自己升天並獲得重生。而後，根據他的族弟洪仁玕對傳教士說，洪秀全夢見他在河邊將骯髒的身體洗淨，並接受手術，換上了新的五臟六腑。接著在天上的宮殿中見到一位金髮黑袍的老人，要他去拯救俗世，並且有位被他喚為兄長的中年男子，幫助他與惡魔戰鬥。

諸如此類，在我們眼中看似怪異的奇幻體驗，其實是中國民間信仰中經常出現的內容。洪秀全所夢見的神（老人）也近似於中國道教中層級最高的玉皇大帝。但是，洪秀全卻將這個夢境與基督教連結在一起。

洪秀全與基督教的結緣，始於一本基督教傳教的小冊子——《勸世良言》。在當時的中國，基督教的傳教活動仍被禁止。一八〇七年，倫敦傳教會的傳教士羅伯特・馬禮遜（Robert Morrison）以馬來半島的麻六甲為據點，開始在中國進行傳教活動。馬禮遜的信徒梁發，為出身廣東的華僑，他嘗試著用中國人易於理解的方式，編著了傳教的小冊子，亦即《勸世良言》。《勸世良言》批評並否定中國傳統宗教中的偶像崇拜，勸說人們信奉基督教。據說洪秀全是在一八三三年，從在廣州祕密進行傳教活動的梁發手中，拿到這本小冊子。

起初，《勸世良言》並未引發洪秀全的興趣。但在一八四三年，洪秀全第四次科舉落榜後，他重讀《勸世良言》，受到了很大的衝擊。梁發在《勸世良言》中寫道：「即如儒教亦有偏向虛妄也。所以把文昌、魁星二像立之為神而敬之，欲求其保庇睿智廣開，快進才能，考試聯捷高中之意。然中國之人，大率為儒教讀書者，亦必立此二像奉拜之，各人亦都求系同拜此兩像，而有些自少年讀書考試，乃至七十、八十歲，尚不能進黌門為秀才呢，還講什麼高中乎？難道他不是年年亦拜這兩個神像嗎？何故不保佑他高中呵？由此推論之，亦是儒教中人妄想功名之切，遂受惑而拜這兩個神像」等等，這些對中國傳統宗教的批判，看在洪秀全的眼中，是十分切身、實際的話題，因而能夠感同身受。另外，在馬禮遜翻譯的《聖經》中，為了便於中國人的理解與接受，許多詞彙的翻譯都參照了中國的古典文學，例如「上帝」一詞，馬禮遜將之譯為「皇上帝」。

因此，洪秀全對於這種外來文化並未感受到任何不協調的抵觸，認為基督教不僅是歐洲的信仰，同時也是中國自古以來便存在的宗教，因而接受了基督教。他深信，自己在夢中遇見的老人，便是基督教中的神——耶和華，中年男子為耶穌基督，自己則是耶和華的次子，身負拯救俗世的使命。隨後，洪秀全自行洗禮，並展開傳教活動。而此種因洪秀全對異文化的誤解而誕生的宗教，被稱為「拜上帝教」。

然而，洪秀全在傳教活動上，遭遇到許多的困難。在鴉片戰爭的爆發地廣東，人民對歐洲懷有強烈的敵意，戰爭後仍時常發生衝突。雖然與洪秀全為鄰的馮雲山等數位貧困的客家知識分子，對洪秀全的想法產生了共鳴，但多數的村民仍舊無法接受，洪秀全等人在村中遭到孤立。一八四五年，洪秀全與馮雲山等人至外地進行傳教活動，最後抵達廣西貴縣的某位親戚家中。不久，洪秀全返回廣東，馮雲山則是運用客家同鄉的關係網絡，進入桂平縣的紫荊山中，繼續傳教活動。

回到廣東的洪秀全，投入《原道救世歌》、《原道醒世訓》等傳教書籍的創作；運用長年準備應試的儒學素養，對《勸世良言》做出重新解讀。另外，正如洪秀全所言的「大同而今尚可望哉」一般，以中國自古以來的烏托邦——大同思想，描繪出《勸世良言》中所欠缺的部分，也就是對現實社會的批判以及對理想社會的藍圖。

一八四七年，洪秀全造訪了在廣州的傳教士羅孝全（I. J. Roberts），並在其門下數月，學習聖經。據說羅孝全在聽聞洪秀全的怪夢體驗後，也認為非常不可思議。但當洪秀全提出受洗的希望時，羅孝全誤解他是因為想要獲得經濟上的援助，才出此計策，因而拒絕。科舉失敗後再度受到挫折的洪秀全，自尊心嚴重受創，離開羅孝全門下，前往廣西。

紫荊山上的傳教活動與破壞偶像運動

此時，在桂平縣紫荊山地區，馮雲山正一步步地推動傳教活動，並獲得許多信眾的支持。此一地區自十七世紀以來不斷地開墾，發展成移民社會，以官僚、軍人身分出身，並與地方政府關係密切的移民豪紳，在當地占有大片土地，並將收成的稻米賣往繁榮的廣東地區，從中獲取利益。而廣西的少數民族——壯族，則是淪為移民豪紳底下的勞動者，為其進行開墾事業，受盡壓榨。

十八世紀起，廣東地區的客家人也開始移民至此，作為後到之客的移民，無法進入平原地區耕地，只能移住紫荊山內從事燒炭業等刻苦的勞動。因此，他們仍舊像在廣東生活時一般，苦於貧困、不安定的生活。此外，移民豪紳還控制了政治權力的分配，不允許客家人與少數民族參加各地寺廟的祭祀活動，使得他們在精神生活層面也備受壓抑。

面對如此嚴峻的現實環境，馮雲山在洪秀全所創立的「拜上帝教」中，摻進了有關現實利益的要素（這些要素也常見於中國民間宗教之中）。他創作了一些樸素但卻切實反映願望的祈禱文，如「日日有衣食」、「災病速退、身體復安」等，勸說群眾們誦讀唱和，取得了很大的成效，拜上帝教在客家人以及與客家族群關係緊密的少數民族之間，迅速地流傳開來。出身藤縣大黎鄉，後來成為太平天國忠王的李秀成曾言道：「從者俱是農夫之家、寒苦之家。」

另外，信徒之中還有一些新興勢力，例如紫荊山腳下金田村的韋昌輝、從廣東移居到貴縣的石達開、從廣東南部信宜縣外出到平南縣工作賺錢的凌十八等人。他們擁有一定程度的經濟基礎，卻又無法進入由移民豪紳所構成的政治團體之中，是被迫處於不利立場的新興勢力。這些區域都是客家人的定居地，因此傳教活動也必須透過客家人的同鄉網絡才得以推展。這個宗教團體被稱為「拜上帝會」，當時光是紫荊山內，信眾便上達兩千人之多。

一八四七年再度造訪廣西的洪秀全，得知馮雲山傳教活動的成果後，又重新找回了自信心。他進一步地推行《勸世良言》與摩西十誡中的訓示——禁止偶像崇拜，將各地廟宇中所祭祀的神像視為「妖魔」，發起搗毀神像的破壞偶像運動。這項運動將少數民族所信仰的戀愛女神，批判為「淫亂之女」，像是從儒教的「正統」意識蔑視異文化一般，帶有打壓的性質。不過，當時許多下層民眾並未從現存的神祇信仰中得到救贖，因而尋求更為強力的庇護，對這項運動深有同感，信奉拜上帝會的成員進而日漸增多。

另一方面，當地的移民豪紳主要是透過主辦寺廟祭祀典禮的方式，在移民社會中掌握領導的權力，因此，破壞偶像的運動引起他們的強烈反彈。住在紫荊山的客家生員（童試合格者）王作新，便是這股反對勢力的急先鋒。王作新在一八四八年初抓住馮雲山，並向地方政府告發拜上帝會的罪狀，表示拜上帝會在攻擊眾神靈的同時，私底下正密圖謀反。最後，王作新狀告拜上帝會的罪狀，雖然並未獲得地方政府的承認，但這個事件卻加深了拜上帝會與移民仕紳之間的對立與隔閡。拜上帝會與傳統社會秩序（地方仕紳）的乖離，也讓拜上帝會的活動被烙印上了強烈的政治色彩。

太平天國起義與攻占南京

「天父、天兄下凡」與金田起義

一八四八年秋天，正當馮雲山入獄期間，拜上帝會的內部發生了巨大的變化。住在紫荊山的兩名青年信眾楊秀清與蕭朝貴，被「天父（耶和華）」與「天兄（耶穌基督）」附身，開始向信眾宣諭神旨。根據最近在倫敦發現的資料《天兄聖旨》卷一，首次附身在蕭朝貴的耶穌基督說：「朕是耶穌。有人欲來聽旨者，通過蕭朝貴，在爾面前講」，接著便問洪秀全：「洪秀全弟，爾認得朕嗎？」洪秀全回答：「小弟認得」，承認附在蕭朝貴身上的靈魂即為耶穌基督。

所謂的神靈附體，實際上就是當地所稱的「降僮」，為巫術的一種。從拜上帝會的教義來看，本應是被否定、不被承認。但是因為當時馮雲山被捕入獄，不少信眾的信念開始動搖，禮拜時常出現信眾被神明附體的現象。於是，洪秀全將楊秀清、蕭朝貴神靈附體時所說的話語，公開認定為「天父、天兄下凡」，藉以穩定拜上帝會內部的不安與混亂局勢。其結果，拜上帝會與基督教漸行漸遠，變質為更加本土化的宗教團體。

楊秀清與蕭朝貴的「天父、天兄下凡」，將拜上帝會的活動從宗教活動轉化為政治活動——建設一個地上的天國。自古以來，中國便有「易姓革命」的思想，亦即順應天命成為新王朝的君主。而聽聞洪秀全怪夢體驗的信眾們，便認為洪秀全正是中國民間宗教裡所傳說的「真神」。加上蕭朝貴藉由神靈附體的方式宣諭天兄耶穌基督的啟示：「授予爾（洪秀全）權威。爾需率兄弟共同平定天下」，將人們的期待化為具體的行動指示。

面對上述的變化，洪秀全於一八四八年開始撰寫《原道覺世訓》。他在書中強烈譴責自始皇帝（秦始皇）以來的歷代皇帝，都忘記了對皇上帝（耶和華）的信仰，並且妄自尊大，擅用只有耶和華才能夠使用的「皇帝」稱號。順著這一套理論，當今的道光皇帝也是應當被「罰落十八重地獄受永苦」之一人。換言之，洪秀全主張耶和華是中國上古時代所信仰的神祇，當前的中國社會應當回歸古時應有的狀態；為此，必須要推翻清朝的統治。這也是洪秀全接納基督教並使之中國化後所抵達的終點。

時間進入一八五〇年，拜上帝會開始祕密推動武裝起義的準備，教眾把各自的土地、財產等納入「聖庫」，作為公有財產。此時的中國，正面臨連年的經濟蕭條與自然災害，天地會等以失業者和難民為中心所組織而成的祕密團體，盛行並活躍於各地。特別是在廣西，鴉片戰爭後失業的廣東兵士們集結成為武裝團體，紛紛流竄至廣西，與當地天地會的成員們聯手，展開掠奪物資、抵抗官兵等活動，引起地方上的騷動不安。

另外，在貴縣內部，客家、壯族與漢族的早期移民之間因為小衝突而引發激烈的武力鬥爭（此種由本土住民與移民之間所產生的矛盾衝突，稱為土客械鬥），敗北的客家人走投無路，只能轉而尋求拜上帝會的庇護。在如此混亂局勢的掩護下，拜上帝會信徒及其家人約一萬人，集結於金田村，並於年底前展開了與清軍的戰鬥。

得知拜上帝會揭竿起義的消息，清朝政府才意識到拜上帝會是與天地會完全不相同的革命團體，因而起用在鴉片戰爭時期因廣州禁菸而聲名大噪的林則徐，前往鎮壓反叛勢力。然而，林則徐卻在赴任途中病逝，清軍上層的內鬥以及低迷的士氣，反倒助長了上帝會的氣勢，順利地擴張勢力範圍。一八五一年三月，洪秀全即位「天王」，將國號定為「太平天國」。九月，太平軍占領地處深山的永安州，洪秀全封楊秀清為東王、蕭朝貴為西王、馮雲山為南王、韋昌輝為北王、石達開為翼王，完成了新國家建設的雛型。

太平軍進攻南京及其主張

太平軍在永安州撐過了半年的籠城戰，於一八五二年四月突破封鎖線，攻占廣西省的省都桂林，進入湖南南部。當時，太平軍的兵力雖然減少了五千人左右，但是因為當地大批的客家天地會會員及礦山勞動者的加入，軍力成長至數萬人的程度。與此同時，太平軍的內部發生了意見分歧，針對究竟是要前進洪秀全的故鄉廣東，還是要揮軍北上，雙方僵持不下。

此時，在軍事層面上的最高領袖——東王楊秀清表示，「騎虎難下，怎能打退堂鼓」，決定揮軍北上。太平軍趁著清軍防禦尚未完備之際，一舉攻入湖北，於一八五三年一月攻陷省都武昌。其後，太平軍乘勝追擊，水陸並進，以二十萬以上的兵力東下長江，於三月占領南京——僅次於北京的重要都市，並將南京改名為「天京」，著手進行政權的創立工作。

如此，太平天國在短短不到一年的時間內，便發展成為全國性的運動。其得以迅速發展的原因，便是清朝的統治已經走到左支右絀、窮途末路的地步，代表性的現象便是繁重的賦稅以及社會的不公。清朝的土地稅，原則上是徵收白銀，人民必須將日常生活所使用的銅錢兌換為銀兩，繳交

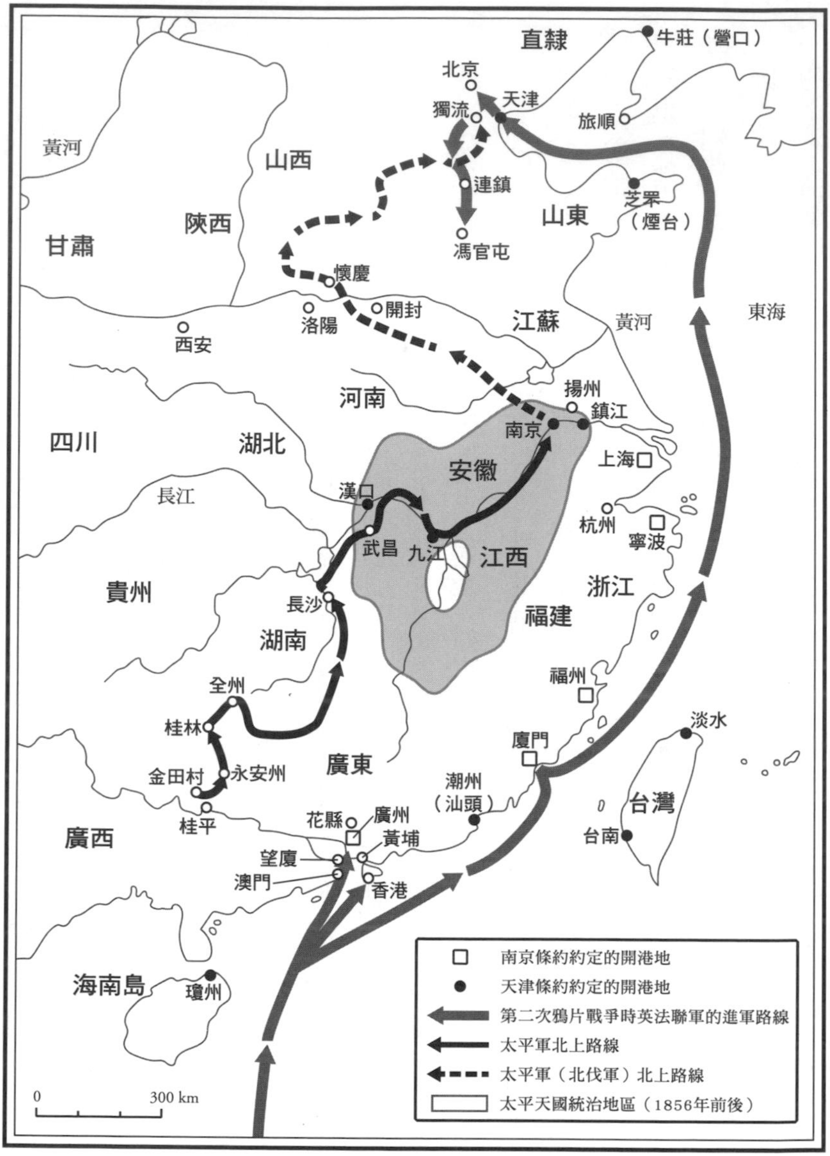

太平天國與第二次鴉片戰爭　（根據山川出版社《世界各國史3　中國史》所繪製）

稅金。其兌換的匯率約是一兩銀換一千文錢。但是，十九世紀鴉片貿易的代價，使得中國的白銀大量流失，出現「銀貴錢賤」——亦即銀價飛漲的現象，一兩白銀的匯率暴漲至兩千文錢以上，這在實際上加重了人民的賦稅。

此外，苦於鴉片戰爭的軍事費用以及賠款的清朝政府，試圖藉由在富裕的東南沿海地區，徵收比以往高出數倍的稅金來解決財政問題。這一個負擔全都落到了家族中無人擁有官職頭銜、無人通過科舉考試的普通百姓身上。鴉片戰爭的慘敗，使得清朝政府的統治權威出現了動搖，抗議不公不義的人民拒絕納稅，或是襲擊中飽私囊的腐敗官員等抗糧暴動，在各地時有所聞。另外，在大地主居多的江南地區，則是出現了拒絕向地主納稅的抗租風潮。

太平天國借用人民內心的不滿與怨憤，並提出較為明確的政治目標，因而在勢力上急速地擴大增長。一八五二年，東王楊秀清與西王蕭朝貴聯名發表檄文：「天下者中國之天下，非胡虜（意指滿洲人）之天下也」，號召眾人一同打倒滿洲人建立的大清王朝，並宣示太平天國政權的正統性。太平天國還在各地宣傳今後三年免除賦稅，於占領區推行沒收地主財產的「打先鋒」運動，獲得底層人民的支持。

當初滿州人在入主中原，建立清朝之時，強制漢人削髮留辮。太平天國在起義後，拒絕辮髮，改蓄長髮。如此「長毛」的形象，除了成為太平軍將士們的特徵之外，更成為打倒清朝的鮮明標誌。其後在辛亥革命時期，革命派也學習太平天國，以剪辮子的行為，表明推翻清朝的意志。

順道一提，關於受到北方民族影響而形成的新語言北京話（亦即現在中國的北京話），太平天國也批判「是欲以胡言胡語惑中國也」。而客家人本來就認為自己才是正統的大漢後裔，因此便更為熱衷地擁護傳統習俗和語言。特別是他們所使用的客家話，被認為是保留了大量古代漢語的特徵。在接受外來宗教的同時，太平天國堅持回歸中國傳統的主張，可以說是在堅信中國文化正統性的客家習俗之基礎上，所發展出來的思想。

太平軍的宣傳活動及其紀律

太平天國通常是在高壇上擊鼓鳴鑼，聚集群眾，並以演講方式宣傳其理念。在南京建都後，設立印刷廠，發行了許多宣傳政策的出版物。為了慶祝入城南京，舉行盛大的遊行活動，歡迎新王朝的君主。諸王的旗幟皆是以太平天國的象徵性色彩——黃色為中心，加上紅、白、黑、綠、藍色的鑲邊，意指諸王在皇上帝的庇護之下，分別管理東西南北各方，稱霸全土。將士的軍服上使用象徵高貴和喜慶的黃色和紅色，並在胸前繡上「太平」二字。

太平天國留給人們最深的印象，應該就是太平軍極為嚴明的紀律，其雛型是金田起義時所頒布的五項軍紀。其中的第三條「秋毫莫犯」，被收入在一八五二年所制定的十條「行營規矩」之中。這些條規中不只禁止無故殺害平民、勞役平民、擄掠、燒毀房屋等行為，甚至還包括了不得擅入民宅等更為具體的內容。

當代的中國歷史學家們，對於太平軍中存在著與共產黨軍相似的三大紀律與六項注意等規則之事，仍舊抱持著懷疑、保留的態度。隨著研究的推進發現，就連當時與太平天國敵對的一方，也感佩於太平軍在紀律上的嚴格，認為太平軍的掠奪行為，遠遠少於龍蛇混雜的清朝正規軍隊。此外，李秀成也證實，東王在統率軍隊時採用了「擅入民房者，右腳進砍右腳」的嚴懲主義。實際上，楊秀清經常借用天父下凡的理由，將違反軍規者以及內通清軍者處以死刑。換言之，軍紀嚴明的背後，也是利用唯恐觸犯天父的恐懼心理，而讓太平軍能擁有領先於當時的高道德水準。

地上天國的現實與湘軍的登場

太平天國在定都南京之後，為了鞏固政權，展開了新的軍事行動。一八五三年五月，丞相林鳳祥、李開芳等人率領二萬人的精銳部隊，出發進攻北京，開始了其後也在近代中國歷史上被反覆嘗試的北伐。

太平天國北伐及其失敗

太平天國的北伐軍，並未選擇沿著大運河北上的最短路徑，而是朝著西北的方向進軍，試圖找尋機會渡過黃河。途中遭遇清軍的抵抗，轉入山西，再從山西迂迴轉向北京所在的直隸地區（河北）。其後，太平軍大敗清軍，逼近保定，北京城內陷入混亂、不安的狀態，官僚與商人紛紛逃離城內，街上空蕩無人，宛若一座死城。

清朝政府急忙調派蒙古猛將——僧格林沁，前來鞏固北京的邊防；太平天國的北伐軍則是向東進軍，於十月占領了距離北京僅一百多公里遠的天津郊外。不過，疲於遠征的北伐軍無力攻下天津城，不久後迎來寒冬，出身南方的太平軍將士們不堪受凍，加上小麥產地的北方，無法獲得南方人習慣的主食稻米，士氣疲弊低迷。

無可奈何的北伐軍開始退兵，卻被困在河北山東的交界地帶，動彈不得。一八五四年二月，天京當局終於得知北伐軍苦戰的情報，派出援軍。但是援軍在山東的臨清地方敗給了清軍，在與北伐軍匯合前便潰散敗逃。最後，到了一八五五年五月，林鳳祥與李開芳皆被逮捕，並處以死刑，北伐軍全軍覆沒。

由於北伐軍的潰敗，太平天國失去了大批擁有實戰經驗的勇將，因而喪失了統一全國的可能性。另一方面，清朝政府將兵力投入北京的防衛戰，包圍天京的清軍力量因而削弱，減輕了太平天國被圍剿的壓力。此外，在北伐軍途經的華北地區，白蓮教等民間宗教團體和捻軍等流民組織逐漸盛行，對清朝政府的統治造成了威脅。一八五三年九月，在上海爆發了以水手、船員和走私商人為中心的小刀會起義。上海小刀會屬於天地會的支派團體，起義後派遣使者至天京，試圖與太平天國攜手合作。

天京的建設與《天朝田畝制度》

此時，天京正在進行新國家體制的建設工作。首先引人注目的，便是由清朝地方官府衙門所改建而成的天王府。天王府內城被稱為金龍城，外牆塗上金色，建造為豪華壯麗的宮殿建築。天王洪秀全搬進這座宮殿內，深居簡出，也不再與社會現況有直接地接觸。代替洪秀全主持一切政務的是東王楊秀清。楊秀清在天京城西，修築了足以匹敵天王府宏大規模的東王府，其他諸王必須經常前往東王府拜會楊秀清，聽從東王的指示。

在東王的專權之下，徹底重建了天京的社會結構與秩序。居民的財產被沒收，納入聖庫的同時，除了老人與病人之外，所有男女必須男居男館、女居女館，分別居住。這種男女隔離與家庭的解體，為太平天國的一大特徵，其基礎源於基督教的禁慾主義，以及儒教的「男女七歲不同席」之思想，另一方面，也是基於作戰的需要。

壯年男子大多需要以兵士的身分從軍，若是擁有木工、印刷工、烹飪點心等的技能，便會被編入百工衙或工匠營，各行其責。十五歲以下的少年，則是進入名為「童子軍」的少年軍隊，或是送入名為「育才館」的學校就讀。此外，也有少年是成為太平軍將領的義子或是童僕。

除此之外，太平天國還下達了「放腳令」，禁止女性裹小腳的纏足習慣。作戰時，婦女們在後方搖旗吶喊，或是從事運送物資和修建陣地的工作。在客家人的風俗中，女性並沒有纏足的習慣，並且與男性一同從事勞動工作。但是對於過往總是在家中織布繡花的江南女性而言，禁止纏足和戶外的勞動工作，是非常痛苦之事。

以往的研究認為，男女平等為太平天國的特徵之一。但是近來，這一項說法受到了質疑。確實，當初參加起義的廣西婦女們，在抵達南京後被冊封為高官，她們騎著駿馬，昂首巡街的模樣，令人印象深刻。一八五三年，太平天國舉辦了中國歷史上首次的女性科舉，考取狀元的傅善祥，以祕書的身分活躍於當時。然而，這些並非是女性普遍的生活樣貌。正如以教育青少年為目的的《幼學詩》中所提倡的「妻道在三從」一般，太平天國的女性們仍舊被灌輸所謂的家父長式的倫理道德觀念——幼時從父、婚後從夫、老後從子。

此外，洪秀全作為掌握權力象徵的天王，納有八十八位妃子，東王以下的各級官員，也都各個妻妾成群。且太平天國中有兩千七百人受封為王，當中沒有一位是女性。換句話說，太平天國一邊喊著天父之下、人人平等的口號，一邊卻又奉行諸多中國社會的傳統觀念，例如男尊女卑前提下的諸王特權。最後，使家人離散東西的男館、女館制度，招致人民的不滿，於一八五五年宣告廢止。

《天朝田畝制度》這本書冊，詳細描述了天京實施的軍事共產主義體制，該體制同時也是太平天國社會的整體規劃。這本書冊公開出版至一八五四年，其中的「有田同耕、有飯同食」、「無處不均、無人不飽」概念，體現了洪秀全在過往著述中的主張——實現中國自古以來的「大同」烏托邦之目標。《天朝田畝制度》規定，平均分配全國的耕地，農作物及生產品，除卻個人所需的分量之外，必須上繳國庫，完全禁止私有的行為。

其後，中國共產黨曾經將太平天國定位在先驅者的位置，並在否定封建土地所有制這一點上，將《天朝田畝制度》視為革命性的綱領。一九五八年推行的「大躍進」運動與「人民公社」的基本精神及平均分配制度，也與《天朝田畝制度》有相似之處。但是在文化大革命結束後，人們開始反省這些現代的政治運動，讓人民喪失了勞動的熱情，帶來農業減產以及大饑荒的結果。因此出現了許多批評的聲音，認為《天朝田畝制度》所主張的「平均」烏托邦概念，只是一種形式上的平等，並且導致社會的停滯不前。

實際上，《天朝田畝制度》作為一項批判性的理論，具有一定的影響力；但是在復古性的內容上，並未能成為有效的社會建設計畫。其中規定，太平天國的軍隊組織中，是由各高低官階將校的「官」統率代表人民的「農」，也就是承認官僚與人民，在身分階級的上下關係。不過，當時的太平天國苦於與清軍的戰鬥，也就缺少了實現此一理想政策的條件。且在事實上，為了確保糧食，在太平天國占領地區，仍舊保存了原有的土地關係，採取的是徵收土地稅的方法。

另外，在太平天國占領區內，還發生過多起農民抗租、要求減租的運動。特別是在一八六〇年以後，在太平軍出入的江南地區內，抗租、要求減租的狀況尤為明顯。太平天國雖然保證會減免土地稅的百分之十，但在另一方面，卻又任命當地的鄉紳地主擔任地方官，任由他們徵收地租，以確保稅收，結果發生了大批農民襲擊太平天國地方政府的事件。換言之，太平天國無法充分地滿足底層人民對政府的期待。

曾國藩與湘軍的創建

就在太平天國推進新王朝的建設之時，在中國邊境的湖南省，編成了一支新式軍隊——曾國藩（科舉進士出身的儒家學者）所率領的湘軍。

曾國藩生於一八一一年，年長洪秀全三歲。他的故鄉為湖南省湘鄉縣，地理位置和毛澤東（中國共產黨領導人）的故鄉湘潭縣相鄰。與毛澤東的父親是新興地主的身分相似，曾國藩的家族也是屬於新興勢力，過往的家族成員中無人登科入試，因而不惜餘力，致力於家業的發展。曾國藩重視以儒學為本的家庭教育，主張「居官以不要錢為本」，為官清廉，受人愛戴敬重。據傳曾國藩的著作，是毛澤東的對手、蔣介石的愛讀之書。

曾國藩

一八五二年，曾國藩因母親逝世而返鄉，適逢太平天國進攻湖南。不久，清朝政府便命令曾國藩在湖南辦團練，抵抗太平軍。曾國藩體認到清朝正規軍戰鬥力的低下，是因軍紀腐敗導致，為避免重蹈正規軍敗退的覆轍，他編制了一支義勇軍隊，是以他的弟子為中心，透過師徒同門關係的鏈結，凝聚軍隊內部的團結力。軍隊中的兵士，是特別從偏遠山村所選拔出來的樸實青年，擔任指揮的將領也是從同鄉人士中挑選。因湖南別名為湘，曾國藩所編製成的這支義勇軍隊，也被稱為「湘軍」。湘軍逐漸壯大，最後發展成為太平軍的主要對手。湘軍與太平軍，都是由居住在華南邊境的住民所組成的同鄉組織，雖然屬於勢不兩立的敵對關係，但也可以被視為同樣是由中國南部吹拂而來的新時代之風。

一八五四年，湘軍迎戰太平軍。行前，曾國藩發布《討粵匪檄》，批判太平天國打著基督教的旗號，發起的破壞偶像運動：「我孔子、孟子之所痛哭于九原，凡讀書識字者，又烏可袖手安坐，不思一為之所也？」號召儒學知識分子們起身捍衛傳統秩序。並且在檄文中挑撥太平軍中兩廣出身者與其他地方出者之間的關係，提到天京的共產主義政策，煽動有產階級的恐懼感，透過這些方式，試圖將原本對清朝政府心存不滿的人們，拉攏到自己的陣營之中。

實際上，此時的太平天國，已經停止出版《聖經》，並且開始對外國傳教士及基督教教義進行論爭、批判，藉以強化洪秀全與楊秀清的權威。曾經焚毀的儒家經典，也決定在修改過後重新出版，作為新王朝建設的輔助。由此可見，太平天國自身已經出現了轉變，曾國藩批判太平天國藉基督教名義攻擊儒學的說法，已經無法成立。即便如此，《討粵匪檄》還是成功的集結了反對異端宗教的保守勢力。

一八五四年四月，湘軍在湖南與太平軍交戰，拿下首捷，隨後也相繼在湖北、江西取得勝利，威脅到天京的安全。太平天國派遣儒將、翼王石達開，率領精銳部隊前往九江。一八五五年一月，兩軍在九江展開激戰。石達開巧誘湘軍水師至長江沿岸的鄱陽湖，封鎖湖口。進退不得的湘軍戰船，被太平軍逐一擊破，遭遇毀滅性的打擊；太平軍甚至捕獲了曾國藩的座船。曾國藩在逃亡途中，因無法忍受慘敗的屈辱，試圖投江自盡，隨即被救起。其後，太平軍再度攻陷武昌，擴大占領區域。一八五六年，太平軍擊潰圍攻天京的清朝軍隊，為天京迎來建國後最為安定的時期。

天京事變與第二次鴉片戰爭

太平天國的內部分裂

中國人常喜歡提到這一類故事：某一天，一位中國人和一位日本人使用木桶提水。日本男性一次只能勉強提一桶水，中國男性力氣大，可以用扁擔挑起兩大桶的水。這一次，換成三位中國人與三位日本人來提水。三位日本人同心協力，相互配合可以提很多桶水，但是三位中國人則是開始意見不合、起了內鬨，最後連一桶水也提不成。日本人善於發揮團體的力量，相對的，中國人在個人能力上很強，聚在一起成為團隊的時候，反而無法發揮力量——這大概就是所謂的中式風格。

以上這一則故事，點出了生長在以科舉為代表的激烈競爭社會中，中國人個性的強勢，以及不善團結的特徵。若以近現代中國歷史上而言，大多數的人大概會想起在文化大革命中被打為右派的劉少奇與毛澤東之間的對立，類似這樣在共產黨領導階層之間所發生的內鬥；說不定也有人會想起，一九二七年的四一二事件，國民黨與共產黨之間的合作關係崩解，爆發了近十年的浴血內戰。

故事在現實中再現的大悲劇，發生在一八五六年的夏天，在新王朝的建設終於步上軌道之際，太平天國內部分裂，爆發天京事變。

正如前文所述，天王洪秀全在抵達南京後，多隱居深宮之中，實際上的政治實權則是掌握在東王楊秀清的手中。在永安州封王的五人之中，南王馮雲山與西王蕭朝貴，已戰死於進攻南京的途中。地位僅次於東王的北王韋昌輝，遭受到楊秀清的猜忌與打壓。楊秀清甚至假借下凡的天父耶和華傳令，杖打韋昌輝至半身不遂的程度。自從起義以來，許多幹部對於楊秀清的獨裁心懷不滿。楊秀清得知後，則是對這些幹部加以處罰，甚至殺雞儆猴，斬首示眾。

一八五六年八月，楊秀清以天父下凡之名，傳召洪秀全至東王府。此時，楊秀清高坐於上，以天父附體之姿，命令洪秀全「天父在此，跪下」，並責問道：「爾與東王均為我子，東王有大功勞，何止稱九千歲？」逼迫洪秀全封自己為「萬歲」。在中國，「萬歲」是只有歷代皇帝才能使用的稱號，在太平天國之中，也只有洪秀全能夠被稱呼為「萬歲」。楊秀清因為自己的獨裁行為所招致的怨懟而心生恐懼，打算取得與天王同等的地位，杜絕外界的批判。然而，這個行動反而激怒了洪秀全。

在天王訪問東王府的十八天後，也就是九月二日早晨，天京的街道籠罩在隆隆的炮火聲以及恐懼的氛圍之下。北王韋昌輝接到洪秀全的密令——「誅楊秀清」，率兵攻進東王府。楊秀清被斬首示眾，韋昌輝害怕東王麾下的數千名將士日後報復，便將他們屠殺殆盡。韋昌輝甚至還下令調查天京的所有居民，只要是和東王有所牽連的人，逐一誅殺。

事變發生六週後，翼王石達開入城天京。與韋昌輝見面時，石達開對濫殺行為提出譴責：「獨殺東王及其親隨即可，何殺眾多兄弟？」兩人發生口角，石達開怒道：「今日之殘局，汝自行解決，與我無關」，便揚袖離去。當晚，韋昌輝圖謀殺害石達開，預測到自身危機的石達開，匆匆帶著幾位隨從逃離天京。韋昌輝將尚停留在天京的石達開家人及其部屬全數殺害。短短幾個月的時間內，據說韋昌輝共殺害了四萬多條生命。

倖免於難的石達開，召集了前線的太平軍，逼迫天王洪秀全處決韋昌輝，否則將揮軍打入天京。不久，洪秀全處決了韋昌輝，並將醃漬的首級送至石達開的陣營。對洪秀全的處理感到滿意的石達開回到天京，受到過去生活在屠殺恐懼氛圍下人民的歡迎，並接下輔佐政務的重任。

因為有楊秀清這一個前車之鑑，洪秀全並不信任石達開。對理想主義者的洪秀全而言，冷靜、現實主義者的石達開，原本就是道不同不相為謀的對象。因此，洪秀全重用自己的兩位兄長，藉此排擠石達開，最後石達開因不堪忍受而在一八五七年離開了天京。直至一八六三年在四川大渡河敗北之前，石達開雖然是舉著太平天國的旗幟，但實際上卻是以一個單獨的集團在行動。天京事變之後，太平天國失去了當初起義之時所封的五王，原本有利的戰局也轉為黯淡不明。因為鬆懈而導致的內亂，為太平天國帶來了致命性的打擊。

第二次鴉片戰爭與清朝

接下來讓我們看看，圍繞著太平天國所發生的中國國內外局勢的變化。當時，清朝在位的是二十多歲的咸豐皇帝。在即位後隨即面臨太平天國起義的咸豐皇帝，為了重整政務，罷免軍機大臣穆彰阿——他被認為是先帝道光時期專權亂政的元凶，接著提拔皇族出身的肅順作為親信，並採取任用有能力的漢人官僚（例如曾國藩）政策。

一八五六年十月，發生了一件讓咸豐皇帝感到苦惱的事件。清朝官員以疑似為海盜為由，登船檢查停靠在廣東的鴉片走私船「亞羅號」，並逮捕船員。英國領事（日後成為駐日公使）巴夏禮（Harry Smith Parkes）主張，清朝官員拉扯、強迫降下香港籍「亞羅號」船上的英國國旗，對英國造成侮辱，因而向清朝政府提出抗議。實際上，「亞羅號」的香港船籍期限已經過期，且究竟是否有強迫降下國旗之事，也沒有明確的證據。換句話說，巴夏禮的抗議，其實只是挑起戰爭的藉口罷了。

英國原本就十分不滿清朝所謂的「中華思想」——把中國當作是世界的中心，將周邊諸國視為附屬國的自大驕傲態度。且清朝向來只跟遵從這個「中華思想」世界秩序的國家進行貿易，亦即朝貢貿易。英國希望能夠打破朝貢貿易的體制。在一八四〇年的鴉片戰爭之後，被稱為「行商」的中國商人特權地位受到動搖，英國開始相信，和清朝進行對等的自由貿易，在未來很有可能會實現。現今也認為，一八四二年的南京條約，是中國被迫簽下的不平等條約。

但是當時的清朝並沒有意識到，因為鴉片戰爭，中國被捲入了自由貿易體制之中；因為不平等條約，中國被納入了近代國際關係中。對清朝而言，戰敗是為了懷柔「夷狄」，亦即對野蠻人所做出的讓步，所簽下的不平等條約，不過就是在以往的朝貢貿易體制上做了些修正罷了。並將「片面最惠國待遇」以及「領事裁判權的承認」，解釋為大國中國賜給下級對手歐洲的優待；上海等五港開放，只是讓過往外國船隻停靠當地港口的先例復活而已。

換言之，鴉片戰爭所帶來的「西洋的衝擊」，竟然被傳統中華世界的秩序所吸收消化。英國原本期待棉製品的對華出口貿易額，並沒有增長，歐洲各國也沒有辦法依照近代條約體制的常識，派遣常駐公使到北京。因此，英國首相帕爾姆斯頓（Henry John Temple, 3rd Viscount Palmerston，曾在鴉片戰爭時期擔任外交部長）以「亞羅號」事件為藉口，試圖以軍事壓力大幅修改條約。英國聯合法國（當時為拿破崙三世所統治）共同出兵，爆發第二次鴉片戰爭（又稱為亞羅戰爭）。

一八五七年十二月，英法聯軍占領廣州；翌年一月，兩廣總督葉名琛被俘，送往加爾各答。接著，英法聯軍為了對清朝中央政府施加壓力，沿著海路北上，於一八五八年五月占領天津附近的大沽砲台。驚慌失措的清朝政府答應和平交涉，於六月簽訂天津條約。

然而，在英法聯軍撤退後，清朝政府的態度卻又再度變得強硬，一八五九年，由天津開往北京的英國船艦被清軍擊退，憤怒的英法兩國為了報復，派遣兩萬兵力及兩百艘軍艦組成的大遠征軍，於十月逼近北京。英法聯軍攻進圓明園（清初康熙皇帝在北京郊外建造的華麗皇家宮苑），掠奪珍貴財寶，並為了掩飾掠奪的事實而燒毀圓明園。

太平天國的外交與《北京條約》

太平天國占領南京後，在基督教傳教士之中出現了歡呼聲——基督教國家在中國誕生了。一八五三年四月，英國駐華全權公使兼香港總督文咸爵士（Sir Samuel George Bonham），為了調查太平天國的實際狀況而前往天京。他們傳達了英國採取不干涉中國內政的立場，謀求太平天國承認《南京條約》，並且試探太平天國是否有意進攻貿易港口上海。

當時，太平天國將他們稱呼為「洋兄弟」，並表示歡迎，承認他們在領土內自由的通行以及商業活動（禁止鴉片交易）。這是因為太平天國將同為基督教徒的歐洲人，視為天王洪秀全（受耶和華之命成為「天下萬國的真主」）的「臣民」。太平天國雖然繼承了「中國才是世界的中心」之中華思想，但是區別文明與野蠻的「華夷」基準，並非是儒家的禮教，而是基督教信仰的有無。

然而，太平天國仍舊未脫離傳統朝貢體制的外交框架，因此無法理解近代歐洲以主權國家對等立場締結條約的外交概念。一開始，列強諸國對此感到反感；不久後，認為與其和難應付的新興勢力太平天國聯手，不如站在中立立場，對清朝政府施加壓力，維持並擴大自國的既得利益。在第二次鴉片戰爭中，英法兩國並未給予清朝政府致命性的打擊，而是試圖透過改變清朝政府，使交涉轉向有利於自己的方向發展。

一八六〇年，英法聯軍占領北京，咸豐皇帝出逃至熱河的避暑山莊。被任命負責交涉的恭親王奕訢（咸豐皇帝之弟，和平派）主張，太平天國才是大清王朝的「心腹之患」，因此，應該先與列強議和，將鎮壓太平天國之事置於優先順位才是。

在如此的背景之下所簽訂的《北京條約》，是在《天津條約》基礎上的延續與擴大。

（一）開放天津及長江沿岸的漢口、九江等十一處為通商口岸。
（二）保障外國人的商業活動自由與內地遊歷自由。
（三）免除進出口物品的內地通過稅，改以繳交百分之二點五的特別稅。
（四）外國公使得以常駐北京，有權與中央政府直接交涉。
（五）允許華僑出國至海外。
（六）割讓九龍半島給英國。
（七）一八五三年起設置於上海的外國人稅務司制度，適用於全部的通商口岸。
（八）各式公文中不得將外國蔑稱為「夷」。
（九）鴉片貿易合法化。

此外，清朝政府與法國簽訂的條約中，允許傳教士進入內地傳教。俄國則是以一八五八年的《中俄璦琿條約》，取得黑龍江以北的土地；再以一八六〇年的《中俄北京條約》，取得烏蘇里江以東的沿海地帶。結果，俄國在遠東地區擁有了不凍港口——海參威，並著手將海參威建設為軍用港口，取名「符拉迪沃斯托克」，為「征服東方」之意。

一八六一年，奕訢設立總理各國外交事務衙門，列強與清朝政府的交涉變得容易許多。當時的太平天國也改變了對歐洲各國的態度，摸索著締結合作條約的道路。但是對於在《北京條約》中大幅擴張既得利益的列強而言，太平天國已經不再是他們理想的合作對象。此後，列強的態度明確地轉為支持清朝政府的立場，甚至協助清朝政府鎮壓太平天國。

《資政新篇》與太平天國的滅亡

天京事變大大地削弱了太平天國的戰力，曾國藩所率領的湘軍，加強在長江上游的攻勢。一八五八年五月，九江陷落，清軍重新建起包圍天京的陣地，太平天國政權面臨生死存亡的緊要關頭。

洪仁玕至天京與《資政新篇》

此時，天王洪秀全透過拔擢青年將士的方法，試圖重建天京事變後崩潰毀壞的領導階層。年僅十四歲便加入太平軍，在戰場上身先士卒的陳玉成，為廣西藤縣人，驍勇善戰，令敵軍聞風喪膽；因其雙眼下方皆有黑痣，被清軍取名為「四眼犬」。比陳玉成年長的同鄉人李秀成，及其堂弟李世賢，也從一般兵士中被選拔出來，成為前線的指揮官。洪秀全在提拔身經百戰的勇士們的同時，也親自就任最高軍事指揮官的職位（這個職位過去是由楊秀清所擔任）。

在洪秀全的這些措施下，太平天國又能夠開始進行一致的作戰行動。一八五八年，在陳玉成與李秀成的協力之下，攻破了天京北岸的清軍陣地。並在安徽的三河鎮與湘軍對戰，殲滅了七千名湘

洪仁玕

軍的最精銳部隊，其中包含曾國藩的胞弟在內。得知三河鎮之役敗戰消息的曾國藩感嘆道：「三河之敗，殲我湘人殆近六千，不特大局敗壞，而吾邑士氣，亦為不揚。」因為這一戰的勝利，太平天國擺脫了眼前的苦境，獲得喘息的機會。

一八五九年四月，洪秀全的族弟，同時也是拜上帝會早期的信徒洪仁玕，從香港抵達天京。他在金田起義之時，未能與太平軍會合；一八五二年時曾在廣東策劃武裝起義，失敗後潛伏在新安縣（現在的深圳市）。而後結識了傳教士韓山文（Theodore Hamberg，又譯為韓山明），接受基督教的洗禮儀式，並在香港的倫敦傳道會擔任助手的工作。

最近的研究發現，洪仁玕在香港期間，活用其中國古典學問的素養，擔任教師和醫生的角色，同時也熱心致力於傳教活動。他曾經在一八五四年，試圖由上海進入天京，但未能成功。關於他一八五八年再度下定決心前往天京的理由，某位傳教士表示洪仁玕的考量是：「須盡快勸說南京方面與洋人合作，否則遲矣。」當時正值第二次鴉片戰爭的尾聲，許多傳教士批判太平天國是異端。因此，洪仁玕憂心於太平天國將來可能面臨的危機。

當洪仁玕抵達天京之時，洪秀全驚喜萬分，在不到一個月的時間，便封洪仁玕為干王。洪仁玕在太平天國著手進行近代化的制度改革，於一八六〇年頒布改革綱領——《資政新篇》。該書是根據他在香港期間，對於歐洲各國的見聞知識所寫成，雖然主張政府與民眾之間的溝通，但是其目的是想要構築出以天王為中心的中央集權體制。

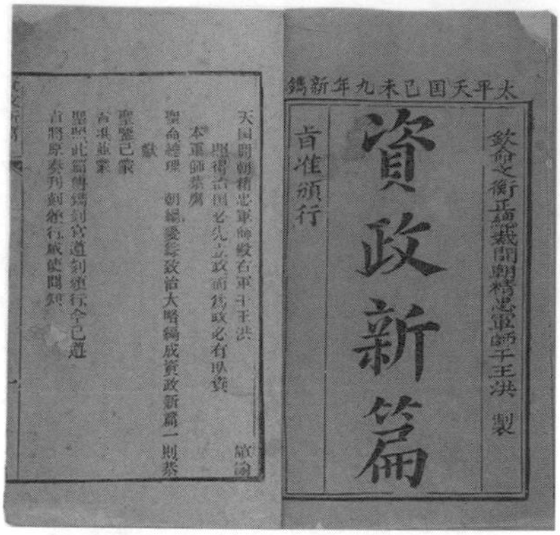

《資政新篇》封面　一八五九年，經由洪仁玕撰寫並經由洪秀全批准頒行，提出非常現代化的資本主義式施政綱領。

舉例來說，洪仁玕指出，在與外國交涉之時，不能夠使用「夷狄」等帶有侮辱意味的文字。並提議，應該允許與外國的通商貿易關係，開放傳教士在中國內地進行傳教活動，主張推行鐵道、公路、輪船航路等基本公共建設。此外，洪仁玕提倡應該學習近代歐洲設立銀行、開發礦山等地下資源，以充實國庫的收入。至於拉攏民心的方法，則是提議發行報紙、設置書信館、改善社會福祉、不濫用死刑、廢除科舉八股文等措施。

從這些主張中，可以明顯看出十九世紀歐洲近代化浪潮拍打至亞洲的時代特徵，同時也是太平天國滅亡後，清朝政府推行自強運動的預演內容。此外，肯定追求個人利益、建設交通與產業的發達以促進經濟發展的近代化路線，與一九七八年後鄧小平所實施的改革開放政策有共通之處。在《資政新篇》中對日本提出了正面的評價：「日本邦近與花旗邦（美國）通商，得有各項技藝，以為法則，將來亦必出于巧焉。」

對於《資政新篇》的出版，洪秀全對其中的多數建議表示同意。他在廣州時曾接觸過歐洲文化，對於近代文明抱持著肯定的態度。不過，對於發行報紙這一點，因為有被清軍利用的風險，洪秀全表示反對；在不濫用死刑這一條建議上，洪秀全則說：「爺誡勿殺，是誡人不好謀害妄殺，非謂天法之殺人也」，堅持將生殺大權掌控在自己的手中。

最後，《資政新篇》淪為紙上談兵，除了外交和文字改革之外，其他的方案皆未能施行。且對於當時疲於應戰的將官們而言，《資政新篇》的內容超出了他們的理解範圍，洪仁玕並未立過軍功，因此在太平天國內始終無法建立威信。

另一方面，繼兩位兄長之後，洪秀全又重用自己的族弟洪仁玕，引起了太平天國內部的不滿。為了取得平衡，洪秀全封陳玉成為英王，李秀成為忠王。

儘管如此，恢復自信的洪秀全，將國名更改為「天父天兄天王太平天國」，並假借神祕之夢的啟示，試圖強化自己的權威。此舉招致李秀成與李世賢的反感，而後形成李氏軍閥與洪氏家族的對立關係。

太平天國的滅亡與常勝軍

太平天國的後期代表人物忠王李秀成，與干王洪仁玕之間的矛盾，起於一八六〇年李秀成進攻上海一事。這一年六月，攻進蘇州的李秀成向英、美、法三國領事提出想要締結友好關係的協定。八月，李秀成通告各國，太平軍不會傷害上海租界的外國人。然而，太平軍卻遭受英法聯軍的攻擊，數百人喪生，李秀成本人也負傷撤退。

根據近年來在臺灣發現的洪仁玕自述文件表示，起初洪秀全是打算派遣洪仁玕至蘇州，與外國領事締結通商友好條約。但是李秀成表示：「我天王江山可以打得來，不能講得來也。」因此「眾洋人知不能和，乃去」。文件中，洪仁玕指責李秀成的任意妄為，破壞了他與外國領事的交涉。

的確，當時英法聯軍正在天津與清軍交戰，尚未簽訂《北京條約》（決定兩國轉為支持清朝的條約），但英國方面拒絕了洪仁玕的請求。七月，美國人華爾（Frederick Townsend Ward）所率領的傭兵洋槍隊（後來的「常勝軍」）開始與太平軍交戰。事已至此，太平天國與列強簽訂通商友好條約的可能性，已經趨近於零。洪仁玕打算憑藉著在香港接觸歐洲文明的經驗，試圖與列強進行交涉的希望，被殘酷的歷史現實所擊潰。

在李秀成進攻江南地區後，清朝政府任命曾國藩為兩江總督，以圖保住江南這一個聚寶盆。當時，因為湘軍無法從長江上游的戰線脫身，曾國藩只好指派弟子李鴻章，仿效湘軍的編制，前往李的故鄉安徽省編練軍隊，稱之為淮軍。另一方面，英王陳玉成率兵前往武漢，準備與李秀成軍隊會合，進攻湘軍。但是李秀成卻無視於洪秀全的西進命令，只顧著在江南地區擴大自己的勢力範圍。未能與李秀成軍隊會合，陷入孤軍奮戰的陳玉成，轉而將希望寄託在捻軍首領苗沛霖的身上，沒想到反倒被苗沛霖出賣，而死於清軍之手。

這個時候的太平軍，軍紀已不如起義時期般的嚴正守律，特別是在對待清軍降兵的暴行上十分惡劣。將領之間的矛盾對立關係不斷惡化，彼此對於新國家建設的理想也漸行漸遠，糧食不足的問題，讓太平軍走上爭奪糧食的作戰。在太平軍士兵所留下的日記中記載著，當時的太平軍部隊中，因為對於革命的未來充滿了恐怖與不安，很多人在夜晚無法安睡，受夢魘所苦，不少人甚至為了忘卻恐懼而沉迷男色，收養美少年作為養子，以供玩樂。

另一方面，在清朝政府的統治力量日漸削弱的狀況下，前文所提及的捻軍、廣東、廣西的天地會系列團體、貴州的苗族等，紛紛起身響應太平天國的起義，在各地爆發動亂。不過，參加動亂的人士之中，不少人是為了發洩平日所累積的壓抑與不滿，進而情緒爆發，做出掠奪等不良行為。加上太平軍認為「我們是天朝的軍兵」，自我意識甚高，瞧不起其他起義軍，將他們視為「賊匪」，因此，太平軍與其他各股反抗勢力，無法順利地團結合作。這些問題，也同樣出現在中國共產黨的歷史之上。當中國共產黨試圖與潛伏在農民協會及工人運動中的民間團體勢力尋求合作機會之時，也是犯了同樣的錯誤。

一八六二年，由李鴻章所率領的淮軍，在英國的援助下加入上海的戰線。現役英國軍官戈登（Charles George Gordon）擔任常勝軍的統帥，加上列強所援助的近代化武裝裝備，對太平天國進行軍事鎮壓。加入李秀成軍隊的英國青年呤唎（Augustus Frederick Lindley）表示，英國干涉太平天國之事，是為了守護鴉片貿易中的既得利益，並強烈譴責戈登屠殺基督教教徒的太平天國人民。「每當我想起自己的國家對他們（太平天國）的態度，便以自己是英國人的身分感到羞恥」。常勝軍與淮軍憑藉著近代化武器發動攻擊，一八六四年五月，太平軍最後的要塞——常州失守。

配備新型武器的常勝軍

當太平天國於一八六三年露出敗象時，李秀成返回天京，勸洪秀全捨棄天京，逃往西北，以期東山再起之日。洪秀全憤怒地拒絕道：「朕之天下為銅牆鐵壁。曾國藩等人不足為懼。」不久，太平軍開始與包圍天京的湘軍交戰，一八六四年五月，洪秀全因病倒下；六月，留下最後一道天王詔旨：「大眾安心，朕即上天堂，向天父天兄領到天兵，保固天京」，便駕鶴西歸，與世長辭。七月十九日，湘軍攻下天京，歷經十四年的太平天國，正式滅亡。李秀成在護送洪秀全之子（幼天王）途中被俘，在獄中寫下關於太平天國的長篇供詞後，被處以死刑。洪仁玕也在逃到江西之時，被清軍俘虜並殺害。

太平天國運動的遺產

太平天國可說是近代中國所經歷的第一股「南來之風」。這一個運動是起於底層移民，他們遭受歧視、流落邊地，為尋求出口，而將他們的能量聚集在建設烏托邦的理想之國，以期能夠讓疲弊不堪的中國社會獲得再生。此外，他們接受異國宗教——這一個從外頭的世界所吸收到的刺激，給予歷經鴉片戰爭後仍舊冥頑不靈的大清王朝統治體系，一記沉重的打擊。

如果說二十世紀的中國在吸收馬克思主義之後，將其中國化而成為毛澤東主義，那麼拜上帝會的主張，就是將耶和華和耶穌降臨這種超自然主義中國化之後的成果。在拜上帝會的思想中，蘊含了許多中國固有的復古主義——恢復正統的傳統王朝觀念。太平天國在政權剛步入正軌之時便發生內部分裂的狀況，決定了該運動必然的失敗；不僅如此，其後的國民革命以及中國共產黨內部所發生的內戰及權力鬥爭的歷史，與太平天國的這段歷史，有著驚人程度的相似性。

另一方面，太平天國所提出的「天朝田畝制度」以及《資政新篇》的內容，作為中國所追求的兩個烏托邦理想，留下了深遠的影響。前者「大同」的烏托邦理想，由清末維新變法派所繼承，在

克復金陵圖　一八六四年七月，曾國荃率領湘軍攻破天京。

毛澤東時代的人民公社實際推行。後者的近代化路線，則是由清末的自強運動開始施行，並連接著後來中華人民共和國建國後鄧小平的改革開放路線。更為重要的是，抵抗列強干涉（列強的干涉也是導致太平天國滅亡的因素之一）的這一點，在隨後的中國歷史上，不斷的重演。太平天國的戰亂與血腥鎮壓，造成了無以計數的犧牲者，但這不過是近代中國所經歷之苦難的序曲罷了。

在太平天國動亂餘波未平的一八六六年，辛亥革命的領袖孫文於廣東出生，他在同為客家人的洪秀全身上找到了共鳴，立志於革命事業。據說共產黨的領導者朱德與彭德懷，在童年時期也曾經受到太平天國傳說的影響。後來共產黨軍轉戰各地之時，被迎接他們的農民稱為「天兵」，認為是太平軍的歸來。即使太平天國運動以失敗告終，但是他們所播下的種子，則確實地在後來的歷史上生根發芽。

第二章　動盪的中華世界——自強運動與甲午戰爭

洋務派的登場與近代化事業

中國近代化的起源

在鄧小平推行改革開放政策的二十多年間，中國的各大通商口岸都市，無一不在進行大規模的建設工程。深圳由邊境的一座小農村，搖身一變成為經濟特區，北京也為了迎接奧運而整頓環境。走在高樓大廈林立、高速公路環繞的上海街頭，與一九八〇年代前的風景迥異，想必有不少日本人會驚嘆，這就是社會主義嗎？

讓我們回溯至一百四十年前，自強運動的展開，為中國歷史上首次嘗試「近代化」。當時的日本，正值幕府垮台，明治維新開始之際。儘管如此，明治維新的歷史意義，無論是在日本的國內抑或是國外，都有著高度的評價；與此相對，自強運動的歷史評價並不高。

對自強運動評價不高的第一個理由，便是這個運動的目的，當初是為了鎮壓太平天國，才導入歐洲物質文明，企圖以這個方式重建清朝的統治地位。在該運動中，官僚們過度熱衷於爭權奪利，對列強的侵略行為採取妥協的立場，壓迫了民間資本的成長空間。第二個理由是，被視為是自強運動所孕育出的寵兒——北洋艦隊，卻在甲午戰爭中輸得一敗塗地。為何日本的明治維新能夠成功，中國的自強運動卻是以失敗告終，學術界中的主流論點認為，其原因出於清朝政府的腐敗以及自強運動實行的不夠徹底。

儘管如此，歷史上所謂的近代化，所指的並不只是明治時期日本所選擇的「西洋化」這項單一意涵。近來也出現了新的觀點，認為自強運動所嚮往的「近代化」內容，完全不同於明治維新；至少不應該單憑甲午戰爭的結果，便在兩者之間劃出高下勝敗的界線。另外，現今正在實行改革開放政策的中國，所呈現的是不同於我們所想像的另類「中國式近代」，讓世界各國大開眼界、驚訝不已。關於中國是如何接受並對應歐洲的近代化，就讓我們試著以清末自強運動的角度進行探究。

慈禧太后的登場與自強運動的開始

讓我們把時間倒轉回太平天國還在推展革命運動的一八六一年。為躲避英法聯軍進攻北京而逃往熱河避難的咸豐皇帝，同年八月因病駕崩。根據遺詔，決定由六歲的皇太子（後來的同治皇帝）即位，由咸豐皇帝的心腹肅順等人輔佐朝政。

十一月，皇太子在北京的生母慈禧太后，偕同咸豐皇帝的異母弟弟奕訢等人發動政變。慈禧太后原為滿族的葉赫那拉氏出身，被選作宮女入宮。某日，咸豐皇帝注意到唱著南方歌曲的慈禧太后，有著如黃鶯出谷的美妙歌聲，令人傾心。此後，慈禧太后集三千寵愛於一身，卻因為出身問題而沒有資格成為皇帝的正室（東太后）。慈禧太后的祖先葉赫那拉氏，曾反抗過清太祖努爾哈赤，

慈禧太后

因此被規定其子孫不得進入宮廷。

儘管如此，慈禧太后憑藉著機敏伶俐的性格，獲得了咸豐皇帝的信任。當咸豐皇帝因為內外情勢的龐大壓力而臥床不起之時，慈禧太后便代替皇帝批閱來自各地地方官員的奏摺。不久，慈禧太后開始干預朝廷政治，加深了與咸豐皇帝的心腹肅順等人的矛盾。

於是，慈禧太后便與向來不滿咸豐皇帝的奕訢聯手，趁著將咸豐皇帝棺木運回北京的時機，宣布由慈禧太后與東太后兩人輔佐年幼的皇帝，垂簾聽政。肅順等人大吃一驚，隨即表示反對，慈禧太后便逮捕他們，展開肅清。在肅順頸上套上枷鎖，在北京城內遊街，並斬首示眾。

這場政變為清末歷史造成巨大的影響。奕訢是北京條約簽訂時的中國代表，擔任議政王，位於政治權力的中樞，也被列強所看好。新政權為了進一步鎮壓太平天國，積極啟用了曾國藩等既優秀又有能力的漢族官吏。

奕訢掌管總理衙門之後，將過去稱之為「夷務」的外交事務，改稱為「洋務」。不久後，與歐洲有關的新奇事物皆被概括稱為「洋務」，負責處理洋務的漢族官吏則是被稱為「洋務派」。雖然後來奕訢下台，由慈禧太后獨攬大權，但是與歐洲列強的交涉合作、重用優秀漢族官吏的基本方針，仍舊得到延續。換言之，被譽為「同治中興」的自強運動，是在以慈禧太后為核心的體制下，如火如荼的進行。

總理衙門開設外語學校同文館作為附屬機構，並於一八六四年翻譯國際法，出版《萬國公法》，目的是「以外國的法律反擊他們的主張」。並派遣外交使節團，在世界各國開設駐外公使館，推動外交的近代化。

然而，自強運動的主要舞台，並非是在北京的中央政府。導入近代工業的主角，是曾經擔任鎮壓太平天國要任的地方官員，特別是曾國藩的弟子、同時也是淮軍的領導人物李鴻章，以及湘軍的首領左宗棠等人。隨後則是張之洞、劉坤一等各省總督、巡撫等級的官僚。做為這些官僚後盾的智囊團，則是以地方出身的菁英為主流，例如在太平天國時期擔任過團練首領，要求曾國藩出兵上海的馮桂芬（江蘇吳縣人）。

江南機器製造局

一八六五年，李鴻章擔任代理兩江總督的職務，他以中國的一位留美學生容閎（廣東香山縣人）所帶回來的機械為基礎，在上海設立兵器工廠——江南機器製造局。容閎就讀於澳門的馬禮遜學校，歸國後，於一八六〇年在太平天國的首都天京與洪仁玕會面。當時，容閎向洪仁玕提出了七項建議，像是太平軍的近代化、建立民主政府等，但是並未被洪仁玕接受。於是，容閎便將他對中國近代化的期待，寄託在曾國藩的身上。李鴻章受曾國藩的請託，建立工廠，並舉出淮軍所使用的近代化兵器、在戰鬥上發揮了巨大威力的事實，強調「防禦外國侵略，乃自強之本」，表明在國內生產兵器的重要性。

一八六六年，閩浙總督左宗棠在鎮壓太平天國之時，獲得法國人日意格（Prosper Marie Giquel）等人的協助，於福建設立福州船政局，開始建造軍艦。這兩個工廠，再加上與李鴻章有關的金陵（南京）和天津的機器製造局，被稱為四大工廠，均為官營工廠，擁有數千名的工人。除此之外，福州船政局附設的船政學堂，教授學生航海技術與外國語言，多數畢業生前往歐洲留學，而後成為北洋海軍的幹部。

自強運動的擴大與官僚資本主義

一八七〇年，李鴻章出任直隸總督、北洋大臣，提高了政治上的發言權，自強運動的內容，也從軍事工廠全面擴大到近代化產業之上。一八七二年，李鴻章在上海成立輪船招商局，是中國最早的輪船公司，試圖奪回被外國資本壟斷的海運產業利益。一八七八年，為了抵制進口棉紡織品，成立了紡織工廠──上海機器織布局。此外，運動的範圍還擴大至礦山的開發，以及電信設備的導入建設。一八八一年，為了運輸直隸開平煤礦所生產的煤炭，開通了連接唐山和胥各莊之間、長達十一公里的鐵路。

這些洋務企業大多採取「官督商辦」的半官半民經營模式。企業創辦時由政府融資，從民間募集資金與人才，「官」則是執行最小限度的監督，像是防止外國勢力進入企業內部等。具體的經營方針則是委託給「商」，亦即具有豐富經驗、有能力進行高額投資的大商人。

擔任洋務企業經營業務的實力派商人，多被稱呼為「買辦」。「買辦」是葡萄牙文「comprador」的譯語，是代替外國貿易公司在中國市場進行仲介貿易，以通商口岸為活動中心，從中獲取巨大利益。鴉片戰爭後，最早進入上海的是英商顛地洋行（Dent & Co.，中文名稱為寶順洋行），其中擔任買辦的徐潤和鄭觀應（兩人都是廣東香山縣人），便是著名的代表人物。他們參與了許多洋務企業的創辦及經營事業，像是徐潤參與了李鴻章所設立的輪船招商局、鄭觀應則是參與了上海機器織布局等事業。

清朝政府為了讓這些企業能夠與外國資本競爭，在稅制上採取了優惠措施，並給予一定期限內的壟斷經營權等、諸多特權加以保護。而李鴻章採取的「官」不干涉經營的方針，獲得人民的信任，在民間募集到許多資金。

儘管如此，當時的中國並沒有週轉資金所必需的銀行機構，在鐵路等基礎建設的進度上也大幅的落後。換言之，讓企業得以順利發展的條件與環境，並不完備。舉例來說，紡織業所需的長纖維棉花原料，無法在中國國內取得，導致上海機器織布局的開工，整整延宕了十二年之久。另外，身為經營者的實力派商人們，將傳統中國社會中的商業習慣，帶進股份公司的企業之中，例如徐潤和鄭觀應組成廣東人的同鄉網絡，與其腳踏實地、努力提高生產效率，他們更傾向將資金投入股票投資等高風險、高獲利的副業上。說到底，不管是洋務派的官吏還是民間的商人們，他們都

鄭觀應

深信，只要設立了具備近代技術的企業，就自然而然地能夠從外國資本的手中奪回國內市場，並獲取利益。

一八八三年，上海發生金融危機，徐潤的房地產投資事業失敗，宣告破產，為輪船招商局帶來了十六萬兩白銀的損失，徐潤也因此退出經營。同時，鄭觀應也離開了上海機器織布局的營運團隊。李鴻章為了防止經營上的混亂，不得不強化「官」對企業的干涉。其後，李鴻章的心腹盛宣懷就任輪船招商局的督辦，掌握企業的經營實權。

原本只是作為監督者的官僚，當他們在企業上的權力得以擴張之時，就出現了以企業利潤填補其他同類企業的赤字虧損，或是拿來購買軍艦等狀況。加上洋務派官僚強化了官僚資本主義（將企業私有化）的傾向，許多民間商人對此感到失望，而不願意投資洋務企業。此外，清朝政府為了保護這些企業所採取的（期限內的）經營壟斷權，導致了妨礙其他民間企業的發展。

在洋務派的官僚之中，對於「洋務」的內容，原本意見就不一致，也有人對於官督商辦的作法表示批評。清朝政府內部的多數保守派們，輕視商業活動，對自強運動本身則是抱持著否定的態度。因此，李鴻章所主導培育近代企業的嘗試中，就連促成中國工業化的這一個成果，都無法達成。從政治權力下自立出來的民間資本，其發展被擱置在一旁，「官」與「商」相互依靠的關係，在後來的中國仍持續了很長的一段時間。

「中體西用」論的理想與現實

一八七六年一月，李鴻章會見了日本駐清公使森有禮。森有禮是啟蒙團體明六社的成員之一，在一八八五年成立的第一任伊藤博文內閣中，擔任文部卿（文部大臣）的職務，據說，當時李鴻章對森氏的傲慢態度感到憤慨。但李鴻章對於明治維新的評價相當有趣，尤其是他對日本引進西式服裝的反應。森有禮主張「學習他國所長，是我國的優良傳統」，李鴻章則是議論道「仿效歐洲習俗，摒棄獨立精神接受歐洲統治，尚不知羞恥」、「遵循服裝舊式，乃對祖先遺志追憶之體現，子孫萬代須謹守之」。

中國近代文學之父魯迅，將當時森有禮誇耀日本的做法，評論為「拿來主義」。而李鴻章之所以拘泥在「服裝」這種看起來像是枝微末節的小地方，其理由是來自於儒教的特質，也就是「衣冠整」為「禮」之實踐的思考模式。從李鴻章的話語中，可以明白他並未考慮使用日本式的「西洋化」，來作為發展中國近代化的途徑。那麼，積極創設近代企業的李鴻章，究竟為何要如此拘泥於儒教的傳統呢？

洋務派的思想及其源流

相當於日本幕府末期「和魂洋才」的說法，自強運動中廣為人知的口號，便是「中體西用」四字。第一位從體系上論述中體西用的人，便是李鴻章的智囊團成員之一——馮桂芬。他認為，對中國來說，國防問題是「天下第一的重要政務」並主張「以中國倫常名教為根本，輔以諸國富強之術」。換言之，就是應該先以儒教倫理為中心，再導入歐洲的先進技術。馮桂芬呼籲，第一步應該是要在上海和廣東成立翻譯公所，培養精通歐洲學問和語言的人才。

馮桂芬的主張，可以說是繼承了公羊學派的系譜。清末公羊學派由在鴉片戰爭時以全權大臣的身分被派至廣東的林則徐為中心，是一個開明的知識份子團體。他們對現實社會抱有強烈的關心和危機感，最大的特徵便是「經世致用」，大膽地重新解讀孔子的意志並實行改革。典型的例子，便是纖細敏感、憎恨官界腐敗的詩人龔自珍，曾撰文預言大叛亂的發生，寫下「不祥之氣，鬱於天地之間，鬱之久，乃發為兵燧、為疫癘，生民焦類，靡有子遺。人畜悲痛，鬼神思變」、「則山中之民，一嘯百吟」等文字，猛烈批判當時的社會。

林則徐在首戰失利，讓道光皇帝有所動搖，將之撤職並發配到西北邊境。林則徐將自己所蒐集到的國外情報託付給了盟友魏源。一八四二年，魏源將之整理成冊，出版《海國圖志》，為一本世界地理書，同時也是海防書籍。該書傳入日本後極為暢銷，為幕府末期的日本志士們帶來了思想上的深遠影響。在《海國圖志》的序文中，魏源提出「師夷之長技以制夷」的重要性，亦即學習歐洲的軍事與訓練方法，藉以鞏固國防。從這一方面來看，自強運動是公羊學派改革計畫的實踐，除了創辦企業以外，在內政改革及人際關係上，洋務派與公羊學派之間存在著密切的關係。

近代化與儒教的正統論

那麼，洋務派的改革目標又是什麼呢？曾擔任過上海機器織布局經營者的鄭觀應，在其著書《盛世危言》中提出產業培育，創辦學校、設立報社、廢止科舉及纏足等要求，其改革計畫與洪仁玕的《資政新篇》內容有許多相似之處。他將中國的學問定位為「道（本）」，歐洲的學問定位為「器（末）」，認為中國長久以來雖然迷失了「道」，但是如果現在能夠引進歐洲技術的「器」，讓「本末」加以融合的話，便能夠「回歸孔孟之正道」。

被譽為中國報業之父的王韜，曾在上海墨海書院向傳教士麥都思（Walter Henry Medhurst）學習歐洲的學問。在太平天國的勢力進入江南後，王韜為了自衛，試圖創設西式軍隊，但是卻被清朝政府懷疑，認為他使用黃畹的化名，向太平軍提示進攻上海的方法，因而遭到通緝，隨後王韜便逃往香港。

一八七四年，王韜從英國留學回來後，創辦了《循環日報》，提倡鋪設鐵路、開發礦山，並透過學校教育培養國民意識。他甚至主張，如果中國能夠引進歐洲制度的「器」，那麼在一百年後，中國必能超越歐洲，在數百年後，還能實現「大同」的烏托邦理想。不過，在引進歐洲制度的同時，「孔子之道」仍必須是不變的真理，並且透過肅正官僚綱紀，恢復中國古典中所記載理想社會的關係，才能實現國內的安定昇平。

換言之，對儒教的信賴程度雖然存在著些許的差異，但是其「信賴」，正是在洋務派身上可以看見的共通傾向，採取傳統主義的立場，並非只限於李鴻章一人。同時，正如第一章所述，洋務派的對手太平天國，雖然接受基督教的思想，但是在他們的觀念中，卻也存在著建設正統的傳統王朝，如此復古主義的目標。由此可見，「回歸原本的中國」這一個主題，在十九世紀後半葉接受歐洲近代洗禮的中國內部，是共通的反應。不管是自強運動還是太平天國，都不可能拋開這樣的時代精神。

然而，洋務派因其保守主義的傾向，為自強運動帶來的困難，是在日本明治維新運動中所無法想像的難題。最好的例子就是鐵路的鋪設問題。事實上，中國最早的鐵路是於一八七六年開設，位於上海和吳淞之間的鐵道，兩年後被政府收購並廢棄。雖然鐵路的建設，一開始在日本也曾經出現反對的聲音，但中國的抵抗、排斥心理卻更為激烈，特別引人注目的，便是劉錫鴻在一八八一年上奏表示「鐵路建設有害無益」之事。

一八七六年，劉錫鴻以中國第一位外交官的身分，與洋務派官僚郭嵩燾一同被派往英國。他親身體驗了歐洲的文明，並驚嘆其豐富充實。儘管如此，劉錫鴻回國後，非但沒有活用這些經驗，反而是舉出了九項理由反對建設，像是鐵路會破壞墓地的風水、中國的治安不好，無法確保列車能夠安全運行等。

除此之外，劉錫鴻還在奏摺中表示，「（在西洋政治中）多與中國古代治世相似之處，何以隻字不提，獨獨執著於鐵路鋪設之上」。在這段話中重要的是，劉錫鴻認為歐洲的政治制度，是在中國應有的治世之下——也就是在《周禮》等古代經典中所描述的鄉官制度（理想的鄉村統治）之下所誕生出來的世界。

劉錫鴻的評論基準，充其量不過就是將中國的傳統價值觀視為主幹，把近代的技術和制度視為枝節的「中體西用論」，並沒有將歐洲文明視為另一個文化——是與中國在完全不同的原理之上，所發展出來的文化。同樣的傾向也發生在洪秀全對基督教的理解之上，他認為基督教（歐洲的宗教）也曾經是古代中國所信仰的宗教。如此的思維，可說是近代初期的中國在接受外來文化時，所採取的典型思考模式。同時也導致了「西學中國起源論」——歐洲文明源自於中國的論點，反過來束縛了改革的進展。

自強運動與地方民族主義

在自強運動開展中所出現的另一個問題是，鄉紳菁英們（代表著地方勢力，特別是掌握著地域社會之中的利害關係）的成長，與中央及地方在勢力平衡上的變化。其契機當屬太平天國時期的戰亂，在太平軍及清軍的激戰地區，人民被迫面臨該留長辮（效忠清朝政府）抑或是蓄長髮（支持太平軍）的選擇，一旦選擇錯誤，單是髮型的原因，就可能讓人失去性命。

此時，住在浙江省諸暨縣的農民包立身，於一八六一年創立了有別於太平天國與清朝政府的宗教團體，試圖在世界末日的「劫難」之中生存下來。該團體被稱為東安義軍，據守在包立身故鄉的農村，施展奇妙的妖術對抗太平軍，並堅決地拒絕清朝地方官員所提出的合作要求，獨自奮戰，保衛家園。最後雖然因為太平軍的猛烈攻擊而多數犧牲，但在後來也被諸暨縣的人民們讚譽為「地方自治的先祖」。

接下來所提的例子，雖然不是如此極端，但在太平天國時期，確實出現不少「以團練為名，實為匪賊」的地方勢力，他們以軍事力量為後盾，與清朝政府、太平天國、捻軍等叛亂團體相互抗衡，相對地獨立於中央權力之外。此外，湘軍的編練雖是以鎮壓太平天國為目的，但是以曾國藩為中心所建立起的師徒、同鄉網絡力量，在中央政府無法直接控制的這一點上，湘軍可以說是最大的地方勢力。

清朝政府是異族政權，自建國以來，對於這一類地方勢力的成長，向來十分敏感。因此，當平定太平天國之後，曾國藩唯恐清朝政府的猜疑，因而解散湘軍。儘管如此，一度發展起來的地方勢力，並不會因此而消失，出身湘軍、淮軍的兵士一個個踏入官界，建構起各自的關係網絡；在財政上，也設立厘金作為地方稅收，促進商品的流通。厘金制度，原先是作為鎮壓叛亂軍隊費用的臨時措施，但在平定叛亂後仍舊被保留下來，成為地方政府（以省為單位）提高自主性的重要依據。

自強運動也成為這些地方勢力活躍的舞台。當時清朝為了籌措軍用資金，實施大規模的賣官，科舉的威望降低，地方上充滿了徒具虛位官名的人才。他們對於正規的仕途不再抱持期望，轉而跟隨洋務派官僚謀事，以學習而來的歐洲學問為籌碼，試圖提高自己的政治發言權。

對於這些脫離科舉制度的地方菁英而言，承認地方自治的歐洲政治制度，特別是議會制度，是非常具有吸引力的一套運作模式。鄭觀應在《盛世危言》中特地編寫「議會」的項目，主張應該由地方上有聲望的人和商人出任議員，以「上達民情」。此外，他熱切地論述有關開設議會能夠讓官民合為一體，不僅可以「發揚國威，防禦外侮」，還能夠實現漢代人才登用制度中「鄉舉里選」的理想藍圖。

伴隨著地方菁英勢力的興起，中央和地方之間的關係也發生了變化，明初以來中國歷史檯面下的南北對立，亦即江南地區（經濟發達地帶）的科舉菁英與北京的皇權之間，再度燃起關係緊張的狼煙。加上這些地方菁英大多出生於廣東、上海近郊等，與外國人有較多交流機會的沿海地區。因此，以中國整體的角度來看，自強運動本身是具有地方性質的活動，並且呈現出伴隨地區而有所差異的動向。

另一方面，自強運動和地方勢力之間的密切關係，也導致了內部的地方派系主義和利己主義的發展。例如，淮軍體系的李鴻章所創辦的輪船招商局，之所以無法實現中國國內的輪船航運，便是由於湘軍體系的洋務派官僚劉坤一等人的強硬反對，他們擔心輪船航運將會導致湖南的運輸業者面臨失業的困境。

自強運動最大的成果為海軍，建立了北洋、南洋及福建三支艦隊。由於李鴻章掌控了北洋艦隊的領導權，中央政府（一八八五年後為海軍衙門）無法建立起一個統一的領導體系。在北洋艦隊中，出身淮軍的提督丁汝昌與福建官兵們意見不合，嚴重影響到軍中的士氣。據說有不少將士因此離開崗位到岸上生活，或是在巡航地的上海耽於玩樂。

為了矯正清朝正規軍的腐敗，自強運動的海軍採用湘軍、淮軍的編練原理，也就是利用地方民族主義及其關係網絡，卻仍舊無法培育成一支強大的近代軍隊。自強運動本身，就是一項欠缺中央集權力量的近代化事業。

「邊境危機」與中法戰爭

一八七五年一月，十八歲的同治皇帝駕崩，無子嗣繼位，由三歲的光緒皇帝登基。同治皇帝為慈禧太后的兒子，光緒皇帝則是慈禧太后的妹妹與咸豐皇帝的弟弟奕譞的兒子，兩人關係為表兄弟。強力推薦光緒皇帝即位的背後推手無他，正是慈禧太后。其後，慈禧太后與東太后仍舊實行垂簾聽政，在一八八一年東太后逝世後，便由慈禧太后獨攬大權。

清朝統治的衰退與伊犁問題

如此由同輩兄弟繼承帝位的狀況，在清朝歷史上，可說是史無前例，象徵著王室生命力的衰退。加上同治皇帝及皇后之死，或多或少都籠罩在他們與慈禧太后不合的陰影之下，且猝死的東太后是慘遭慈禧太后毒殺的謠言不斷。正巧在這一個時期所發生的事件，又更進一步地顯示出了王朝統治向心力的低落。那就是邊境領土的喪失，以及朝貢體制的動搖。

今天的中國，是由五十六個民族所組成的多民族國家，自古以來，中國邊境就居住著許多不同語言、習慣、宗教的少數民族。中國的歷代王朝，將少數民族的首領任命為土司，亦即少數民族官吏，實施世襲的間接統治。滿洲人王朝的清朝政府，更是將西北民族任命為遊牧民族之長，並於一七五五年平定準噶爾部落之後，設置理藩院進行統治。堪稱擁有史上最大領土的清朝，便是依靠如此靈活的制度來維持統治。

然而，當時間進入十九世紀後，清朝的邊境統治漸漸浮現出了難題。由於內地人口增加，大量的漢族移民遷移進入邊境，欺騙少數民族或是巧取強奪他們的耕地，民族之間的糾紛不斷。土司也因為貧困及內部紛爭而漸趨沒落，統治能力衰退，出現權力上的真空。另一方面，苦惱於財政問題的清朝政府，對於層出不窮的民族紛爭開始感到厭煩，失去了治理邊境的熱情。

太平天國全盛時期的一八五六年，在雲南發生伊斯蘭教徒的「回民」起義運動。雲南的伊斯蘭教徒是在元代以後移居，成為中國境內的少數民族，與漢族移民之間不斷發生經濟與宗教上的紛爭。他們向北京控訴漢族的蠻橫粗暴，並推舉曾經長期入獄的杜文秀（保山縣人）為首領，在大理地區建立獨立政權。一八六二年，陝西、甘肅等地也出現了回民起義的反抗活動，其影響甚至遠及新疆。

雲南回民起義的領袖——杜文秀之印

面對這些在中國邊境所發生的回民起義活動，有兩股勢力作出了敏銳的反應。一是浩罕汗國的武將阿古柏（ā gǔ bǎi），其為土耳其支系維吾爾人，是被清朝驅趕至新疆地帶的少數民族，當時接受英國的支持，占領新疆，以喀什噶爾為根據地，統治天山南路一帶。另一股勢力為俄國，憑藉著第二次鴉片戰爭時所簽訂的兩項條約，開始踏入遠東的土地。並在中亞強化了對土耳其支系各國的壓力，將浩罕汗國等三個汗國置於統治之下。

在阿古柏的勢力擴張至天山北路一帶之後，俄國突然在一八七一年出兵伊犁，聲明在中國恢復當地秩序前，將持續軍事占領。清朝政府因而任命密切關注西北邊防的洋務派官僚左宗棠為陝甘總督，平定陝西、甘肅的叛亂。一八七七年，阿古柏逝世之後，左宗棠成功地收復了除伊犁之外的新疆全域。

自一八七九年起，清朝政府開始與俄國政府交涉歸還伊犁一地事宜。然而，被任命掌有該交涉全權的大使、滿洲貴族崇厚，無視於左宗棠收復失地的用心良苦，對俄國作出大幅讓步，簽訂《中俄交收伊犁條約》（又稱里瓦幾亞條約），割讓大片領土給俄國。清朝政府得知後震怒萬分，拒絕批准條約，崇厚也因此下獄，被判處死刑。隨後，派遣曾國藩之子曾紀澤（曾任駐英公使）前往交涉，於一八八一年簽訂《彼得堡條約》。雖然俄國最終還是交還了伊犁一地，但是清朝政府也必須支付巨額賠款，並向俄國開放新疆全土。

緬甸與越南的動向

同一時期，在中國的西南邊境，兩次鴉片戰爭的主角英、法兩國，也正伺機而動。英國根據分析中國市場特質的《米歇爾報告》，判定在與中國的貿易上，其獲取的利潤只夠與軍事活動的費用相抵，而無法進一步地提升。因此，他們將重心放在無須成本的外交壓力之上。

當時，英國主要關注的是緬甸，他們派遣大規模的探險隊，試圖開拓連接緬甸與雲南地區的通商路徑。一八七五年，英國籍通譯官馬嘉理（Augustus Raymond Margary）被殺，英國試圖透過這項事件，擴大在中國的權益。一八七六年，英國與中國代表李鴻章，簽訂《中英煙臺條約》（又稱為「芝罘條約」），中國承認雲南和緬甸的邊境貿易，並增設通商口岸等。

另一方面，法國則是在越南的阮氏王朝，擴張其影響力。一八五八年，法國以保護天主教徒為藉口，出兵占領越南南部和柬埔寨，直到一八六七年。一八七三年，法國一度占領越南北部的河內地方，翌年簽訂《第二次西貢條約》[1]，逼迫阮氏政府承認法國的保護權。

緬甸與越南，與其後將要敘述的朝鮮、琉球相同，在當時皆處於以中國為中心的朝貢貿易體制之下。特別是在越南，中國皇帝與阮氏王朝的皇帝在形式上維持從屬關係。因此，若是清朝政府想要維持中華世界的秩序，便無法在越南情勢上採取袖手旁觀的態度。因此，當法國向中國傳達「法國與越南已締結條約」後，曾紀澤在一八八一年提出抗議，主張清朝政府對越南所擁有的宗主權。

劉永福

此時，劉永福所率領的黑旗軍在中越邊境的保勝一帶活動。劉永福為廣東欽州人，在太平天國時期，曾是廣西起義的天地會軍隊領袖。一八六五年，他進入越南，率領移居邊境的漢族移民推展開墾事業，並發展為控制紅河流域（中國與越南通商要道地區）的地方勢力。

一八八二年，法國再度占領河內地區，黑旗軍與越南軍隊一同反抗；一八八三年五月在紙橋地區，海軍上校李威利（Henri Rivière）被殺害。阮朝皇帝不堪法國的猛烈攻勢，因而向清朝求援。清朝政府派出雲貴總督岑毓英（廣西少數民族出身），率領一萬兩千名的兵力，前往越南境內。這也是清朝政府對越南實行軍事介入的開始。

一八八三年十二月，清軍與黑旗軍被法軍擊潰，並喪失戰略要地北寧。奕訢因此下台，加上當時李鴻章將重心放在解決朝鮮問題（中日糾紛的焦點），因此在越南問題上打算採取讓步的方式解決；一八八四年五月於天津簽訂停戰協定。失去中國援助的阮氏王朝，與法國簽訂《第二次順化條約》，正式承認法國成為越南唯一的保護國。

中法戰爭與邊境管理的僵局

然而就在一八八四年六月，清軍與法軍在邊境諒山地區再次發生衝突，爆發中法戰爭。八月，法國艦隊在福州馬尾港擊潰了中國的南洋艦隊，並破壞左宗棠所創設的船政局工廠。十月，法國進攻臺灣，實行海上封鎖，一八八五年三月，法軍占領澎湖島。清朝政府曾一度向法國宣戰，但是接連的戰敗，讓慈禧太后失去信心，因而請求上海總稅務司赫德（Robert Hart）出面，進行仲介調停。

在這一個時期，清朝中央希望紛爭能夠盡快平息，但是邊境戰況的發展，卻是事與願違。一八八五年二月，法軍占領廣西的鎮南關；三月，因鎮壓太平天國而聲名遠播的老將馮子材（廣東欽州出身，曾是天地會的會員）擊潰法軍，奪回諒山。法軍統帥尼格里（François Oscar de Négrier）身負重傷的消息傳回法國國內，引起輿論沸騰，反戰聲浪高漲，茹費理（Jules François Camille Ferry）內閣因而垮台。

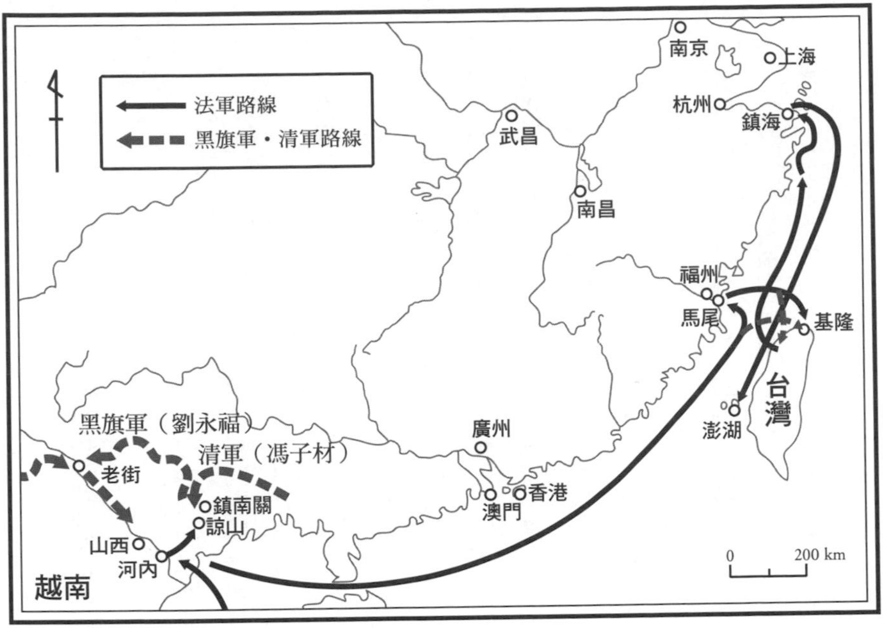

中法戰爭與黑旗軍　根據張海鵬《中國近代史稿地圖集》（地圖出版社）所製作而成。

然而，面對戰況如此的變化，清朝政府仍舊未能敏感地作出反應，對於先前所簽署的停戰協定，完全沒有打算要修改其中的不利內容。一八八五年六月，李鴻章簽訂《天津條約》，正式承認《順化條約》，亦即放棄清朝對越南所擁有的宗主權，認同法國作為越南唯一保護國的地位。在這一連串的事態之下，雖然左宗棠、劉永福與馮子材都取得了各自的戰果，但是清朝政府卻沒有藉此擺出強硬的姿態，與歐洲列強展開交涉，也無力阻止喪失邊境領土。

圍繞著琉球與朝鮮李朝之間的中日關係

清朝對邊境管理陷入僵局與喪失領土的這段歷史中，最後出現的是因琉球和朝鮮半島的問題上與日本的對立。江戶時代的日本長崎，開始和清朝貿易往來，卻未建立朝貢的宗藩關係。明治維新後，日本試圖將與朝鮮李朝之間從對馬藩為仲介的關係，轉變為直接的外交關係。因此，日本認為，首先必須和朝鮮的宗主國（中國）簽訂對等的條約，如此一來，便能站在優越的地位關係之上。

近代初期的中日關係與出兵台灣

當時的清朝政府，鑒於明代的倭寇以及豐臣秀吉出兵朝鮮等負面印象，對日本抱持著警戒的態度。然而，李鴻章等人接受了總理衙門所提出的建議，認為與其拒絕談判交涉，使日本加入歐洲列強的行列，不如簽訂條約，拉攏對方進入中國的陣營。因此，由中國擬定條約草案並展開交涉，於一八七一年九月，簽訂《中日修好條規》。

這是日本與中國兩國，在進入近代之後，首次在對等的立場上所簽訂的條約，相互承認外交使節在國內的常駐權以及領事裁判權。條文中還明定：「兩國領土均以禮相處，互不侵犯，以求永久安全。」清朝政府認為，透過互不侵犯領土這項條文的約定，便能夠打消日本的野心。

於臣屬於中國及薩摩藩雙方的「兩屬」關係之下。明治政府則是想要將琉球從朝貢體制中切割出來，置於日本的主權之下。在日本施行廢藩置縣後[2]，一八七二年，日本將琉球王國設置為琉球藩，並任命琉球國王尚泰為藩主，位列華族，並剝奪琉球王國的外交權，同時派駐外務省的官員進駐琉球。

一八七一年，恰巧發生宮古島納貢船隻漂流至臺灣，五十四位島民遭臺灣牡丹社「生蕃」殺害的事件。所謂「生蕃」，意指不受王朝政府統治的少數民族，在日治臺灣時期被稱呼為高砂族（現今的高山族）。日本政府認為，這是解決琉球「兩屬」狀態的大好機會。一八七三年，囑咐為了批准《中日修好條規》而前往北京的使節副島種臣，試探清朝政府對於琉球人民遇難事件的看法。

當時的總理衙門回答，被殺害的是中國屬國的琉球人民，並非日本人民；加上臺灣的「生蕃」，乃清朝政府政教不及的「化外」之地，因此清朝政府不需要為當地發生的事件承擔責任。日本看出清朝政府對邊境經營的消極態度，因此藉口臺灣是清朝統治力量未及的「無主之地」，為了日本國民的琉球島民，將自行出兵「討伐生蕃」。一八七四年五月，日本不顧英國公使巴夏禮等人的反對，派出陸軍中將西鄉從道（西鄉隆盛之弟），率領三千六百名兵士遠征臺灣。

首次的海外出兵，雖然殺死了牡丹社的大頭目父子，卻因為醫療體制的不完備，有五百名以上的將士死於瘧疾等疾病。另一方面，清朝政府雖然強烈抗議，日本的出兵行為違背了《中日修好條規》中互不侵犯領土的規定，卻因為海軍力量有限，未能下定決心開戰。最後於十月，在北京的英國公使威妥瑪（Thomas Francis Wade）的調停之下，清朝政府承認日本的出兵為一「義舉」，並支付五十萬兩白銀的賠償金，達成和解。

當時的和解條文中有「臺灣生蕃曾對日本國臣民妄加殺害」一文。其中的「日本國臣民」，雖然也可以解讀為一八七三年漂流至臺灣而被殺害的岡山縣居民，但是至少在日本政府方面，是解釋為該事件起因的琉球人，且清朝政府的簽署，也等於承認琉球歸屬於日本統治之下。

一八七五年，日本政府禁止琉球藩對中國的朝貢貿易，並廢止設置在福州的琉球館，迫使琉球使用日本的「明治」年號。琉球因為受到日本的合併脅迫，一八七七年派遣使節至清朝政府請求支援，首屆駐日公使何如璋也向日本政府提出抗議。一八七九年，日本廢除琉球藩，設置沖繩縣，並將舊藩主尚泰遷移至東京。日本吞併琉球之舉，使清朝失去了屬國，以中國為核心的朝貢體制也因此受到巨大的動搖。

清朝對邊境統治的再思考與《江華條約》

近代初期的中國人，對於日本的印象並不會太壞，因為一八七二年發生在橫濱的祕魯船隻瑪麗亞・路斯號（María Luz）事件，日本政府保護了受到虐待的中國人苦力。然而，在日本出兵臺灣後，對日警戒論的聲浪開始高漲，一八七五年在洋務派官僚中，開始以邊境防衛為主題，出現了「海防與塞防」的論爭。

在這場論戰中，「海防」派的李鴻章認為，兩次的鴉片戰爭都發生在東南沿海地區，顯示出海防力量的薄弱，這也正是未能阻止日本出兵的原因；並且主張，為了收復伊犁而在新疆展開的軍事作戰應該立即中止，將其預算運用在強化海防之上。對此，「塞防」派的左宗棠反駁道，在俄國與中國之間，以綿延的國境線為界，所以俄國的南進政策將會對中國造成威脅；且英國等從海上而來的外國勢力，所謀求的不過是通商貿易上的利益，而陸路上的外國勢力則是懷抱著領土侵占的野

左宗棠

心，因此西北地區的防衛才是較為緊急的課題。

這場海防與塞防的論戰，顯示出清朝政府在接受近代國境與排他性的領土支配概念（先前只有彈性且曖昧的邊境觀念）的同時，也開始在摸索，中國該保衛的邊境範圍究竟是到哪裡為止。最後，清朝考慮到雙方的面子，確立強化海防的同時，也繼續新疆戰事的方針。於一八八四年設立新疆省、一八八五年設立臺灣省，分別由湘軍體系的劉錦棠以及淮軍體系的劉銘傳擔任首任巡撫，直接統治管理。

日本出兵臺灣的結果，導致清朝政府在臺灣（確認歸屬於清朝之領地）積極地展開「臺灣版」的自強運動，像是基隆煤礦的開發、鋪設連結大陸與臺灣的海底電纜、縱貫臺灣的鐵路鋪設計畫等。雖然這些計畫大多因為保守派的抵抗而擱置中止，卻奠定了日本統治時期建設臺灣的基礎。

朝鮮是中國朝貢貿易體制下最重要的屬國，且與清朝滿族的故鄉東北三省在地理上相鄰，因此，中國與朝鮮李朝建立起十分密切的關係。但是李朝本身卻認為，長期交往的明朝中國，改朝換代為異民族王朝的清朝政府，為「夷狄之變」，因而必須由自己來繼承在中國本土上滅亡的「中華」傳統。

如此的「小中華」正統意識，促使朝鮮社會崇尚自立，培育出不屈服於外國壓力的自尊心。同時，他們也比日本和中國更加講究朱子學這項「正學」的純

大院君

潔性，並產生出「衛正斥邪」的排除異己思想，將歐洲近代，特別是基督教視為「異端」。

一八六四年，俄國向朝鮮李朝提出通商貿易的要求，李朝國王的生父大院君鎮壓了提議開國的基督教徒，並殺害了包括法國傳教士在內的數千人。法國得知此事後，在一八六六年試圖遠征朝鮮，卻在江華島被擊退。美國也以入侵大同江而遭到燒毀的舍門號（General Sherman）事件為由，試圖逼迫朝鮮開國，一八七一年嘗試登陸江華島，同樣以失敗告終。

另一方面，日本實現明治維新後，一八六八年十二月遞送文書至朝鮮，告知恢復王政。但是在這封文書中，將過去與德川將軍置於同等地位的李朝國王，置於天皇以下的位階，朝鮮的「小中華」自尊心受損，拒絕接受文書。對此感到不滿的參議木戶孝允等人，提出征韓論。同時，正如前文所述，日本政府認為，若是能夠和清朝政府締結對等關係，朝鮮便無法拒絕接受日本的國書，因而急於簽訂《中日修好條規》。

一八七三年，副島種臣等人前往北京訪問，探問總理衙門關於中國與朝鮮之間的宗屬關係，並得到中國方面表示「不干涉屬國之內政及外交」的承諾。於是，一八七五年九月，日本派遣英國所製造的炮艦「雲洋號」前往江華島挑釁朝鮮，又派陸戰隊登陸攻擊。一八七六年一月，陸軍中將兼參議黑田清隆等人，率領六艘軍艦及八百名的兵士前往江華島，仿效培理（Matthew Calbraith

Perry）的砲艦外交逼迫朝鮮。二月，日本和朝鮮李朝簽訂《江華條約》（日朝修好條規）。

這項條約是近代日本站在優越的立場下，和外國所簽訂的第一個不平等條約，包括開放釜山等三座通商口岸，承認日本的領事裁判權、免除商品的進出口關稅以及居留地通用日幣等內容。條約的第一項條文為「朝鮮國乃自主之邦，保有與日本之平等權利」，否認中國對朝鮮所擁有的宗主權。然而朝鮮李朝和清朝政府的理解，只是認為恢復了德川時代的兩國對等關係，「朝鮮國乃自主之邦」這段文字，並未讓他們覺得這和中國之間的宗屬關係有所矛盾。

中日之間在朝鮮問題上的糾紛

日本合併琉球之事，讓清朝產生危機感，因而向朝鮮李朝提議，應該向歐洲各國採取開國的態度，以牽制日本。此時的中心人物為李鴻章，他在一八八一年擔任李朝和美國在條約交涉上的仲介調停角色，試圖在條約中插入「朝鮮乃中國屬邦。內政外交均自主」一文，藉此確認傳統的宗屬關係。雖然因為美國的反對而無法實現，但是中國讓朝鮮國王送上相同內容的文書，最後達成妥協，得以在條約的最後加上中國的「光緒」年號。換言之，清朝政府讓列強各國承認了中國在朝鮮主權上的特殊地位。

一八八二年七月，在首爾發生了反政府、反日運動的壬午兵變。在《江華條約》簽訂後，日本商人利用免除關稅的特權，向朝鮮出口英國製造的棉紡織品；並收購大量的朝鮮米，強硬粗暴的商業活動，觸怒了朝鮮人民。而朝鮮國王的外戚閔氏政權，則是在日本的指導下設置西式軍隊——別枝軍，原來的舊有軍隊將士的待遇因此惡化，進而起了反抗之心，擁立已經下臺的大院君起義，占領日本公使館，驅逐閔妃。

壬午兵變發生後，日本便派兵至朝鮮，試圖確立在朝鮮主權上的優越地位。不過李鴻章則是先發制人，派軍占領首爾，以大院君「藐視中國皇帝」之理由，將其押送至天津，閔氏政權復辟，並以維持治安為由，讓淮軍駐留朝鮮，將李朝軍隊改編為清國式的軍隊；除此之外，還派遣中國人及德國人到閔氏政權內部擔任顧問，企圖加強對朝鮮內政及外交的干預。對此，日本則是在八月簽訂《濟物浦條約》，以護衛公使館的名目，獲得軍隊在朝鮮的駐留權。

一八八四年十二月四日，清朝仍陷於中法戰爭的泥淖之中，不滿中國影響力擴大的朝鮮開化派金玉均等人，發動甲申政變。金玉均等人曾在一八八一年前往日本視察，深切感受到仿效明治維新改革的重要性，在福澤諭吉的協助下，派遣朝鮮的留學生至日本，並發行報紙。此外，金玉均還接近日本外務卿井上馨和駐朝鮮公使竹添進一郎，從公使館得到援助政變的承諾。

十二月六日，李鴻章的部下袁世凱率領一千五百名的兵力，以軍事力量介入；原本為了護衛王宮而出動的日本中隊開始撤退，才剛發表完獨立宣言和改革綱領的新政權崩壞瓦解。反對日本干涉內政的朝鮮人民，燒毀日本公使館，金玉均也從仁川搭船逃往日本。據說當時竹添氏計畫將金玉均交給閔氏王朝，對此，金玉均痛恨友邦日本的薄情。金玉均抵達日本後，被幽禁在小笠原、札幌，過著失意的亡命生活。

甲申政變後，李鴻章任命袁世凱為駐朝鮮總理，負責交涉通商事宜，常駐首爾，試圖打破朝貢體制的原則，對於朝鮮的政治、經濟進行直接的干預、統治。另一方面，在一八八五年的日本，舊自由黨員大井憲太郎策動了大阪事件等，歌頌擴大國家利益的國權論逐漸高漲、盛行。明治政府則是認為，日本沒有實力對清朝發動戰爭，因而派遣伊藤博文等人前往與李鴻章交涉。四月簽訂的《天津條約》中規定，日、清兩國撤兵朝鮮，今後派兵時須事先通知對方。

甲午戰爭與《馬關條約》

日本的戰爭準備與光緒皇帝的親政

一八八〇年代，日本與清朝政府對於朝鮮領導權的問題僵持不下，與此同時，世界情勢也發生了很大的變化。在重工業發展以及金融資本集中等背景之下，德國和美國等新興資本主義國家開始嶄露頭角，英國的優越地位逐漸瓦解，世界進入了列強爭奪殖民地的統治權、瓜分領地的帝國主義時代。

俄國與英國因為阿富汗的問題而對立，這個情況則波及到東亞情勢。一八八五年，英國占領對馬海峽的巨文島，試圖牽制俄國對朝鮮的侵略。一八九一年，俄國在法國資本的援助下，開始建設西伯利亞鐵路。對於俄國的東進政策，日本感受到了極大的威脅。同年發生大津事件，前往日本訪問的俄國皇太子尼古拉（後來的尼古拉二世），在訪問行程中遭到警察砍傷。

在朝鮮經過兩次政變（壬午政變與甲申政變）後，日本深刻的體悟到，若是不與清朝交戰，將難以確保日本對朝鮮的影響力。但是當時日本的軍事力，特別是海軍的力量，無法匹敵北洋海軍，而北洋海軍在經過中法戰爭的教訓後，致力於強化戰力，擁有定遠等鋼鐵戰艦。因此，日本軍部擬

北洋艦隊的主力戰艦「鎮遠」

出《征討清國策案》，在陸軍方面，採用德國模式，編列七個師團；在海軍方面，製造出配備三十二公分大砲的松島級三砲戰艦，以及兩艘配備最新速射炮的高速巡洋艦，打算與清朝的北洋艦隊一較高下。

在軍事擴張上所投入的費用，是從建立在女子勞動基礎上的生絲等輕工業收入中籌措而來。當時日本女性的勞動條件，比《女工哀史》所描述的還要悲慘，與兵士們的收入相較，只能獲得大約一半的報酬，拿來維持最基本、粗簡的飲食生活。因此，大量引進廉價的朝鮮米，對於當時的日本經濟而言，可說是十分重要的課題。一八八九年，日本的屯積行為，造成朝鮮糧食價格飛漲，於是發生了李朝政府下令禁止糧食穀物出口流動的「防穀令事件」。

一八八五年，福澤諭吉發表著名的《脫亞論》，將中國與朝鮮定位在「頑固守舊」的位置上，亦即堅守舊規陋習、不知變通的國家；因而呼籲日本應該與亞洲訣別，「與西洋文明國家共進共退」。一八八六年，停靠在長崎港口的北洋艦隊水兵與日本人互毆的事件，惡化了日、清兩國的國民感情。一八九四年三月，曾經亡命日本的朝鮮人金玉均在上海遭到暗殺，其遺體被送回朝鮮，因「大逆不道」之罪名在朝鮮國內被當眾毀屍。其後，在日本國內，金玉均在日本亡命時期所受到的冷落待遇，引起輿論的沸騰。

在這個時期的清朝，光緒皇帝自一八八九年開始親政，慈禧太后搬至北京西北方的頤和園，表示「隱退」。然而，慈禧太后並未交出手上的權力，光緒皇帝仍舊必須經常前往頤和園拜見，徵求意見。光緒皇帝的皇后是慈禧太后的侄女，慈禧太后便透過皇后來監視光緒皇帝。光緒皇帝對如此的狀況感到不滿，其周圍聚集著被稱之為「清流派」的保守改革派人士，像是教師翁同龢等人，他們的中心目標是想要強化中央政府的權限。

清流派最大的對手就是洋務派的領袖、深受慈禧太后信任的李鴻章。因此上演了以光緒皇帝為首的「帝黨」，與慈禧太后、李鴻章這一派的權力鬥爭戲碼。朝廷的內鬥導致了政權腐敗、賄賂行為也日漸猖獗。其中，廣為人知的醜聞，便是一八九四年秋天，慈禧太后為了自己六十大壽的慶典，挪用了海軍衙門的經費兩千萬兩白銀，修建頤和園。[3]

東學黨起義與日本・中國

一八九四年二月，東學黨[4]的中堅分子、領袖全琫準在朝鮮全羅道的古阜郡起義，反抗地方官的壓迫。東學黨是由已經沒落的兩班貴族後裔崔濟愚所創辦的民間宗教，在批判基督教與體制派儒學的同時，以融合、再生傳統宗教的方式，試圖達到振興朝鮮固有學問的宗旨。崔濟愚主張，只要吟唱咒語「天人合一（亦即全體人類都與天合而為一）」，便能夠實現平等的社會；此外也施展巫術、發送仙藥治癒疾病。結果，在對社會體制心懷不滿的下層民眾之間，東學黨急速地擴大了勢力。

李朝政府將東學黨視為異端，進行鎮壓，於一八六四年處決崔濟愚。第二代教祖崔時亨，則是進一步地發展教團組織，於一八九二年展開第二次教祖申冤運動，要求取消崔濟愚的罪名、停止對教團的迫害。一八九三年三月，東學黨人在首爾的各國公使館張貼抗議口號，並打算在四月舉辦忠清道的報恩等大規模的集會活動，卻被政府軍隊鎮壓。

全琫準所率領的起義軍，打出「驅逐倭夷（日本）」、「消滅權貴（閔氏一派）」的口號，勢力擴張至一萬人以上。隨後，起義軍擊敗李朝的政府軍隊，五月底占領全羅道道廳所在位置的全州地方。朝鮮這場東學黨起義，動搖了閔氏政權的統治，六月一日，閔氏政權不顧大臣們的反對意見，向袁世凱要求出動清軍前來援助。

李鴻章接到報告後，派出兩千一百名淮軍，並根據六月七日所簽訂的《天津條約》，向日本告知派兵一事。然而，早已得知消息的日本外務大臣陸奧宗光等人，則是派出遠超出清朝政府預測的七千名兵力至朝鮮。十日，日軍四百七十名的先發部隊比清軍早一步進入首爾。對於日本軍的突然出現，李朝政府十分驚訝，試圖與起義軍議和，於十一日簽署《全州和約》，內容包括懲處貪官汙吏、設置執綱所、解放奴婢、廢止兩班貴族特權等。

因為李朝政府與起義軍議和，日、清兩國失去了出兵的理由，在當地進行交涉，六月十五日雙方達成同時撤兵的協議。隨後，陸奧宗光卻毀棄協議，提出雙方共同為朝鮮進行內政改革的意見，遭到清朝政府的拒絕。二十三日，陸奧氏告知，日本將要單獨進行改革，指示公使大鳥圭介：「無論採取何種手段，都要找到開戰的藉口。」

因此，大鳥公使一方面向李朝政府提出內政改革方案的建議，一方面逼迫李朝政府擺脫與清朝之間的宗屬關係。閔氏政權對此表示拒絕。七月，日軍驅逐閔氏一族，成立以開化派金弘集為首的親日政權。

甲午戰爭的爆發與李鴻章

其實，李鴻章為了維護自己的政治財產——北洋艦隊，在與日軍的軍事衝突上，採取極力迴避的態度。他表示，依據現狀，裝備老舊的北洋艦隊可說是毫無勝算，並勸說光緒皇帝不可急於一時，免得落入日本的圈套之中。但是，帝黨派的官員們批判李鴻章的現實主義外交態度過於軟弱，光緒皇帝也傾向主戰的立場，李鴻章只好無奈地將期望寄放在列強的干預之上。

當時，日本畏懼於列強的干預，特別是修改不平等條約的交涉對象——英國，因而詢問英國的態度。果然，英國希望的是維持東亞的現狀，擔心紛爭將會引起俄國趁機南下，因而出面調停。然而，七月九日，清朝政府主張日本應該先行撤兵，拒絕英國所提出的調停方案。十六日，日英簽訂《通商航海條約》，日本沒有必要再畏懼於英國的介入。而李鴻章所期待的俄國，則是因為遠東兵力的不足，以及外交上的孤立，打消了干預的念頭。

另一方面，在日本國內，首相伊藤博文以及明治天皇則是站在和平的立場。特別是明治天皇在開戰後表示：「這回的戰爭，是大臣的戰爭，而不是我的戰爭。」拒絕派遣特使前往伊勢神宮和孝明天皇陵墓報告。換言之，甲午戰爭走向開戰征途的決定，已經凌駕了天皇個人的意志。

七月二十五日，日本海軍在豐島海岸展開突襲，擊沉了載有一千名清朝士兵的英國籍船隻高陞號。雖然日本擔心擊沉英國籍船隻事件，將會遭受違反國際法的譴責，因而有些提心吊膽；但是清朝駐屯在朝鮮的軍隊，也因為增援遭到斷絕而有所動搖，在成歡這個地方敗給了日軍。八月一日，雙方正式宣戰，清軍將兵力集結到平壤。但是指揮官之間出現了意見分歧，主戰派的總帥左寶貴戰死後，九月十六日，清軍全軍覆沒，決定撤兵。緊接著在十七日，爆發黃海海戰，北洋艦隊遭到日本聯合艦隊圍攻，損失了致遠等三艘戰艦，敗北而歸。

十月，日軍開始進攻清國領地內部，十一月占領遼東半島的旅順。當時日軍屠殺大批市民，《紐約時報》與《泰唔士報》紛紛譴責其暴虐之行徑。朝鮮也在十月發生了東學黨的第二次起義，日軍與李朝政府軍隊聯手鎮壓，最後逮捕全琫準，並處以死刑。

一八九五年一月，日軍進攻北洋艦隊的集結地、山東半島的威海衛；二月，水師提督丁汝昌自殺，北洋艦隊投降。屢戰屢敗的清朝政府喪失了戰鬥的意志，透過美國要求議和。日本方面，軍部仍主張繼續戰鬥；三月，全權大臣李鴻章抵達下關，進行停戰之談判。然而，李鴻章卻在此時遭到暗襲而受傷，擔心遭到列強批判的日本，雖然應允了停戰三週的要求，但在這期間，為了將談判情勢導向更為有利的方向，日本又占領了澎湖列島。

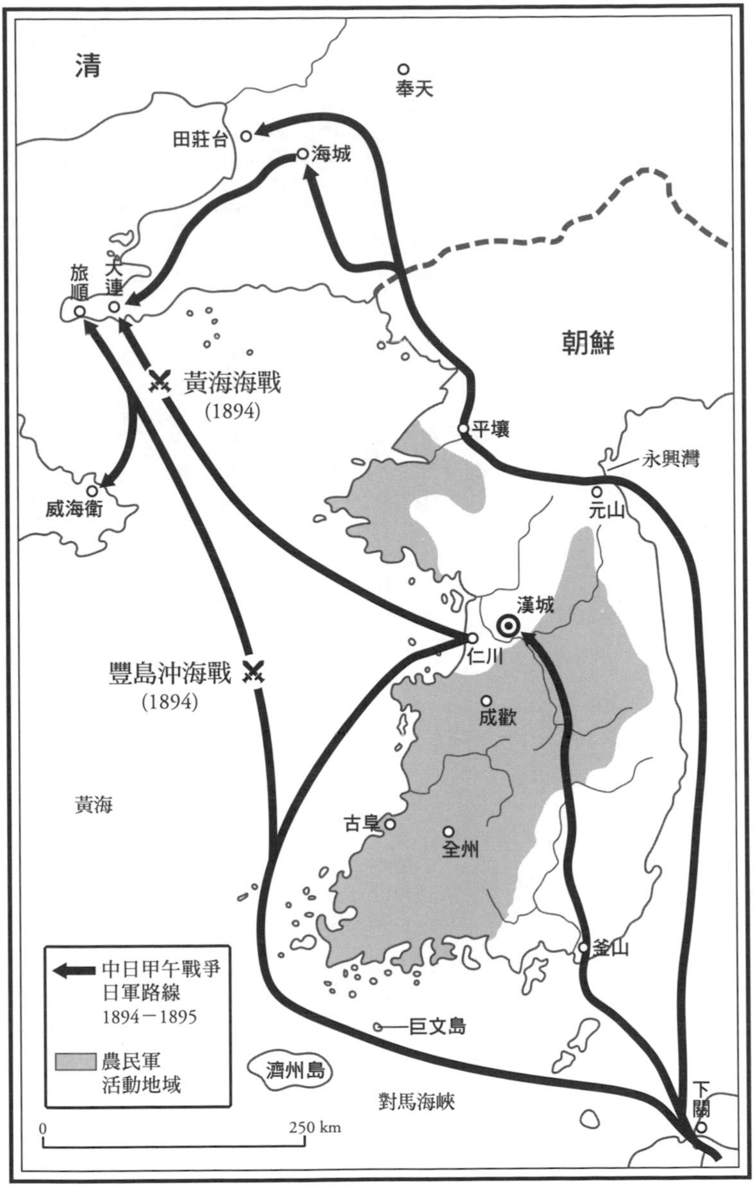

甲午戰爭圖　根據《世界歷史大系 中國史5》繪製（山川出版社）。

一八九五年四月十七日，李鴻章與日本任命掌有交涉全權的伊藤博文和陸奧宗光簽署了《馬關條約》，其內容如下：

（一）清朝承認朝鮮為「完整的獨立自主國」。

（二）割讓遼東半島、臺灣及澎湖列島給日本。

（三）賠償兩億兩白銀（之後又追加三千萬兩白銀，贖回遼東半島）。

（四）開放重慶、蘇州、杭州等口岸，承認日本人在通商口岸的企業經營權。

條文中的朝鮮獨立，其實只是為了否定朝鮮與清朝之間的從屬關係；事實上，在金弘集政權領導下的甲午改革，已經強化了朝鮮對日本的從屬關係。條約中除了企業經營權之外，還記有多項權益，都是過去英國曾經向清朝政府提出過的要求。可見日本是一邊繃緊著神經、警戒著列強的動向與態度，一邊推動與清朝政府的交戰。

果然，就在《馬關條約》簽訂後不久的四月二十三日，俄國召集法國、德國進行三國干涉，要求日本歸還遼東半島。此時，「臥薪嘗膽」一詞成為日本國內的口號標語。眾所周知，三國干涉還遼之舉，也為日後的日俄戰爭埋下了伏筆。

《馬關條約》與臺灣民主國

另一方面，當《馬關條約》的內容公開後，成為割讓對象的臺灣，掀起了反抗運動。五月二十五日，臺灣首屈一指的菁英丘逢甲等人高喊「我等臺灣同胞誓死不屈，戰鬥到底」，宣布「臺灣民主國」的獨立，任命臺灣巡撫唐景崧為總統、中法戰爭英雄的劉永福為大元帥。六月四日，日軍展開登陸作戰，唐景崧逃往廈門，日軍占領臺北、基隆等北部據點，但在南部仍舊遭到頑強的抵抗。

至十一月首任臺灣總督樺山資紀宣布平定臺灣全島為止，包括女性、原住民在內，約有超過一萬四千名人的臺灣人遭到殺害。

甲午戰爭以清朝政府的慘敗告終，這不僅意味著長期以來維持東亞世界秩序的朝貢體制崩潰，同時也象徵十九世紀後半葉中國所嘗試推行的自強運動受到重挫。特別是敗給了同為東亞成員之一、「同文的小國」日本，帶給中國人民巨大的打擊。某位主戰派的官僚主張，即使能夠暫時忍下此等屈辱，朝廷亦不能等閒視之，應思考對策。除了圖自強，別無他法；強烈呼籲有必要以中央政府為中心來推動政治改革。

當然，要動搖傳統中國專制獨裁的統治，在自強運動中日益顯著的現象，也就是地方勢力的崛起，是一項必經的過程。自強運動發展成中央政府無法控制的近代化事業，雖然影響了改革的進度和統一，卻為日後的中國播下了種子，留下多樣的可能性讓後人去摸索。相較於以擺脫幕藩體制和集權化為課題的日本，可說是在起點上就有所差異。

而在自強運動之中，自始至終貫徹到底，對儒教文化毫不動搖的自信，也顯示出了孕育出古典文明的中國社會，在面對並接受異文化時的態度和方式。甲午戰爭後，「日本模式」被大肆宣傳，就可以看出經過兩次鴉

臺灣民主國的藍地黃虎旗　臺灣民主國是為了引起國際社會牽制日本統治而建立、僅存在一百五十天的短暫政權。由年號「永清」便可看出，其本質上奉清廷為宗主，合法性並沒有獲得清帝國外的任何國家承認。

片戰爭都未曾動搖的「中華」自信，在經過這場戰爭失敗的衝擊過後，終於出現了變化。

對自強運動而言最大的諷刺，便是為了平定內亂、安定國防而誕生的淮軍和北洋艦隊，在維持朝貢體制的名義下被派往處理朝鮮侵略問題，與日本競爭。北洋軍隊被迫參與這場預料未及的戰役，最後以慘敗告終。然而，取得勝利的日本，卻也被捲入帝國主義勢力之間無止盡的戰爭漩渦之中。

一開始對甲午戰爭表示支持的基督教徒內村鑑三，在一八九七年書寫的短文〈猛省〉之中記述道：「奪取臺灣之事，與戰爭原來的目的——朝鮮之獨立，究竟有何關係。（甲午戰爭）雖然是以正義之戰之名義揭起，卻是以欲望之戰收場。」在東亞世界中賭上生死存亡的甲午戰爭中，打從一開始，就不存在所謂的「勝利」吧！

註釋

1 【譯按】又稱《法越和平同盟條約》、《甲戌和約》。

2 【譯按】廢除薩摩藩。

3 【編按】目前有另一派學者研究的結果，認為這筆經費是當時光緒帝的生父、海軍衙門大臣奕譞，向各地督撫募款修園得來，最後掛在「海軍軍費」的名義下，與北洋海軍的費用並不相干。

4 【譯按】又稱為東學、東學教。

第三章　民族主義的誕生——戊戌變法與義和團

列強瓜分中國與變法派的登場

政治都市・北京

北京這座城市的特色，不管是從好或壞的各方面來說，就是一座政治都市。首次造訪北京時，在城市的每個角落，都可以感受到戰戰兢兢、提心吊膽的氛圍，相信有這種印象的，不只是筆者一人。且在北京市內各處，可以看見許多揭示著「國家」看板的公家機關，這也是這座城市的特徵，讓人感到頭昏腦脹：「不管走到哪裡都是國家，北京到底是在哪裡呢？」當然，在北京也有所謂的「老北京」——愛好北京這座城市的百姓，在街角的「胡同」裡閑靜安穩的庶民生活，最近急遽地減少了。而和北京人說話時，都得像是訴說重大祕辛般地在耳邊細語，這讓筆者深切的感受到，此處果然是一座充滿權力鬥爭的城市，無法從危險的權謀、算計與政治遊戲氛圍中逃離出來。

前一章所提到的太平天國、自強運動以及以失敗告終的甲午戰爭等一連串的「邊境危機」，都是發生在中華帝國邊緣，邁向新時代的胎動。同時也與因帝國衰頹而導致的向心力低下，以及新中國誕生所需要的創造性能量合為一體。接下來，本章節所關心的兩個事件，都是以皇帝所在之處的城市——北京為舞台。實際上，戊戌變法是以南方出身的知識分子為中心所推行的運動，義和團則是由社會的最底層民眾所發起。從這一點看來，這兩個事件也可以算是邊緣世界對挑戰中華再生的一種嘗試。然而，運動本身是在首都北京開展的事實，加速了中華帝國的危機，並提高了改革的必要性。這些運動究竟是如何開展、又是以什麼樣的結果收場，直接地決定了清朝政府的命運。

列強瓜分中國

儘管清朝政府經歷了一連串在軍事行動上的失利，但是在當時的歐洲列強眼中，中國仍然像是一頭「沉睡的獅子」，必須心懷警惕。然而，甲午戰爭的失敗，則是完全消除了歐洲列強的警戒心態。清朝政府為了支付巨額賠款給日本，向外國銀行借貸了三億七百萬兩，並以國內關稅及鹽稅等作為借貸的擔保，各國列強開始在中國利權的取得和勢力範圍劃分上相互競爭。

首先是透過借款而獲得的鐵路鋪設權，以及鐵路沿線的礦山開採權。在三國干涉還遼事件中，清朝政府欠下人情的俄國、德國與法國，分別獲得了橫越東北地區的東清鐵道、貫穿山東半島的山東鐵道，以及連接雲南至越南的滇越線之鋪設修築權。英國則是取得連接香港和廣州的廣九線、連接上海和南京的滬寧線之鋪設修築權。前文曾經提及，中國鐵路的鋪設因為民眾的強烈反對而未能順利建設；但在今日中國所利用的鐵道路線之中，仍有數條路線是因為列強獲得鋪設修築權，才得以建設成形。

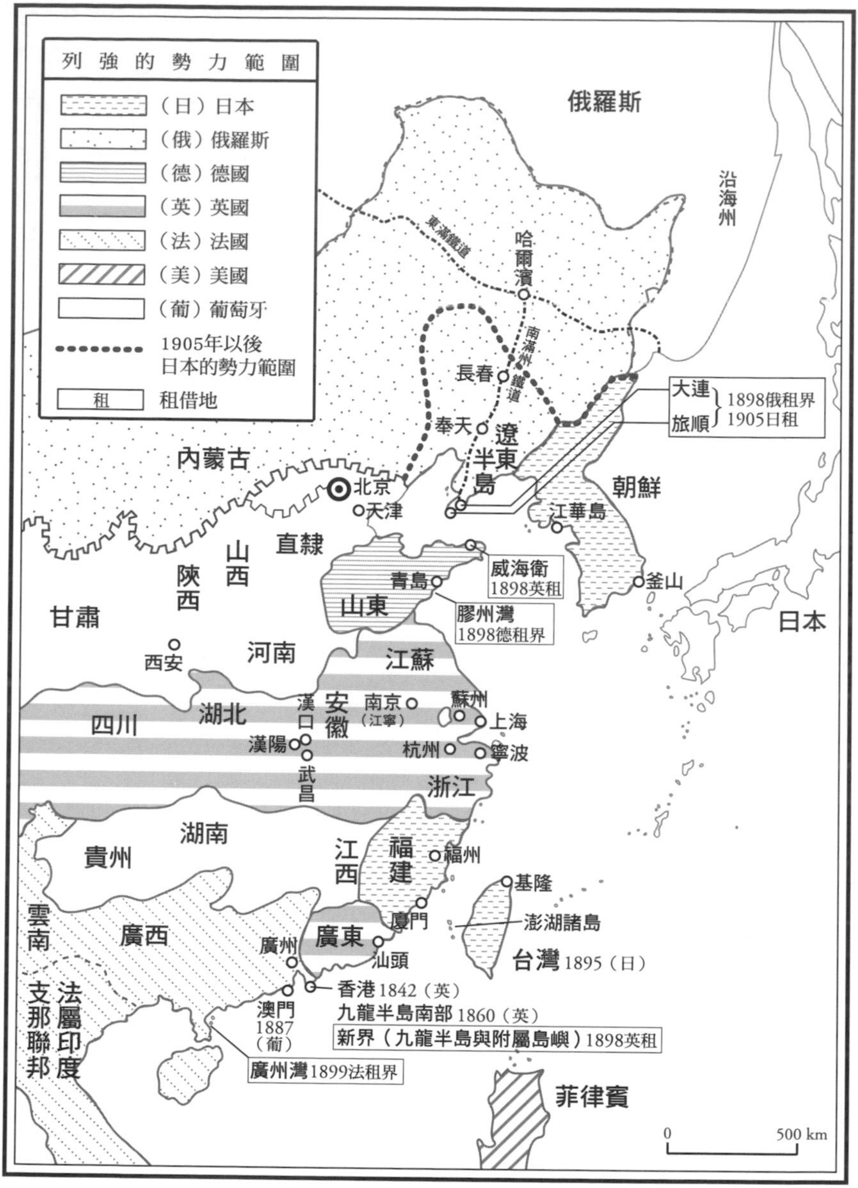

列強瓜分中國　根據《世界歷史大系　中國史5》(山川出版社)所製作而成。

其次是在租借名義下所設置的軍事及經濟據點，劃定排他性的勢力範圍。一八九八年，德國以山東發生的傳教士被殺害事件為契機（將於後文詳述），租借膠州灣；俄國則是在三國干涉還遼事件後，取得日本所放棄的旅順及大連作為租借地。法國租借在地理位置上，則是與法屬印度支那（越南）鄰接的廣州灣；英國為了與各國抗衡，將山東半島的威海衛納入勢力範圍，並以九十九年的期限租借九龍半島北方的新界地區。如此一來，已經在《南京條約》中割讓給英國的香港島，加上在《北京條約》中成為英國領地的九龍地區，構成了今日香港之雛形。一九九七年香港主權移交中國，成為特別行政區，從新界區的租借算起，正好經過了九十九年。

第三，是對在華企業的積極投資。其關鍵是日本在《馬關條約》中取得了通商口岸的企業經營權，而列強各國也因為最惠國待遇的約定而獲得同樣的權利。至一九〇二年為止的八年時間，列強的投資金額達到五億兩千萬美金，是甲午戰爭前的三十倍之多。不過，當時的日本，並沒有活用該項條款，只要求清朝政府必須承諾，不會將臺灣對岸的福建省利權賦予他國。在侵略中國上姍姍來遲的美國，則是在一八九九年由美國國務卿海約翰（John Milton Hay）提出門戶開放政策，主張機會均等，試圖進入中國市場。

《天演論》的衝擊與變法派的登場

列強在國內劃分勢力範圍，使中國陷入了瓜分危機。當時出現一張「時局圖」，在中國地圖上繪有鷲鷹、熊、太陽等各種動物與怪物等，比喻列強們正在分食中國，圖旁還有「不言而喻」之文字。這般現實讓年輕的知識分子

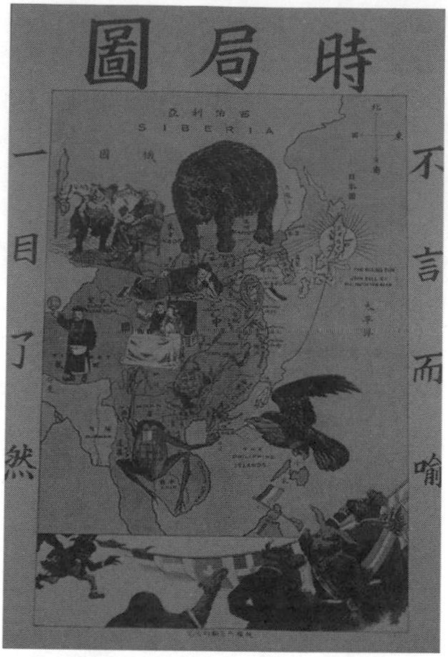

清末時局圖　以各種動物和怪物比喻列強正在分食中國領土，引起當時年輕知識分子對未來的危機感。

們開始對中國的未來懷抱著危機感，並試圖摸索改革的方向。其中，特別有影響力的，便是嚴復與康有為兩人。

嚴復出身於福建省閩侯縣，一八七七年，以福州船政學堂第一批英國留學生的身分，遠渡歐洲留學；回國後被李鴻章相中，成為幕僚。北洋艦隊在甲午戰爭中潰敗之後，一八九七年，嚴復在天津創辦了《國聞報》，是以英國的《泰晤士報》為範本的報紙，宣傳改革的必要性。

不過，讓嚴復名留後世的，則是他的翻譯事業。一八九八年，他歸納、編輯赫胥黎（Thomas Henry Huxley）的著作《進化與倫理》，出版《天演論》，介紹達爾文（Charles Robert Darwin）的進化論。所謂「天演」的理論，便是基於「物競（自然淘汰）」與「天擇（自然進化）」，其關鍵並非是我們所熟知的，由猿猴走向人類的進化，而是猛瑪象的滅亡，象徵出適者生存的自然法則。讀者們從書中意識到「亡國滅種」的危機，亦即在列強激烈競爭的世界下，中國這一個國家與民族，將可能會走向淘汰，甚至滅亡的命運。

康有為便在這種危機意識高漲的時代背景下登場，他是廣東省南海縣（現今的南海市）人，在香港和上海接觸到歐洲的學問，深切領悟到改革的必要性。中法戰爭後不久的一八八八年，康有為首次上書光緒皇帝，提議「改變既成之法」，卻未被採納。康有為回到故鄉後，開辦萬木草堂，和弟子梁啟超等人從事改革的理論研究。

康有為首先注意到的是洋務派所承繼的思想——公羊學派，並在一八九一年寫下《新學偽經考》。此處所指的「新學」，意指當時儒教主流中的古文學派，康有為指出，西元一世紀建立「新朝」的王莽，其軍師劉歆偽造古文學的經典。換言之，康有為主張，當今的儒教主流學派其實是偽學，應該將其捨棄，回歸孔子本來的教義。這本著作引起了很大的迴響，還遭到清朝政府禁止發行。一八九八年，康有為出版《孔子改制考》。

康有為將孔子定位在立志於「改制」，亦即主張政治改革的人物，孔子之所以被尊為聖人，正是因為他能順應時代變化而進行改革。此外，太平天國將《天朝田畝制度》視為理想的「大同」烏托邦，康有為則是將之解釋為社會進化論，主張中國是由「衰亂」時代進入「升平」的穩定統治，進而走向「太平」之世。康有為的這番論調，大大顛覆了過往的中國史觀——太古世界為理想的社會，隨著時代的推進而一同墮落的觀念，對當時的知識分子而言，可說是帶來了如同火山爆發一般的巨大衝擊。

強學會與譚嗣同的《仁學》

《馬關條約》簽訂不久後的一八九五年五月，康有為與一千多名因參加科舉考試而聚集到北京的文人菁英，一同上書，抗議停戰並要求改革，歷史上稱之為「公車上書」[1]，雖然上書內容並未被採納，但是康有為的名字也因此

《仁學》的封面

被廣泛地流傳開來。

通過科舉，成為進士後的康有為，擔任工部主事的職位，他並未像自強運動時期的知識分子一般，成為大官的智囊團，協助近代化事業的推進；而是試圖建立起自己的政治勢力。一八九五年八月，強學會誕生，康有為邀請對政治改革表示理解的洋務派官僚張之洞擔任會長、英國傳教士李提摩太（Timothy Richard）擔任顧問，並號召改革派中的年輕官僚加入，後來成為中華民國大總統的袁世凱，也曾經是強學會中的成員。

強學會擁有出版機構——強學書局，由梁啟超編輯啟蒙雜誌《中外紀聞》，致力於介紹國外資訊情報。強學會在廣東、湖南等地也設有分會。康有為將孔子視為統合國民的象徵，上海發行的《強學報》便以這一點為基礎，使用孔子紀年[2]的方式代替清朝年號。這部雜誌因「植黨營私」的罪名而被查禁，取而代之的則是一八九六年於上海創刊的《時務報》，在當時的發行數量達到創下記錄的一萬三千份。

一八九八年四月，康有為在北京設立保國會，作為集結各地政治勢力的組織。儘管如此，正如自強運動是以地方為中心來運作，變法運動的據點，其實是中國南方各省，特別是湖南地區，也就是湘軍誕生之地、甲午戰後巡撫陳寶箴等改革派官僚所聚集之地。在這批湖南變法派之中，特別值得注意的是出身瀏陽縣的思想家譚嗣同，他正是將梁啟超招聘至新開設的時務學堂的背後推手。

譚嗣同在著作《仁學》中，提出獨特的世界觀——萬物皆由「以太」所構成。並批評蒙古與滿洲族人，順從殘忍野蠻的性情，盜取中國；「故夫江淮大河以北，古所稱天府膏腴，入相出將，衣冠耆獻之藪澤，詩書藻翰之津涂也，而今北五省何如哉」，指出北方原為中國文明的發祥地，卻因異民族的統治而衰頹。而如今正是中華民族奮起之時，限制專制國家的強大權限，賦予人民勇氣之事，至關重要。除此之外，譚嗣同還告發湘軍，其掠奪行為比太平軍還要嚴重，矛頭直指鄉土英雄曾國藩，認為他是無視法規的知識分子。

這篇攻擊清朝的文章，無法在當時的中國公開發表，在譚嗣同死後，由梁啟超在日本公布。事實上，並非所有的變法派都是抱持著如此觀念，像是康有為，就是希望透過強化皇帝的權力，推行「由上而下的改革」。不過，正如保守派官僚批評保國會的目的是保衛「中國」而非保衛「大清」一般，變法派的主張，確實存在著動搖清朝統治體制的可能性。

變法運動與戊戌政變

提出「日本模式」

在公車上書未被採納之後，仍舊不斷上書的康有為，終於在一八九八年一月，獲得了在總理衙門陳述己見的機會。當時，他高度讚賞日本的明治維新，並將之作為改革所仿效的模型。他在呈給光緒皇帝的《日本變政考》中寫道：「吾國甘於弱亡，不願改制則已，如欲保全，不能不變法，欲變法又恐其錯誤，則日本為吾之前軀矣。其守舊之政俗與吾同，故更新之法不能捨日本而有所異道。」極力主張應該向過去甲午戰爭的對手（日本）

學習。

康有為所提出的具體政策為：（一）宣布施行維新，確立基本方針（相當於明治維新時的五條誓文）；（二）設立制度局，任命參議作為改革的中央機構（相當於王政復古的大號令，設置三職）；（三）設立待詔所，選用人才（相當於參議院）。他甚至表示：「我朝變法，但采鑒於日本，一切已足。」康有為之所以如此推崇日本的明治維新，主要是因為在變法派同志中，有位號稱中國最通曉日本事宜的黃遵憲。

黃遵憲

黃遵憲是出身於廣東省嘉應州的客家人，一八七七年作為首任駐日公使何如璋的隨員（參議）前往日本赴任。起初，他對明治維新抱持著懷疑的態度，但是當他在隅田川觀賞櫻花時，驚嘆於櫻花之美，深深地為日本著迷。隨著觀察的深入，正如「變為洋式，改舊換新，更勝一籌而自立」之文字所示，黃遵憲認為中國若是想保持獨立，不可缺少的就是日本所引進的歐洲各項制度。一八八七年，他完成大作《日本國志》，書中詳細介紹日本的政治制度、經濟政策、社會與文化，並主張中國也應予以採用。

起初，黃遵憲的提議並未受到眾人的矚目，他在甲午戰爭後歸國，加入上海《時務報》的創刊事業，以湖南按察使的身分，致力於變法運動。據說梁啟超曾感嘆道，要是該書的意見能夠早一點被採納，那麼清軍也不至於會輸得如此一敗塗地。雖然康有為自己也很早就開始關注日本，但是關於日本模式的改革方案情報，大多是出自於黃遵憲的《日本國志》。

在列強瓜分中國的情勢之下，年輕的光緒皇帝「不願成為亡國之君」，面對康有為的上書內容——主張仿效俄國彼得大帝和日本明治天皇，運用皇帝的權力推進改革之建議，感受到了強烈的震撼和動搖。正如前述，當時清朝的實權是掌握在引退的慈禧太后手中，對於只有名義上的「親政」感到不滿的光緒皇帝及其心腹大臣們，開始和慈禧太后一派，展開一場火花四射的權力鬥爭。

戊戌變法的開始

六月十一日，光緒皇帝頒布「定國是詔」，宣布施行變法。五天後，光緒皇帝接見康有為，詢問他關於改革推行方向的意見。康有為被任命為總理衙門的章京（大臣輔佐），迅速發表「上諭」（皇帝的命令），公布改革方案。其中包括設立制度局、廢止科舉中的八股文、在科舉考試科目上導入西學項目、設置京師大學堂（後來的北京大學）、提拔譚嗣同等年輕官僚進入中央政府、施行行政改革及裁減冗員等，在一百多天內便發出了兩百項以上的指令。

這些改革方案的形式，是先介紹日本的經驗，接著結合中國的現實狀況，提出新政策。例如仿效一八七一年岩倉具視等人遍訪歐洲各國的經驗，命令宗室、王公出國視察；又如仿效伊藤博文等人設置官報局的做法，將上海的《時務報》改為官報，於北京發行。其內容較以往變法派的言論更為穩

《日本國志》　現藏於中國山東博物館，於二〇一五年甲午戰爭專題展中展出。

光緒皇帝

健，在議會問題上，康有為則是認為時期尚早，因而擱置不談。

然而，保守派的官僚們卻對這些改革措施，表示強烈反對，就連原先能夠理解變法派主張的張之洞等地方大官，也無法適應如此劇烈的轉變。慈禧太后在變法開始後，解除了光緒皇帝的「帝師」翁同龢的職務，並任命保守派的榮祿擔任直隸總督，試圖牽制變法派。在兩造僵持不下之時，許多地方官員唯恐受罰，採取靜觀其變的態度，因此改革的推動未見進展。當初贊成變法的英國公使竇納樂（Colonel Sir Claude Maxwell MacDonald）向英國回報：「皇帝正在學習，頒布改革上諭，與能夠讓下屬遵從，是不一樣的事情。」

對於變法改革的停滯不前，光緒皇帝感到十分焦慮，於九月七日解除批評變法派的李鴻章總理衙門大臣一職。慈禧太后隨即命令榮祿在天津召集軍隊，準備對變法派展開武力鎮壓的行動。因為光緒皇帝的祕詔，康有為等人得知事態緊急，計畫發動政變，幽禁慈禧太后，奪取權力；然而，他們卻沒有足夠的軍事力量發動政變。九月十八日，譚嗣同拋下個人安危的顧慮，前往拜訪袁世凱（強學會之會員、當時正在訓練新建陸軍），請求他幫助，殺害榮祿並包圍頤和園。

當時，譚嗣同已經做好心理準備，若是袁世凱不肯答應，便打算與他同歸於盡。譚嗣同認同日本志士所倡導的俠義精神，為了改革，「甘心赴死」是必要的覺悟。袁世凱覺察到譚嗣同誓死一搏的心情，便當場答應與變法派合作。不過，袁世凱原本就是李鴻章的弟子，當天晚上便拜訪榮祿，密告變法派的政變計畫。

伊藤博文的中國行與戊戌政變

變法派與保守派這場以北京宮廷為舞台的暗鬥，彷彿像是一九八九年天安門事件前夜，中國共產黨內的改革派（趙紫陽）與保守派（鄧小平、李鵬等人）的權力鬥爭。天安門事件發生之時，正好是蘇聯總統戈巴契夫（Mikhail Gorbachev）訪問中國的重要時刻；而變法派與保守派的對立達到巔峰的九月中旬，恰巧是伊藤博文訪問中國之時。當時正逢元勳內閣垮台，伊藤是以在野政治家的身分前來，目的是為了牽制俄國藉由與清朝政府友好以擴大在中國東北部勢力的行動。

伊藤博文堪稱為明治維新的功臣，此行訪問中國，為陷於困境的變法派帶來很大的希望。根據伊藤博文寫給妻子的信件，他抵達天津後受到熱烈的歡迎，眾人紛紛要求他協助中國。事實上，當時也有人提議，應該聘請伊藤氏前來擔任顧問，負責改革事宜。

儘管如此，伊藤博文決定先冷靜評估，協助變法運動能否為日本帶來好處；他在九月十四日抵達北京後，覺察到保守派占居上風，因而表示：「（總理衙門的諸位大臣們）似乎未必是站在贊成變法的立場上。加上最近提拔年輕人才（意指變法派），並排除有經驗之人（意指李鴻章），實在是過於唐突。」與變法派拉開距離。

由於保守派採取武力鎮壓的可能性增高，九月十八日，康有為特地前往日本公使館，拜訪伊藤博文，請求他幫忙說服慈禧太后改變態度，支持變法。但是伊藤博文的反應冷淡，只是搬出千篇一律的教誨，康有為難掩失望，嘆言：「侯爵輕蔑敝國甚矣。」九月二十日，伊藤博文拜見光緒皇帝。光緒皇帝以親王禮節相待，高度讚揚他在明治維新上的功績，並表示「欲聞汝見，不需忌憚」，希望他能在變法改革運動上提出建議與協助。然而，伊藤博文卻回答道：「唯獨皇上一人致力於推動變法。雖不知皇太后之聖意如何，竊以為當皇太后與皇上的意見一致之時，才有可能成功的推動變法。」其言下之意，便是判斷變法運動的成功率不高。

果然，就在二十一日，保守派大臣們發動戊戌政變，慈禧太后將光緒皇帝軟禁在中南海的瀛台後，再度掌控政權，並開始搜捕變法派人士。康有為接受英國的協助，逃往香港後，亡命日本。逃到日本公使館的梁啟超，則是在伊藤博文的指示下，搭上日本軍艦，甩開清軍的追擊，逃往日本。當時，梁啟超勸譚嗣同一起逃命，譚嗣同卻表示：「各國變法，無不從流血而成。今中國未聞有因變法而流血者，此國之所以不昌也。有之，請自嗣同始。」拒絕了逃亡的建議。結果，譚嗣同被捕後遭到處刑，變法改革的成果，除了京師大學堂以外，全都回歸白紙一張。

變法運動是中國以外國為模範，初次嘗試的全面型社會改革。由出身南方的知識分子們挑起大樑，將在邊境所發生打造新社會的浪潮，帶進帝國的首都。這場運動缺乏大眾性的基礎，又未能動搖龐大的官僚體制，便胎死腹中；光是憑藉著皇帝的個人權威來推動，不僅改革內容薄弱，最後甚至還掀起宮廷內部的權力鬥爭。而列強協助康有為、梁啟超逃亡，並向清朝施加壓力，要求減輕對黃遵憲等變法派官僚的處罰，導致慈禧太后與列強之間的關係惡化，進而對外採取強硬的姿態。

另一方面，變法運動雖然開創了中國民族運動的先河，卻也促使人們開始質疑：「保國」，究竟是意味著什麼？因為康有為等人的目標是「保皇」運動，亦即是以保衛清朝之存續為前提下的改良運動，而阻礙改革的勢力，是以慈禧太后為代表的清朝統治體制。此外，在變法派中，也存在著像是譚嗣同這一類的人物，認為清朝是異民族的王朝，不將政權存續問題視為至高無上的前提。保國之「國」，究竟是「中國」還是「大清」？這一個問題，在後來的義和團運動之中，也成為重要的焦點。

變法派人士將日本的明治維新，定為改革的模型，把先前不過是中國人眼中的「東方小國」日本，稱之為「同文同種」的國家，增加親近感。如此的情感在變法運動受挫後仍舊留存，掀起留學日本的熱潮。不過，如同伊藤博文的行動一般，日本並未回應這些親日派人士們的熱情。嚴復的「亡國滅種論」，雖然帶給中國知識分子強烈的衝擊，但事實上，在當時被「弱肉強食」的國際情勢所左右的，應該說是日本才對。

反基督教事件與義和團的登場

在戊戌政變發生後，才不過短短兩年的時間，一九〇〇年的夏天，狂熱的民族主義浪潮，襲捲了北京。主角是社會邊緣的底層民眾，他們對於所有和外

宗教性的時代

國相關的事物，特別是基督教，展開猛烈的攻擊及破壞行動。列強各國將這場義和團運動譴責為

「對文明之罪惡」；在中國國內，也大多認為義和團運動是迷信且盲目的排外運動。康有為則是斷定，「義和團為后黨」，亦即是在慈禧太后的操控下，與外國勢力採取敵對的運動。

然而，在中華人民共和國成立後，對於義和團的觀點及評價則是出現了變化，至少在官方的評價上，是將義和團運動視為與中國革命相連，為一反帝國主義之鬥爭。但是該如何看待義和團的起源、目的，以及「刀槍不入、槍砲不死」之奇特的宗教性，至今仍未有明確的定論。

我們要記得一件事：十九世紀的中國，正是一個宗教性的時代。前文所提及嚴復在《天演論》中所主張的進化論，並非是源自近代科學的成果，而是描述一種終極思想，預言國家和民族存亡的命運，因而廣為人們所接受、認同。以下，就讓我們試著不以當今的價值標準來衡量義和團運動，而是盡可能地配合當時的時代背景，來考察該運動的全貌。

基督教的中國傳教與仇教事件

十九世紀，基督教在中國的正式傳教活動，始於第二次鴉片戰爭後，《天津條約》中所承認的「內地傳教權」。外國傳教士們在醫療、教育等領域上，以近代文明傳播者之身分走入中國社會，逐漸取得許多信徒的信任。

在過往的研究中，有些研究者認為，傳教士是列強侵略的先兵部隊，並且表示中國信徒是仗著教會權威在背後撐腰，在社會上作威作福、蠻橫粗暴的無賴。事實上，也有不少傳教士熱衷於傳播福音（帶有主觀性的熱情），對於中國的風俗習慣不予以理解，態度傲慢。信徒中也有些人被稱為「基督教飯桶」，他們是為了尋求經濟上的溫飽而決定加入。

不過，事實並非如此單純。因為在中國教徒中，確實存在著處於社會弱勢、迫切需要獲得庇護的下層民眾。例如在廣東南部的赤溪地方[3]，十九世紀中葉，此地正是廣東人與客家人發生武力械鬥的舞台。敗北的客家人被逼退至貧窮的赤溪地區，地方政府將之稱為「客匪」並進行武力鎮壓。其後，和解成立，政府在該地新設置「赤溪廳」之行政單位，讓客家人聚集居住；當天主教傳教士至當地傳教後，許多客家人成為信徒。他們在清朝政府的體制下面臨窮途末路的窘境，轉而尋求教會的庇護，其子孫後代也認為：天主教的主教會勸說皇帝，我們將會獲得救贖。

除此之外，還有一些饒富興味的例子。舉例來說，義和團的源流——白蓮教等宗教組織的會員中，也有不少人加入了基督教。白蓮教起源於宋代，為佛教系統下的民間宗教組織，被視為異端而遭到政府的鎮壓，因而在王朝晚期屢次高唱「彌勒下生」，發動大規模的叛亂活動。清朝統治時期的一七九六年，湖北、四川地區的教徒高喊「官逼民反」，發動起義；一八一三年，林清、李文成等人甚至攻進北京的紫禁城內。清朝政府十分震驚，反覆進行嚴厲的掃蕩與搜捕；一八六三年，響應太平天國起義的白蓮教五大旗叛亂遭到政府的鎮壓，此時組織已經幾乎是破敗滅亡了。

經歷這段備受壓抑的歷史，白蓮教徒為了逃避中國官府的鎮壓，轉而尋求教會的庇護。他們大多是全家或是全村入教，在義和團發祥地的山東、河北，其規模甚至多達數千人。加上一八七〇年代，在華北地區發生嚴重的饑荒，傳教士們認為這是傳教的大好時機，紛紛興辦慈善事業，擴大了在當地的勢力。

另一方面，對多數的中國人而言，基督教的活動，反映出一種異類的、缺乏正統性的政治權威

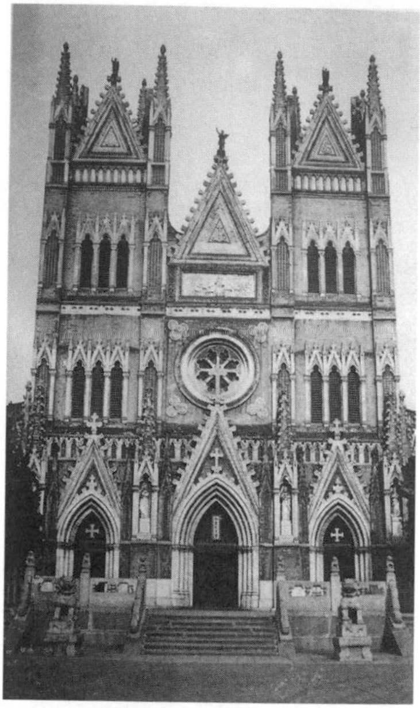

北京的西什庫教堂 光緒十四（一八八八）年建成，一九〇〇年義和團運動爆發時，此地成為圍攻重點。

正在崛起。在基督教獲得公認後，傳教士們要求清朝政府，必須歸還在清初禁教時期以前，天主教教會所擁有的財產。此外，他們也介入中國信徒們的訴訟官司，遊說、賄賂中國地方官員，促使官員們作出有利於中國信徒一方的判決。若是地方官員不肯聽從，傳教士們就會轉而向各國大使館報告，試圖藉由外交途徑施加壓力。

傳教士們利用外交特權支援信徒的手段，相較於中國的官僚機構，可說是相當地迅速俐落。在當時的中國，就像是存在著清朝統治機構與基督教會的雙重權力，隨著民眾尋求保護而入教的情況增多，一方面也引起了其他中國人強烈的反感。將儒教文化視為正統的科舉菁英們，拒絕接受歐洲文化，加上對於原木就處於社會弱勢的中國教徒所帶有的歧視，被稱之為「仇教案」的反基督教事件頻繁地發生。

許多仇教事件起源於捏造的謠言，像是自當地建設基督教教會後便不會再有降雨、教會的孤兒院會殺害兒童並取出肝臟製藥等。一八七〇年發生的天津教案便是其中的一個例子，民眾懷疑教會誘拐兒童，包圍教會並殺害了開槍的法國領事豐大業（Victor Fontanier Henri）等二十四人。對此，法國派出軍艦至天津灣，以強硬的態度要求中國政府必須懲罰當地的地方官員。清朝政府除了派出謝罪使，還命令直隸總督曾國藩出面處理。

曾國藩下令處死了與該教案無關的消防團員，希望能夠藉以平息事態。曾國藩曾表示，即便外國人有所過錯，也無法記載於公文書之上，此乃對外國人懷柔之策。沒想到這一段話傳到外界，反而激起眾怒。其後，仇教事件漸漸脫離科舉菁英分子的主導，像是一八九一年的長江教案，便是與哥老會等祕密組織有關。

義和團的登場

甲午戰爭爆發的一八九四年，有個名為「大刀會」的武術團體，開始在山東西南部現身活動——那裡是《水滸傳》中梁山泊一百零八條好漢曾活躍的舞台。大刀會的領導者是住在曹縣的劉士端，傳授人們白蓮教代代相傳的宗教武術——金鐘罩。

在白蓮教組織中，原本就存在著以宗教信仰為主的「文派」組織，以及藉由拳棒術來鍛鍊身體的「武場」組織。文派屢次遭到政府的鎮壓，相對地，表面上看起來與白蓮教無關的武場，往往能夠逃過遭人舉報的命運；並因其實用性，而在農村社會中廣泛地建立起勢力基礎。金鐘罩的特點是藉由詠唱咒語、服用符水的方式，從神靈之處獲得不死之身；以宗教性的層面來看，該種信仰模式緊緊抓住了民眾的心，他們正面臨著清朝統治力漸趨衰弱的危機，並希望能夠藉由自己的力量保衛鄉土。

大刀會在追捕盜賊的行動上，獲得了地方官員信任；同時，也召集了數千人的集會，宣傳該會的存在。此時，村民與天主教徒發生土地糾紛，向劉士端尋求庇護，大刀會因而襲擊天主教教會。

政府逮捕劉士端並將之處刑，更激化了大刀會對教會所抱持的敵意。一八九七年十一月，大刀會在巨野縣殺害兩名德國神父作為報復，德國以此事為由，占領膠州灣，從此點燃了列強瓜分中國的導火線。

同一時期，山東西北部的冠縣梨園屯村的村民，與天主教徒在寺廟土地問題上持續對抗了近三十年的時間。教會方面基於近代價值觀，認為土地歸信徒私人所有，可依本人的意願來決定是否要建設教堂；村民方面則是基於傳統習俗，認為土地屬於公有地，不允許擅自決定，因而提出控訴。該事件顯示出中國農村首次經歷與近代歐洲文化的衝突；然而，最後地方官的裁決有利於天主教，判處村民代表入獄半年，以示警告。

在這場訴訟失敗之後，由一群血氣方剛的貧困男子們所組成的「十八魁」，挑起了反抗教會運動的大樑。他們在一八九六年，拜訪了住在威縣的梅花拳首領趙三多，入門拜師，希望能夠得到趙三多的幫助。梅花拳與金鐘罩相似，都是帶有強烈宗教性的拳法，且擁有悠長的歷史。趙三多將拳法改為「義和拳」，亦即「義氣和合」之義，並在梨園屯村召開集會，對抗教會勢力。在法國仿效德國以強硬的姿態干預事件之後，一八九八年，義和拳打出「順清滅洋」的口號，並與教會及官兵交戰。

一八九九年，大刀會的勢力擴展至山東西北部，並改名為「神拳」，展開活動。被稱呼為「馬子」的巫師登場，在臺上讓就連日本人也十分熟悉的孫悟空、關羽等神靈附身，神靈附體後便成為不死之身。神拳的領袖朱紅燈身穿紅裝，據說擁有超能力，能夠治癒百病。當時的山東，每年都會發生像是黃河氾濫等這一類宛如末日的景況，民眾對於德軍的侵略也感受到強大的壓力。因此，他們創造出了巨大的戲劇空間，拿基督教教會及其信徒作為獻祭品，進行暴力性的慶典，試圖讓疲弊不堪的世界獲得重生。

八月，朱紅燈在平原縣起義，展開反教會鬥爭，並與前來鎮壓的官兵交戰。然而，向來對外國勢力的武力侵略抱持反感的山東巡撫毓賢，對於取締朱紅燈等人之事，採取消極的態度，並將決定強行鎮壓的知縣撤職，此舉使得神拳活動日漸活躍。十一月，朱紅燈被官兵逮捕殺害；十二月，冠縣的義和拳再次發動起義，反教會運動的影響範圍日益擴大。最後神拳與義和拳合併，一個更為正統的公眾組織「義和團」因而誕生。

北京的義和團與清朝、列強

列強感受到山東義和團勢力擴大後所帶來的威脅，要求清朝政府解除毓賢巡撫的職務。繼任者為列強所支持的人物，同時也是當時中國最為近代化的武衛右軍統帥——袁世凱。雖然列強希望袁世凱能夠嚴厲的鎮壓義和團，但是先前毓賢對義和團所採取的柔軟姿態，其實是來自清朝政府內部保守派的意志，袁世凱無法視而不見。

義和團攻入北京

一八九九年後半葉，義和團的活動範圍擴大至直隸地區（今河北），一九〇〇年春天，在北京、天津也能夠看見義和團的蹤影。義和團活動中擔任傳播的重要人物，便是山東出身的小商人、

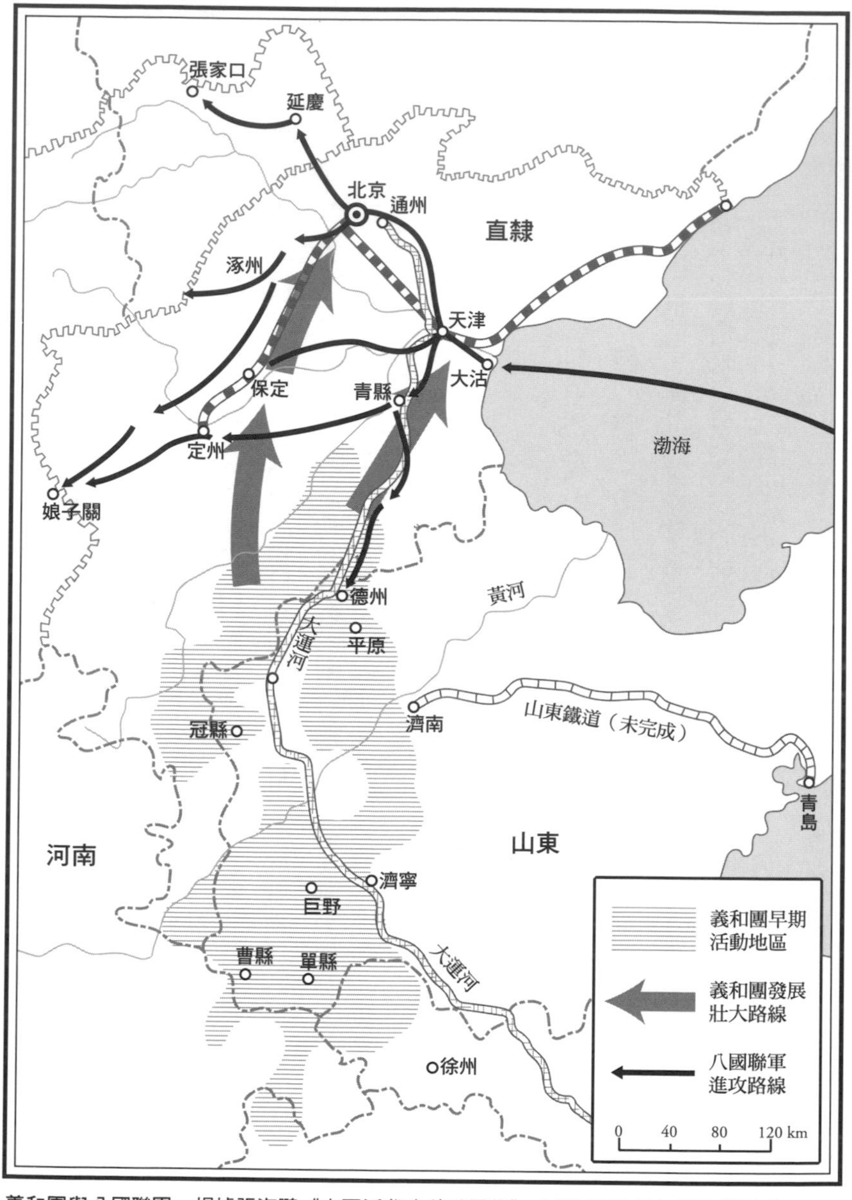

義和團與八國聯軍　根據張海鵬《中國近代史稿地圖集》（地圖出版社）所繪製而成。

季節性的短期勞動者等，流動性高的下層民眾。現今以天津為正宗的「相聲」，仍舊是以山東方言的表達方式，作為代表農村、鄉巴佬表現的笑料。雖然山東曾是華北的「邊境」，但在當時，這些山東出身的小商人及勞動者，則是被華北的貧民階層們尊稱為「山東師傅」，獲得人們的敬重，開始向城市居民們傳授「滅洋（外國）」的不死身拳法。

運動的主力多為十多歲的少年們，以及被稱之為「紅燈照」的少女組織。紅燈照的領袖為林黑兒，出生於大運河船夫之家，為流浪藝人（亦有娼妓之說）。她自稱為黃蓮聖母轉世，可飛扇升天。據說，當林黑兒前往天津時，民眾會在運河的兩岸焚香，甚至連直隸總督都在她面前屈膝下跪。換言之，這些生活在社會底層的民眾，憑藉著「超人」之說，創造出了一個翻轉秩序、非日常的空間。

義和團打出的旗號是著名的「扶清滅洋」，根據最近的研究成果指出，這裡所謂的「清」，並非是清朝政權本身，而是吾土故鄉、中國傳統的價值觀、倫理以及依據這些觀念所構築起來的社會秩序——它們正因外國勢力以及宗教的侵入而逐漸衰頹。「扶清滅洋」的概念，也可以說是原始民族主義的表現。

此外，所謂的「扶」，帶有幫助、支撐之意；與義和拳口號中的「順」相較，可以看出義和團是以居高臨下的眼光看待清朝政權，帶有傲慢的、主動性的「扶你一把」之語感。而後，當清朝屈服於列強的攻擊，打算先進行鎮壓活動之時，義和團提出了「掃清滅洋」的口號，要打倒清朝。換言之，在戊戌變法中未能超越的改良運動的界限，義和團憑藉著其邊緣性與大眾性的特質，作出了嘗試。

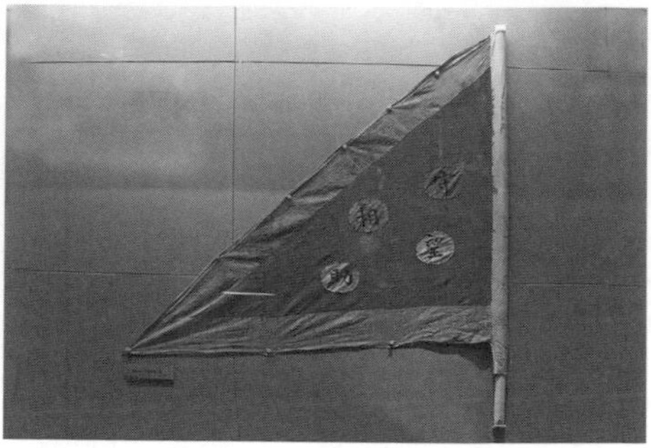

義和團之旗

雖然義和團試圖從社會的邊緣處開始，喚醒中華世界的運動，但是面對這股由南方吹來的新時代之風，北方的人們卻抱持著抗拒的心態。例如，天津的義和團成員，將精通外國諸事、大多是在租界工作的廣東人等南方人稱為「二毛子」，加以排斥或是抨擊。且在每回戰鬥時，便會要求南方人製作「得勝餅」，其背後存在著過去清軍在天津郊區擊退太平天國北伐軍的典故。

除此之外，義和團成員們將自己定位為替天行道的正義使者，毫不留情的制裁敵人。他們強迫中國的基督教信徒退教，違抗者一律處斬，不分年紀，就連小孩也不放過。當時在中國各地發生這一類的屠殺事件，推出「代罪羔羊」加以攻擊，達成「淨化民族」的繪製藍圖方式，與文化大革命時期，紅衛兵替鬥爭對象貼上「反革命」標籤並施以暴行的行為，十分地相似。在《水滸傳》中登場的草莽英雄李逵，其他英雄好漢們也無法應付他的魯莽、好鬥；或許可以說，在中國文化中，原本就存在著如此好鬥的暴力性格。

清朝宣戰與北京籠城戰

面對義和團的活躍，各列強的公使們屢次提出抗議，要求清朝政府必須在如何處理義和團的問題上做出決斷。五月三十一日，列強出於防備，派出約四百人的軍隊至北京（第一次派兵），引起清廷內部保守派的強烈不滿，軍機大臣剛毅將義和團稱呼為「義民」，使得北京的義和團勢力更加壯大。

這些清廷內部「親義和團派」的勢力，是打算利用義和團的力量，來打倒自己的政敵。他們的目標人物是「一龍二虎」，也就是光緒皇帝、李鴻章等人；而後，五位大臣的性命也斷送在他們的手中。[4]在政權內所發生的權力鬥爭，讓人想起這一段歷史——江青（毛澤東夫人）等人利用文化大革命的政治活動，試圖鬥垮當時的總理周恩來。然而，原本就缺乏領袖魅力的保守派們，並沒有隨心所欲操控義和團行動的力量。

六月十日，英國海軍中將西摩爾（Edward Hobart Seymour）率領兩千名的增援部隊，由天津出發。[5]十六日，清朝中央召開御前會議，討論義和團問題。會議中，究竟是要將義和團看作「義民」，還是「亂用邪術之亂民」，兩派人馬爭執不下，慈禧太后發言表示：「法術不足恃，豈人心亦不足恃乎？今日中國積弱已極，所仗者人心耳，若並人心而失之，何以立國？」擁護義和團的論調成為主流。十七日，聯軍砲轟天津大沽砲台，慈禧太后終於下定決心，於二十一日發言譴責列強「無理橫行」，正式向各國宣戰。

位於紫禁城東南方的公使館區域，居住了八百名的外國人，以及前來避難的三千名中國人基督教信徒。西摩爾所率領的援軍，因為鐵路被義和團破壞而未能進京。六月十一日，前往車站迎接援軍的日本書記官杉山彬，被清兵殺害。十九日，清朝命令公使館人員必須在二十四小時之內撤出，並於二十日開始進攻。以美國電影《北京五十五日》[6]而為人所知的「北京籠城戰」，正式展開。

在這場北京籠城戰中，日本部隊約有五十多名士兵，指揮官為柴五郎。柴五郎的父親是戊辰戰爭[7]中敗北的會津藩士。柴五郎因為戰爭而失去了雙親及妹妹，並在明治維新後被送往下北半島[8]，當地冬季十分嚴寒，柴五郎在該處過著極為貧困的生活。他歷盡艱辛，從陸軍士官學校畢業後，在當時以薩長閥[9]為強勢勢力的軍部中擔任情報士官，逐漸嶄露頭角；在義和團活動時期，前往大使館擔任附屬的武官職位。順道一提，柴五郎的哥哥柴四郎（筆名「東海散士」），是日本第一本政治小說《佳人之奇遇》的作者，小說內容是有關朝鮮閔妃遭暗殺的事件。

由柴五郎所率領的日本部隊，在北京籠城戰中的表現十分地活躍。特別是在軍紀嚴明、統率得宜、保護並靈活利用中國信徒的力量等作為上，獲得各國公使的讚賞。關於義和團，柴五郎本人的看法是：「持有武器之人甚少，僅是些揮舞刀槍之徒，不足以為懼。」儘管如此，日本部隊卻苦於武器、彈藥以及糧食的不足。西摩爾所率領的援軍，在受到義和團及清軍的攻擊而返回天津後，甚至有兵士因過度的失望與疲勞，出現精神失常的狀況。

八國聯軍與《辛丑和約》

義和團戰爭爆發之際，列強基於各自的狀況和打算，未能迅速地作出回應。英國正面臨第二次波耳戰爭[10]；美國也正設法應付菲律賓的獨立運動，因而無法撥出多餘的兵力派至中國。在德國公使克德林（Clemens Freiherr von Ketteler）被殺後，德國對於出兵中國的態度轉為積極，卻苦惱於長距離的限制。當時，有餘力派兵至中國的國家，只剩下俄國和日本。事實上，俄國以保衛東清鐵路[11]之名目，已經將六千名的兵士送往中國東北地方。

在日本方面，則是一邊關注俄國的動向，一邊著手準備出兵事宜；但有鑑於三國干涉還遼、結果使日本放棄旅順和大連的教訓，對於未獲得「各國列強一致同意」之行動，決定採取謹慎、保留的態度。起初，英國深恐日本派兵之行為，將會導致主導權落在日本手中，因而保持警戒；然而，隨著北京公使館守備軍的孤立狀態日益加劇，同時也為了防止俄國在中國權益的擴大，英國仍舊決定請求日本派兵至中國。於是，長州藩的首領兼陸軍大臣桂太郎，在七月六日派出了八千名將士。

在先前的臨時先發部隊（早於七月六日所派出的大軍）出發之際，桂太郎激勵福島安正司令官：「此行的任務是為了向列國繳付保證金。務必馬革裹屍，戰死沙場。就算率領的小隊會全軍覆沒，也期待你能為將來的日本留下偉大的功績。」日本認為，這場戰爭將是加入列強隊伍的大好機會，因而一心一意地想要向列強宣揚，日本作為「遠東憲兵」角色的存在感。為了實現日本自明治維新以來的夙願，福島氏與柴五郎成為這項夙願中的「保證金」，亦即墊腳石。

福島氏所率領的先發部隊於七月十四日占領天津，由八國所組成的聯軍約兩萬人，其中包括一萬名的日軍，以及俄軍、英軍、美軍、法軍、德軍、義大利軍和奧匈帝國軍隊，自八月四日起，朝北京的方向前進，開始攻擊行動。清軍的裝備雖然勝過甲午戰爭時期，但是由於缺乏系統性的指揮，無法展開組織性的行動，而被聯軍各個擊破。在義和團方面，雖然有「士氣高昂，展現出英勇的抵抗」、「讓各國軍隊蒙受極大的損失，就連敵人也感嘆，如此苦戰的狀況實在是出乎意料」的說法，但是在現代化的武器面前，義和團的拳民也是死傷慘重。

八月十五日，聯軍攻陷北京，「解放」了公使館的守衛軍。其後，聯軍展開報復性的攻擊與掠

被處刑的義和團團員

奪，日軍也從清朝國庫中「瓜分」到四百萬兩的馬蹄銀（銀塊），上繳日本政府。當時，師團的領導階層私吞部分銀兩之行為，在東窗事發後演變成馬蹄銀事件。

在八國聯軍從天津出發後，慈禧太后便任命長年負責對外交涉的李鴻章為全權大臣，前往議和。聯軍攻陷北京後，慈禧太后狼狽喬裝，帶著光緒皇帝逃往西安。對慈禧太后而言，這是自一八六〇年英法聯軍攻入北京以來，第二次的逃亡。九月十四日，清朝政府改變態度，下令鎮壓義和團；而袁世凱冷酷無情的鎮壓行動，則是博得了列強的歡心。另一方面，單憑著仰賴「人心」便向列強宣戰的清朝政府，則是在此戰遭受到重大的打擊，已經無法扭轉走向沒落的命運。

替義和團戰爭拉下布幕的《辛丑和約》，一直拖延到一九〇一年九月才正式簽訂，原因是在中國權益的問題上，英俄兩國對立，因而無法協調各國的賠款要求。最後，清朝政府必須向列強支付九億八千萬兩的巨額賠款金，分三十九年還清，其金額的龐大程度，讓人瞠目結舌。並且允許外國軍隊在北京的公使館區域外駐紮，以及至山海關各處要地的駐兵權，同時也為日後日本所挑起的盧溝橋事變埋下了伏筆。

然而，與甲午戰爭後列強瓜分中國的狀況相比，在《辛丑和約》中則是看不見對於領土割讓及要求新利權的痕跡。事實上，日本原本打算占領位於臺灣附近的廈門，但因為英國等國家的反對而作罷。此外，在交涉的過程中，俄國提出要求中國割讓東北三省的要求，但是因為遭受忠義軍（義和團拳民的殘餘勢力）的抵抗而未能實現。正如當時八國聯軍的德國總司令官瓦德西（Alfred Graf von Waldersee）所說：「歐美、日本等任何一個國家，目前都不具備足夠的智慧與兵力，去統治占有世界四分之一人口的這群民眾。要求割讓領土等乃屬最下策。」義和團如狂濤的怒氣以及巨大的犧牲，將中國從淪陷為殖民地的危機之中拯救了出來。

另一個義和團——中國人移民問題與抵制美貨運動

日本人的義和團觀與中國保全論

與甲午戰爭時期相較，日本國內對於義和團戰爭（日本稱為「北清事變」）的反應較為冷靜。《萬朝報》的隨軍記者堺利彥，對於這場事變抱持著疑問，也以此為契機，開始接近社會主義，並反對日俄戰爭的開戰。幸德秋水則是在提倡反戰論的同時，追究馬蹄銀事件，最後長州閥的新秀——真鍋斌少將（第九旅團長）被追究責任，遭到停職處分。

此外，刊載於《女學雜誌》上，青柳猛的論文〈義和團贊論〉，也是饒富興味的一篇文章。青柳氏是秋田縣出身的自由主義作家，他的著作《戀愛文學論》曾被禁止出版。他認為義和團出現的原因，在於外國人及基督教的傲慢，且日本當初要求中國割讓臺灣的行為，引起列強瓜分中國的野心，在責任的追究上，日本也難辭其咎。此外，青柳氏還主張，義和團行使武力的行為，如同設法將強盜趕出家門一般，屬於正當防衛的一種，甚至送上「義和團的勇士們，奮起而戰吧」的聲援。

雖然不如上述所言的如此明確，面對列強的獨善其身及軍事暴力等，當時在日本國內出現了許多氣憤、抨擊的論調。甚至還出現了亞洲主義論，以日本為中心，聯合中國的力量，一同起身對抗西方世界的說法。東亞同文會會長近衛篤麿所主張的中國保全論，就是一個代表性的例子。

東亞同文會是在一八九八年，為了實現東亞的大同、團結而成立的政策推進團體，與洋務派官僚劉坤一等人相互合作。一九〇〇年落成的南京同文書院，不久後搬遷至上海，改為東亞同文書院，成為日本從事中國研究的中心。曾任貴族院議長的近衛篤麿，是後來成為日本首相的近衛文麿之父，他主張「中國的危機即為日本的威脅」，反對列強在中國的領土瓜分。他還在一九〇〇年九月組成國民同盟會，批判俄國為了擴大利權而出兵東北的行為，要求日本政府應該對此採取強硬的措施應對。

在東亞同文會的主張之中，可以看見濃厚的優越感——將中國的地位置於日本之下，由日本站在領導位置的立場，「改善」中國，將中國引領至文明的道路。雖然高聲倡導日本與中國的共存共榮，實際上卻是極為關注日本國家的利益，成為引導日本走向一九〇四年日俄戰爭的一股潮流。儘管如此，這股論調同時也與中國國內對日本提高關注的現象相互呼應，在中、日關係之間，孕育出了前所未有的緊密交流。換言之，以義和團為契機，中、日兩國的民族主義產生共鳴，吹響了亞洲主義的號角。

美國的反華僑暴動與黃禍論

接著，讓我們將目光轉向世界，華僑（亦即中國移民）的移出人數，在這個時期迎來了最高峰。中國人移民海外的歷史，可以上溯至宋朝。據說在明朝初葉，鄭和遠征海外之時，蘇門答臘島上便已有許多華僑居住。十八世紀移民活動正式展開，當時因為中國國內人口激增，加快了對邊境的開發活動。當《北京條約》中合法化了中國人的出國行為之後，便有許多華僑前往正值淘金熱的美國，從事開採金礦、貫穿大陸的鐵道建設工作。

這些移民大多是被半強迫地送至國外，從事苦力工作，為了償還借貸的旅費，被迫從事不自由的嚴酷勞動。一八六〇年在香港受到保護的一百零七名移民提出證詞，表示他們是被人口販子和士兵誘拐、施以暴行後被迫出國，被轉賣給移民船。當然，在華僑之中，也有人是出身較為富裕，得到親戚的援助，以自備的經費出國，出國後憑藉著自己在故鄉所學的商業、手工業技術而獲得成功。左右著東南亞經濟的華僑成功故事，可以說就是由這些人所成就出來的。

儘管如此，移居至美國的移民，大多是出身廣東西部貧困地區的民眾，從事著低工資的非技術勞動工作。而被稱為「豬花」的女性移民，則是大多淪為賣春婦。華人移民的出現，讓資本家如獲至寶；但是愛爾蘭移民的底層勞工卻因此面臨失業、工資降低的困境。一八七〇年代，當美國經濟陷入蕭條之時，在各地出現了排斥中國移民的暴動。登陸的中國移民被咒罵、投擲石塊，甚至出現中國勞工被處以暴力私刑致死的狀況。

在中國移民者所集中居住的舊金山地區，雖然因此出現了唐人街，卻因為惡劣的生活條件與習

刊載於美國報紙的諷刺華僑漫畫　批評華僑奪去了白種人勞工的工作（《美國早期漫畫中的華人》）。

慣上的差異，以及吸食鴉片、賭博、賣淫等行為的橫行，造成歧視中國人的風氣。一八八二年，「排華法案（Chinese Exclusion Act）」通過，禁止中國人移民居住，期間長達十年。其後排華法案進一步強化，除了美國本土之外，也適用於華僑眾多的菲律賓和夏威夷。一九〇四年，美國要求再度延長排華法案之期限，遭到中國方面的強烈反對。

上述這一連串對於中國移民者的歧視與迫害，也成為美國排斥日本移民者運動（在日俄戰爭後日益激化）的前提。其背後的理論基礎是在歐美國家廣泛流傳的「黃禍論」，亦即對黃種人的警戒論。當時，在美國出現了一種說法：「當西部變成黃色，南部變成黑色之後，白人就只能被擠壓到大西洋海岸地區」，這樣的宣傳內容煽動了美國原有住民的危機意識。其實，義和團之所以會被視為「對抗文明之罪惡」，而受到列強的強烈批判，正是因為他們將黃禍論的認知帶入了現實世界的緣故。

除此之外，黃禍論在社會進化論之中的另一個面向，便是帶有白色人種優越性的主張，並且認為歐洲文明與基督教，背負著「教化」有色人種的使命。當然，這樣的認知也成為中國反對傳教士的原因。另一方面，在三國干涉還遼事件過後，日本提出了相對於黃禍論的說法——「白禍」論。前文所提及的〈義和團贊論〉以及中國保全論，便是在歐洲與東亞文化相互摩擦的背景之下而出現的產物。

抵制美貨運動與民族主義

將移居美國的中國人之困境，成功地傳達至中國國內的，其實是我們所熟知的斯托夫人（Harriet Elizabeth Beecher Stowe）的小說《湯姆叔叔的小屋》[12]。無庸贅言，該部小說的主要內容是描寫黑人奴隸的悲慘命運，但是譯者林紓[13]等人，則是建議讀者，為了理解同胞們悲慘的現況，應該將該書視為一篇紀實小說來閱讀。

其次，向中國國內傳達中國移民者遭到排斥之訊息的人，是戊戌變法的中心人物之一的梁啟超。一九〇三年，梁啟超為了增廣見聞而遠渡美國，翌年出版這段旅程的記錄《新大陸遊記》。他在書中詳細介紹中國人受到排斥的原委與經過，並批判人種歧視之行為，認為人種歧視有違美國獨立宣言之理念。此外，他還介紹了由夏威夷記者陳儀侃所提出的拒用美貨之抵制手段。

自一八九九年起，梁啟超便針對夏威夷、澳洲的華僑，推展「保皇」運動，當時清朝政府正忙於應付義和團，看準朝廷手忙腳亂的空隙，著手準備起義事宜。這項保皇計畫雖以失敗告終，但是梁啟超也嘗試去摸索與各方勢力聯合的可能性，像是接觸革命派的孫文等。對於義和團的看法，不同於康有為將義和團視為慈禧太后一派的陣營，梁啟超的評價是「愛國行動，雖有勇無謀，君子同情之」。他認為抵抗運動也應該採取文明的手段，若是抵制美貨運動得以實現，那麼該運動「將是國民對外思想進步的先鋒」。

梁啟超

最先點燃抵制美貨運動導火線的，正是孕育眾多美國移民的廣東。一九〇五年五月，廣州的富裕商人調查美國製品的商標，呼籲民眾不要購買美貨。此時，出身廣東的墨西哥華僑，在上海的美國大使館前以自殺行為表達抗議，廣東各地紛紛舉辦追悼集會，抵制美貨運動隨之擴大。而後，運動擴及上海、天津地區，上海的商人團體也達成共識，不下訂單購買美國製品。

當時，因鎮壓義和團的功績而當上直隸總督的袁世凱，期待美國能夠答應出面調停，收回日俄戰爭戰場的東北地區。袁世凱擔心中美關係走向緊張、惡化的態勢，試圖制止抵制美貨運動。到了八月，清朝政府也下令禁止抵制美貨運動，並採取限制集會、向宣傳抵制運動的報社施壓等措施。然而，天津的學生及知識分子們，仍舊熱烈的支持、宣傳抵制美貨運動。

同年（一九〇五年），在中國歷史上持續了約一千年的官吏徵選考試「科舉制度」遭到廢除，被斷絕仕途的菁英分子們，也因此開始摸索、思考「為何而學」的新意義。於是，他們藉由「為了中國」這一個提倡民族主義的理由，找到了作為知識分子的自我認同。

最後，因為景氣好轉，增加了美國商品的進口，抵制美貨運動最終也未能取得成果，便告結束。至於排華法案期限延長的問題，中國也未能使美國作出更多的讓步。即便如此，這場抵制美貨運動，讓中國第一次在「救助海外同胞」的目標之下，實際感受到作為一個近代國家的團結性與一致性。知識分子透過變法運動所摸索的、底層民眾透過義和團運動所展現出的民族主義，在此終於清楚地顯現出其輪廓。以學生等知識分子為中心，呼籲「聯合抵制」運動的形式，也被繼承、延續在後來的中國民族主義運動之中。

註釋

1 「公車」是上書給皇帝的中間機關，後來意指省級科舉合格者的舉人。

2 以孔子去世之年為元年的紀年法。

3 舊新寧縣，現今的台山市，至今仍有天主教徒。

4 【譯按】史稱「庚子五忠」，分別為兵部尚書徐用儀、戶部尚書立山、吏部侍郎許景澄、內閣學士聯元，以及太常寺卿袁昶。因主張勿聽信義和團拳民，應由官方出面禁止義和團的行動，而先後被殺害、處死。

5 【譯按】當時由於北京使館區與外界的聯絡中斷，各國決定派出援軍，由西摩爾擔任總司令，由天津前往北京保衛使館。

6 *55 Days at Peking*，一九六三。

7 【譯按】一八六八年至一八六九年，為明治政府擊敗江戶幕府的一次內戰。一八六八年為戊辰年，因此命名。

8 【譯按】位於日本青森縣東北部的半島。

9 【譯按】薩摩藩與長州藩，一般而言，有「薩之海軍、長之陸軍」的說法。

10 【譯按】Second Boer War，一八九九年至一九〇二年，是英國與南非川斯瓦共和國、奧蘭治自由邦之戰。

11 【譯按】由俄國修築的鐵路，途經俄國赤塔、中國滿州里、哈爾濱、綏芬河至海參威，而後又有中東鐵路、中長鐵路之稱。

12 *Uncle Tom's Cabin; or, Life Among the Lowly*，又譯為《黑奴籲天錄》。

13 【編按】一八五二～一九二四年。一生共翻譯歐美小說超過二百一十三部，包含莎士比亞、狄更斯、雨果、大仲馬、柯南・道爾等知名作家。林紓翻譯的方式，是請通曉英文的人將內容翻譯給他聽，他再將內容寫下。雖然譯文內容錯譯、漏譯甚多，毀譽參半，但無可抹滅林紓將歐美文學引介至華人世界的「第一譯者」地位。

第四章　大清帝國的日暮黃昏——末代皇帝與辛亥革命

清末中國人的日本留學與日俄戰爭

一百年前的日本留學熱潮

走在今日的東京街頭，一定能聽到外文、特別是中文的對話。因為許多中國人前往日本留學或是定居，在池袋和新宿等繁華市街，大有唐人街的風格，連橫濱和神戶這些老字號的唐人街都略遜一籌。恰巧在一百年前的中國，也正掀起了留學日本的熱潮，這些人在當時稱為「清國留日學生」。

在二十世紀初的這批日本留學生之中，包括不少日後領導中國的優秀人物，中國近代文學之父魯迅（本名周樹人），便是其中一人；中華人民共和國總理周恩來，也曾留學日本。此外，變法運動的領導人梁啟超等人曾在日本活動，革命派的孫文也在東京成立了中國同盟會。對中國而言，日本可以說是一個新時代的搖籃。以本書的觀點來看，比起廣東和外國的租界地區，日本雖然地處於更為遙遠的東亞世界邊境，但是這塊邊境，卻保存著能夠使中國再生的能量。

當時的中國留學生們，與現代的留學生相同，在日本的生活習慣上感受到了文化的衝擊。他們對於日本的文化抱持著各種不同的看法，在日俄戰爭中聲援日本，但是許多留學生面對日本人冷淡或是傲慢的反應，在心裡留下了深深的傷痕。至今仍有許多亞洲留學生「以親日派的立場出國，轉變成反日派的立場回國」，不得不說這個問題的根源其實深遠難解。以下，就讓我們來看看一百年前這些留學生的足跡，當作是能夠映照出日本社會現狀的一面鏡子。

留學生的派遣與日本衝擊

中國派遣留學生至日本，始於甲午戰爭後的一八九六年。正如洋務派官僚張之洞所述「出洋一年勝於讀西書五年」一般，在培養擔任改革任務的人才上，「留學」可以得到很好的效果。清朝政府將日本列入留學國家的原因，首先，是為了參考日本的經驗，引進歐洲的學問與技術。其次，清朝因義和團戰爭的失敗，難以維持原有的政治體制，而日本在公布《大日本帝國憲法》之後，確立了君主立憲的政治體制，與共和制的歐美各國相較，是清朝政府較能安心派遣留學生前往學習的國家。隨著科舉制度的廢除，留學時期取得的學位，得以取代過去科舉功名。起初只有十幾名的日本留學生，在一九〇五年增加至八千名，一九〇六年激增至一萬兩千名。

來到日本的留學生們，由於日本與中國在生活習慣上的差異，受到了文化上的衝擊。首先，他們吃不慣日本的食物。某位留學生在日記上寫道，正餐只有「一菜一湯」，十分地寒酸（中國一般的正餐是三菜一湯），且淡而無味，勉強地吃下了日本人推薦的生魚片，實在是不合口味。中國人至今仍舊不太能接受生魚片，其他還有生蛋、生蘿蔔（醃蘿蔔）、冷飯（便當）、腐敗的豆子（納豆）等，都被敬而遠之。且中日之間，在用餐的禮儀及選擇招待食物的基準上也有所不同，像是在日式的宴席中，用餐的碗盤是放置在地面上（不使用高桌）等，沒有肉類料理也是不受青睞的原因。結果，據說許多留學生還是習慣前往中國料理的餐廳用餐。

其次，中國留學生最害怕的，莫過於日本的地震和澡堂。日本地震發生的頻繁程度，令留學生們十分地驚訝，還曾留下「總有一天，日本將會面臨舉國沉沒的那一日」等文字記錄。此外，對於習慣住在煉瓦建造的房屋、睡在床鋪上的留學生而言，住進木造建築、外觀華麗的日式家屋之中，實在是讓人感到不安，特別是要在榻榻米上睡覺，令人輾轉難眠。另一方面，討厭澡堂的原因，是男女之間的浴室並未完全區隔開來，是不倫不類、不三不四的作法；因為中國人並沒有泡澡的習慣，因此許多中國人對於在眾人面前裸身坦誠相見之事，抱持著排斥、抵抗的心理。其中甚至有留學生害怕泡溫泉時的男女共浴，因而逃出澡堂。

而最讓中國留學生感到驚訝的是近代日本的風貌，其實是混合了日本傳統中所保留的「唐代遺風」——也就是古代中國的習俗，以及歐洲文化而誕生出的樣貌。

首先，某些在日本的日常生活中所使用的漢字，是在中國古代經典上才會使用的文字，例如食（現代中文為吃）、飲（喝）、犬（狗）等；在街角各處則是可以看見「吳」服店，「吳」字是春秋時代吳國的國名。這些景況，讓中國留學生們彷彿是穿越時空回到了古代一般，留下了深刻的印象。特別是對於漢族知識分子而言，他們內心不滿清朝（滿洲人王朝）政府的統治與支配，日本傳統的和服保留了「兩百六十年前吾等大漢民族」的傳統（至少在他們心中是如此認為），成為煽動反滿情緒的絕佳素材。在留學生當中，甚至有人將清朝樣式服裝稱之為「胡服（野蠻人之服裝）」，並加以撕毀。

另一方面，中國留學生接觸到日本近代的一面，在他們的眼中，以女子教育為代表的國民教育之普及，實為新鮮。某位留學生曾經略為誇張地讚嘆道，看著「笑容滿面」的日本女學生們漫步在街頭的模樣，對照起因纏足而閉門不出的中國女性，日本的女性已經走入社會了。一九〇〇年後，中國開始派遣女性留學生出國，著名的女性革命家秋瑾，就曾經在實踐女學校的速成科[1]學習。此外，日本各處都有設置小學，義務教育的就學率之高，讓清朝的視察團驚訝不已。在辛亥革命發生前夕，中國各地的地方菁英廣辦學校的行為，便與中央政府之間產生了政治上的矛盾。

為了尋求改革方向而來到日本的中國留學生們，經常與尊重中國傳統文化的日本人發生衝突。例如講道館柔道的創始者嘉納治五郎（其後成為《姿三四郎》中登場的矢野師傅的原型[2]），於一九〇二年設立弘文學院，致力於接待中國人留學生。當時，嘉納氏以儒教為中心推動留學生教育。曾是嘉納氏的學生魯迅，被吩咐要去湯島聖堂參拜孔子。後來魯迅回想：「正是因為對孔子感到失望，才來到日本，沒想到還要去參拜，有一段時間覺得心情很彆扭。」

日本留學時代的魯迅　攝於一九〇九年，東京。

除此之外，嘉納治五郎向熱衷於革命運動的留學生們表示，現在要是在中國掀起戰亂，則中國「必會分裂」，希望留學生們慎重考慮。留學生們則是反駁嘉納氏的「和平主義」，認為和平主義只會助長「統治者的腐敗」，無法擺脫「外國人的干涉」。雖然嘉納倡導亞洲的大同團結，對中國的教育改革留下了巨大的貢獻；但是這些親中的明治知識分子的傳統主義，在他們（明治知識分子）潛意識下藏有歧視現實中國的思想，對此，年輕、敏銳的中國留學生們表現出了不滿與反抗。

留學生的反清與反日本

中國人留學生們藉由日本生活的經驗，接觸到近代的價值，深深地意識到改變中國的必要性，首先便是剪去被外國人嘲諷為「豬尾巴」的辮髮。

無庸贅言，辮髮是滿洲人帶入中國的習俗，立志於推翻滿清政府的太平天國兵士們，都是留著長髮。此外，清代考證學的名家，同時也是「學問革命家」的章炳麟（號太炎，浙江省余杭縣人），也剪去辮髮，表明排斥滿族的意志。同樣剪去辮髮的魯迅則是表示：「並沒有什麼特別的涵義，只是因為覺得不方便。」儘管如此，對大多數的留學生而言，辮髮象徵著中國的落後，並且認為，若是能夠藉由剪去辮髮、換成便於行動的髮型，推動改風易俗的風潮，那麼日本式的富國強兵便有可能實現。

然而，清朝政府對於中國留學生剪去辮髮的行為感到十分地不悅，甚至害怕他們會投入革命運動，於是提高警戒，開始透過日本政府來取締留學生。一九〇五年發生的留學生取締規則事件便是一個例子，日本政府發出命令，要求中國人在學的學校，必須監督中國留學生的校外活動，並且拒絕接受曾遭他校退學的留學生入學。對此，中國留學生表示反抗，以「日本政府不尊重吾等之人格」為由，結成同盟，展開罷課行動。當時，《朝日新聞》將此事件惡意報導為「清國人的放縱卑劣」行為之後，革命派的積極分子陳天華在大森海岸投海自盡，兩千名中國留學生同時回國，表達對日本政府的抗議。

如此一來，日本與清朝政府的態度，將留學生們逼向了反體制的道路。日俄戰爭的影響，也更加堅定了他們反清、反日的決心。

一九〇四年爆發的日俄戰爭，是圍繞著爭奪朝鮮半島和中國東北三省之權益而引發的戰爭。起初，第四次伊藤博文內閣[3]依舊提倡日俄協商論，摸索著共存共榮的道路；後來，與俄國爭奪中國權益的英國，想要借助在義和團戰爭中受到好評的日本軍力，於是在一九〇二年與桂太郎內閣組成了日英同盟。隨著近衛篤麿的國民同盟會、國家主義者頭山滿的對俄同志會的成立，日本國內的輿論轉向了主戰論調。

在此情勢下，一九〇三年四月，中國留學生們在東京成立了拒俄義勇軍，抗議在義和團戰爭時出兵的俄國軍隊，霸占中國的東北地方。清朝政府在接到日本公使的通報之後，認為該運動是由革命派所策劃的，因此解散了在上海、北京所召開的反俄集會。留學生們得知消息後，認識到清朝已毫無前途可言，轉而投向革命事業。

陳天華

當日俄開戰的消息傳來，幾乎所有的留學生們都將日本視為黃色人種的代表，加以聲援支持；並將日本的勝利視同於自己國家的勝利，由衷地感到喜悅。然而，隨著戰局的推移、日本屢獲捷報後，中國留學生們發現日本人的態度出現了變化。有留學生在列車上遇到出征的士兵，被對方指著鼻子罵：「我們為了中國而出兵作戰，你們居然還有臉來留學，真是不知羞恥！」甚至還有人走在路上，被日本人投擲石塊。

在這場戰爭裡，日本軍隊在著名的旅順二〇三高地之戰中，戰死者高達五萬九千人；但在一九〇五年的《朴次茅斯條約》中，日本卻未能取得賠償金，憤怒的民眾們發起了日比谷火攻的抗議暴動事件。[4]在日俄戰爭中，清朝政府眼睜睜地看著國土淪為戰場，卻只能標榜「局外中立」，束手無策。對此，許多日本人將清朝視為「東亞病夫」，對中國留學生採取傲慢的態度，藉此來彌補未能得到滿足的戰勝情緒。

日俄戰爭後，日本的野心更加地露骨，進一步加深了中國留學生的反日情緒。例如以下這一段小故事。某日，日本人的小孩來到中國留學生的家中玩耍。小孩看到房間裡的中國地圖後說道：「這個地方，將來也是日本呢」。中國留學生吃驚地詢問原因，小孩回答道：「因為老師說，支那人不爭氣、沒出息，就要滅亡了。滅亡之後，支那就是日本的了。」當時，在日本的小學課程中，加入了許多俄國、中國這些「敵國情況」的內容。日本社會在小孩心中種下對中國的敵意，面對如此氣量狹隘的行為，中國留學生感到十分地失望。加上日美在南滿洲鐵路的共同經營上出現對立，使留學生們明確地認識到，日本已經站在列強侵略中國的前排陣營。

一九〇七年起，中國的留日學生減少；一九一一年辛亥革命爆發後，三千名留學生回國。之後，雖然仍有留學生前往日本留學，但是再也沒有出現所謂的日本留學潮。二十世紀初，在民間展開的日中友好活動，雖然有嘉納治五郎等人的善意與努力，卻未能取得成果。

孫文的登場與日本

孫文的生平與洪秀全

在此，就讓辛亥革命的領袖——孫文登場。他在一八六六年生於廣東省香山縣（現在取自孫文的字號，命名為中山市）。該地距離澳門不遠，容易受到歐洲文化的影響與刺激，在自強運動中相當活耀的容閎與鄭觀應也是出生於此。而孫文最初的對手：康有為和梁啟超，也同是廣東出身的同鄉，他可以說是新時代的震源地——廣東所孕育出的人才。

談論孫文時，重點在於他與太平天國領導者洪秀全的共通點。孫文和洪秀全一樣，都是客家人，孫文家中貧窮，父親在農業勞動之餘，還需要外出做鞋匠的工作，以維持生計。當時的廣東還留存著太平天國的影響，孫文本人在成長的過程中，也被參與叛亂活動的老人耳提面命的叮囑「要成為第二個洪秀全」。

由於客家人重視教育，孫文與洪秀全都十分熱衷於學習。孫文的哥哥是一名事業有成的華僑，一八七八年，孫文在哥哥的幫助下，前往夏威夷，自檀香山的普納荷學校學成畢業。一八九二年，孫文在香港的西醫書院（今日的香港大學醫學部），成為首位取得博士學位的中國人。與洪秀全多次在毫無指望中舉的科舉考試中遭受挫折的經驗相較，孫文所生長的時代，光是在學校的選擇上就多出了許多的選項。加上孫文本人樂觀的個性，更加開闊了他的國際性視野。

其次，孫文與洪秀全的共通點，是他們都受到了基督教的影響。孫文在夏威夷時接觸到基督新教，一八八三年在香港接受洗禮。此外，孫文年幼時的好友陸皓東、醫學院生時代的「四大寇」之一，與孫文一同討論革命思想的陳少白、以及與孫文祕密成立三合會的仲介人物——鄭士良等人，他們都是在香港教會學校學習的教徒。

向來將基督教視為帝國主義工具的中國歷史學界，直到現在仍舊不願意觸及這項事實。當時，像是香港這一類外國人所居住的地區，基督教會和教會學校正是向中國人開放的近代世界的窗口。據傳某日，孫文厭惡將人們囚禁在框架之中的傳統習俗，如同洪秀全的破壞偶像運動一般，毀壞了安放在寺廟之中的神像，並表示：「連自己都保護不了的神明，又怎能保護蒼生呢？」年輕的革命家們，透過吸收、消化異文化的歐洲思想與宗教，培養出了打破既有價值觀的批判精神。

興中會的成立與廣州起義

孫文在從夏威夷的回國途中，對清朝官吏要求賄賂的腐敗行為感到憤怒不已，而中法戰爭的失敗又對他造成打擊。不過，孫文開始以革命為目標展開行動的時間，是在甲午戰爭爆發的一八九四年。洪秀全是在中國內地的邊境廣西籌備起義，孫文則是在中國移民的新墾地，同時也是自己度過青春期的土地——夏威夷，組成了興中會。

當時的夏威夷，美國移民殲滅了夏威夷王朝，並對亞洲移民設下了各種限制等，排斥中國人的現象日益加劇。約有四萬名的中國移民，對自己的處境感到不安，並且將滅亡的夏威夷王朝命運與遙遠的祖國命運相互重疊看待。同年十一月召開的興中會會議上，有二十多位人士出席，一同宣誓：「驅逐韃虜，恢復中華，創立合眾政府。」在此，推翻清朝、成立亞洲第一個共和制國家的革命運動，正式揭開了序幕。

孫文在夏威夷籌備好資金後，於一八九五年一月回國，準備武裝起義。他聯合了香港激進派知識分子沙龍「輔仁文社」，並透過鄭士良向三合會推動宣傳工作。起義時間訂於十月二十六日，預定由各地的三合會軍一同進攻廣州。此外，在陸皓東的提案下，設計出「青天白日旗」，該旗後來成為中國國民黨之黨旗。

然而，起義計畫卻在事前傳到了清朝政府的耳中，起義以失敗告終。被動員的三合會軍對於革命運動一無所知，在緊要關頭因為恐慌而投降清軍。孫文等人變裝為苦力逃亡至香港，陸皓東被捕後遭到殺害。洪秀全是在中國社會底層腳踏實地的傳教，並祕密地籌備舉兵起義之計畫，相較之下，由都市新興菁英們所策劃的這項最初的起義計畫，可以說是過於天真輕率。

孫文為此遭到通緝，首級懸賞金一千元；此後，孫文開始為了革命而奔走世界。

與宮崎滔天的相遇

孫文之所以聞名於世界，源自於在倫敦所發生的事件。一八九六年，孫文由日本途經夏威夷、美國後抵達英國；同年十月，他在路上遇到廣東的同鄉人前來搭話，一時疏忽便被帶至清國公使館囚禁。眼看著孫文就要面臨被遣返回國，以謀反罪名處死的命運，此時，香港西醫學院的英藉教師康德黎（James Cantlie）出面相救；他向英國政府和報社反映，有政治犯受到了不當監禁。在事件鬧大後，清國公使館判斷已經無法將孫文祕密遣送回國，逼不得已，只好在兩周後釋放孫文。

如此一來，孫文便以革命家的身分為世人所知。他為了充實自我而前往大英博物館，在館內邂逅了博物學家南方熊楠，兩人意氣相投、相見恨晚。現在，當我們到歐美留學時，也會出現和亞洲人留學生較為親近的狀況。南方以身為亞洲人為榮，他對於德國強占膠州灣之事感到氣憤，並曾勇敢挺身抗議博物館內的人種歧視。孫文也和南方討論過，該如何將中國從列強的勢力瓜分之下解救出來的問題。

這並非是孫文第一位結交的日本朋友，在準備廣州起義時，他與梅屋庄吉相識，當時梅屋正在香港經營照相館，孫文在此後一直都接受梅屋的資助。而在與孫文有深交的眾多日本人當中，孫文最信任的朋友當屬宮崎滔天（原名寅藏）。

宮崎滔天生於熊本縣的農村武士家庭，大哥八郎參加自由民權運動，在一八七七年的西南戰爭中，加入西鄉隆盛率領的薩摩軍，戰死沙場；二哥民藏致力於土地改革，滔天和三哥彌藏則是以中國的改革為目標。彌藏在橫濱一邊工作，一邊留著髮辮學習中文。不久後，彌藏結識了逃亡來日本的陳少白（孫文的戰友）。一八九七年八月，孫文抵達橫濱後，滔天便前來陳少白的家中，拜訪寄住的孫文。

宮崎在著書《三十三年落花夢》中回憶道，對孫文的第一印象並不怎麼滿意，覺得孫文看起來不夠有氣魄。但是當孫文談論起革命大業之時，滔天便被他的魅力所懾服。孫文表示：「人或云共和體制不適支那之野蠻國，此不諒情勢之言耳。共和者，我國治世之神髓，先哲之遺業也。……。試觀僻地荒村，舉無有俗政【清】虜之惡德，而消滅此觀念者，彼等皆自治之民也。尊敬長所以判區直，置鄉兵所以御盜賊，其他一切共通之利害，皆人民自議之而自理之，是非現今所謂共和之民耶？苟有豪傑之士起而倒清虜之政府，代敷善政，約法三章，慰其飢渴，庶愛國之志可以奮興，進取之氣可以振起也。……。余固信為支那蒼生，為亞洲黃種，為世界人道，而興起革命軍，天必助之。君等之來締交於吾黨，是其證也。朕兆發於茲矣。夫吾黨所以努力奮發，以期不負同胞之望；諸君又盡力於所以援吾黨之道，欲以救支那四萬萬之蒼生，雪東亞黃種之屈辱，恢復宇內之人道而擁護之者，唯有成就我國之革命，即為得之。」語畢，孫文神情依舊泰然自若。宮崎氏聽後，羞愧於自己的以貌取人，並感嘆道：「是誠東亞之珍寶也。」

宮崎滔天　在其書房內。

歐洲原有的共和制乃是中國自古以來的理想——孫文所提的論述，也同樣可以在洪秀全接受基督教、以及洋務派官僚對歐洲的認知這些觀念中清楚地窺見。至於邊境的自衛與自治，則是指在廣東地區興起，由同族團體所組成的宗族組織。孫文的革命論，是要將中國世界的邊緣地區所高漲的自立能量，注入衰弱的中心部。他甚至主張，若是中國能夠重生，就可以擊退歐洲對亞洲的蔑視觀念（以

「黃禍論」為代表）。

宮崎滔天也是基督教徒，這是他敬佩孫文的另一個理由。宮崎氏外表看來豪放不羈，實際上則是出身「不平士族[5]」；明治時期日本的基督教徒中，有許多都是出身「不平士族」的子弟。此外，孫文不只是對革命大業懷抱著熱情，就連在女性關係上，也是十分地熱情澎湃。孫文在故鄉已有依父母之命、媒妁之言所訂下婚約的妻子，但是在日本仍舊與兩位女性交往，並育有子嗣。

贊同孫文主張的宮崎，將孫文引介給日本的政治家們認識，首先接觸的是立憲政治家犬養毅，日後他因為「滿洲國」的承認問題而被槍殺身亡。犬養毅與外務大臣大隈重信商量過後，決定讓孫文住在東京。孫文也曾與被譽為憲政之神的尾崎行雄、都曾為玄洋社中心人物的頭山滿與平岡浩太郎、黑龍會創建人的內田良平等人有所來往。雖然他們支持孫文的意圖，是想要利用他，進一步取得日本侵略中國的機會；但是也因為有這些人物的支持，孫文得以將日本作為革命運動的據點，甚至稱之為他的「第二故鄉」。

兩廣獨立計畫與惠州起義

孫文的下一步，是支援菲律賓的獨立運動，菲律賓與夏威夷一樣，有許多中國移民，還有將廣東、廣西從清朝的統治下分離出來的兩廣獨立運動。對菲律賓革命運動的支援，由於裝載武器的船隻沉沒，而未能實現。兩廣獨立計畫，則是以孫文就讀醫學校時期的老師、香港總督卜力（Sir Henry Arthur Blake）為中心，廣東富商劉學詢，以及在甲午戰爭失敗後被貶職為兩廣總督的李鴻章也參與其中。然而，因義和團戰爭後，李鴻章再度回歸中央政界，負責與列強交涉講和條約之事，兩廣獨立計畫因而停擺。

一九〇〇年十月，孫文命令鄭士良在廣東惠州策動三合會起義。早在九月時，孫文便前往臺灣，會見臺灣總督兒玉源太郎，謀求武器上的援助。八月，兒玉趁著義和團戰爭之際，派兵前往廈門，這些動作顯露出他對侵略中國大陸的野心。面對孫文的請求，兒玉表示，若是孫文答應允許由日本來占領廈門的條件，便予以援助。而後，鄭士良等人由惠州往廈門進攻。不料，在十月十九日成立的伊藤博文內閣，擔心日本權益的擴張將會招致列強的反對，因而禁止對孫文提供援助。孫文雖然試圖由其他地方籌備武器，卻因為品質的低劣，起義以失敗告終。

這場惠州起義的特點，是與日本人、特別是軍部有關。雖然孫文覺察到日本的侵略意圖，但是他認為，為了推翻清朝，不得不做出一定程度的讓步。其後，孫文仍舊持續地向華僑們募集資金，反覆地在兩廣一帶策畫武裝起義，有「孫大砲（說大話之意）」之稱。

此外，日本青森縣出身的山田良政[6]，在惠州起義中戰死。

革命派的成長與中國同盟會

激進派留學生與孫文

孫文與宮崎滔天結識的第二年，戊戌政變後遭到中國通緝的康有為與梁啟超，也逃亡到了日本。滔天原本想介紹康有為與孫文認識，卻未能實現。雖然兩人都是出身廣東的同鄉人，但是在科舉菁英的康有為眼中，留學海外的孫文只不過是一個「不學無術」之徒；孫文也將康有為視為一介「腐儒」。梁啟超則是身段較為柔軟，曾一度嘗試、摸索與激進派孫文聯手合作的可能性；不久後遭到康有為的訓斥，要求他前往夏威夷。其後，梁啟超便與孫文斷絕了聯繫。

惠州起義失敗後，孫文回到橫濱，在留日的中國人當中，找到了對自己的革命理念有所共鳴的人們。起初，是廣東出身的留學生與華僑，於一九〇一年，高舉著應該抵抗法國侵略廣東的主張，成立廣東獨立協會，並向孫文尋求協助。

而後，在一九〇二年，以章炳麟為中心的激進派留學生們，為紀念被清朝滅亡的南明政權，計畫四月在上野召開「中國亡國二百四十二年紀念會」，並邀請孫文參加。該活動為中國留學生首次的大型集會，卻因為清朝公使的通報，日本政府出動警察，驅散現場的留學生。當時剛抵達會場的孫文，據說佯裝成毫不知情的餐廳客人，蒙混過關。

孫文與中國留學生開始聯手合作的背景，是中國留學生閱讀了連載於日本報紙上的《三十三年落花夢》（宮崎滔天著述），該書記錄了孫文的足跡。在此之前，孫文被貼上反叛者的標籤，在留學生之間的評價並不高。且孫文本人也將留學生稱為「口舌之徒」，抱持著不信任的態度。

一九〇三年，孫文因梁啟超所推行的保皇運動而有所動搖，認為應該要重建夏威夷的興中會，因此前往檀香山，而後又風塵僕僕地前往美國、歐洲，為革命事業進行宣傳。

革命派的成長

同年五月，四川出身的留日留學生鄒容出版《革命軍》一書，是銷售數量超過一百萬部的暢銷書籍。他認為革命才是世界一貫的進化法則，中國要在二十世紀生存下來，就必須進行革命。並且敘述道：「我中國人之奴隸於滿洲、歐美人也，非滿洲、歐美欲奴隸之，中國人自樂為奴隸耳」，主張中國想要進行革命，就必須先除去自己的奴性。他還呼籲，應該學習在獨立戰爭中獲得勝利的美國，驅逐滿洲皇帝，建立「自由獨立之國家」中華共和國，並在文章結尾高呼「皇漢人種革命獨立萬歲！」

《革命軍》一書引起了廣大的迴響，當時在上海租界地區發行的雜誌《蘇報》，便在報中介紹該書，並給予高度的評價。六月，《蘇報》遭到禁止發行的處分，為該書寫序的章炳麟為此被捕，作者鄒容則是在自首後病死獄中。同一時期，從東京蔓延到中國國內的反俄運動受到鎮壓，拒俄義勇軍改名為「軍國民教育會」，並將活動的重點轉移至推翻清朝的目標之上。

鄒容

《革命軍》封面

黃興

男裝裝扮的秋瑾　出身紹興的女革命家。

在這一連串的變化之中，革命運動也開始在廣東以外的地區展開，其中之一是變法運動據點的湖南。一九〇三年十一月，華興會成立，發起人為軍國民教育會的成員、被譽為「中國西鄉隆盛」的黃興、日後在留學生取締規則事件中自殺的陳天華與頭腦清晰的秀才宋教仁。此時，黃興主張，革命的手段應該效法太平天國，先取得某個省份後，建設革命根據地，讓其他各省能夠相互呼應。接著，黃興與祕密組織哥老會的首領，在深山的洞窟中密會，商議此事，預備一九〇四年十一月在長沙起義。不料起義計畫走漏了消息，宣告失敗，成員們只好亡命日本。

革命派的另一個據點則是浙江。核心人物是後來在五四運動時期擔任北京大學校長的蔡元培，他雖然擁有進士的功名，卻對清朝政府感到失望，因而參加革命運動。一九〇四年十月，他以軍國民教育會的暗殺團[7]為基礎，和留日學生陶成章等人在上海成立光復會。尚在獄中的章炳麟以及俄國的無政府主義，對光復會的影響很大，其特徵反映在光復會的強烈反滿主義以及恐怖主義之上。而且浙江地區的參加者多是知識階層，他們拒絕了中國科舉時代所信奉的「讀書就是為了當官」之理念，即使是在革命成功之後，也是淡泊名利，不追求飛黃騰達與富貴榮華，反映出了浙江這塊土地的風俗民情特色。

蔡元培與陶成章在一九〇七年準備武裝起義時被捕，與被殺害的女革命家秋瑾一樣，都是出身紹興的光復會成員。此外，出身紹興的魯迅也曾經加入過光復會，他在小說中所描繪的紹興，雖然是寧靜安詳的鄉下小鎮，但在實際上，這塊土地絕不是只以老酒產地聞名之處。這些革命團體得到同鄉人脈網絡的支持，帶給了革命運動很大的影響。

中國同盟會的成立

一九〇五年七月，孫文由歐洲出發，抵達日本。在這段期間，孫文在以往主張的民族主義之上，加上了民權主義（建立民國）與民生主義（平均地權，亦即土地所有權的平均分配），首次提出「三民主義」的概念。此次前往日本，孫文從日俄戰爭中日本的勝利，感受到亞洲各地獨立運動高漲的氣勢；並透過與留學歐洲的中國留學生們的接觸，認識到知識階層在革命運動中所能發揮的重要效用。

孫文抵達橫濱後，立即與宮崎滔天取得聯絡，七月二十九日和華興會的領袖：黃興、宋教仁、陳天華見面，商討革命勢力的聯合。翌日，包括光復會成員在內的七十餘名革命志士，聚集在內田良平位於東京的住所，決定成立全國性的革命組織——中國同盟會。接著，在八月十三日，黃興等人召集東京的留學生們，為孫文舉辦歡迎大會，超過一千名的留學生聆聽孫文的演講，他在演講的內容中主張，最好的改革，便是以建立共和為目標的革命。隨後在二十日召開中國同盟會的成立大會，孫文被推選為總理，成為革命運動的中心人物。

如今沒有任何人會懷疑，中國同盟會的成立，是一個重大的歷史事件。然而，正因為是一個重大的歷史事件，在當時所出現的問題帶給後世的影響，也同樣不可小覷。

首先，中國同盟會選擇三民主義作為該會綱領，是最常被指出的問題。舉例來說，孫文表示，關於民族主義，並非是像太平天國一般，要憎惡所有的滿洲人，而是為了要從統治階級的手中奪回權力。不過，加入中國同盟會的知識階層，大多懷抱著強烈的漢族中心主義，在辛亥革命後所高舉的「五族共和」口號，也含有濃郁的同化政策色彩，如此的同化政策，其實是立基於對少數民族的歧視。

其次，在民生主義的內容中，關於土地所有權的平均問題，其實是孫文在歐洲時對資本主義社會中的貧富差距感到疑問，而提出的理念，並沒有獲得眾人的理解。此外，中國同盟會的外交方針，是承認中國至今與列強簽訂條約的有效性，並且保護外國人的既得利益權。這項方針的制定，本來的意圖是為了排除革命運動時列強的干涉，但是從結果來看，卻是弱化了反對列強侵略中國的立場。

中國同盟會中的孫文

剛成立不久的中國同盟會，還面臨著其他更大的難題。在哪些層面及意義上認定孫文作為領袖的角色？應該採取何種方針，來達成多股革命勢力的團結與大同？

當然，若是從革命運動的經驗而言，孫文在革命的次數上，無人能出其右。不過，也有諷刺的說法表示，孫文是「失敗的英雄」，亦即屢戰屢敗，仍舊不願放棄革命的男人。因此，中國同盟會特地為孫文召開歡迎大會，強調他是一位稀世奇才的領袖人物。加上極力擁護孫文的宮崎滔天在旁，讓聽眾們甚至提出「革命一旦成功，先生（孫文）是打算要當皇帝嗎？」的問題。

另一方面，孫文也有作為「世界聞名的革命家」之自尊心，往往犯了自以為是、一意孤行的毛病。這一點體現在一九〇七年中國同盟會因會旗問題引發的內部糾紛之上。黃興提議，仿效土地均分的井田制理想，採用「井字旗」。但是對孫文而言，提到革命的象徵，除了陸皓東所設計的青天白日旗以外，別無其他。孫文與黃興發生了激烈的爭執，孫文怒道：「僕在南洋，托命于是旗者數萬人，欲毀之，先擯僕可也。」黃興也在一怒之下，表示將要脫離中國同盟會。

儘管如此，這樣的現象並不只是出現在孫文一個人的身上，洪秀全也曾被人說過「天王只說天話」，完全無法接納他人的意見。另一個廣為人知的例子，是成為國家主席的毛澤東，當年也曾強硬推行激進的社會主義建設「大躍進運動」；一九五九年，彭德懷在廬山會議中指出大躍進運動的錯誤，毛澤東便勃然大怒，完全抹殺彭德懷的政治生涯。正如宋教仁評論孫文一般，「（孫文）做事近乎專橫跋扈，有令人難堪處故也」，即使是年輕時便接受歐美教育，樹立「從前是英雄革命，今後是國民革命」這一理想的孫文，也未能脫離中國自古以來專制君王的傳統。

謀求救國之途

梁啟超與中國同盟會的論戰

一九〇五年十一月，中國同盟會創辦了機關雜誌《民報》，致力於宣傳革命思想。核心人物有孫文的新助手、廣東省番禺縣人胡漢民，和後來在國民黨內部的權力鬥爭失敗，建立日本魁儡政權的廣東省三水縣人汪兆銘（別號精衛）以及陳天華等人，不久後，出獄的章炳麟也以主筆之姿加入《民報》。

對《民報》而言，最大的競爭對手是梁啟超主導的《新民叢報》。一九〇六年，梁啟超發表「開明專制論」，主張現今的中國國民沒有能力實行議院政治，應該採取在日本成功施行的開明專制，才是合適之道，因而引發了議院政治論與開明專制論兩者的爭論。此外，梁啟超還論述道，反滿革命只不過是一種報復，若是因為革命運動而引發內亂，將會招致列強瓜分中國的下場。

對此，《民報》反駁道，所謂的民族革命，是為了反抗實行專制統治的清朝政府，現實的狀況，已經不指望清朝政府有所改善，如此一來，要改變社會，除了革命之外別無他法。且比起列強的瓜分，中國國內爭奪霸權的各股勢力，更可能讓中國走向分裂；因此，正是為了防止這種狀況的出現，才會提出「透過平民革命，創建國民政府」的主張。

立憲君主派與革命派之間的論戰，雙方各持己見，像是兩條平行線，毫無交集，並在梁啟超將重心轉移到政治運動上之後，論戰也就不了了之。這場論戰讓創刊時只有三千份發行量的《民報》，增長到四、五萬份，直至一九〇八年被日本政府下令停刊之前，《民報》一直都擁有大量的留學生讀者，發揮了宣傳革命的作用。

中國同盟會的路線對立與內部糾紛

除此之外，革命派還掀起了多次論戰，其中導致嚴重對立結果的論戰，是圍繞著中國同盟會內部有關革命戰略的爭論。

正如前述，孫文提倡先爭取故鄉兩廣地區獨立的邊境革命論，但是主要出身長江流域一帶的華興會和光復會派系的中國同盟會成員們卻表示反對，理由是兩廣地處偏南，即使在兩廣地區建立起政權，也不會發揮太大的影響力。且兩廣地區鄰接著香港及法屬印度支那等列強殖民地區域，要是一不小心引發了什麼事件的話，很可能會成為列強發動侵略的藉口。

另一方面，反對兩廣革命的人們所提倡的革命計畫，則是偏重在長江流域，特別重視攻略武昌，作為戰略上的一大據點。事實上，太平天國在占領武昌之後，將首都設置於長江下游的南京，並進一步的推展為全國性的運動。以結果來看，辛亥革命也是在這一個革命計畫下獲得實現。起初，長江革命論的動機帶有強烈批判孫文蠻橫獨斷的意思，不過在一九〇七年，出身長江上游地區的一百位同盟會會員，於東京成立共進會後，就逐漸帶有派系各自活動的性質。

除此之外，當時還出現了以北京為中心的首都革命論。這項革命計劃，是立基於法國等歐洲革命是發生在都市的這一事實之上，但是在警備森嚴的北京，革命派的活動難以開展，且革命領導者們也不能寄望所謂的市民起義。取而代之的，便是針對重要人物展開恐怖攻擊，試圖攪亂首都秩序。一九〇五年九月，主張首都革命論的同盟會成員吳樾，在北京車站向準備出發前往外國視察憲政的清朝五位大臣投擲炸彈。這項行動雖然帶給部分年輕知識分子很大的影響，卻沒有成為改變社會的引爆裝置。

一九〇七年三月，孫文迫於清朝政府的壓力離開日本後，中國同盟會內部關於革命路線的派系對立糾紛，逐漸浮上檯面。當時日本政府寄來餞別的資金，希望孫文能夠主動離開日本。孫文將部分資金用作《民報》的出版費用，剩餘資金全部投入到五月以後計畫在廣東發動的武裝起義。

孫文的此番舉動，被反對邊境革命論的同盟會成員們認為是自作主張、圖利故鄉的作法。特別是在孫文謊報金額（向會內報告的金額少於實際到手的金額）一事暴露之後，章炳麟與宋教仁發出譴責，認為孫文被日本政府所收買。當時，章炳麟在盛怒之下，撤掉懸掛在《民報》社的孫文照片，並要求他辭去中國同盟會的總理一職。章炳麟甚至印刷了批判孫文的宣傳冊，在東南亞各處散發，並在一九一〇年與陶成章恢復了光復會。另一方面，孫文與黃興等人在河內、新加坡地區繼續開展革命活動，中國同盟會則是由於內部糾紛而陷入分裂。

光緒新政與張謇的立憲改革

當孫文等人在海外開展革命活動的這一段期間，清朝政府也並非袖手旁觀、毫無動靜。義和團戰爭後的一九〇一年，首次乘坐火車回到北京的慈禧太后，與洋務派官僚張之洞等人開始著手改革，亦即光緒新政。這場改革的主要內容是行政組織的改編、軍隊近代化，以及為了振興產業和培養人才的教育制度改革，實質上，就是復活了兩年前由慈禧太后親手扼殺的變法運動內容。

光緒新政中取得的最大成果，是正規軍的近代化，將六個師團的兵力編制成為北洋新軍。北洋新軍的中心人物為袁世凱，他是李鴻章的部下，帶領德式部隊「武衛右軍」的山東巡撫。由於義和團事變後，過往的競爭對手不是戰死就是受罰，袁世凱一肩擔負起軍隊近代化的任務。一九〇一年，李鴻章逝世後，袁世凱作為其後任，被任命為北洋大臣、直隸總督，成為清朝政府最大的實權者。

在創建新軍之時，袁世凱禁止虛報兵力及中飽私囊之不正當行為，並實行嚴格的訓練。他也不忘施予恩惠，將慈禧太后所賞賜的四千萬兩白銀分送給將士們。因此，新軍成為一支忠於袁世凱的軍隊，其效忠程度，甚至出現「知袁而不知帝」之說法。光緒皇帝在戊戌政變後遭到幽禁，痛恨背叛變法派的袁世凱。即便如此，新政的軍制改革反而強化了袁世凱的政治資本，將清朝政府的命運掌握在手中。

另一方面，在振興產業、教育和政治改革的領域上，則是由出身江蘇省南通的張謇做出了一番成績。張謇生於農家，一八八二年以淮軍幕僚的身分，前往朝鮮擔任袁世凱的教師，其後因為譴責袁世凱的投機主義而與他絕交。一八九四年，張謇參加考取狀元，卻因父親逝世之故而未任官職，回到故鄉，致力於地方社會的發展。

若是以江南先進地帶（以蘇州為中心）的角度來看，位於長江北側的南通，屬於貧窮的「江蘇省邊境」地區。一八九七年，張謇與代理兩江總督的張之洞會面，受張之洞的委託負責棉紡織工廠的創建計畫。張謇立志「實業救國」，在南通的唐家閘地區創建大生紗廠。

張謇

大生紗廠不倚賴外國資本的力量，是民族資本企業的先驅。工廠採當地菁英主導的「紳領商辦」之經營模式，排除了洋務企業的缺點——官僚的中間剝削。經過數年的營運，狀況穩定後，張謇便開墾黃海沿岸的荒地，栽培棉花。一九〇二年，他倡導「教育救國」，創辦通州師範學校，並成立小學及中學，致力於教育的普及。

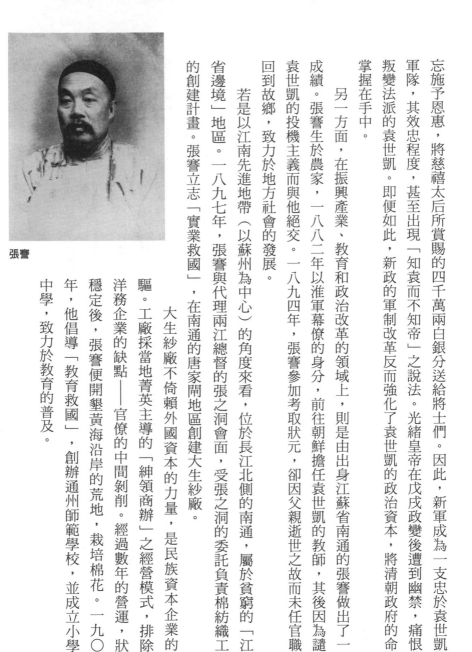

一九〇三年四月，張謇前往日本，視察了大阪的勸業博覽會以及日本各地的產業、教育設施。他對北海道的開拓十分感興趣；看到出身山東的中國農民在札幌取得成功的狀況，不禁深受感動。此外，張謇在教育上也關注到小學和幼稚園等初等教育，並與照顧中國留學生的嘉納治五郎見面。

這趟訪日行程讓張謇深切地感受到，要驅除中國的「病根」，應該要改革政治體制，實現以憲法為基礎的議會政治。一九〇四年六月，張謇翻譯《大日本帝國憲法》，提交朝廷，並和張之洞商量，撰寫請求制定憲法的奏章。此外，還寄信給當時掌握著中央政界的袁世凱（兼任鐵路、商務、電政等大臣職務），勸誘他「實現君主立憲制，成為中國的伊藤博文」。

對此，清朝政府派出五位大臣前往歐洲、日本考察憲政，一九〇六年九月以「永久穩固君權」為目標，著手準備憲法的制定。張謇在上海成立預備立憲公會，要求早日制定憲法後，一九〇七年，清朝政府成立了諮詢機構資政院（中央）與諮議局（地方）。一九〇八年九月，公布了參考日本明治憲法所制定的憲法草案《欽定憲法大綱》，約定將在九年之內召開國會。

以張謇為領袖的立憲派改革，看起來似乎取得了成功，但卻遭遇了突如其來的變化。一九〇八年十一月，光緒皇帝與掌權把舵的慈禧太后相繼逝世，支撐著新政的政治權力頓時化為泡影。其後，雖然立憲派仍持續地活動，但是在繼承政治權力的清廷高層內部，已經失去了接受新政改革的力量。他們將立憲派要求早日召開國會、實施內閣責任制的舉動，看作是漢族地方菁英想要奪取權力的計謀。一九一一年五月，清朝政府成立以滿族人的皇族、貴族為中心的皇族內閣，此舉一出，讓眾人深感失望。關係著清朝存亡的光緒新政，就此失敗。

大清帝國的日暮黃昏與辛亥革命

現在，就讓我們來看看本書中的另一位主角：末代皇帝之宣統皇帝溥儀。宣統皇帝本名為愛新覺羅・溥儀，生於一九〇六年。其父為光緒皇帝的弟弟、醇親王載灃，其母為榮祿之女。榮祿在戊戌政變中鎮壓變法派，贏得了慈禧太后的信任。

宣統皇帝溥儀的生平

根據日後溥儀在描述他波瀾萬丈的生涯自傳《我的前半生》一書中表示，他的誕生，其實是在慈禧太后的強烈意志下所主導出的結果。義和團戰爭過後，載灃以謝罪使節的身分前往德國，但是載灃因他是光緒皇帝之弟的身分而受到禮遇，這一點讓慈禧太后感到不安。她認為，列強或許是在同情正被幽禁的光緒皇帝，害怕自己手上的權力總有一天會受到威脅。為了防患未然，慈禧太后做了決定，讓載灃與自己的忠實部下榮祿結為姻親。換言之，溥儀的出生，是宮廷內司空見慣的政治聯姻結果。

溥儀只有見過慈禧太后一次面，這個場景在電影《末代皇帝》中也有上演。一九〇八年十一月，七十四歲的慈禧太后因患痢疾而病倒，同月十三日，她指名兩歲的溥儀為皇太子，任命載灃為攝政王。面對這突如其來的懿旨，溥儀全家驚慌不已。在奶娘的陪同下，溥儀立即進宮參拜慈禧太后，卻因為宮中的氣氛而感到懼怕，嚎啕大哭，慈禧太后對此感到非常地不悅。

溥儀（右） 與父親醇親王和弟弟溥傑。

緊接著在十一月十四日，光緒皇帝駕崩。關於光緒皇帝的死因，眾說紛紜。前一天，光緒皇帝只是患了感冒，仍舊十分有精神，但是在服藥後，病情卻急轉直下。據說「毒殺」光緒皇帝的人，有可能是袁世凱，因為他內心有擁立別的皇帝的計畫；也有人說是慈禧太后，因為她不允許皇帝比自己長壽。且若是溥儀繼位後，慈禧太后雖然要退居太皇太后的身分，從朝廷政務中隱退，但是慈禧太后認為，她仍舊可以隨意地操縱載灃、干涉朝政。不過，就在光緒皇帝駕崩的隔天，十一月十五日，慈禧太后也離開了人世。

慈禧太后逝世後半個月的十二月二日，舉行了宣統皇帝的即位大典。新皇帝坐在寒冷的太和殿上，接受文武百官們一個接著一個的叩頭朝拜，最後終於因為無法忍受而大哭了起來。宣統皇帝的父親急忙安撫宣統皇帝：「不哭不哭，馬上就完了。」聽見這番話的眾人們議論紛紛，這莫非是暗示了王朝未來的預言。[8]

如果單純是從個人的層面來看，在孤獨和虛偽的環境中被撫養長大的溥儀，可以說是一個不幸的孩子。自他懂事以來，就沒有體會過父母的溫情。且以皇帝的身分所度過的日子裡，唯我獨尊的自我意識也逐漸根深蒂固在他幼小的心靈之中。

舉例來說，某一天，溥儀和弟弟溥傑等人正在玩捉迷藏的遊戲，當溥儀看見溥傑的衣袖上，使用了象徵著皇帝的黃色，勃然大怒。溥傑馬上退回到臣子的身分，妹妹見狀後也嚎啕大哭。溥儀也回想道，自己過去常常虐待宦官，而只有身邊的奶娘會教導自己做人的道理。前文所提到，孫文蠻橫獨斷的態度，也是同樣的道理，可以看出中國社會的壓抑性格，再次孕育出專制的君主。

除此之外，宮廷內奢華的飲食，也象徵了皇帝生活的虛偽與浪費。溥儀的餐桌上總是會擺上三十道料理，慈禧太后的餐點更是多達一百種上下，需要花費半天至一天的時間進行準備。且這些料理都必須先由宦官品嘗確認無毒過後，再排成列隊送到皇帝面前，溥儀甚至從來沒有自己使用筷子夾過菜。實際上，溥儀的餐點，是皇太后們吩咐自己的廚子做好飯菜後，再送到溥儀的面前。所謂的「滿漢全席」，也只是要擺飾出皇帝的規格與形式罷了。

攝政王的政治與鐵道國有化問題

溥儀在自傳中寫道：「我糊裡糊塗地做了三年的皇帝，又糊裡糊塗地退位。」在溥儀的眼中，父親載灃雖然是攝政王，性格卻優柔寡斷。

宣統皇帝父子首先所要面對的政治問題，是該如何對待握有強大實權的袁世凱。慈禧太后在一九〇七年把袁世凱編入軍機處，試圖奪去他在北洋新軍的統率權。載灃原想替哥哥光緒皇帝報仇，殺掉袁世凱，但是與袁世凱關係密切的慶親王奕劻則是威脅「要是北洋軍起來造反，該如何是好」。加上張之洞也力諫載灃不要誅殺袁世凱，最後載灃絞盡腦汁，只能以袁世凱的「足疾」為由，令他回鄉休養。

一九一〇年三月，中國同盟會會員汪兆銘潛伏在北京，計畫暗殺載灃。暗殺計畫以失敗告終，但是被拘捕的汪兆銘，卻受到善耆（出身皇族）的善待，就連被列為暗殺對象的載灃本人，也赦免汪兆銘的死刑，定為無期徒刑。背後的原因是因為日本所施加的壓力，要求清朝政府不得判處汪兆銘死刑。因此到了最後，也無法將汪兆銘處死。

載灃主導下的政治情勢，層次在勞心費神後遭遇失敗，在民間各地，也紛紛出現了抗稅事件以及搶米暴動。當然，並不能將責任完全怪罪到載灃的身上，因為這些現象，大多是在甲午戰爭、義和團戰爭的賠款，以及實施光緒新政等過度的支出後所造成的結果。載灃等人所犯下致命性的失誤，其實是先前所提到的組織皇族內閣以及鐵路國有化的問題。

早在先前，以張謇為首的民族資本家們[9]，在抵制美貨的民族主義高漲的形勢下，展開了利權回收運動——拿回列強在勢力劃分時期所奪取的中國利權。代表性的例子是一九〇四年，由美國轉賣給比利時的粵漢線（廣州到漢口）的鐵路修建權，在鐵路沿線地區的地方菁英與湖廣總督張之洞的合作下，於一九〇五年八月，以六百七十五萬美金購回利權；之後繼續致力於回收各地地鐵路修建權與礦山開採權，也在各省份設立了民營的鐵路公司。

然而，在皇族內閣的郵傳大臣盛宣懷上任後，於一九一一年五月，提出了幹線鐵路國有化的政策。目的是以鐵路修建權作為擔保，向外國貸款，加強中央政府對地方菁英自治勢力的控制。特別是當回收不久的粵漢線和川漢線（成都到漢口）被納入其範圍時，湖南、廣東、湖北等地，以股東及學生為中心召開集會，要求繼續民營。

在鐵路國有化政策中，四川的反抗運動尤為激烈。六月，在成都召開了川漢鐵路公司的股東大會，兩千名的參加者大罵盛宣懷為賣國賊，喊出「保護鐵路」的口號，成立四川保路同志會。八月，清朝政府強行接收鐵路公司，保路同志會決定以罷工、拒付租稅的行為表示抗議。九月七日，四川總督趙爾豐誘捕了保路同志會以及鐵路公司的領袖們，並對來到成都總督衙門要求釋放被逮捕者的一萬名群眾開槍。[10]

如此背離民心的高壓態度，將原本仍待在勉強支持清朝政府之框架內的立憲派分子，逼到了革命派的道路上。在回收利權運動中，原本是將對象設定為列強的民族主義浪潮，在這時候則是開始將槍口轉向了清朝政府。

同盟會中部總會與武昌起義

在四川的保路運動中，有數名成員是來自中國同盟會，他們趁此機會準備武裝起義。八月，在資州與哥老會的領袖組成了保路同志軍；九月，成都血案發生後，他們透過將消息寫在大量的木片上，塗上桐油放入河中的「水電報」順水漂流，號召起義。各地的哥老會群起呼應，四川陷入了內亂狀態，但是保路同志會卻未能占領成都。

此時，革命派的正宗人物孫文，仍舊在兩廣邊境反覆推行著有勇無謀的起義運動。特別是一九一一年四月的廣州黃花崗起義，是中國同盟會成立以來所發生最大規模的事件，並有占領兩廣後，進軍南京、再北上攻占北京的「北伐」計畫。但是在起義前走漏了消息，政府當局下達戒嚴令，進行搜索。黃興率領一百二十多名兵士，襲擊兩廣總督衙門，卻中了清軍的埋伏，死傷慘重。

中國同盟會的北伐計畫因此化為泡影，但是由南方吹來，不同於孫文觀點的南方之風，正開始

武昌起義 升起革命軍旗幟的湖北軍政府。

吹向長江流域一帶。前文提及，因為餞別資金而與孫文走向對立立場的宋教仁等人（原華興會成員），於一九一一年七月在上海成立同盟會中部同盟，以長江革命論為基礎，獨自進行起義計畫。此外，在湖北漢口也設立了共進會的分會；在武昌則是成立了文學社，文學社是假借文學研究為名的革命團體，對新軍將士展開宣傳工作，召集到了五千名會員。

這個時期，湖北因為五月時提出的鐵路國有化政策的影響，局勢動盪。在四川的保路運動演變為內亂之後，駐紮在武漢一帶的新軍部隊，便被調往四川。共進會與文學社在九月召開了共同會議，決定在農曆八月十五日的中秋節（西曆的十月六日）發動武裝起義。元朝末年，漢人為推翻蒙古人政權，也是選擇在中秋節這一天，在月餅中藏入祕密信箋通知眾人一同起義；共進會與文學社基於這一傳說，而將武裝起義的日期定於中秋節。

其後，起義的準備尚未完備，而將計畫延期。十月九日，革命派位於俄國租界內的漢口據點發生爆炸事件，是製造中的炸彈突然意外爆炸。租界警察聞訊出動，沒收了革命派的成員名單，並通報清朝政府當局。革命派立即準備起義，但其總司令部卻被清朝警察闖入，二十多名領袖被逮捕。十月十日，清朝政府仍舊持續搜查革命派分子，被逼急的新軍將士們於晚上七點左右，襲擊武昌城內的武器彈藥庫，是為武昌起義的爆發。

革命軍起義後，湖廣總督瑞澂連忙逃亡，十月十二日清晨，革命軍控制了武漢三鎮：武昌、漢口和漢陽。但是在這個時候，共進會等組織的領袖，不是被殺害就是正在逃亡當中，宋教仁與黃興也尚未抵達武昌。孫文則是在地球另一端的美國進行訪問行程，在丹佛的飯店裡吃著早餐，這才得知了「革命軍占領武昌」的消息。雖然他為這場違背自身意願[11]的革命感到焦急，但還是繼續進行他的國外旅程，為革命運動調度資金。

袁世凱的再登場與清朝的滅亡

這場領袖缺席的革命起義，取得了成功，革命軍自十月十一日開始，著手準備成立湖北軍政府。他們推舉新軍旅團長黎元洪出任都督，掌管民政及軍政，並推選湯化龍作為政務部長，湯化龍曾任立憲派機關的湖北諮議局的議長。軍政府宣布自清朝獨立，並試圖增強、擴大革命軍的力量。此外，軍政府也向位於漢口的外國領事們說明革命的理由，以保護列強的既得利益為條件，要求他們不得進行武力干涉。

湖北的革命成功與獨立的消息，很快地傳遍了中國全土。各地的革命派和新軍、祕密團體、學生們群起呼應，發動起義。十月二十二日，以湖南、陝西為首，至十一月初為止，先後共有十三個省份宣布獨立。對清朝政府感到失望的立憲派與清朝的地方官員也加入了起義的行列，十一月十一日，前往武漢鎮壓的清朝海軍部隊，也在九江地區投靠至革命派的陣營。

人在北京的攝政王載灃，面對節節敗退的戰況報告束手無策；此時奕劻提議，不妨再次起用袁世凱。當時在清朝內部有人擔憂「袁世凱將會成為曹操第二」，也就是會像曹操在平定黃巾之亂後，滅了東漢。對清朝而言，袁世凱是一號危險人物，不可不慎。然而，清朝政府已經想不出其他更有效的策略，於是在十月底任命袁世凱為欽差大臣，賦予全權；十一月廢除皇族內閣，並任命袁世凱為內閣總理大臣。

東山再起後的袁世凱，以軍事力量為後盾，開始向南（革命派）北（清朝政府）雙方施加壓力，展開交涉。他爭取張謇等立憲派人士的支持，又以釋放獄中的汪兆銘等方法，增加他在革命派人士中的擁護人數。此外，在長江流域握有眾多利權的英國，也給予袁世凱強力的支持，主張以宣統皇帝退位以及讓袁世凱就任大總統為條件，早日進行南北議和。

十二月二十一日，孫文終於抵達香港，二十五日在上海受到了熱烈的歡迎。一九一二年一月一日，孫文在南京宣布中華民國的成立，並就任臨時大總統。然而，正如孫文所說「今所帶回者，乃革命精神耳[12]」一般，革命政府在歐洲的借款交涉未能成功，臨時政府的財政陷入困境。加上列強派遣艦隊至長江的壓力，以及反孫文派的「急先鋒」章炳麟等人對袁世凱的支持，孫文本人只好發表聲明：「如清帝實行退位，宣布共和，則臨時政府決不食言，文即可正式宣布解職，以功以能，首推袁氏。」

根據溥儀的自傳，在他茫然度過三年的皇帝生活中，有一件事令他印象最為深刻。在毫無生氣的宮殿裡，光緒皇帝的皇后正用手帕拭著眼角，前面則是跪著一位胖老頭，流著眼淚。年幼的他，不明白兩個大人為何要哭泣，只是懷抱著不可思議的心情，凝視著這一切。那位「胖老頭」就是袁世凱，那天是袁世凱第一次提出宣統皇帝的退位問題。

溥儀認為，當時袁世凱所留下的眼淚，只是出自於他一流的演技；他這樣推斷的證據，是此後袁世凱再也沒有進宮來拜謁。朝廷內雖然有高喊「反抗到底」的官員，最後卻被革命派炸死。出戰前線的袁世凱的部下，也發出電報，要求宣統皇帝退位，並指揮一部分的新軍進入北京城，對清廷施加壓力。因此，在御前會議中，便將討論的議題集中在退位後的皇室成員，該給予哪些優待條件上。

二月十二日，宣統皇帝宣布退位。王侯貴族們懼怕漢人的報復，紛紛逃往外國公使館所在地的東交民巷，或是前往天津的租界避難。在這天會議上始終保持緘默的攝政王載灃，將溥儀帶回家中，放心地說：「從此就好了，我也可以回家抱孩子了。」他的妻子聞言哭倒在地。

自太平天國的金田起義算起，經過了六十年，持續了將近兩百七十年的大清王朝，終於滅亡。這不單純只是一個王朝的消逝，而是從秦始皇時期以來，持續了兩千年的專制王朝體制之終結。比起歷史上屢次失敗、血流成河的革命運動，大清王朝的結束，因為太過簡單地降下了帷幕，或許比較適合用「自行崩壞」的說法。或許歷史上出現轉變的瞬間，往往就是如此。

然而，一個時代的結束，並不意味著隨即連接下一個時代的開始。清朝滅亡後，不如說是面臨時代與時代之間的狹窄夾縫，前方等待著的是看不見出口的黑暗。由孫文之手所建立起的國家，由他所宣言的「人民之國」，為了尋求她應有的模樣，而正在苦惱的徬徨著。

註釋

1 【譯按】速成師範科。

2 【譯按】《姿三四郎》為一九四二年富田常雄出版的長篇小說，一九四三年改編為電影，由黑澤明執導，成為大導演黑澤明躍上影壇的處女作。

3 【譯按】第十任總理大臣，任期一九〇〇年十月十九日至一九〇一年五月十日。

4 【譯按】抗議民眾決定在日比谷公園召開抗議大會，卻遭到禁止，警察封閉日比谷公園出入口。而後，民眾們攻入日比谷公園，並往銀座等方向前進，襲擊內務大臣官邸、火攻國民新聞報社、各地派出所等處。

5 【譯按】明治時期反對明治政府的士族。「士族」意指在江戶時代的舊武士階級或是公卿等支配階層中，未被列入「華族」之內的身分階級稱呼。

6 【譯按】支持孫文起義運動的日本革命家。孫文與兒玉源太郎的會面，也是山田良政居中斡旋的結果。山田良政與鄭士良所率領的起義軍，打算一同撤退至香港，途中遭清軍逮捕後殺害。

7 【譯按】軍國民教育會主張以鼓吹、起義和暗殺三種方式推行革命運動。一九〇三年，黃興、楊守仁等人曾組織暗殺團。

8 【編按】此段對話是否真的發生還有待考據。

9 【譯按】以本地的輕工業生產活動，累積財富的資本家。

10 【譯按】亦即「成都血案」。

11 【譯按】孫文的意願是以「兩廣革命論」為基礎的革命行動，而非文學社和共進會的「長江革命論」。

12 【譯按】此句前文為：「我身上一文不名」，亦即未帶回金錢。

第五章　「民之國」的試煉——袁世凱政權與日本

中華民國的成立與《臨時約法》

一顆子彈之後

一九一三年三月二十日晚間，革命派領袖黃興等人出現在上海火車站。當時基於中華民國暫定憲法《臨時約法》，他們已經是被選舉出的國會議員。開往北京的火車就快要發車了，正當他們從候車室走出來時，突然聽見「砰」地一聲巨響。不知發生何事的黃興回頭探看，而在黃興前方有人哀叫一聲——那是宋教仁，他是在這場選舉中取得壓倒性勝利的國民黨黨內實質黨魁。

緊接著又出現兩聲槍響，眾人譁然騷動。被送至醫院的宋教仁，雖然接受手術搶救，卻因子彈由後背直達腹部，醫師們也無力回天。二十二日清晨，宋教仁逝世，得年三十一歲。不久後，開槍的犯人便遭到逮捕，但是其背後的黑手則是中華民國的臨時大總統袁世凱。

宋教仁被暗殺的事件，讓誕生不久的中華民國遭受到沉重的打擊。這不僅僅是國家失去了一位領導者的問題，而是在革命下所誕生的新中國，以自由主義為基礎成長為一個法治國家的可能性，受到了侵害。

接下來在本書中所提到的民國時代[1]，常常會使用分裂與混亂等詞語來形容。確實，在這段時期內，各地大大小小的軍事勢力群雄割據，中央政府無力統籌控制，與歷史上秦始皇出現前的春秋戰國時代甚為相似。然而，正因為這個時代缺乏掌控著巨大權力的統一政府，因此能夠孕育出諸子百家並存的自由風氣。雖然提到民國時代，多帶給人晦暗的印象，但並非只存在著單一的晦暗氛圍，在當時的社會上，還是蘊藏著各式各樣的可能性。

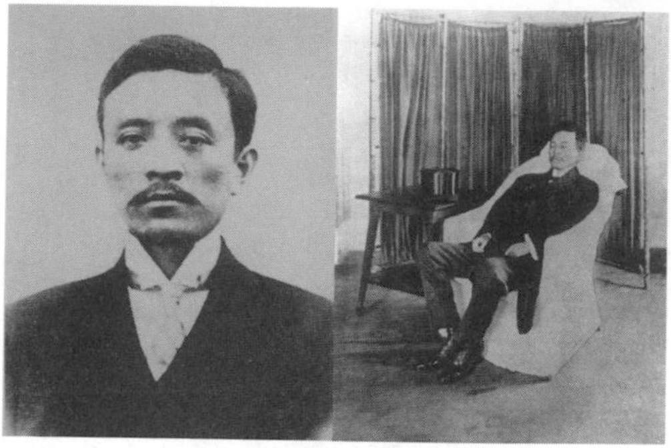

宋教仁照片（左）與被殺害後的遺體照（右）

那麼，為何袁世凱想要除去的對象，不是中華民國的建國之父孫文，卻是宋教仁呢？為了回答這一個問題，就讓我們來看看在清朝滅亡的一九一二年二月以後，大約是辛亥革命爆發的後半段時期其後一年多的歷史。

袁世凱任臨時大總統與《臨時約法》

宣統皇帝宣布退位的翌日，也就是二月十三日，孫文向臨時政府提出請求，辭去臨時大總統的職位。因為他必須履行承諾，推薦袁世凱（當時為北洋新軍統帥、清朝的內閣總理大臣）作為後任人選。當時，孫文在讓袁世凱就任臨時大總統時，提出了三項條件：（一）要將臨時政府的首都設於南京；（二）袁世凱必須親自到南京來就任新總統的職位；（三）新總統必須遵守《臨時約法》。在臨時政府批准之後，十五日選出袁世凱擔任臨時大總統之職務。

然而，袁世凱不願意離開自己勢力基礎所在的北京。孫文雖然派遣特使前往迎接，但袁世凱卻在北京等地促使士兵們掀起暴動，以此為藉口拒絕前往南京。最後，臨時政府無可奈何，只好允許袁世凱在北京就任臨時大總統的職位。

革命派的成員們，原本就認為袁世凱不可能會老實地前來南京。而能夠限制袁世凱獨裁的法規，就是宋教仁等人所起草的《臨時約法》。

《臨時約法》的開頭便是「中華民國的主權屬於全體國民」，明確地強調主權在民。第二條則是規定，所有的國民，不論在民族、階級、宗教上一律平等，並且頒布法令，廢除對廣東漁民蛋家[2]等身分上的歧視。此外，《臨時約法》還保障了言論、出版和集會的自由等，即使和日本的《大日本帝國憲法》相較，也算是較為超前、激進的內容。

《臨時約法》最大的特徵，就是採取議院內閣制，承認最大限度的議會權限。議會由眾議院、參議院兩院構成，擁有預算的決定權以及制訂所有法律的權限。臨時大總統的人選，也是經由議會選舉而出，其當選門檻必須獲得投票總數的三分之二以上票數。另一方面，臨時大總統是代表政府「總管政務」的職務，被賦予統率全國陸、海軍的權限。除此之外，臨時大總統還擁有官吏的任免權及外交權，不過在未經議會批准前，不得行使這些權限。

《臨時約法》中還明記，議會擁有彈劾大總統的權力，若認定大總統有謀反行為之時，出席者達到總人數的五分之四以上、三分之二以上的出席者表決通過，便能夠彈劾總統。由此可見，宋教

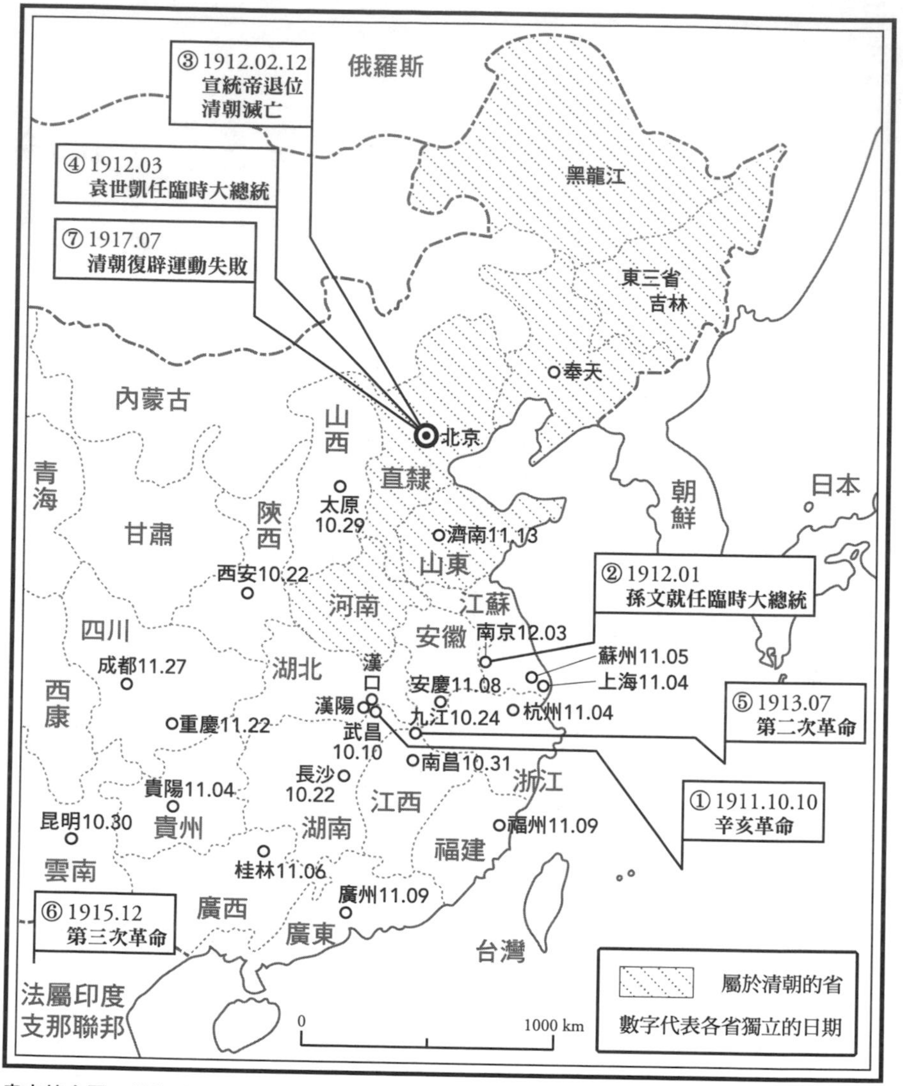
③ 1912.02.12
宣統帝退位
清朝滅亡
俄羅斯
④ 1912.03
袁世凱任臨時大總統
⑦ 1917.07
清朝復辟運動失敗
黑龍江
東三省
吉林
奉天
內蒙古
北京
山西
直隸
青海
甘肅
陝西
太原
10.29
朝鮮
日本
濟南11.13
西安10.22
山東
② 1912.01
孫文就任臨時大總統
河南
江蘇
四川
安徽
南京12.03
蘇州11.05
上海11.04
成都11.27
湖北
漢口
安慶11.08
西康
漢陽
杭州11.04
⑤ 1913.07
第二次革命
重慶11.22
武昌
10.10
九江10.24
南昌10.31
長沙
10.22
浙江
貴陽11.04
江西
① 1911.10.10
辛亥革命
昆明10.30
貴州
湖南
福州11.09
福建
雲南
桂林11.06
⑥ 1915.12
第三次革命
廣西
廣州11.09
廣東
台灣
屬於清朝的省
數字代表各省獨立的日期
法屬印度
支那聯邦
0
1000 km

辛亥革命圖　根據講談社版一九七五年版的叢書《中国の歴史8》所繪製而成。

仁試圖透過法律來限制大總統的權限，以達到控制袁世凱的目的。

但是，孫文對這部《臨時約法》，卻是抱持著批判的態度。其實在辛亥革命期間所擬定的暫時法律，並不是只有《臨時約法》；早在清朝滅亡前的一九一一年十二月，就已經擬定了《臨時政府組織大綱》。臨時大總統之職，是參考當時美國的總統制而設立，對於議會的決議事項擁有否定權等，賦予臨時大總統很大的權限。由於當時仍舊與清軍交戰中，需要強而有力的領導者，且孫文在革命之初始，便主張在軍事政權下獨裁的必要性。[3]

然而，自中國同盟會的內部發生紛爭以來，孫文自以為是的獨斷態度，就失去了宋教仁對他的信賴。宋教仁在逃亡日本的期間，進入早稻田大學的留學生部，並翻譯關於各國法律方面的著作等，勤奮向學，甚至到了神經衰弱的程度。在和章炳麟的談話中，宋教仁也深刻地感悟到，今後，已經不再是由少數的英雄人物、透過獨裁權力來推動革命的時代了。

以法國和美國憲法為基礎而制定的《臨時約法》，便是宋教仁經過上述努力後的心血結晶。其中強化議會的權限、防止臨時大總統採取獨裁等的內容，不僅僅是針對袁世凱，其實也包含著抑制孫文獨斷、一意孤行的意義。對於否定自己革命計畫的《臨時約法》，孫文心中當然是有所不悅。《臨時約法》中採用孫文的主張，只有「國民擁有主權」的這個原則；因此，據說當時孫文丟下了「其他（內容）皆非吾之本意，吾不擔負其責」這句話。

那麼，袁世凱成為《臨時約法》拘束權限的對象，他對此的態度是什麼？雖然已經在前文提過袁世凱數次，不過在此我們還是從袁世凱的出身開始看起。

袁世凱的開發獨裁與地方民族主義

袁世凱為河南省項城縣人，其祖父的兄弟袁甲三曾率領淮軍，參加了鎮壓太平天國的軍事行動，為袁世凱的成功之路開創了契機。袁世凱厭惡枯燥無味的讀書考試，早早放棄了科舉之路，投身淮軍，一八八〇年被派遣至朝鮮，中、日兩國爭奪此地之權、對峙不下。當時，李鴻章看中了袁世凱的才能，任命他為駐朝鮮總理交涉通商大臣，相當於總領事的職位。

甲午戰爭後，袁世凱取代下台的李鴻章，接管北洋軍隊。他一方面致力於軍隊的近代化，一方面開始關心政治事務，並加入康有為等人所組織的強學會。戊戌政變時，袁世凱因為向清廷通報了變法派的政變計畫，而被稱為「叛徒」；但是，變法派與袁世凱的後台李鴻章派系，是站在對立的立場之上，所以也不能說他是個背信棄義的變節之徒。不如說，無論是在義和團運動或是辛亥革命的政局激烈動盪時期，袁世凱擁有了過人的天賦，似乎能夠嗅出哪一個陣營將取得最後的勝利。

後來與袁世凱接觸過的外國人，評價他是一位具有卓越的記憶力與觀察力，並充滿「敏銳的好奇心」的人物。袁世凱曾經歷過一次失敗下台的經驗，而後東山再起，成功地復活於政壇之上，我們不需援引鄧小平歷經多次下台、卻總能夠宛如不死鳥般重生的例子就可明白，要在中國中央政界內部的激烈權力鬥爭之下，保持自己的影響力，並非易事。當然，成功的背後會受到官界中爾虞我詐、裝模作樣等特有的生態所影響，但袁世凱並不會被單一的理念或是主義所侷限，可以說是一位冷靜判斷、大膽行動的現實主義者。

袁世凱的權力基礎來自新建陸軍，這支軍隊既是中央政府的軍隊，同時也是袁世凱的私人軍隊。且袁世凱本人，也帶有象徵地方勢力的一面，在擔任山東巡撫時期，他曾經拒絕清朝政府的命令，未向天津派出支持義和團的援兵。

在義和團時期，表現出自主意識的地方官員並非只有袁世凱一人。袁世凱在朝鮮時期的恩師張謇，就曾經私下斡旋，促使湖廣總督張之洞、南洋大臣劉坤一等人，簽署「東南互保協定」，與列強和平相處，迴避義和團戰爭所帶來的負面影響。自光緒新政至辛亥革命期間，以省為單位的地方民族主義十分高漲。反對鐵路國有化的保路運動，以中央與地方之間的對抗關係進行推展；而中國同盟會，也是結合以同鄉網絡為基礎的當地革命團體所成立的組織。

袁世凱　中華民國第一屆臨時大總統。

地方民族主義，對於剛誕生不久的中華民國政府，也造成了巨大的影響。清代的地方官員，必須遵從「本籍迴避」原則，不能擔任自己故鄉的地方官員；在各省的革命政府宣布獨立之後，便將外地出身的地方官員加以驅逐，以出身本地的人物替代。

在制定《臨時約法》之時，出現了要求仿效美國聯邦政府形式的聲音，重視以省為單位的地方政權。其代表人物便是廣東省都督、革命派的胡漢民，他認為中央集權的體制，容易發生權力的篡奪，因而主張擁有漫長專制王朝歷史的中國，應該要在地方上構築穩固的民主基盤。

從清朝末年至民國初年期間，地方勢力的崛起，正好顯示出在邊境（特別是在南方各省）所出現的中華再生能量，這些能量同時也是刺激辛亥革命的原動力。

然而，地方自立性的提高，以及地方權限的強化，讓袁世凱的內心充滿了危機感。他認為，中國必須要由強大的中央政府來統一管轄，地方權限的強化，只會讓中國陷入分裂與混亂的局勢。特別是在各省的都督，應該由中央政府任命，若是由各省透過各自的議會選舉，將會滋生出許多獨立的王國。一旦國內出現分裂，各省的領袖也會開始爭奪勢力，而進入「戰國時代」，同時替那些正在虎視眈眈著中國利權的列強們，創造出絕佳的機會。

上述這類有關中央集權或是地方分權的論爭，長期以來以「郡縣論」、「封建論」的形式反覆地出現在中國歷史上。袁世凱的構想，是一種「開發獨裁」的體制——具有實行能力的強人領導者，建立起威權主義體制，在抑制政治民主化的同時，推進近代化的路線。順帶一提，孫文的革命構想，也是追求中央集權的獨裁體制，從這一點來看，孫文與袁世凱的觀點，可說是大同小異。由此可見，專制統治的傳統，在中國社會留下了多麼強烈的殘影。

對袁世凱而言，宋教仁這號人物，是最難對付、且是最危險的存在。袁世凱與宋教仁的相識，可以向前追溯到一九〇七年。當年，宋教仁前往中國東北部，進行革命運動，得知日本想要將位於中國與朝鮮邊境的間島[4]，與朝鮮合併。宋教仁因此將間島的歷史、在戰略上的重要性，以及如何應付日本的方法等，整理成為《間島問題》一書。

當日本果真向清朝政府提出間島的歸屬問題之時，早就注意到這本書的外務部尚書袁世凱，請求慈禧太后赦免宋教仁的罪責，並賦予四品官職，讓宋教仁負責外交上的談判事務。雖然宋教仁最後謝絕了這個職位，但是他的才能讓袁世凱留下了深刻的印象。後來，孫文派遣使者迎接袁世凱至南京時，宋教仁便是使者中的一員。當時袁世凱拿出二十萬元，試圖賄賂宋教仁，但是賄賂金卻遭到退回，分文不缺。袁世凱這才意識到，宋教仁並非能夠用金錢來收買的人物。

一九一二年三月，《臨時約法》公布後，為了迎接十個月後將要召開的議會，宋教仁開始著手組織公開政黨。八月，在中國同盟會的基礎之上，成立了國民黨，雖然是由孫文就任理事長，實質上的領袖卻是宋教仁。為了與之對抗，袁世凱聯合立憲派和舊官僚的人員，成立了共和黨。但是在十二月所舉行的第一屆國會選舉中，共和黨（取得一百七十五個席次）慘敗給國民黨（取得三百九十二個席次）。附帶一提，由梁啟超所領導的民主黨，以及章炳麟等人所組織的統一黨，則是各獲得二十四個席次。而後，袁世凱聯合民主黨、統一黨，與共和黨一同組成進步黨，卻還是無法動搖國民黨在議會中超過半數以上席次的局面。

這場選舉的結果，讓袁世凱陷入四面楚歌的狀態，並開始主張複數政黨的議會政治，正是導致中國走向分裂與混亂的元凶。因此，他下定決心，無論使用何種手段，都要除去威脅到大總統權力的宋教仁。

二次革命與袁世凱政權

當宋教仁遭到暗殺之時，孫文並不在中國。孫文自一九一三年二月起，以國賓的身分前往日本訪問，在暗殺事件發生的前一天，也就是三月十九日，前往老友宮崎滔天的老家作客。辭去臨時大總統職務的孫文，正在籌備鐵路建設的大計畫，這項計畫是培育產業的關鍵，這次訪日的目的之一，便是建設費用的借款交涉。孫文抵達日本之後，會見了許多政府要員，其中和他最為意氣相投的，就是締結日英同盟的關鍵人物桂太郎。

孫文訪日與日本對辛亥革命的反應

亞洲最早的共和國創建人物孫文，與日本的藩閥政治家桂太郎，這兩位人物的組合，看在今日的我們眼中，似乎是十分不協調的畫面。儘管如此，兩人進行了兩次會談，時間超過了十五個小時。其內容也讓人驚訝，包括日本今後將不侵略中國，兩國聯手共同實現亞洲的和平；日本與德國締結同盟關係，與中國採取相同的步調，一同對抗英國等主題。同年十月，桂太郎逝世之時，孫文惋惜道：「今後，日本再沒有能一同談論天下的政治家了。」

事實上，桂太郎在二月的大正政變[5]之後，便被趕下首相的寶座，他的言論並不能代表日本政府的立場。在辛亥革命爆發後，起初日本政府一面擁護清朝政府，一面致力於讓中國走上君主立憲制的道路。不久，南北勢力對峙不下，雖然日本政府也給予了革命軍武器上的援助，但是在是否要承認南京臨時政府的問題上，始終躊躇不定。最後，支持袁世凱的英國，掌握了對中國交涉的主動權，日本則是在一九一二年七月，締結了第三次日俄協定，與俄國分享在內蒙古的權益。

雖然日本政府對辛亥革命運動並未提出明確的應對方針，但是在日本民間，卻有支援革命、參加運動的行動。其代表人物便是出身高知的萱野長知，他帶著梅屋庄吉託付給他的七萬日圓資金，前往中國，在漢陽加入了黃興所率領的革命軍。此外，頭山滿野組織了支援革命的團體「有鄰會」；被視為「二二六事件[6]」的幕後黑手、而被處死的國家主義者北一輝，也和宋教仁一同參加了南京保衛戰。孫文的評價是：「雖然日本政府反對革命，民間卻給予了同情。」

當然，日本的民間人士，並非全數都對革命行動寄予同情。想要在中國大陸擴張日本權益的「大陸浪人[7]」川島浪速，在清朝滅亡後，協助肅親王逃亡旅順，並策劃將滿洲人的故鄉——中國東北部，以及內蒙古地區，由中國的管轄範圍中獨立出來，納入日本的勢力範圍之下。第一次滿蒙獨立運動，因為消息走漏的緣故，計畫中止，到了一九一六年則再度燃起獨立運動的火苗。

除此之外，川島浪速將肅親王的第十四位女兒收作養女，這位養女就是川島芳子，以日本間諜的身分活躍於一九三二年的一二八事變[8]，其角色也在電影《末代皇帝》中登場，有「東方瑪塔・哈麗[9]」之稱。當時，俄國試圖讓外蒙古（現今的蒙古人民共和國）從中國的管轄下獨立出來，英國也將目光放在西藏，虎視眈眈。川島浪速主張，日本應該與歐洲列強對抗，擴大日本在滿蒙地區的勢力，進而「保全東亞」，將侵略行為賦予正當的理由。

得知宋教仁遭到暗殺的消息後，孫文急忙地趕回國內。一九一三年三月二十五日，孫文抵達上海後，召開了國民黨幹部會議，商討今後對策。當時雖然也有人主張，應該以武力討伐袁世凱，但最後還是決定，在目前國民黨占有優勢的議會上，追究袁世凱的責任。

川島芳子　攝於一九四三年。

善後大借款與二次革命

四月召開議會後，袁世凱與國民黨之間產生了激烈的衝突。其衝突的焦點，是從英國、法國、德國、俄國及日本這五個國家的銀行團所借貸的金錢，並將國內的鹽稅收入作為擔保，置於外國的支配之下；其借貸總額為兩千五百萬英鎊，又稱「善後大借款」。國民黨認為，這筆貸款將會招致列強的侵略，並且可能會被拿來做為強化袁世凱個人權力的用途，因而表示反對。然而，袁世凱卻在未取得議會同意的情況下，便與列強簽署了條約。議員們強烈地譴責袁世凱的違法行為。

另一方面，袁世凱也沒有保持緘默或是按兵不動。他利用貸款得來的財源，開始進行收買工作，賄賂議員們脫離國民黨。平均每人超過一萬元，不接受賄賂的官員，就會面臨種種的威脅及阻礙。街上的書店陳列著書籍，內容是政府官員對孫文的毀謗及中傷。在如此沉悶的氛圍下，許多議員的內心開始動搖。

緊接著在六月，袁世凱解除了廣東都督胡漢民、江西都督李烈鈞等三位革命派都督的職務，挑釁國民黨。此時，黃興仍舊主張，應該依據法律來彈劾袁世凱，但是孫文則是堅持要發起武裝起義的行動，毫不讓步。七月十二日，李烈鈞接到孫文的指示後，設立軍司令部討伐袁世凱，並宣布江西獨立。之後，江蘇、安徽、廣東等南方七個省份也紛紛宣布獨立，議會也宣示和袁世凱畫清界線。即為二次革命的爆發。

然而，選擇以軍事力量對決，正中袁世凱下懷，因為他擁有著強大的軍事力量。袁世凱譴責孫文等人，是破壞國家統一、擾亂地方治安的「亂黨」、「暴徒」，施行鎮壓行動。且這一次的武裝起義，並未如孫文所預期的一般，會發生如同武昌起義時一般的連鎖效應。人民對於議會的空轉以及賄賂的橫行感到失望。孫文的起義軍在短短的兩個月內便宣告敗北，孫文、黃興等人經由臺灣逃往日本。

袁世凱政權與其特質

袁世凱在擊退了反對勢力後，開始依照自己的政治藍圖，著手建立中央集權式的國家體制。首先，他瞄準的是正式大總統的位置。一九一三年十月，袁世凱動員團體、施加壓力，逼迫議會「選舉」他作為正式的大總統。緊接著在十一月，袁世凱下令解散國民黨，並剝奪剩下的國民黨派系議員的資格，議會被迫停止運轉。一九一四年一月，袁世凱下令解散議會，中國史上第一個民主議會，僅維持不到一年的時間，便宣告閉幕了。

其次，袁世凱費盡心思，設法讓辛亥革命的偉大成果，也就是《臨時約法》廢棄失效。一九一

民國初年，剪去百姓辮子的革命軍士兵

「辮子將軍」張勳

四年三月，召開憲法修改大會；五月公布《中華民國約法》（新約法），大幅度地擴大了總統的權限，並設立國務卿的職位，取代內閣，國務卿由徐世昌（與袁世凱同鄉的進士，曾與袁世凱結拜，後為其幕僚）擔任。原本設置了立法院，作為議會的功能，但在最後卻未能召集。參政院原是大總統的諮詢機構，成為事實上的立法機關，按照袁世凱的意願，將大總統的任期改為終身制。

此外，袁世凱還縮減了日益加強自立性的地方權限，試圖徹底地實行中央集權。最初，他打算廢除各省，將之分割為數個細小的行政單位，但是未能實現。取而代之的是派遣巡按使之文官至各省，將各省都督改稱為將軍，目的是要讓將軍的權限侷限在軍事層面。並且定期地命令將軍前往中央，將其兵力定位在國軍的位置之上，強化中央對地方財政的干涉。不過，就算是採取這些措施，仍舊無法完全地掌握住地方上的軍人勢力。

在如此形勢下，袁世凱政權的中國，可說是傳統與近代交錯的時代。張勳便是這個時代下的象徵，他鎮壓二次革命，雖是中華民國的武官，卻為了表明對清朝的忠誠，不允許部下剪去長辮，而有辮子將軍之稱號。袁世凱在內政上採取了緊縮財政的措施，雖然沒有展現出卓越的成果，但是他十分熱心地推動初等教育的普及，從這一點來看，不能將他完全地歸類在保守派的政治家之內。

不可否認，袁世凱為了實現自己所信奉的理想、打造出一個強而有力的國家而不擇手段，暗殺、賄賂、恐嚇等不當行為橫行。一九一三年七月，袁世凱發布戒嚴令，對穩健派的地方菁英們也經常加以鎮壓。然而，面對著因革命而興起、促使中華世界得以重生的社會能量，袁世凱所犯下最為嚴重的錯誤，就是對著這股社會能量澆下了一盆冷水。宋教仁等人，為了追求議會政治的實現，在行動上或許有些操之過急，但是袁世凱在如此混沌的狀態之下，所感受到的卻只有「亡國」的恐懼。

中華革命黨與孫文

一九一三年八月，孫文逃亡至日本，日本政府表現出冷淡的態度，與半年前的歡迎姿態截然不同。日本首相山本權兵衛擔心與袁世凱和英國的關係會出現惡化，因而勸告孫文前往美國。不過，孫文認為，除了日本以外，他找不到東山再起的地方，因此向頭山滿、犬養毅等人求援。這些人說服了山本，表示若是現在能夠將孫文控制在日本的手中，有利於對華政策，從而爭取到孫文的入境許可。其後，孫文便在日本展開了為期兩年零九個月的革命活動。

一九一四年六月，孫文在東京成立了中華革命黨。關於二次革命的失敗，孫文拒絕承認自己當初堅持主張要與袁世凱武力對決，是一個錯誤的決定。他反而認為，二次革命的失敗，是源於宋教仁所推行的國民黨議會政治，導致許多追求官位名利的人士進入黨內，從而喪失了革命精神的結

《新青年》雜誌　《青年雜誌》第二期之後改名。藏於北京大學圖書館。

果。因此，孫文要求中華革命黨的黨員們，必須「犧牲自身的生命、自由與權力，追隨孫先生，再起革命」，換言之，孫文要求黨員們的絕對服從。他藉由組織宣示忠誠於己的精銳集團，試圖將革命之行動加以純粹化。

面對孫文如此獨裁的方針，舊友同志們紛紛表示反對。特別是黃興，他批判孫文回到了中國同盟會以前的武裝起義路線，是「脫離常軌的行動」；並且強調，今後應該要超越黨派的限制，廣泛地集結同志才是。一九一四年，黃興為了塑造反對袁世凱的輿論，成立了歐事研究會，並在東京與上海發行雜誌《甲寅》。研究會的成員包括了後來創設中國共產黨的陳獨秀與李大釗；翌年（一九一五年），陳獨秀創辦了有名的《青年雜誌》[10]，點燃了新文化運動的導火線。

然而，對於自己所主張的革命方式，孫文仍舊一意孤行，不願接受任何的批判，甚至被批為「會黨（祕密結社）中毒」。孫文甚至批判，是因為黃興的軟弱，才會導致二次革命的失敗。怒氣衝天的黃興，於一九一四年與孫文決裂，分道揚鑣，前往美國。李烈鈞則是認為，絕對服從孫文這一項指示，實為屈辱，因而拒絕加入中華革命黨。革命運動的內部，徹底地分裂。「走向獨裁的誘惑」，這個中國專制王朝所留下的遺毒，不只是荼毒了袁世凱，也開始侵蝕革命派的組織。

此時感到孤立無援的孫文，喜歡上了宋慶齡，她是廣東出身的實業家宋嘉樹的次女。宋嘉樹原本就十分熱心地支持著孫文，其長女宋靄齡也曾擔任過孫文的祕書。一九一四年秋天，自美國留學歸來的宋慶齡，來到日本投靠姊姊宋靄齡。孫文看到宋慶齡邊彈琴邊唱歌的模樣，一見鍾情。即使周圍的人們對於這段相差二十七歲的婚事，都十分地反對，但是他們兩人仍舊意志堅定。事實上，兩人在婚後也是形影不離。

一九一五年十月，孫文和宋慶齡在梅屋庄吉的東京住處舉辦婚禮。日本友人方面，有宮崎滔天、犬養毅和頭山滿等人參加，中國友人方面，卻只有孫文的心腹陳其美出席，未見其他同志的身影。當時誰也料想不到，身為孫夫人的宋慶齡，會在為了挽救中國危機的緊要關頭上，躍上歷史的舞台。

第一次世界大戰與《二十一條要求》

第一次世界大戰與日本占領青島

一九一四年六月二十八日，這次輪到全世界為了一記暗槍而震驚。在有「歐洲的火藥庫」之稱的巴爾幹半島上的城市塞拉耶佛（Sarajevo），奧匈帝國皇太子夫婦遭到暗殺，兇手是一位塞爾維亞王國的青年（當時俄國是站在支持塞爾維亞王國的立場）。七月，奧匈帝國正式向塞爾維亞宣戰。不過，這場戰爭最後演變成奧匈帝國、德國、義大利所組成的同盟國，與俄國、英國、法國主導的協約國之間的衝突，爆發第一次世界大戰。

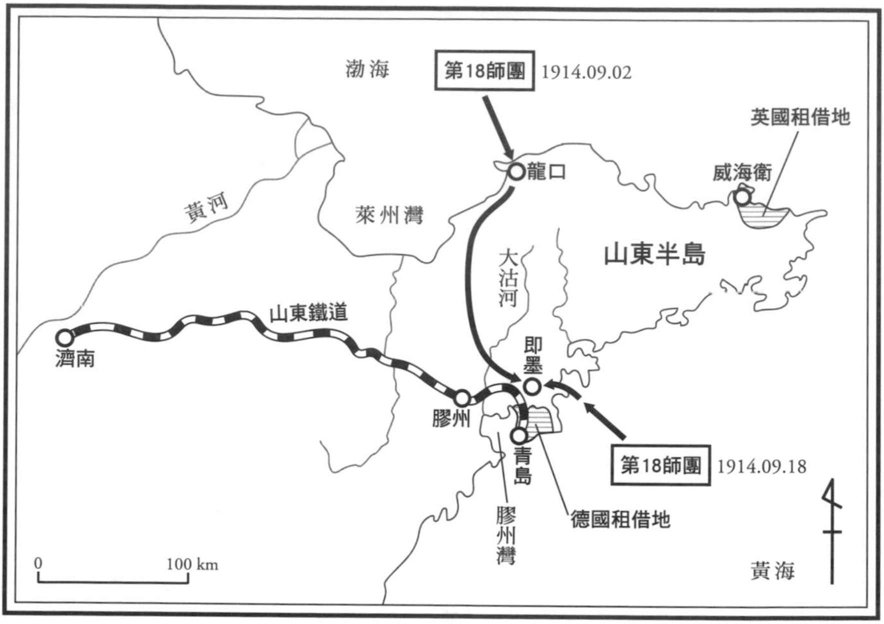

日本占領山東路線　根據中央公論社《日本の近代4・「国際化」の中の帝国日本》繪製而成。

大戰爆發的消息傳到日本之後，元老井上馨[11]將這場戰爭視為「大正新時代之天佑」，也就是上天所賜予的良機。井上向當時的首相大隈重信表示，日本應該與協約國站在同一陣線上，以確立日本在亞洲的利權。日本政府則是以外務大臣加藤高明為中心，鞏固參戰的意向；八月，以「日英同盟之誼」為藉口，向德國宣戰，並將攻擊目標對準德國在中國山東的據點——青島。

另一方面，雖然英國曾經要求日本，攻擊德國在遠東的艦隊；但是英國同時也對日本的野心有所警戒，並不希望日本參戰。在袁世凱政權方面，擔心大戰的戰火波及中國，提出中立宣言，並禁止在中國領土內發生戰爭行為。儘管如此，日本則是提出日俄戰爭時期在中國領土境內交戰的例子，強迫中國承認，將德國租界以外的山東東部劃歸為交戰區域（中立除外地）。當中國政府承認之後，於九月登陸的日軍兩萬九千名兵士繼續西進，遠遠超出了約定的區域範圍，占領了直到省會濟南的山東鐵路全線區域。

十一月，日軍攻陷青島後，留下約七千名兵力的守備隊，其餘的部隊繼續進攻山東。雖然日本在對德國的最後通牒中宣稱「將所有租界地返還支那（中國）」，但是除了南滿鐵路之外，日本遲遲不願放棄在中國本土首次獲得的鐵路利權。中國國內對於日本的反感情緒高漲，但是袁世凱因為請求日本政府協助鎮壓孫文的革命運動，因而遲遲不敢有所動作。犬養毅等人當時為了爭取讓孫文留在日本，採取以孫文仍有利用價值的說法說服日本政府，其利用價值之說，竟是以這種諷刺的形式獲得實現。

《二十一條要求》與中國

在加藤高明外交大臣的指示下，一九一五年一月十八日，日本的駐中公使日置益，完全無視正式的外交途徑，直接向袁世凱提出由五項條款所構成的祕密要求，亦即歷史上惡名昭彰的《二十一條要求》。其內容如下：

第一號　日本繼承德國在山東的權益，開放主要城市。

第二號　擴大日本在南滿和內蒙古東部的權益。將旅順、大連和南滿鐵路的租借期限延長九十九年，承認日本人在這些地區的自由居住和商業活動、房地產的取得權、礦山開採權等。

第三號　將橫跨湖南、湖北的鋼鐵聯合企業漢冶萍公司改為中日合資。保全其資產，特別是大冶礦山的開採權，確保供應鐵礦石給日本八幡製鐵所。

第四號　保全中國領土，不轉讓、租借沿海的港灣及島嶼。

第五號　亦即希望條款：（一）中央政府聘請日本人擔任政治、財政、軍事顧問。（二）必要的地方警察由中日共同提供，或是雇傭多數日本人為警察。（三）兵器由日本供給，或建立中日合資的兵器工廠。（四）將武昌、南昌、杭州等華中各城市與華南潮州連接的鐵路鋪設權賦予日本。（五）在福建的鐵路、礦山、港灣上，承認日本的優先權。（六）承認日本人的傳教權。

其中，第一號至第四號的內容，是擴大日本在中國的權益；第五號是將中國政府置於日本的監督之下，意圖使中國成為日本的保護國，這兩者的差異甚大。即使是按照當時的國際準則來看，第五號的內容也實在是荒唐至極。由此可見，加藤高明試圖在隱瞞列強的情況下推進交涉，之所以在第五號使用「希望（request）」條款而非「要求（demand）」條款，也是為了在事跡敗露後，能夠作為藉口的考量。

當時的日本政府，在究竟要重視日中聯合，還是要重視與歐美間協調關係的問題上，意見有所分歧；整體而言，日本推進對中外交政策的認知，是中國若是缺乏日本的支持，只能維持著無能為力、一事無成的狀態。據說加藤氏曾經對駐日的中國大使說道：「難道貴國真的天真地相信，不須借助日本的力量，就能夠從德國手上拿回（膠州灣）領土嗎？」曾任記者，後來在戰後成為首相，促進日本與中國交流的石橋湛山，除去他在倡導「小日本主義[12]」的《東洋經濟新報》中，從自由主義及和平主義的觀點提出明確的反對論之外不談，大致上，石橋還是遵從著政府的方針。

二十世紀初期的中國，以回收利權運動為代表性事件，國內的民族主義高漲，為辛亥革命成功的重要條件。然而，日本人對於這項變化的理解不足，認為中國沒有國家、公的概念，中國人只會在乎自己的切身利益；因此，由日本來保全中國的作法，才能夠實現亞洲的和平。換言之，日本當時還是未能脫離僵化的亞洲主義。《二十一條要求》，就是僵化的中國觀之下所誕生的產物之一，這也使得原先對日本抱有好感，立志參考日本模式進行改革的中國知識分子們，從而下定決心與日本訣別。

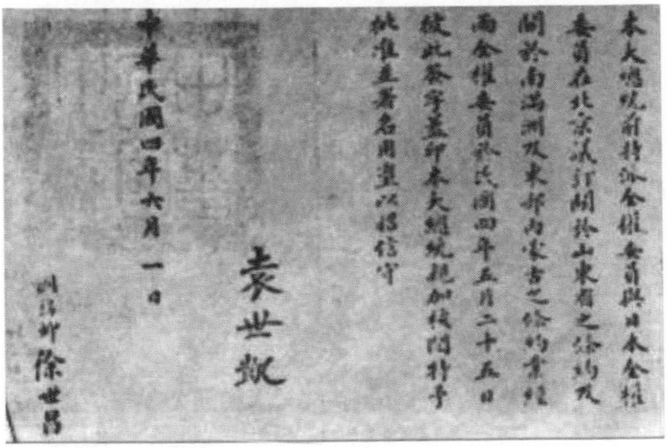

袁世凱同意簽署二十一條要求的指令

中國政府對於《二十一條》的無理要求感到憤怒，一九一五年二月起的交涉，中國方面展現了頑強的抵抗姿態。前後共舉行了二十五次的正式會議，除此之外，還有二十多次的協調。在此期間，外交部總長陸徵祥等人向全世界轉達了第五號的內容，希望能挑起巨大的反對輿論。起初，列強各國保持觀望態度，自四月中旬起，對於日本執意推行第五號內容的作法，美國開始表示強烈地反對，英國也隨之跟進。中國對於日本提出的第五號內容，始終貫徹著拒絕的立場，最後在五月四日，談判宣告破裂。

五月七日，日本向中國發出最後通牒，表示若是在五月九日下午六點以前，不接受除了第五條之外的所有要求，將會採取軍事行動。此時，日本在中國山東、南滿洲的駐軍各增派一個師團的兵力，共有六萬名日軍。日本政府還下令，要求待在中國境內的日本人民回國，擺出了萬全的備戰姿態。另一方面，自第一次世界大戰爆發後，無法從列強各國獲得援助的袁世凱，單憑著自己的軍事力量，沒有能力與日本作戰。袁世凱內心深知，此時無法冀望英美兩國的強力干涉，因而接受日本的最後通牒，在六月批准了《二十一條要求》。

反日民族主義情緒的高漲

在此過程中，由於國內外高漲的反日民族主義情緒，讓袁世凱遭受到了沉重的打擊。當日本開始侵略山東後，東南亞的華僑們開始推動抵制日貨運動，雖然袁世凱發出了禁令，但運動的影響仍舊波及全國。一九一五年，在日本的中國留學生們為表示抗議，決定集體回國；國內也掀起了愛國儲蓄運動，募集採購武器的資金，準備與日本作戰。

在《二十一條要求》獲得政府的承認之後，五月七日與九日這兩天，成為「國恥紀念日」，在各地舉行了勿忘「民族恥辱」的示威遊行與集會活動。其中也包含了人民對袁世凱的失望與批判；袁世凱曾提倡要成立一個不受外在壓力的強大國家，建立獨裁政權，如今卻未能抵抗日本的侵略。

彷彿是接收到民族主義高漲的聲援一般，袁世凱的政治權力，也開始受到政治對手們的威脅。首先是進步黨的梁啟超，以及梁啟超的弟子——護國運動要角、原雲南省都督蔡鍔，在參政院中追究袁世凱在日本占領山東問題上的責任。接著是二次革命後逃亡海外的黃興、李烈鈞等舊國民黨勢力分子，高唱反對獨裁的同時，還發表了聲明，表示為了救國，將不惜採取任何行動。

此外，對袁世凱而言，更為震驚的是原屬於自己的兩名部下，先後要求自己必須採取堅決的行動。這兩名部下是北洋軍內兩大派系軍閥的武將，江蘇省將軍馮國璋（直系）與陸軍總長段祺瑞

（皖系）。段祺瑞強硬的要求袁世凱必須拒絕日本的最後通牒，袁則反駁，「確實，接受是一種屈辱，但是除去第五條，接受要求並不至於會讓中國走向滅亡」，兩人爭論不休。然而，這些來自政治對手們的壓力，反倒促使袁世凱加快了走向奪權之路的步伐。

袁世凱最大的政敵孫文，當時人在日本，也就是身在企圖侵略中國的國家之內，聽聞消息後大受打擊。在日本提出《二十一條要求》之時，孫文認為中國將會喪失重大的利權，特別是第五號的內容，會將中國逼退到與朝鮮同樣的處境，也就是在一九一〇年的日韓合併，使朝鮮成為日本的殖民地。不過，當時孫文打算利用這個議題，激起打倒袁世凱的輿論，指責《二十一條要求》其實是由袁世凱所提出，目的是要爭取日本的支持，從而坐上皇帝的位置。

亡命日本的孫文，為了在革命活動上獲得支持，頻繁地與板桓退助、渋澤榮一等財、政、軍界的重要人士相互接觸。並在一九一五年三月、《二十一條要求》的交涉仍舊持續進行中時，將與日本民間人士簽署的「中日盟約」，祕密提交給日本的外務省。

「中日盟約」是由十一條內容所構成，其中包括為了共同作戰，中國軍隊要與日本軍隊使用相同的兵器、彈藥；中國軍隊和中國政府[13]主要採用日本人等，與《二十一條要求》的內容十分相似。孫文在組織中華革命黨之時，從三民主義中刪除了民族主義，採取傾向依賴外國支援的國際派革命方式，如此一來，也就自然而然地導致了低估日本帝國主義野心的結果。

最後，這份「中日盟約」正好將革命派的窘狀暴露在日本政府的面前，與孫文原先的預想背道而馳，在《二十一條要求》的交涉過程中，反而成為日本政府手上的談判籌碼。被稱為賣國賊的袁世凱轉而反擊，宋靄玲的丈夫孔祥熙（後來成為南京國民政府的幹部）也痛罵孫文是日本的走狗。然而，這一場唇槍舌戰的叫罵，除了動搖了革命之父孫文的威信之外，並未帶來任何的結果。

袁世凱的帝制復活與日本

袁世凱有個習慣，在午睡後要喝杯茶。某日，有位僕人端送茶水到袁世凱的房間，使用的是袁世凱喜愛的翡翠茶杯，卻不慎打破。幸好袁世凱仍在睡夢中。他前去詢問年長的僕人，商量究竟該怎麼做才能免去斥責。

袁世凱的野心與不安

袁世凱睡醒後，發現桌上放置的是陶瓷茶杯，便喚來僕人，問他怎麼回事，翡翠茶杯呢？「你說什麼！打破了？」袁世凱怒上心頭地質問他。僕人按照前輩的指示回答道：「是的，大人。因為我看見了十分怪異的景象。」袁世凱追問：「什麼景象？」少僕答道：「方才小的端茶進來時，看在在床上安睡的竟不是大人您，而是一尾五爪金龍。」

「一派胡言！」袁世凱喝斥道，但是怒氣已消。袁世凱打開抽屜，取出一百元的紙鈔，賞給僕人，還交代他「方才看到的景象，千萬不得告訴他人」。

這是流傳在袁世凱權力基礎的北洋軍隊中，一則繪聲繪影的故事。無庸贅言，「五爪金龍」所指的便是皇帝，諷刺袁世凱想要當上皇帝的慾望。不過，關於袁世凱當皇帝的這種傳言，這個故事並非是第一遭。自從清朝滅亡以來，在袁世凱的心腹、革命派以及清朝的皇族等方面，都反覆地出現這套說法。前文也已提及，孫文也曾經譴責袁世凱接受《二十一條要求》，是為了獲得日本對帝制的支持。

關於袁世凱的帝制復活，許多的解釋都表示袁世凱原本就抱有野心，或是在成為獨裁者之後，由驕傲自大的心態所衍生出的想法。但是這種說法，只不過是孫文、國民黨或是中國共產黨為了強調政權的「正當性」，而將袁世凱塑造成「竊國大盜」的角色，換言之，這只是一種基於政治主義的解釋。不如說，歷史的真相另在他處。袁世凱想要成為皇帝的真正理由，來自於他的焦慮與不安：無法實現理想中的強大中國，以及獨裁的權力遭受到了威脅。

一九一四年的後半年起，袁世凱開始有想要成為皇帝的明確意識。這一年的十二月，他在北京天壇（現今的天壇公園）舉行祭天儀式。這項儀式的舉行，是歷代皇帝才有的特權，意思是袁世凱將作為後繼者的象徵儀式。話雖如此，袁世凱是以中華民國的代表人出席，禮服的顏色也並非是象徵皇帝的黃色，而是紫色。

此時，由白朗率領的反抗軍，在河南一帶打著「劫富濟貧」的口號，與革命派聯合抵抗；北洋軍派兵鎮壓，鎮壓行動所花費的時間和力量超出預期，削弱了北洋軍本身的勢力。加上北洋軍內爬到第二把交椅的人物段祺瑞，不願服從袁世凱的命令，兩人在人事問題上意見不合。於是，袁世凱組織直接聽從自己指令的精銳部隊「模範團」，藉以強化北洋軍。除此之外，袁世凱還在陸軍部之外另設總司令部，試圖壓制段祺瑞的勢力。

然而，上述這些舉措，都未能抵擋住日本的侵略，袁世凱想起李鴻章因為甲午戰爭失敗而下台

段祺瑞

的結果，擔心自己將會重蹈李鴻章的覆轍。而制度的改革，也無法填補北洋軍內部所存在的裂痕。一九一五年六月，另一位握有北洋軍內實權的人物馮國璋，與梁啟超一同進京，質問袁世凱關於帝制復活的意向。

當時，袁世凱雖然否認了想要成為皇帝的慾望，卻因為部下和政敵的批判、反對行動而陷入惶恐不安的情緒。如同太平天國時期的東王楊秀清，擔心其他人反對自己獨裁，因而企圖獲得與洪秀全同等地位，以確立自己權威的方式一般，袁世凱也決定，藉由成為最高權力者——皇帝，來消除這一切的不安與恐懼。

如此一來，袁世凱便開始步上了皇帝登基的道路，美國的行政學學者弗蘭克・詹森・古德諾（Frank Johnson Goodnow），則給予了袁世凱強而有力的支持。

古德諾與帝制運動

一九一三年，古德諾以總統府法律顧問的身分，被召聘至中國。古德諾主張，中國民眾的政治意識低下，不適合採取共和制。根據他的說法，在中國，最高權力者的替換，必定會產生重大的政治混亂，威脅到國家獨立性的危險。不如採取立憲君主制，制定權力世襲的秩序，防患於未然。在專制君主傳統根深蒂固的中國，若是沒有外國徹底地主導或是指導，想要實現近代化，幾乎是不可能之事。因此，古德諾認為「帝制比共和制更適合中國」。

古德諾的帝制擁護論，從某種意義來看，是立基在根深蒂固的亞洲歧視論之上，試圖將列強統治殖民地的行為賦予正當化的意義。但是對於我們來說，已經知曉了孫文逝世後的國民黨與共產黨的對峙，以及中華人民共和國內激烈權力鬥爭的歷史，面對著古德諾的帝制擁護論，也很難毫無包袱的一笑置之、認為這只是一種人種歧視的荒謬言論。在當時的中國，有些人民對於象徵著古代鼎盛時期的皇帝形象，心存懷念；因此，在他們的眼中，由外國人、特別是共和制發祥地的美國人所提出的這種論調，就像是有科學根據一般的深信不疑。梁啟超提出反對意見，認為即使皇帝復活也無法再吸引民心；即便如此，梁還是感嘆「很遺憾我沒有藍眼睛、紅鬍鬚」，承認古德諾擁有很大的影響力。

一九一五年八月，楊度等人接受袁世凱的指示，組織籌安會，作為推進帝制的團體，開始進行推舉袁世凱作為皇帝的活動。楊度從革命派轉向立憲派，籌安會的成員多是政權內的非主流派人物，像是北京大學教授劉師培（原本在革命派中屬於無政府主義者），以及將進化論介紹到中國的嚴復等人。他們認為，並非所有的共和制國家都是成功的，中國現在需要的是一位「英明」的啟蒙君主，而袁世凱，正是一位合適的人選。

九月，袁世凱的部下中最富有的資產家梁士詒，成立了全國請願聯合會，要求變更國體；參議會也決定召集國民會議。十月，花錢請來的請願者們來到了北京，在國民會議上全員投票贊成，推舉袁世凱為皇帝。十二月十二日，袁世凱經過一度辭退之後，嚴正地表示將接受「天命」，宣布將新王朝的國名定為「中華帝國」，與原本的中華民國僅有一字之差，並將年號定為「洪憲」，象徵宏大憲政之意。

日本的動向與坂西利八郎

當時，日本的動向對於袁世凱的帝制運動產生極大的影響。日本外務大臣加藤高明由於《二十一條要求》這項拙劣的外交行為而引咎辭職，九月，日本首相大隈重信發表聲明，表示只要日本的權益未受到損害，日本將不干涉中國的帝制問題。袁世凱將之解讀為是日本支持帝制的暗示，並確信自己當上皇帝，建立起強大中國之選擇，是抑制日本野心的捷徑。因《二十一條要求》所承受的屈辱，對袁世凱而言，已經在心裡留下了創傷。

但是，如同當初與孫文約定日中合作的桂太郎，其發言無法代表日本政府意願的狀況一般，大隈重信的聲明，也並非是出自於日本政府內部一致贊同的見解。十月，石井菊次郎就任外務大臣後，態度迅速轉變，主張帝制恐怕會在中國國內招致混亂的局面，因而邀請協約國的英國、俄國、法國一同介入，拖延帝制的施行。

孤立無援的袁世凱於十一月做出答覆，表示帝制的實施將會延期至年底。他試圖讓中國成為協約國的一員參戰，以重新獲得英國、俄國與法國三國對帝制的支持。英國向日本提出中國參戰的問題，日本考慮到，若是中國出席和談會議，已經在《二十一條要求》中所獲得的利權將會受到威脅，因而拒絕中國參戰。十二月，袁世凱決定即位，日本公使日置益與各國公使一同提出抗議，明

坂西利八郎

確地表現出反對帝制的立場。

袁世凱有一位日籍心腹坂西利八郎，出身於和歌山的「士族」家庭，於陸軍士官學校畢業後，被派往中國，一九〇四年成為直隸總督袁世凱的軍事顧問。擔任情報上校的坂西氏蓄有髮辮，並取了中國名字「班志超」。他精通中文，能夠不透過翻譯，直接和袁世凱對話。當時，致力於軍隊近代化的袁世凱，對坂西寄予十分深厚的信任。

無庸贅言，坂西利八郎是一位日本軍人，他的一切行動皆是以日本的利益為第一優先。其典型的表現，就是他在《二十一條要求》交涉時期，所主張的「支那併吞論」，認為趁著列強忙於自國戰事之時，應該趕緊實現併吞中國的計畫。坂西提出如此極端論調的背景，是由於陸軍與外務省的意見不一致，導致在最後階段撤回了第五號，坂西對此感到不滿。此外，以袁世凱的法律顧問聞名的日本陸軍大學校[14]教授有賀長雄，據說也是由坂西所推薦的人選。

在帝制運動開始推動之初，坂西利八郎便勸告袁世凱，要打消即位的念頭。他內心早已明白，日本政府原本就不喜歡親美派的袁世凱，即使日本的輿論承認中國帝制的復活，也不可能會容許袁世凱當上皇帝。此外，以他久居北京的經驗，他看出袁世凱的長子——袁克定並不具備皇太子的資質，而楊度、梁士詒等人，也只不過是在旁窺視首相之位的二流人物罷了。

坂西利八郎極力地勸說袁世凱及其心腹們，表示「這不利於袁本人，也不利於子孫後代們，只會加速袁氏的滅亡」，但卻無人理會。一九一六年四月，袁世凱的沒落已成定局，坂西利八郎試圖讓袁世凱暫時下台，以圖東山再起。這可以說是坂西的好意，或許也是出自武士道的精神的作為——進諫君主之過，是為忠臣之道。然而，坂西的這些行為，也讓他被日本人貼上「袁世凱的間諜」之標籤，將他歸類為帝制的支持派分子。

護國運動與軍閥混戰的揭幕

護國運動與袁世凱之死

在袁世凱的周遭，反對他即位登帝的人，並不只有坂西利八郎一人。袁世凱的恩師張謇，以及他的結拜兄弟兼國務總理徐世昌，都不贊成帝制的復活。張謇選擇離開政府，徐世昌則是以疾病為由「告老還鄉」。與袁世凱結下樑子的段祺瑞，以怠工的方式表達不滿，馮國璋則是與逃亡上海的梁啟超保持聯繫，反覆地提出聲明，表達反對帝制的立場。

在反對帝制派中特別引人注目的活躍人物，當屬蔡鍔，他在二次革命後進入北京政府，是被寄予厚望的政治新星。但是，蔡鍔對於袁世凱政權感到失望，於一九一五年十一月悄悄的離開北京，來到了過去他曾擔任都督的雲南，也曾在當地培育出許多部下。十二月，蔡鍔與日本士官學校的同學——雲南省將軍唐繼堯、二次革命時期擔任江西省都督的李烈鈞，一同組織雲南護國軍，舉旗造反袁世凱政權，是為護國運動之爆發。

蔡鍔

雲南護國軍宣布雲南獨立，將袁世凱稱呼為「國賊」，高喊打倒國賊，並要求召集國會以及擴大地方政府的權限。蔡鍔率領三千名兵士進入四川，受到在保路運動中活躍的哥老會的支援，與超過兩萬名兵力的北洋軍，勢力不相上下。起初，各地方的將軍們還抱持著躊躇不定的態度，看到護國軍的戰果後受到鼓舞；一九一六年三月，出身邊境的廣西省將軍陸榮廷宣布獨立後，貴州、廣東、浙江地方也紛紛表明獨立。馮國璋與張勳等數位將軍也一同要求袁世凱取消帝制。

三月二十二日，孤立無援的袁世凱，終於宣布廢除中華帝國。自十二月宣布即位皇帝之日算起，僅僅持續了八十三日的帝國。雖然袁世凱也試圖延長政權的壽命，但是當前的事態，顯然已經不再允許他坐在大總統的位置之上。五月，獨立的西南各省將軍們成立軍務院，作為臨時政府之組織，並根據先前由袁世凱所廢止的《臨時約法》，擁立副總統黎元洪坐上大總統的職位。這一幕，宛如五年前武昌起義之時，黎元洪被眾人推選上任的場景再次上演，又一次地颳起南來之風。

一九一六年六月六日，袁世凱在失意中病逝，享年五十七歲。據說在被迫廢除帝制的當晚，他失魂落魄地叫嚷：「完了！全都完了！昨晚看見了巨星殞落，就跟李鴻章大人死前所看到的一樣。這回輪到我了。」這雖然意味著在社會動盪時期一位獨裁統治者生命的殞落，卻不代表支撐他權力背後的北洋軍之力也會跟著瞬逝；而袁世凱所留下的遺產，也就是後繼者的爭奪戰，正激烈的展開。

在護國運動中，孫文幾乎沒有發揮任何影響。一九一六年四月，孫文與日本的陸軍參謀本部次長田中義一（之後當上日本首相）見面，請求日本軍部的支援。曾任中華革命黨東北軍司令官的居正，則是以日軍占領下的青島為根據地，發動起義，但是最後也未能占領省都濟南。此外，蔡鍔等人所率領的護國軍，得到了日本的支援，準備由南北兩面夾擊袁世凱。日本看穿了袁世凱的大勢已去，並認為在確保日本於中國利權的優先權上，袁世凱可說是一大障礙，因而下定決心要打倒他。

段祺瑞政權與西原借款

袁世凱逝世後，副總統黎元洪就任大總統一職。他恢復了《臨時約法》、召集議會等，試圖將中國恢復到袁世凱實行獨裁以前的狀態。缺乏野心的黎元洪，很適合作為一位協調者，但是他並沒有足夠的軍事實力，也沒有足以彌補這方面的才能。取代黎元洪掌握實權的是以北洋軍為後盾的國務總理段祺瑞（皖系），與之對抗的則是副總統馮國璋（直系）、西南地區推動護國運動的各地將軍們，以及在袁世凱失勢期間在東北壯大的張作霖（奉系）。如此一來，在北京政府內部的權力鬥爭，便是以段祺瑞為中心，與黎元洪、馮國璋以及各地軍閥們相互對峙的狀態。

將袁世凱逼上絕路的日本首相大隈重信，於一九一六年十月，因與元老們的對立，不得不下台。次任首相是朝鮮總督寺內正毅。寺內內閣在日本有「超然內閣[15]」之稱，任內因出兵西伯利亞以及米騷動事件[16]而聞名。當時寺內內閣致力於解決的重要課題之一，便是對華政策的轉換。

自從日本提出《二十一條要求》之後，中日之間的關係趨向惡化，特別是大隈內閣採取排斥袁世凱的政策，以及默認大陸浪人川島浪速在一九一六年春天與軍部勾結，再次策劃東北三省及內蒙古東部獨立的第二次滿蒙獨立運動等舉動，被認為行為過當。寺內正毅在議會中批判大隈氏的對華政策，打出了以「誠意」和「親善」為核心的「王道主義」，作為對華政策的基本方針。此外，寺內正毅也試圖透過經濟上的援助，確保日本在中國的權益，主要的負責人為西原龜三。

西原龜三加入了提倡對俄國採取強硬態度的「對俄同志會」，在朝鮮以成功商人的身分嶄露頭角後，獲得朝鮮總督寺內正毅的信賴。另外，西原與朝鮮銀行總裁勝田主計的關係密切，在勝田成為寺內內閣的財政大臣後，西原便擔任勝田的私人祕書。被稱為「朝鮮組」的西原、勝田、寺內三人，選擇了當時的中華民國國務總理段祺瑞，作為對華政策的夥伴。

西原龜三基於他在朝鮮的經驗，計畫透過控制鐵路及銀行的手段，擴大日本貨幣的通用範圍，進而拓展日本在中國經濟方面的影響力。他還獲得了坂西利八郎的協助，而坂西在北洋軍閥中擁有廣大的人脈關係；一九一七年一月，與段祺瑞簽訂了五百萬日圓的交通銀行借款。以「公正不偏」作為對華政策方針的寺內正毅，起初對於支持特定的政治勢力，干涉中國內政的行為，是抱持著消極的態度。但是西原說服了寺內，表示能夠藉由援助北洋派的方式，擬定「帝國百年大計」。

結果，一九一七年七月，寺內正毅在內閣會議上決定支援段祺瑞的方針：「給予段祺瑞內閣十分友好的援助，以期時局之平穩。」一直到一九一八年寺內正毅因米騷動而辭職下台為止，他將日本在第一次世界大戰經濟好轉期間所積蓄下來的一億四千五百萬日圓的外匯，幾乎無擔保的全數借給段祺瑞。亦即所謂的西原借款，實際上就是給段祺瑞的政治借款。這些資金幾乎全部被段祺瑞拿來加強軍備，在段祺瑞垮台後，這筆借款也就成為呆帳，無法回收。

日本對段祺瑞一方所投下的援助，被稱為「援段政策」，對中國的政局造成了很大的影響，其焦點便是中國的參戰問題。一九一七年四月，美國加入了第一次世界大戰的戰局後，便想要動員中國參戰。西原龜三為了保持對段祺瑞的影響力，提出可延期支付義和團賠償金和提高關稅等條件，熱心地規勸中國參戰。段祺瑞本身也認為，可以藉由協約國的支援，進而強化自己的政權，因而打算參戰。

但是，大總統黎元洪、議會以及段祺瑞的其他政敵軍閥們，因為參戰計畫將有利於段祺瑞在權力上的強化，因而表示反對。當時在上海的孫文，也譴責段祺瑞的參戰，是基於利己私慾的行為。一九一七年三月，段祺瑞宣布與德國斷交，並逼迫議會批准中國參戰。五月，黎元洪罷免段祺瑞之後，段祺瑞逃至天津，命令其部下督軍宣布獨立，將黎元洪逼入絕境。迫於無奈的黎元洪，只好召喚辮子將軍張勳入京，試圖改變時局，沒想到竟導致了意想不到的結果——清朝的復辟，末代皇帝的復活。

清朝復辟事件與護法戰爭

退位後的宣統皇帝，受到國民政府的優待，仍舊住在紫禁城內。據說他每次都能聽見住在中南海的袁世凱，在用膳時軍樂隊的演奏，每日都被迫飽嚐著一位皇帝失去王座的悲哀滋味。袁世凱試圖施行帝制計畫之時，溥儀年僅九歲。起初，宮中人士仍舊期待著清朝可以挽回政權，但是當明白了袁世凱真正的意圖之後，「是否

少年時代的溥儀　攝於一九二〇年。

會被新皇帝殺掉」的恐懼感，在宮中蔓延開來。後來發生護國運動、袁世凱逝世後，溥儀身邊的人們都為這號「不知天高地厚」人物的死亡，感到欣喜。

根據溥儀的說法，直至滿洲國成立以前，打算讓他復位的復辟行動，「從未停止過」。一九一七年六月的某日早晨，身邊的侍從們說「今日修習暫止」，原來是因為張勳的探訪。張勳說道：「唯陛下復位，萬民方可救」，催促溥儀復位。但是溥儀對於張勳粗俗的言語感到失望，只是直盯著他那夾雜著白髮的髮辮。

張勳進入北京後，解散議會，逼迫黎元洪辭去大總統的職位，並於七月宣布廢除共和體制，清朝復辟。紫禁城中擠滿了「像是從棺材裡逃出來的」清朝遺臣們。從我們的眼光看來，張勳所主導的清朝復辟，似乎只是一場不符合時代的瘋狂鬧劇，但在當時，朝廷將護國運動中的廣西省將軍陸榮廷也視為復辟派的一份子。此外，袁世凱的智囊徐世昌也曾參加討論復辟計畫的會議，據說段祺瑞、馮國璋也派遣了部下參加。日本的部分勢力也支持清朝的復辟。換言之，當時的各方勢力皆虎視眈眈，想要從政治上利用清朝皇室。

實際上，他們對於清朝復辟所表現出的理解態度，不過是建立在想要讓自己掌握政治主導權的基礎之上。段祺瑞反對張勳的獨斷行動，立即組織了復興民國的討伐軍。十二天後，張勳便失敗垮台，逃亡荷蘭公使館。接著，誕生了以皖系為主的第二次段祺瑞內閣，並由直系的馮國璋擔任代理大總統，但是議會並未被恢復。消滅反對勢力後的段祺瑞，於八月決定中國參戰，接受日本支援，同時試圖以武力完成全國的統一。

另一方面，孫文在一九一七年七月，從上海前往廣州，與一百三十多名的國會議員一同，以保護《臨時約法》之精神、恢復議會之目標，致力於臨時政府的籌建。段祺瑞試圖以武力統一全國的行動，強化了雲南唐繼堯、廣西陸榮廷等人的危機感，他們也加入了孫文的行列，於九月成立廣東軍政府。孫文依靠著他們的軍事力量，對段祺瑞發動了護法戰爭（「護法」為保護《臨時約法》之意）。但是與段祺瑞相比，軍事上處於弱勢的軍閥們無法統一步調，因而未能取戰果。當時除了南方的革命政府、北方的段祺瑞政府之外，還有各地割據的大小軍事勢力，中國進入了軍閥割據的時代。日益加深的「民之國」的渾沌，究竟要由誰來拯救呢？

註釋

1 「民國」為中華民國之略稱，以西元一九一二年為民國元年。在中國是至一九四九年中華人民共和國成立為止；在臺灣仍舊沿用中華民國之年號。

2 【譯按】又有「蜑家」、「蜑民」之稱，以船為家，以漁維生。

3 在孫文的革命理論之中，稱之為軍政時期。

4 現今的延邊朝鮮族自治州。

5 第一次護憲運動。

6 【譯按】一九三六年二月二十六日發生於日本東京的政變，又稱為「帝都不祥事件」或「不祥事件」。為日本近代史上最大一次的叛亂行動，起事者多被判處重刑。

7 【譯按】明治初期至第二次世界大戰結束期間，以中國大陸、歐亞大陸、西伯利亞、東南亞等地為中心，居住、流浪以進行各項政治活動的日本人通稱。

8 【譯按】日本方面稱為第一次上海事變。

9 【譯按】瑪塔・哈麗（Mata Hari），荷蘭人，為二十世紀著名的交際花，第一次世界大戰時期，周旋於歐洲各國政要、社會名流人士之間，最後以間諜罪名被處死。瑪塔・哈麗的名字，成為西方文化中女間諜的代名詞。

10 第二期之後改名為《新青年》。

11 【譯按】明治九元老之一，其他八人為：伊藤博文、黑田清隆、山縣有朋、松方正義、西鄉從道、大山岩、桂太郎、西園寺公望。

12 【譯按】反對干涉中國內政。

13 【譯按】在外國人的聘用上。

14 【譯按】大日本帝國陸軍所設置，培養參謀軍官的教育機關。

15 【譯按】不受政黨左右的內閣。

16 【譯按】一九一八年七月至九月，日本因米價飆漲而發生的大規模暴動。第一次世界大戰後米價上漲，通貨膨脹，加上政府決定出兵西伯利亞，大肆收購米糧，造成民間不滿。寺內內閣為此下台以示負責。

第六章　青年的季節——五四運動與馬克思主義

《新青年》與北京大學

天安門事件與五四運動

一九八九年六月四日，全世界的目光聚集在北京的天安門廣場之上。四月，中國共產黨內的改革派人物胡耀邦逝世，以此為契機爆發了學生運動。學生訴求糾正彈劾幹部的腐敗行為，並要求政治的民主化。

這項要求民主化的運動，逐漸擴散至一般民眾，其中包含一部分的政府相關人員，以及勞工階層，最後發展成為一百萬人規模的群眾運動。五月，政府在北京發表戒嚴令，這是中華人民共和國建國以來首次的戒嚴，人民解放軍進駐北京市內。然而，學生們並未屈服於政府的威脅，並且以絕食行動抗議，要求中國共產黨的機關報紙《人民日報》，必須撤回將他們的行動定調為「動亂」的社論。六月四日，政府稱這項運動為「反革命的暴動」，命令軍方開炮。根據官方所發表的數字，這場暴動的死傷人數高達九千人以上，是一場大規模的鎮壓行動（又稱為天安門事件、六四事件）。

當時，筆者正在廣西省的深山地區進行調查，農村裡的人們，緊盯著畫質不佳的黑白電視，關心著事態的進展。他們同情譴責腐敗的學生們，對於以蠻橫高壓態度與學生對話的國務院總理李鵬，異口同聲地指責：「對著一群孩子發什麼脾氣啊！」對於學生們表示反對社會主義所設置的民主女神雕像，他們則是表現出排斥、抗拒的反應，害怕學生們的舉動，將會帶來如同文化大革命重新上演一般的巨大政治變動。此外，他們也擔憂孩子們在都市中參加抗議活動的平安與否，在事件發生後，聽聞參與抗議活動的參加者們必須接受處分的消息，感到十分地痛心。

自五月下旬起，政府便訂定出明確的鎮壓方針，但是距離鎮壓活動的真正施行，期間間隔了好些日子。這一年恰巧是五四運動（一九一九年）的七十周年，同時也賦予了學生們發起運動的契機與正當性。在中國建國後，自五四運動發生以來，至中華人民共和國成立為止的這一段期間，被稱之為新民主主義革命的時代。揭開五四運動序幕的契機，便是以北京大學學生為首的反日抗議行動。換言之，五四運動對共產黨政權而言，是一個不容褻瀆的「聖域」；以紀念五四運動為由而展開的學生運動，當然不能貿然地下令鎮壓。

現代中國的原點——五四運動，實際上是一場什麼樣的運動呢？以下，就讓我們先來看看五四運動的舞台、也就是北京大學內部的動向。

北京大學的改革與蔡元培

北京大學的前身為一八九八年建立的京師大學堂。一九〇一年，前往日本考察教育的吳汝綸，以及被中國聘為主任教習的東京帝國大學教授服部宇之吉，致力於將這所戊戌變法所留下唯一成果的學校，改造為一所近代的大學。一九一二年，京師大學堂改名為北京大學，由引進進化論理論而聞名的嚴復擔任該校校長。但是從科舉時代留傳下來的「讀書當官」之觀念，仍舊深深地銘刻在世人心中，因此，北京大學成為培養官僚的重要場所。

改變北京大學此種官僚養成所氛圍的人物，便是出身紹興的進士、曾組織過光復會的蔡元培。他於一九一二年擔任臨時政府的教育總長，制定了「大學令」等，奠定了近代中國教育制度的基礎；但在七月，因為與袁世凱之間產生了矛盾而辭職。二次革命後，蔡元培前往法國，在當地參加了勤工儉學運動（半工半讀）的特殊留學制度。當時參與這項運動的，還有後來成為中國共產黨領導人的周恩來、鄧小平等人，勤工儉學運動在工人運動與馬克思主義的吸收上，造就了相當豐富的成果。

蔡元培

袁世凱死後的一九一六年十二月，大總統黎元洪任命蔡元培為北京大學校長。蔡元培身邊的人都反對讓他前往保守勢力堡壘的北京，但他本人卻表示「我不入地獄，誰入地獄」。在蔡元培擔任校長後，強調大學的使命，應該是讓學生從事自由的學術研究，而不是成為未來當官賺錢的手段。且大學生應該作為眾人的模範，勸戒北京大學的學生們，必須徹底遠離麻將、酒精和妓女。

在蔡元培所提出的改革中，最為重要的便是教授陣容的換新，他招聘了後來成為中國共產黨首任總書記的陳獨秀，擔任北京大學的文科學長，此舉造成社會上一大轟動。

陳獨秀是革命派的留日學生，辛亥革命後回到故鄉安徽省擔任祕書長。二次革命後逃往上海，參與雜誌《甲寅》的編輯工作；一九一五年九月，自行出版《青年雜誌》（第二號起改名為《新青年》）。在創刊號的〈敬告青年〉一文中，陳獨秀提出「民主與科學」的時代精神，並主張只有自立自強的青年，才有能力拯救瀕臨滅亡的中國。除此之外，陳獨秀也呼籲，應該與傳統思想、特別是「儒教」訣別，他嚴厲地批判：儒教正是支撐著中國兩千年專制政治的精神支柱。

當時，袁世凱將孔子崇拜引入學校教育之中，主張儒教國教化的康有為，也支持張勳復辟清朝的行動。換言之，陳獨秀對於儒教的批判，不只是停留在思想、文化的層面上，同時也帶有政治性層面的批評。蔡元培每天前往陳獨秀居住的旅館房間，不厭其煩的表達自己的誠意，最後終於說服了陳獨秀。同時《新青年》的編輯部也遷移至北京，北京大學因此成為新文化運動的情報發源地。

陳獨秀就任文科學長後，在《新青年》雜誌上發表論文的精銳學者們亦隨之聚集到北京大學；留美期間為挪威國民作家易卜生之作所傾倒，並提倡「我手寫我口」白話文學的胡適，便是其中一人。於早稻田大學留學期間，推動反對《二十一條要求》運動的李大釗，也被招聘為北京大學的圖書館主任及經濟學科的教授；李大釗在他的作品《青春》中主張，只有青年的自我覺醒，才能夠使「青春的中國甦醒」。

蔡元培的方針，並未受到政治立場或是主義的侷限，而是將目標放在廣招有才能的學者之上。其代表人物便是劉師培，他曾經協助袁世凱推展帝制運動，但是他擁有卓越的中國古代經典知識。另外，自一九二〇年代末起推動獨特的鄉村建設運動，在文化大革命後被重新評價為現代新儒家的梁漱溟，由於他在印度哲學方面的論文廣受好評，年僅二十四歲就被聘為北京大學的講師。對於新文化運動的風潮中，認為只要可以運用西洋思想來批判傳統就已足夠的觀念，梁漱溟表示反對，並在《東西文化及其哲學》一書中，試圖重新審視儒學的內涵，並倡導中國文化的優越性。

於是，北京大學在蔡元培的改革之下，呈現出古今中外的思想交匯、百家爭鳴的盛況。某日，在大學機關報紙性質的刊物《北京大學日刊》中，刊載了一則意見文，作者是當時擔任北京大學圖書館事務助理員、年輕時代的毛澤東。意見文中提出了不少社會問題，其中意味深長的當屬「國語（白話文）問題」以及「女子問題」。

制定國語與關於女性解放之議論

首先是國語問題。在地理面積上足以匹敵整塊歐洲大陸的中國，國內各地的方言存在著很大的差異。北方話、吳話（上海話）、閩話（在臺灣等地使用的閩南話）、廣東話、客家話這五大方言，發音各不相同，彼此之間是完全無法溝通的語言。連結著這些方言的是書面語文言文，在大學的課堂上，也是採取朗讀文章資料的方式進行授課。但是，一旦提倡白話文學後，在學校教育中，該如何閱讀這些口語化的文章，將成為一大問題。

此時，被提出作為國語候補的語言有兩種，一是以江南方言為基礎，在官場等場合時較為通用的「官話」；一是北京的中產階級之間所使用的「北京話」。官話和北京話其實都屬於北方話，不過蔡元培和章炳麟等出身江南的革命派知識分子，大多支持官話。他們認為中國的文化中心在江南，受到蒙古語、滿語等北方民族語言影響的北京話，並非是純正的「中原之音」。

另一方面，從支持北京話一派的觀點來看，官話只不過是薈萃了眾多地方的方言，缺乏語言所需要的系統性。且北京長期作為中國的首都，其方言當然也具備了作為一國「國語」的威信。

這場圍繞著國語問題的南北對立，看在日本人的眼中，實為奇異（因為東京話直接成為日本國內的共通語言）。其實這場論爭，殘留著辛亥革命時期臨時政府（南京）與袁世凱（北京）勢力相互拉鋸、抗衡的影了。其背景也可以說是自明代以來，江南知識分子與專制權力的對抗關係——究竟應該將中國的中心，置於文化、經濟中心的江南，還是軍事要地、政治都市的北京。最後，這場論爭貫穿整個中華民國時期，直到中華人民共和國成立後，才決定將北京話正式定為「普通話」。也就是說，政治優勢壓倒了文化、經濟優勢的考量。

年輕的毛澤東所提出的另一個問題是女性問題。正如前文所述，清朝末年留學日本的中國留學生，對於日本女學生在街上昂首闊步的姿態感到震驚，並將她們與中國因纏足而足不出戶的婦女們進行比較。除了太平天國基於客家習慣中，婦女必須從事戶外勞動多不纏足，因而禁止纏足以外，在近代中國最早提倡廢除纏足的是基督教的傳教士。而在中國國內，開始正式提倡廢除纏足，則是從一八九八年的戊戌變法開始，各地陸續成立天足會（「天足」意指天然之足）。過去被讚譽為三寸金蓮的纏足，逐漸成為象徵著中國落後的「國恥」。

其次，從女子教育上來看，自一八八〇年代起，外國人傳教士在寧波等地創辦女子學校，二十世紀後，也出現了不少留學日本的女學生。一九〇七年，清朝政府開始實施女子初等教育和師範教育；辛亥革命後，蔡元培決定在小學實施男女同校。當然，當時社會上「女子學而無用」的價值觀仍舊根深蒂固，一九一五年小學生女生的比例，僅占全體學生的百分之四。不過，在一九一九年，展現出了一項成果——有位名為鄧春蘭的女學生，寄信給蔡元培，表達自己想進入北京大學就讀的願望。

當時，蔡元培扛住了來自保守派及政府的壓力，認為該位學生只要擁有足夠的學力程度，就有入學的可能。果然，在一九二〇年的春天，包括鄧春蘭在內的九位女學生被批准成為北京大學的旁聽生，並在九月的入學考試中，全員合格錄取。女子新生的出現，對男學生們而言也是一大新聞，據說刊載新生名單的《北京大學日刊》，馬上就被搶購一空。這一年，東京帝國大學批准女子以旁聽生的身分上課，但是允許女學生入學的決定，則是等到戰後才實現。在最高學府中男女同班共學的這一點上，中國領先了日本一步。

儘管如此，這批接受高等教育的女學生們，在社會公共事務的參與上，仍舊是面臨著有限的選擇。清朝末年，除了前文已經介紹過的秋瑾以外，還有不少參加革命運動、製造炸藥、從事間諜活動以及支援後方的女性革命家。一九一一年，甚至組織了女子參政同盟會，提出女性參政的要求。然而，《臨時約法》中並未承認女性的參政權；而當袁世凱展開獨裁政治之時，女性參政問題更是被擱置在一旁。

除此之外，在對新文化運動懷抱著共鳴的男女面前，橫亙著巨大的阻礙——中國傳統的家庭制度。其中特別成為焦點的是結婚問題，毛澤東本人曾經因為拒絕父親所指定的婚事而離家出走，而後與楊開慧（後來在革命運動中犧牲）戀愛，體驗到愛情中的苦惱滋味。在廣東的紡紗廠，女工們成立了「拒婚同盟」，無奈未能成為社會上的主流勢力。由胡適所引進的易卜生作品《玩偶之家》，則因抱有同樣苦惱的人們，在抵抗家庭束縛的女主角娜拉身上找到了共鳴，而廣受好評。不過，如同魯迅在〈娜拉走後怎樣〉一文中所述，那些想要掙脫舊制度牢籠的年輕人們，等待著他們的，仍舊是一條佈滿荊棘的道路。

另一方面，對於占絕大多數的農村女性們而言，想要從舊制度中逃脫出來，更是難如登天。根據一位被歐洲家庭聘雇的寧老太太回憶，她出生於清朝末年的山東地方，當初她解開纏足外出的理由，是因為極度的飢餓所致，她甚至想要把磚頭砸碎來吃。而她透過乞討、幫傭取得生活自立的原因，是因為她的丈夫吸鴉片成癮，為了避免兒子被丈夫賣掉，不得不離婚。關於乞討的生活，她表示「不須顧及體面，十分地放鬆」，但是一旦生了病，沒有任何東西能夠保障她的生活。

魯迅與文學革命

魯迅的日本時代與公務員生活

在這一節要登場的，是有「中國近代文學之父」之稱的魯迅。魯迅本名周樹人，是出身紹興的留日學生。正如前文所述，在弘文學院時代，對於被要求參拜孔子一事感到不悅，而後又與同鄉的蔡元培、秋瑾等人一同加入了光復會。

魯迅投身文藝活動的契機，據說是一九〇六年，在仙台醫學專門學校留學時期所發生的一件事。當時，魯迅正在上微生物學的課程。授課時經常使用幻燈片，當課程有多餘的時間，便會播放日俄戰爭等時事問題給學生觀看。某日的幻燈片放映的是一位中國人，被日軍以間諜的罪名逮捕並處刑。周圍站立了許多圍觀死刑的中國人，各個體格健壯，卻都只是面無表情的旁觀著一切。如此的場景，讓魯迅深受打擊，並領悟到「光靠醫學是無法拯救中國人的，只要一天不改造他們的精神世界，那麼他們永遠都只會成為殺雞儆猴的材料和冷眼旁觀的圍觀者」，因此立志於文藝活動之事業。

這段故事也出現在魯迅的作品〈藤野先生〉一文中，現在則是被認為，這段文字並非是直接傳達現實的狀況。當然，每周批改魯迅筆記的醫學部教授藤野嚴九郎，是確實存在的人物，且魯迅一生都十分尊敬這位教授。而在期末考試中合格的魯迅，被不及格的日本同學中傷「是藤野老師洩題給他」，魯迅憤慨地表示「中國是弱國，所以中國人當然是低能兒，分數在六十分以上，便不是自己的能力了，也無怪他們疑惑」，並因此離開仙台之事，也是事實。

魯迅　一九三〇年攝於上海。

魯迅抵達東京後，一邊在外語學校就學，一邊祕密地參加革命運動。某日，他被指示去暗殺某位要人，他問道：「如果我被抓住，被砍頭，剩下我的母親，誰來負責贍養她呢？」而被革命運動者指責「你這樣怎麼行呢」，因而將魯迅排除在計畫之外。

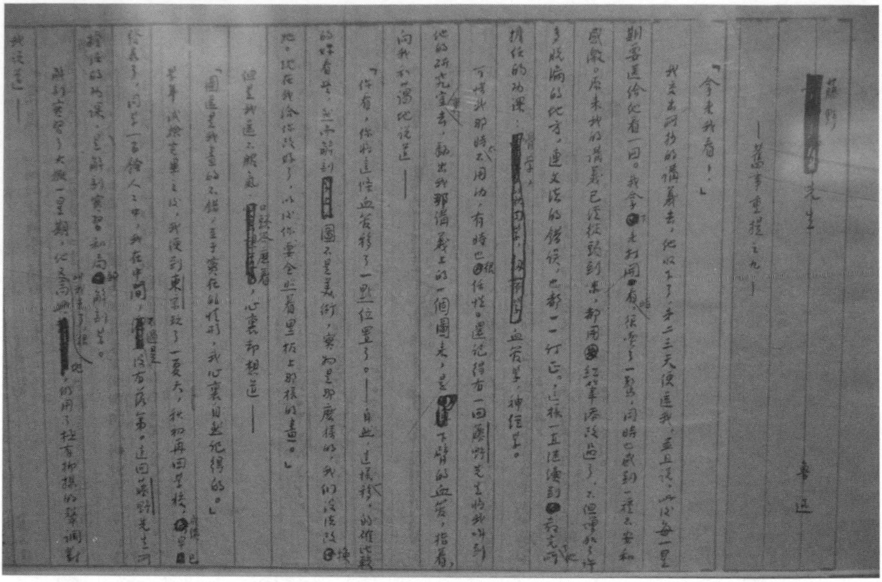

魯迅著作〈藤野先生〉手稿　藏於上海魯迅紀念館。

魯迅十分敬重長年負擔家計的母親魯瑞，就連筆名也是取自母親的姓氏。若是當時他前去執行暗殺任務而死，那麼就不會有小說家魯迅的誕生了。

一九〇九年，魯迅回國，返回家鄉紹興擔任教師，但是紹興的民風保守，魯迅完全無法發揮自己留學時期的知識。特別讓魯迅感到為難的是，他血氣方剛的學生們，打算要剪去髮辮的時候。由於魯迅在留日時期剪去了髮辮，回國後就像是在《阿Q正傳》中登場的老錢的長子一般，遭到周圍的「冷笑與怒罵」。感受到各方壓力的魯迅，不想讓他的學生體驗到同樣的痛苦。然而，這群學生卻批評魯迅「表裡不一」，最後他們還是剪去了髮辮。

一九一一年爆發武昌起義，紹興也被捲入革命的浪潮之中。街道上插滿了白旗，並成立了軍政府，但事實上，紹興地方仍舊是由舊有勢力掌控著權力，沒有任何的改變，魯迅對此感到失望，於一九一二年，應蔡元培的邀請，前往北京。在北京，魯迅以教育部教育司科長的身分，開始了他的公務員生活。

搬到北京的魯迅，起初住在紹興會館，後來搬到市內西部的八道灣。雖然生活較為穩定，但是隨著宋教仁的暗殺事件，以及袁世凱推行獨裁的影響，教育部整體也籠罩在沉重的氛圍之中。這時，魯迅外出至北京的名勝之一琉璃廠，致力於收集拓本，根據他自己的說法，是「麻醉自己的靈魂」；換句話說，一方面是為了喪失革命成果而產生的落寞感尋求慰藉，另一方面也可以佯裝自己正沉迷於個人的興趣之中，藉以逃離特務機關的懷疑目光。

文學革命與〈狂人日記〉

一九一六年十月的《新青年》雜誌上，刊登了胡適和陳獨秀的書簡，指出今日的文學極其腐敗，只顧形式而毫無內容可言。翌年（一九一七年）一月，胡適發表〈文學改良芻議〉，提出用白話文寫作的八條方案[1]；二月，陳獨秀發表〈文學革命論〉，呼應胡適的主張，表示要打倒貴族文學，建立平民文學。亦即文學革命之起始。

某日，魯迅的友人錢玄同到魯迅的家中作客，他是一位提倡廢除漢字的學者，勸魯迅在《新青年》上寫點什麼。當時對文學革命並不甚關心的魯迅問道：「假如一間鐵屋子，是絕無窗戶而萬難破毀的，裏面有許多熟睡的人們，不久都要悶死了，然而是從昏睡入死滅，並不感到就死的悲哀。現在你大嚷起來，驚起了較為清醒的幾個人，使這不幸的少數者來受無可挽救的臨終的苦楚，你倒以為對得起他們麼？」錢玄同回答道：「然而這幾個人既然起來，你不能說決沒有毀壞這鐵屋的希望。」

無庸贅言，「鐵屋」所指涉的，就是當時封閉的中國社會，曾經對革命滿懷熱血的魯迅，體會過「窒息的苦楚」。然而，難道真的沒有能夠改變社會的「希望」嗎？是否應該再努力地嘗試一次，把在壓抑之下「昏睡」至瀕死狀態的人們喚醒呢？長期以來，魯迅自己也在思考這個問題。以此一問題意識為基礎，一九一八年六月，魯迅發表了作品〈狂人日記〉。

這部作品是以罹患被害妄想症病人為主角，以日記形式書寫而成。主角「我」認為，周圍的人們都想要吃了自己，因而感到不安，徹夜查找書籍資料。在滿篇「仁義道德」教義的字裡行間，竟然到處浮現出「吃人」的字眼。「我」特別害怕的是自己的親生哥哥，因為可愛的妹妹也被他吃了，當時她才五歲。不只是哥哥，自己在不知不覺中，也沾染上了中國數千年來所謂吃人的行為。文章的最後，主角呼喊著：「沒有吃過人的孩子，或者還有？救救孩子……」。

這部作品將儒教社會比喻為「吃人」的社會，栩栩如生地描繪出，活著的人們在「害怕被吃食」的同時，又伺機攻擊對方的樣子。事實上，在當時的報紙中，曾經刊登了兒子或妻子割下自己的肉給母親或是丈夫吃的案例，並從儒教的價值觀出發，對此種行為給予讚揚。對於中國社會中這種存在壓抑性的體制，魯迅加以嚴厲批判，並透過這部作品，實踐了胡適等人所提倡的文學革命。

接著，魯迅又在一九一九年發表了〈孔乙己〉和〈藥〉。孔乙己是科舉落榜的貧窮書生，總是到酒館大口喝酒，受到其他客人的奚落嘲諷。某日，孔乙己至舉人家中偷竊，遭到私刑，被打斷了腿。他用兩隻手撐著身體來到酒館，掌櫃並未同情他的不幸境遇，說道：「孔乙己麼？你還欠十九個錢呢！」隨後受到掌櫃及客人的嘲弄訕笑。後來，孔乙己再也沒有出現在酒館。文章的結尾是「大約孔乙己的確死了」。

另一作品〈藥〉的主角是老栓，他的獨生子患了結核病。某天，他聽信了坊間的迷信療法，說是將死人的血抹在饅頭上給病人吃，就能治病。於是，一心想給兒子治病的老栓，在天未破曉前，便來到了一名革命分子要被處刑的刑場，向劊子手買下沾血的饅頭，讓兒子服用。後來，兒子還是回天乏術。他和妻子去掃墓時，被砍頭的革命家的母親，也正在革命家的墳前對著自己的兒子說話，「周圍都是死一般靜」。

這兩篇作品的共同點是，呈現出在科舉制度以及對革命派的鎮壓等這般社會上扭曲的價值觀與現象，正踐踏著人們的事實，並描繪出對於這些犧牲者所遭受到的苦痛，旁人們無動於衷的模樣。特別是以革命家秋瑾為原型的故事內容，勇敢的女革命家遭到處死之時，周圍卻響起「熱烈的拍手掌聲」，魯迅對此場景感到內疚不已，但是並未將這樣的心情傳達到主角老栓的心中，最後，老栓還是無法救回生病的愛子。

孔乙己的人物原型，是住在附近的沒落知識分子，據說故事裡孔乙己所說過的：「竊書不能算偷」這句話，也是那位沒落知識分子自身曾經吐露出的言詞。孔乙己的竊盜行為，絕非重罪；面對著受到私刑虐待的孔乙己，人們的反應卻是十分殘酷，甚至還幸災樂禍，冷嘲熱諷。對此，魯迅說道：「暴君治下的臣民，大抵比暴君更暴。」其實，魯迅的父親，便是因為科舉的營私舞弊而成為沒落的知識分子，並在失意落寞中離開了人世。仍是少年的魯迅，因而看見了親戚們「真正的嘴臉」——趁虛而入、窺視財產。魯迅主張，無論外在如何變化，「吃人」社會的體制以及支撐著這項體制的群眾心理不加以改變的話，中國將無未來可言。

總是如此一針見血地描繪出中國社會陰暗面的魯迅，在北京大學以特聘講師身分講課期間的一九二一年，出版了他的傑作《阿Q正傳》。這部小說極其有名，我們先來看看小說的內容簡介。

《阿Q正傳》與中國社會

阿Q是住在未莊土穀祠的雇傭農民。依照魯迅的說法，取名阿Q是因為不知他的姓名，也有另一種說法，認為「Q」是「鬼」，也就是幽靈之意。以趙太爺為首的村人們，都認為阿Q是個傻瓜，而他本人也是十分地傻氣、樂天。因為不管他受到了什麼樣的委屈或是屈辱，都能馬上將之轉換為自我滿足的想法，也就是所謂的「精神勝利法」。

某日，阿Q調戲一位小尼姑，被罵道：「斷子絕孫的阿Q！」，因而受到刺激，他想著：「斷子絕孫後便沒有人供一碗飯……」。突然開始想女人的阿Q，對著趙太爺家中的女僕吳媽嚷道：「我和你困覺，我和你困覺！」，因而被趕出門，失去了在未莊的工作。不久，從城裡回來的阿Q，脫胎換骨似的讓人刮目相看。不過，他在城裡與盜賊狼狽為奸之事在未莊裡傳開後，便再次地被眾人當成傻瓜一般地看待。

辛亥革命爆發後，阿Q看著村民的慌張不安，便心想「革命也好罷」。幾杯黃湯下肚後，帶著醉意的阿Q大喊著「造反了！造反了！」，幻想自己加入了身穿白盔白甲的革命黨，向曾經欺負他的人復仇，並拿到自己想要的東西。可是在第二天早上醒來後，阿Q發現革命成功的榮譽，竟然被錢家少主「假洋鬼子」給拿去了。阿Q不僅無法加入革命黨，還被栽贓成為趙太爺家強盜事件的犯人，被抓了起來。

阿Q被關進牢房，等待著他的，是槍決示眾的死刑。阿Q被帶上堂，在長衫人物的面前，第一次握著筆，「使盡平生的力氣畫圓圈」；第二天，他被押上囚車上街示眾時，他才意識到自己的命運。阿Q在圍觀處刑的群眾之中，「他看見從來沒有見過的更可怕的眼睛」，比起他過去曾遇見的那隻惡狼眼睛更加兇狠。「這些眼睛們似乎連成一氣，已經在那裡咬他的靈魂」，阿Q甚至連「救命」的聲音也發不出，「兩眼發黑，耳朵裡嗡的一聲，覺得全身彷彿微塵似的迸散了」。

充滿悲劇色彩的阿Q，是體現中國人國民性的代表人物，當連載開始之時，人們甚至懷疑，自己是否就是阿Q的原型。阿Q認為「他是第一個能夠自輕自賤的人」，把被稱為「我是蟲豸」的屈辱轉化為「得勝」的心情，對於阿Q的這種卑屈和不痛不癢的馬虎心態，魯迅認為這是「中國精神文明冠於全球的一個證據」。由此可見，這是魯迅對於自己的祖國——不承認鴉片戰爭以來在軍事上的失敗，淪落為半殖民地，彷彿是個「不孝子」的祖國，既痛恨又愛惜的感情體現。

另一方面，阿Q在革命上的一知半解，以及欣喜觀看他受刑的群眾們的模樣，展現出中國根深蒂固的社會問題。事實上，參加太平天國以及呼應太平天國的反叛勢力的人們，許多都是下層民眾，他們的掠奪行動，彷彿是將日常所積累的不滿情緒在瞬間爆發一般。「瀕死之人一哀號，活人便來看熱鬧」的場景，就算不舉出電影《芙蓉鎮》的例子，在文化大革命時期，也是經常可以看到的現實。

小說的舞台未莊，若是單從這一個地方社會來看，所謂的革命，也只不過是一名可憐的男子被槍決的事件罷了。打倒滿洲人王朝的革命大義，也隨之被縮小為權勢者們毀壞寺廟中「皇帝萬歲萬萬歲」之龍牌的行為。臺灣的評論家柏陽曾指出，無論是多麼出色的理想和主義，一旦深入置放到中國文化之中，其本質便會變質成為截然不同的東西。魯迅在深刻的痛苦下，提出對中國社會的理解，直至今日，仍舊持續地向世人們抛出尖銳的問句。

巴黎和會與五四運動

在此，若是我們回到新文化運動當時中國國內的政局，可以看見南北對立的狀況仍舊持續。北京政府的當權者兼國務總理段祺瑞（皖系），正接受日本政府的支援，打算透過武力方式達成統一。其政敵兼大總統的馮國璋（直系）則是主張南北和平，阻礙段祺瑞的軍事計畫，武力統一作戰失敗。被扯了後腿的段祺瑞，利用徒具形式的新國會，於一九一八年十月將馮國璋拉下大總統的職位，取而代之的是袁世凱的舊謀臣徐世昌。起初，段祺瑞打算拉攏徐世昌，但是老謀深算的徐世昌，為了經營出自己的勢力，表示反對內戰的立場。

兩個講和會議

在南方的廣東軍政府方面，實權派的陸榮廷等人排擠主張北伐的孫文，於一九一八年五月廢除大總統制，迫使孫文辭職離去。孫文怒道「南北軍閥乃一丘之貉」，而後前往上海。梁啟超、張謇等穩健派提倡和平，各國列強們也希望內戰能夠早日結束。十一月，南北停戰；一九一九年二月，於上海召開南北議和會議。

此時，第一次世界大戰也接近尾聲。一九一八年十一月，德國投降，同為協約國一員的中國，也舉行了勝戰紀念慶典。由於這是自鴉片戰爭以來的首次勝利，舉國歡騰，喜氣洋洋，在天安門前的廣場（比現今的天安門廣場要小許多）上所舉行的集會，約有數千名學生參加。此外，讓許多中國人滿懷期待的是美國總統威爾遜的「十四點和平原則」，提倡民族自決原則，以及公正解決殖民地問題。

於一九一七年俄國革命後建立的蘇維埃政府，呼籲要在無併吞、無賠償、民族自決的原則上締結議和條約。美國總統威爾遜為了與之對抗，提出「十四點和平原則」。因此，「十四點和平原則」主要是以東歐為對象而提出的構想。然而，聽聞消息的亞洲人民卻因此滿懷希望，認為大戰後的新世界定能廢除帝國主義「強權」的壓迫。中國方面也認為，只要主張基於民族自決「公理」上的權利，就能夠廢除以《二十一條要求》為首的，屈辱的不平等條約。

一九一八年十二月，中國全權代表團背負著國內的期望，前往巴黎參加講和會議。由北京政府外交總長陸徵祥擔任代表，團員則是有被稱為「中國青年新生代」的北京政府駐美公使顧維鈞、廣東軍政府駐美代表王正廷等，以及信奉威爾遜的年輕親美派的菁英們。

一九一九年一月，巴黎和會召開後，顧維鈞和王正廷立即主張將德國在山東的權益返還中國，與要求繼承其權利的日本代表站在對立的立場。爭論的焦點集中在《二十一條要求》的有效性上，

顧維鈞　前往參加巴黎和會時。

顧維鈞等人主張，中國參戰後，《二十一條要求》便告失效。對此，日本政府則是拿出了段祺瑞政府的交通部長曹汝霖等人，在西原借款交涉期間，與日本政府祕密簽訂有關山東問題的公文書函。其中記載，中國對日本繼承德國權益一事「欣然應允」，日方據此申辯《二十一條要求》的有效性。

其後，山東問題暫時被擱置在議題之外，而在是否要公開公文書函的問題上，中日雙方互不退讓。然而，主導會議的英國、法國在大戰期間，曾與日本簽訂了祕密協定，美國見此情況後，也傾向於支持日本。四月，山東問題被再次提出，將德國權益歸還中國的主張完全受到忽視。中國代表眼看情況不妙，便提出了替代方案，由英國、法國、美國、日本與義大利「五大國」來進行共同管理，試圖防範山東成為日本的殖民地，但是最後仍告失敗；四月三十日，會議決定德國原本在山東的權益，由日本繼承。

另一場講和會議則是上海的南北議和會議，議題圍繞著段祺瑞重新編製的參戰軍問題，交涉狀況停滯不前。名為參戰軍，意思是準備參加世界大戰的部隊，但是實際上當初段祺瑞組織參戰軍的目的，卻是發動內戰的動員工作。這支軍隊的軍費來自西原借款，士兵由日本人上校負責訓練等，為日本政府「援段政策」下的產物。廣東軍政府要求解散參戰軍，作為實現和平的條件。三月，段祺瑞拒絕此項要求，會議中止。四月，段祺瑞與日本政府簽署的祕約被公諸於世，人民對於段祺瑞與日本的反感情緒，更進一步地走向惡化。

四月二十四日，梁啟超從巴黎發回電報，向國內傳達了中國外交失利的第一手消息。他在電報中表示英國、美國接受了日本的要求，呼籲展開拒絕簽署和平條約的運動。四月三十日，電報抵達北京，人民所期待的「公理」被迫屈服在日本的「強權」之下，眾人內心所感受到的衝擊與失望的情緒，迅速地蔓延開來。報紙所宣傳的「青島亡矣！山東亡矣！」、「國亡無日，願合四萬萬民眾誓死圖之！」等文字、口號，更將民眾的失望情緒轉化為激烈的憤怒。

五四運動的開始

一九一九年五月一日，各所大學的代表集合在北京大學等處，就「如何對應亡國危機」之事，交換意見。五月三日晚間，以陳獨秀為後台的《國民》雜誌社以及胡適支持的《新潮》雜誌社成員們，以發起人的身分召開北京大學的學生大會。大會的參加者超過了一千名，他們約定支持拒絕簽署和平條約，並在四日聚集在天安門廣場上，進行示威遊行。據說甚至有學生在激憤之下咬破手指，在衣服上寫下「還我青島」的血書。

果然，在五月四日下午一點，天安門廣場上聚集了三千多名學生。他們高舉著「中國被宣判死刑」、「保我主權」、「取消『二十一條』」、「嚴懲賣國賊曹汝霖等人」等標語，散發用白話文寫成的傳單，往南前進。他們的目的地是各國公使館所在地的東交民巷，要求和英國、法國、義大利、美國四國的公使見面。英國等三國的大使館，以周日為由推辭會面的要求；最後由數名代表與

五四運動　在基督教青年會門前演講遊行的學生。

美國大使館的書記官會面，親自遞上請願書，要求他們支持中國的主張。

這時，學生們被警察攔住，在公使館區域之外，冒著酷暑等了將近兩個小時。一部分的學生大喊：「我們去外交部！去曹汝霖的家！」許多學生便不顧領袖的制止，動身前往曹汝霖的住處趙家樓。但是，有兩百多名警官駐守在曹汝霖住處外，警備森嚴，學生們只能朝向豪華的住屋投擲旗幟和標語牌，並打算結束行動。

就在這個時候，發生了意想不到的事情。方才煽動遊行隊伍的一部分學生，毀壞曹汝霖住屋的窗戶，進入庭院中，從裡面打開了大門。學生們大舉入內，開始尋找曹汝霖，並抓住了前往曹家避難的駐日公使章宗祥，在公文書中寫下「欣然應允」的正是章宗祥本人，學生們憤怒地對他拳打腳踢。而後還放火燒了趙家樓。起初，警察對學生們的士氣感到害怕，後來由北京的警察總監親自坐鎮指揮，重整態勢，甚至動員軍隊，最後逮捕了三十二名學生。

運動的擴大與拒絕簽署條約

五月四日，學生們在北京大學商討對策，要求政府釋放被逮捕的學生，並約定罷課。北京大學校長蔡元培雖然表示「這次你們有點過頭了」，但還是為了救出被捕的學生四處奔走。起初，政府內部高唱著包括解散大學在內的強硬鎮壓論，後來許多由山東地方選出的議員等人，則是改為支持學生的立場。政府孤立無援，要求蔡元培以學生不參加五月七日國恥紀念日的國民大會、回到學校上課為條件，答應釋放被捕的學生。翌日，被捕的學生們在歡呼聲中乘車回到北京大學。

雖然北京的國民大會被禁止召開，但是在其他都市，則是按照原定計畫舉辦國恥紀念日的集會與示威遊行。特別是在山東省的省會濟南，聚集了三萬人，要求「嚴懲國賊」曹汝霖等人。不過，段祺瑞等人始終保持著高壓的態度與立場，將蔡元培視為事件的幕後黑手，打算將其罷免。甚至還出現了各式謠言，像是要派出刺客暗殺蔡元培、軍隊將進駐首都並燒毀北京大學等。蔡元培眼看著情勢的急迫，於五月八日親自遞出辭呈，悄悄離開北京。

學生們十分地憤怒，認為是因為政府所施加的壓力，才將蔡元培逼上辭職之途；除了要求慰留蔡元培之外，宣布再次罷課。北京大學的教職員和其他大學也與學生站在相同立場，五月十三日，北京的校長們紛紛提出辭呈表示抗議。總統徐世昌於十四日，不得不對蔡元培發出慰留令，以示對抗議的妥協。

在這段期間，學生們開展了新的活動方式。被稱為「救國十人團」等，由學生所組成的演講團，就是一種新的手段。他們插上旗幟，運用圖畫及地圖，向人們說明山東問題。另外，對日本的抗議行動，逐漸擴大為抵制日貨運動，憤怒的群眾們召開「燒毀日貨大會」，將手上的日本貨品紛紛丟入火中焚燒殆盡。

在某個集會上，當熊熊的火焰正吞噬著堆積如山的日本貨品之時，一名中學生突然嚎啕痛哭，將自己的腳踏車丟進火舌之中。那輛腳踏車也是日本製品。宣統皇帝溥儀在少年時代也十分喜愛腳踏車，腳踏車在當時可說是十分奢侈的高級物品。牧師出身、在北京回民街道創建女學校崇貞學園的日本記者清水安三，正好目睹了這一個場景，從而得知自《二十一條要求》以來，日本的行動是多麼過分地激怒了中國民眾，寫下「彷彿被刺了一刀般的衝擊」的記載。

五月十九日，學生們開始罷課，政府接受日本公使的請求，要求停止街頭演講的行為。學生接受後，政府又禁止抵制日貨的行動，北京進入事實上的戒嚴狀態，政府命令各學校重新開課。對此不滿的學生們改變戰術，打扮成小販，展開呼籲愛用國貨的運動，並對著被分派至市內各處鎮守的警察們，稱呼他們「親愛的同胞們啊」，試圖說服警察，讓他們理解該運動的意義。這與一九八九年天安門運動時期，在六月四日政府決定進入廣場鎮壓之前，學生們對著武裝鎮暴警察們動之以情，盼望他們能理解要求民主化運動意義的模樣十分相似。

六月三日，政府當局所下達重新開課的期限已過，學生們做好將會受到大規模鎮壓的覺悟，再次聚集在街頭，開始演說。果然，警察接連逮捕學生，被捕人數在當天就達到一百七十名，翌日（六月四日）更攀升到八百名，拘留所裡容納不了這麼多人，甚至將北京大學的校舍做為臨時拘留所來使用。六月四日，六百名女學生首次進行遊行示威，走上街頭的學生人數更是大幅增加，就連警察也束手無策。無可奈何的政府只好中止鎮壓的方針，並釋放被逮捕的學生們。

大批的北京學生遭到逮捕的消息傳出後，運動也隨之向外擴大到全國各地以及國外。其中，對於擁有一百萬人口的大城市——上海的影響特別大，不只是學生在街頭演講和抵制日貨，就連商店也一律關門罷市，表示抗議；在第一次世界大戰後因經濟成長而首次登場的工人階級（無產階級）也決定罷工，外國資本的工廠也受到影響，被迫停業。五月，福建學生前往英屬馬來亞[2]，呼籲抵制日貨；七月，運動由馬來全國擴大至荷屬東印度[3]、暹羅（泰國）。

起初，美、英等國認為此運動是針對日本，且覺得該運動的統率得宜、「秩序良好」，因而抱持著善意，採取靜觀其變的旁觀立場。然而，當運動導致上海的都市機能陷入癱瘓狀態，甚至影響到列強各國的殖民地之時，租界當局開始對運動進行鎮壓與控制。此外，列強與各地的地方長官、國內的銀行家等，也開始催促北京政府，必須對學生和市民所提出的罷免曹汝霖等人之要求，早日作出決斷。

六月十日，被逼到窮途末路的北京政府，終於宣布罷免曹汝霖等人的職務。這是一場以學生及廣大的都市居民為主體的運動，是由在新文化運動中所成長起來的學生們所主導，加上都市居民們拋棄了「阿Q」精神，所獲得的成果。當這項消息傳到巴黎的中國代表團耳中，也讓他們受到了鼓舞；六月二十八日，中國代表團不顧政府的指示，拒絕在「凡爾賽條約」上簽字。日本代表十分驚訝，譴責中國方面的行動是顧維鈞等人的「衝動武斷」。不過，據說當時顧維鈞的手上，早已收到七千封來自中國國內的電報，要求他們拒絕簽約。中國的民族主義再次掀起巨大的浪潮，並推動了歷史的走向；七月十日，徐世昌親自頒佈總統令，追認代表團的行動。

吉野作造

日本留學生的動態與吉野作造

另一方面，在日本的中國留學生之中，很早就可以看見與五四運動相互聯繫的動向。一九一八年五月，日本為了出兵西伯利亞而簽訂「中日軍事祕密協定」[4]之後，一千二百名留學生對其內容表示抗議，並回國呼籲反日運動。一年後的一九一九年五月七日，五百名留學生高喊「取消條約」、「打倒軍國主義」的口號，打算在東京的中國公使館召開國恥紀念日之集會，與前來阻止的日本警察發生衝突，三十六名留學生被捕。

當時，代表大正民主主義的政治學者吉野作造，為了救出被捕的中國留學生而四處奔走。吉野自一九〇六年起住在天津，擔任袁世凱長子袁克定的家庭教師達三年的時間。一九一五年日本政府提出《二十一條要求》後，吉野作造認為那是「為了日本的生存，不可或缺之事」，予以支持。但是他也認為，日本人應該對日後的中國抱持著「同情與尊敬」的態度。面對著日本政府欠缺這種態度的大陸政策，吉野氏心存懷疑，與此同時，也加深了他對中國、朝鮮以及臺灣的關注。

一九一六年，吉野作造在《中央公論》發表文章，提倡民本主義，在天皇制度之下實現民主主義。他主張，日本和中國一樣都是資本主義的後進國家，民主主義的移植不可或缺。吉野氏在一九一八年成立黎明會，啟蒙學生。因此，當五四運動爆發之時，吉野氏看透了五四運動的內在本質，認為中國學生們提出民族自決的要求，正是民主主義在東亞生根發芽的「生存精神」。因此，他請求外務省保護被逮捕的留學生，同時也為了保釋留學生而四處奔走。

廣為人知的是，吉野作造對五四運動深感共鳴的眼神，也同樣地出現在一九一九年朝鮮爆發的三一獨立運動之中。吉野批判日本以武官總督統治朝鮮，主張應該廢除對朝鮮人的差別待遇，並實現朝鮮的言論自由。此外他還將大學薪水、版稅、演講費等收入中的很大一部分，拿出來資助中國、朝鮮留學生的生活。

吉野作造的作為，在中國知識分子的圈子內也廣為人知，陳獨秀與李大釗注意到黎明會的組織，將之作為新文化運動的模範；一九二〇年五月，為了彼此之間的交流，北京大學的學生團還特地前往日本。當時對抵制日貨的行動感到困惑，卻又不願意正面接受中國人要求的日本來說，或許只是一種單獨發生的現象。但是我們不能忘卻的是，代表日本和中國的知識分子們，曾經嘗試著跨越國家與民族的差異，一同摸索普世價值的事實。且這項努力，也孕育出了果實，那就是中國對馬克思主義的接納。

馬克思主義的接收與中國共產黨的成立

中國對馬克思主義的接納

蘇聯解體後，中國成為世界上最大的社會主義國家，至今仍掌握著巨大權力的中國，於一九二一年召開了第一次黨大會（第一屆全國代表大會）。無庸贅言，中國共產黨的誕生，受到了俄國革命、一九一九年共產國際成立的巨大影響。然而，共產黨成立的前提——馬克思主義的接納，圍繞著這一個主題的討論，近來出現了不同於以往的意見，也就是認為中國的馬克思主義是經由日本傳入中國的說法。

過往的研究認為，中國開始正式接納馬克思主義，源自於一九一七年夏天，李大釗所書寫的〈我的馬克思主義觀〉一文。但是，實際上在五四運動之前，在北京的日報《晨報》的文化版面，就開始出現翻譯、介紹河上肇等人所寫的日本馬克思主義文獻。負責翻譯的是李大釗留學日本時的友人，同時也是《晨報》的主筆陳溥賢。

一九一八年底，陳溥賢被派到東京擔任特派員，負責採訪日本在巴黎和會前的動向。他對於吉野作造成立的黎明會投予十分大的關注，並詳細地向國內介紹日本在「大逆事件[5]」發生之後，經歷「社會主義的冬之時期[6]」，而後逐漸復甦的社會主義運動。陳溥賢之所以關注日本的社會主義，是因為他認為中、日兩國要解決山東問題等懸案，建立「真正的親善」關係，首先必須是日本要將勞工作為「主角」來改變社會，而不是軍方或是資本家。李大釗也是以陳溥賢的翻譯作品為媒介，而持續地吸收馬克思主義思想。前文所提到北京大學學生團的訪日活動，也是陳溥賢努力搭起吉野作造與李大釗之間的橋樑，所結出的果實。

與此同時，李大釗也獨自與日本社會主義勢力建立起聯絡的關係。一九二〇年十二月，堺利彥、大杉榮等人在東京組成了日本社會主義同盟，李大釗也隨即成為該同盟的成員。將李大釗介紹給日方人士的是長駐北京的報社記者丸山幸一郎。自此之後，李大釗能夠取得來自日本的最新情報，同時他的關注焦點也從學說研究擴大到女性解放問題、勞工問題層面。一九二一年十一月，李大釗在北京大學成立了馬克思學說研究會，靈活地運用河上肇的著作，否定生產力決定一切的經濟

李大剑

一元論，並闡述獨特的見解——基於「宇宙精神[7]」，藉由民眾在倫理上的覺醒來推動社會的變革，帶給了學生們極大的影響。

正如前文提及清末的日本留學潮中所述一般，日本位於東亞世界的邊緣，在接收歐洲文化基礎上所孕育出的新思潮，成為中華世界重生之時不可或缺的能量。繼洪秀全接納基督教、新文化運動中提倡民主與科學之後，馬克思主義思想的引進對中國近現代史產生了巨大影響，也是來自這一邊境的新風潮。

當時關注馬克思主義的人們，不只是後來的共產黨成員而已。對孫文的三民主義產生共鳴的革命派之中，也有人將馬克思主義視為民生主義（民生主義在當時中國國內，難以被理解接受）的補充理論，加以介紹並推廣。國民黨內頭號的理論家，後來嚴厲批判共產黨的戴季陶，便是其中一人。後來成為共產黨員必讀文獻的《共產黨宣言》之中文版，據說就是因為有戴季陶費盡千辛萬苦才拿到手的日文版，才得以翻譯成中文版本。

中國對馬克思主義思想的接納，便是在這樣與日本連動的關係之下持續地推展，最為決定性的關鍵，則是陳獨秀與《新青年》的變化。一九一九年，蘇維埃政府發表第一次「加拉罕宣言」[8]，聲明無條件歸還過去俄國從中國獲取的權益。一九二〇年三月，這項消息傳到中國本土，許多對於凡爾賽條約內容感到幻滅的中國人都大吃一驚，將之稱為「空前義舉」。自此之後，中國人民對於過往幾乎沒人知道的俄國革命以及布爾什維克的相關知識，關注程度迅速地升高。

一九一九年六月，離開北京大學前往上海的陳獨秀，當然也沒有錯過這項變化。一九二〇年九月，改版後的雜誌《新青年》刊登了陳獨秀的文章〈談政治〉，宣示陳獨秀的轉向，投身馬克思主義。主張文學革命的他，原本對於政治批評是抱持著消極的態度，但是在五四運動時期，他親自走上街頭，因散發〈北京市民宣言〉的傳單而遭到逮捕。藉此，他發現「無論談不談政治，政治總是尾隨在後」，認識到致力於政治革命的重要性。此外，新文化運動雖然嚴厲地批判了以儒教為首的中國傳統文化，但是卻苦於無力創造出得以取而代之的新價值觀。作為率先指示中國前進道路的嚮導，陳獨秀克服了五四運動時期的文化狀況所創生出的思想混沌，對馬克思主義寄予期望。

《新青年》在事實上轉變成為馬克思主義的理論性雜誌，對支撐俄國革命的馬克思列寧主義進行了介紹。情報來源也從嚴格管制言論的日本，轉換為歐美，特別是許多俄國移民們逃亡的地點——美國。這一個結果，讓中國的馬克思主義，從一開始就具備了明顯的國際性特質。而且是與第一次世界大戰前的國際社會主義運動（第二國際）切割開來，在如此形式的發展下，必然會受到共產國際的強大影響。

當然，領導新文化運動的知識分子們，有不少人對馬克思主義提出了異議。信奉美國式近代化的胡適，曾經透露出自己的不悅：「《新青年》差不多便成了《蘇維埃俄羅斯》[9]的中譯本了」。此外，魯迅也對主張「無產階級專政」的布爾什維克專制體制，抱持著懷疑的態度；並對白樺派文學家武者小路實篤所提倡的「新村」運動[10]產生共鳴，表明自己信奉否定國家的無政府主義，並離開《新青年》。

在革命當時受到列強干預戰爭之苦的蘇維埃政府，逐漸地將目光轉向了東方。一九二〇年七月，在共產國際的第二次大會上，通過了「關於民族與殖民地論題」的決議，決定積極支持殖民地民族運動的方針。這一年，俄國共

共產國際與中國的共產主義運動

產黨派出了吳廷康[11]前往中國，並交付他在中國將社會主義者聚集起來的使命。

一九二〇年四月，以記者身分前往北京的吳廷康，首先透過北京大學臨時講師鮑立維（S. A. Polevory）等人的介紹，與李大釗會面。當時，正好是「加拉罕宣言」的消息傳入中國的時期，吳廷康受到了熱烈的歡迎，但是並沒有立刻討論關於成立中國共產黨之事。吳廷康開始展開實質上的行動，是拿到李大釗的介紹信、在上海與陳獨秀會面，五月在法國租界成立共產國際臨時機構之後的事情。

陳獨秀

當時在上海，除了陳獨秀之外，還聚集了像是戴季陶等，眾多關注馬克思主義的政治家和記者們，以及國民黨體系的勞工團體、策劃了中國歷史上首次五一勞動節活動的中華總工會和活躍於五四運動的學生運動組織（全國學生聯合會等）。吳廷康積極地在這些人物和團體中展開遊說，一九二〇年六月，以陳獨秀為

中心成立了最早的共產主義團體——社會共產黨[12]。八月，對社會主義產生共鳴的廣大青年們集結而成的組織——社會主義青年團，正式誕生，同時也是中國共產黨邁向成立之途的信號。

一九二〇年底，陳獨秀接受了「開明派」將軍陳炯明（陳炯明將廣西軍閥陸榮廷趕出廣州，並將孫文迎來廣東）的要求，離開上海，赴任廣東軍政府的教育委員會委員長。翌年一月，吳廷康回國後，社會共產黨由於資金不足，被迫中止活動。

順帶一提，雖然在中國公認的中國共產黨歷史上，並沒有搬上檯面，但是當時打著共產黨名號的，不只是陳獨秀的上海共產主義小組。中華總工會與全國學生聯合會的領導們所成立的大同黨，就是一個例子，大同黨與共產國際派遣來的朝鮮人社會運動者，一起組成了「偽共產黨」。

大同黨所指的「大同」，無庸贅言，就是洪秀全與康有為所追求的中國古代的烏托邦大同世界；由此可見，高舉馬克思主義的共產主義社會，最初也是被放在傳統思想的框架之中，被眾人理解、認知。然而，一九二一年六月召開的第三屆共產國際大會，直到會期開始前，大同黨派遣的代表仍未抵達莫斯科；因此，直到大同黨解散以前，他們始終未被承認為中國的共產黨。

中國共產黨的成立與第一屆全國代表大會

正如前述，中國共產黨成立前的歷史，經過了許多迂迴曲折後，終於在上海、北京、廣州、武漢、長沙及濟南等地，著手進行建黨的準備工作。北京的領袖為李大釗，根據一般的說法，當時被認為是共產黨的基礎組織——馬克思學說研究會尚未開始展開活動，成員也只有八名。在廣州，起初是以無政府主義者為中心，著手進行共產黨的組織，但是在陳獨秀至廣州赴任後，雙方發生激烈的論爭，無政府主義者退出後，僅剩下九名成員。

另一方面，在長沙的領袖則是毛澤東。他從北京回到長沙後，在學校任教；一九一九年七月在雜誌《湘江評論》上發表文章〈民眾的大聯合〉，強調大聯合的基礎，應該是要先成立農民、工人、學生、婦女等各式人群的「小聯合」。此外，湖南的學生團體推動打倒皖系督軍張敬堯的運動，毛澤東則是以該運動主要成員的身分，前往北京請願。然而，其結果只是上演了軍人勢力更替的戲碼而已。

一九二〇年六月，毛澤東在上海與陳獨秀會面。據說已經在北京與李大釗接觸過的毛澤東，當時被陳獨秀的話語「深深打動」。回到湖南後，毛澤東致力於地方自治運動，並設立了文化書社（引入進步思想的書籍）和俄國研究會，為馬克思主義的吸收與接納而努力。陳獨秀也對毛澤東的才能讚譽有加，在十一月的書信中，催促早日成立共產主義小組和社會主義青年團。

於是，毛澤東與幾位親近的同志一同組織共產主義小組。他還在自己的母校，同時也是他擔任國語教師的湖南第一師範學校，對學生進行組織工作，一九二一年一月，由十六名「真正的同志」組成了湖南社會主義青年團。這些人都是在毛澤東個人的人際關係網內，毛澤東的弟弟毛澤覃也是成員之一。中國共產黨的成立，是以各地的革新知識分子為媒介，由多條細小分線共同編織而成。

根據最新的研究成果，中國共產黨的成立，事實上是一九二〇年十一月，也就是在陳獨秀前往廣東之前。陳獨秀等人完成〈中國共產黨宣言〉，發行雜誌《共產黨》，並派遣代表參加翌年舉辦的第三屆共產國際大會，得到了共產國際的承認。

一九二一年六月，共產國際的新代表馬林（Hendricus Josephus Franciscus Marie Sneevliet，筆名Maring）等人一抵達上海，便要求立即召開共產黨大會。因此，在陳獨秀、李大釗這兩位中心人物未能出席的狀況下，中國共產黨第一屆全國代表大會便在上海的法國租界召開。附帶一提，中國認為該會議是在七月一日揭開序幕，至今仍將七月一日訂為中國共產黨的創黨紀念日，但是實際上，會議的召開日期則是七月二十三日。

此時的黨員總數有五十三名，出席會議的各地代表則有十二名。其實起初有十三人出席，但是在七月三十日晚間，由於租界警察的搜捕，會議改在浙江省嘉興南湖的遊船上召開，有一人在最後一天無法出席，因此未被視為代表。出席者的平均年齡為二十八歲左右，最年輕的劉仁靜（北京代表）僅有十九歲。大家身穿西裝皮鞋，或是長袍式的中國服裝，據說一眼看去，就是一群知識分子的風格。

參加這次會議的十二人中，活到中華人民共和國成立的一九四九年的有六人；十月一日在天安門城樓上，參加開國慶典的只有毛澤東與董必武兩人。關於李大釗與陳獨秀之後的命運，李大釗在一九二七年四月被奉系的張作霖逮捕並殺害；擔任中國共產黨首任委員長的陳獨秀，在一九二七年被貼上「右傾機會主義者」的標籤，被趕下最高幹部的位置，一九二九年遭中國共產黨開除黨籍。

其後，陳獨秀被國民黨逮捕，送進監牢，直到中日戰爭爆發的一九三七年才被釋放。當時，陳獨秀嚴厲地批判一國一黨的獨裁政治，認為史達林體制下的蘇聯，與德國、義大利一樣，都是法西斯國家。他還堅持，建立共和制的辛亥革命至抗日戰爭的這一段歷史，是一貫的「民主革命時期」，因此，主張五四運動的意義並未喪失。

姑且不論陳獨秀的主張是否正確，開著小船出港的中國共產黨，要成長為足以動搖世界的一股勢力，想必還需要更多的時間與經驗。在這段期間，他們所犯下的失敗、付出的犧牲，是絕對不會少的。

註釋

1 【譯按】須言之有物、不摹仿古人、須講求文法、不作無病之呻吟、務去濫調套語、不用典、不講對仗、不避俗字俗語。

2 【譯按】大英帝國的殖民地之一，當時包括海峽殖民地、馬來聯邦以及五個馬來屬邦。

3 【譯按】一八〇〇年至一九四九年，荷蘭人統治的印度尼西亞群島。

4 【譯按】五月十六日簽訂「中日陸軍共同防敵軍事協定」、五月十九日簽訂「中日海軍共同防敵軍事協定」。

5 【譯按】又稱幸德事件。日本制定憲法後，刑法第七十三條中規定，危害天皇、皇后、皇太子等行為將會被處以大逆罪，多為死刑。一九一〇年至一九一一年，幸德秋水等人計畫暗殺明治天皇，因被檢舉而以失敗告終。

6 【譯按】大逆事件後約五年的時間，日本的社會主義運動暫時沉寂下來。

7 【譯按】李大釗的泛青春論思想。

8 【譯按】加拉罕意指俄國外交官列夫・米哈伊洛維奇・加拉罕（Lev Mikhailovich Karakhan）。

9 在美國發行，介紹俄國革命的雜誌。

10 【譯按】建立理想的和平社會，無階級鬥爭的世界。武者小路實篤在一九一八年於宮崎縣湯郡木城村建立新村。

11 【譯按】俄裔猶太人，吳廷康為中文名，原名譯為維經斯基（Grigori Naumovich Voitinsky）。

12 在中國公認的中國共產黨歷史上，稱為上海共產主義小組。

第七章　革命尚未成功——第一次國共合作與北伐

華盛頓體制與孫文的革命方針

一九二四年十一月，中華民國的國父孫文現身在神戶。當時，孫文已經五十九歲，為了籌備國民會議的召開，自廣州北上，途經日本。將日本稱之為第二故鄉的孫文，當時已經罹患胰臟癌，而這一趟旅程，也成為他最後一次的訪日行程。

孫文的「大亞洲主義」演講

十一月二十八日，孫文站在神戶高等女校的講台上，面對著三千位聽眾，進行了一個半小時的熱情演說，亦即「大亞洲主義」之演講。在此次演講中，孫文指出，亞洲在受到歐洲侵略後逐漸衰退，但是在日本以擺脫不平等條約為契機邁向復興，加上在日俄戰爭中取得勝利之後，亞洲各民族受到鼓舞，紛紛掀起獨立運動。此外，歐洲的文化是以科學和武力，迫使對方屈服的「霸道文化」；與之相對，亞洲則是秉持著仁義和道德，感化對方的「王道文化」，當然是比霸道文化更為優秀。

在神戶高等女校進行「大亞洲主義」演講的孫文

孫文呼籲，正是現在這個時候，亞洲各國應該以王道文化為基礎，為了解放長期被壓抑的民族，必須在大亞洲主義之下團結一致。孫文在演說的結尾表示：「日本民族既得到了歐美的霸道的文化，又有亞洲王道文化的本質，從今以後對於世界文化的前途，究竟是做西方霸道的鷹犬，或是做東方王道的幹城，就讓日本國民去詳審慎擇。」

據說孫文的演講感人肺腑，打動人心，現場響起了如雷的掌聲。然而，日本後來還是選擇了霸道的文化，最終走上自我破滅的道路。孫文的演講彷彿是穿透了悠長的歲月，對如今深知這段歷史的日本人提出了尖銳的質問。但是，這場演講至今仍能感動人心的最大原因，是一位看似已經落後於時代的老革命家，在離世之前，散發出他最後的光芒，展現了指示歷史前進道路的魄力。國民黨與共產黨聯手的第一次國共合作，以及以此為基礎所推動的國民革命，對孫文而言，正是實現了長年來的夙願——北伐。以本書的觀點來看，也算是一股南來之風。

那麼就讓我們來看看，國共合作是如何成形，國民革命是如何被推動的，以下先來看看一九二七年北伐開始之前的歷史。

《華盛頓條約》與軍閥混戰

華盛頓會議在一九二一年十一月至一九二二年二月召開，目的是重建第一次世界大戰後遠東與太平洋地區的國際秩序。對日本而言，華盛頓會議是五大國的縮減軍備會議。會中協定，主力戰艦總噸位的比例，依照美國、英國、日本、法國及義大利的順序，依序為五：五：三：一．六七：一．六七。此外，美國、英國、法國與日本簽訂了四國條約，規定彼此尊重在太平洋區域內島嶼的領土權。在四國條約簽訂後，長期以來作為日本外交基礎的日英同盟也作廢失效。

中國雖然是戰勝國，但是在簽訂凡爾賽合約之時，卻沒有受到戰勝國應有的待遇。因此，北京政府將華盛頓會議視為廢除不平等條約的大好機會。會議開幕後，年輕新生代的中國代表顧維鈞等人，主張恢復中國的關稅自主權，首先要求提高關稅稅率；並且表示《二十一條要求》違反了美國長期以來主張門戶開放的原則，要求廢除《二十一條要求》。

一九二二年二月，五大國與比利時、荷蘭、葡萄牙和中國簽訂了《九國公約》。公約內容規定，尊重中國主權以及領土之保全，並強調中國應該遵守各國在國內商工業的機會均等原則。根據《九國公約》，日本與美國在一九一七年第一次世界大戰期間所簽訂的「藍辛—石井協定[1]」因此廢除。因為「藍辛—石井協定」的內容是美國承認日本在中國所享有的特殊權益。然而，中國最初提出的回收關稅自主權的問題，仍舊未能達成共識，提高關稅稅率的要求，也遭到日本的反對。此外，關於山東問題，未能如中國所願，將議題交由各國共同協商，而是依然交由中日兩國，進行直接交涉。

中日交涉的結果是，規定將膠州灣的德國舊租界地交還中國，並開放給所有的外國人[2]。山東鐵路權方面，由中國以借款形式贖回，還款期限為十五年；山東礦山的開採權，則是決定由中日雙方共同經營。關於《二十一條要求》問題，其爭論的焦點在於是否認可第二號規定的旅順、大連「租借期限均延展至九十九年為期」的內容。原本中國與俄國之間訂定的租借期限為一九二三年三月，中國以此為憑據，展開收回旅大運動[3]。北京政府也試圖就廢除《二十一條要求》的主張，與日本進行交涉，卻遭到日本政府的拒絕，旅順與大連的回收運動未能獲得實現。

在華盛頓會議之後，中國的特殊現象之一，就是列強各國在看見了日本的援段政策之後，也分別開始支持中國各股特定勢力，引發了軍閥混戰。五四運動後，皖系軍閥段祺瑞政府失去民心，取而代之的是英美支持的直系軍閥曹錕和吳佩孚。一九二〇年七月，直系軍閥與日本支持的奉系軍閥張作霖聯手，向皖系軍閥發動戰爭，亦即直皖戰爭。皖系失敗，被驅除出北京政府。隨後，直系與奉系因爭奪領導權而發生衝突，一九二二年四月爆發第一次直奉戰爭。敗北的張作霖退回東北三省，北京政府的政權則由直系軍閥掌握。

當時，中國各地接連爆發內戰。這些軍閥勢力，就像是一種企業，藉由從社會上徵收軍費，獲取利潤；再藉由不斷增強兵力的努力，以確保自己居於上風；另一方面，他們卻也不想進行決一死戰，消耗自身資本。雖然當時的軍官們多為畢業於士官學校的新型菁英，但士兵們卻多是貧農出身的雇傭兵，故鄉仍有雙親待贍養，每月需寄送餉錢回鄉。

舉例來說，一位青年原本是依靠農業及抬轎維生，後來因為「有吃、有穿、有錢」而從軍。在青年的認知中，當兵並非是十分危險的職業，只要突擊一次，就可以領到三個月的餉錢。在戰場上，不想互相傷害而放空槍，或是索性棄械逃跑的士兵並不在少數。據說逃兵大多成為盜匪，或是投奔別的軍隊。

與擔負保衛國家大任的近代軍隊相較，這種私人傭兵集團的軍隊組織十分渙散，也因此增長了日本人的偏見──「中國軍太弱，不堪一擊」。而中國共產黨則是批判這些武裝勢力，是地方上獨裁的「土皇帝」，是半封建半殖民地性質的軍閥，進行著帝國主義的代理戰爭。儘管如此，過往有著「正經人不從軍」觀念的中國社會，因為軍閥的興起，使得軍人這一職業終於獲得了市民權。如此軍事優先的風潮在中國社會蔓延開來，並接著被國民政府及中華人民共和國所承繼了下來。

陳炯明的聯省自治與馬林

五四運動爆發的一九一九年，孫文正逃往上海避難。過往的研究認為，當時孫中山受到民眾團結力量的震撼，因而放棄以中華革命黨等祕密組織為中心的革命計畫，試圖建立以人民為基礎的革命政黨。然而，如此的歷史解釋，其實隱含了主張中國共產黨才是孫文的正統後繼者之意圖；實際上，孫文並沒有立即對五四運動投予關注。對孫文而言，當時更為重要的是，要奪回被廣西軍閥陸榮廷所篡奪的廣東軍政府領導權。

一九二〇年十月，以福建南部為據點的陳炯明（廣東省海豐縣人）打出「粵人治粵」的旗號，率軍進攻廣州，驅趕陸榮廷等人，並迎接孫文入城。陳炯明是有特色的開明派軍人，有「社會主義將軍」的別稱，曾經全力支援過一九二二年一月的香港船員反英罷工之運動。當上廣東省省長後，陳炯明邀請中共創始人陳獨秀，前來擔任廣東省教育委員會委員長，並在廣東確立起地方自治制度；不久，將地方自治制度推廣至全國，展開聯省自治運動，試圖成立聯邦制國家。

但是，孫文並沒有打算要去理解這些地方自治運動的動向。對孫文而言，重要的是要藉由北伐統一全國，建立中央集權的統一國家。一九二一年十二月，陳炯明發表了自治之中心依據——廣東省憲法草案，但是孫文卻不以為然，無視憲法草案，強迫廣東軍政府實施北伐。憤怒難耐的陳炯明，於一九二二年六月舉旗造反，攻進總統府，孫文逃離廣州，再次前往上海。據說當時，孫文的年輕妻子宋慶齡不幸流產。

各地軍人奉孫文之命展開的廣州攻擊，結束了陳炯明約持續半年的造反鬧劇。一九二三年三月，孫文重返廣州，就任廣東軍政府的陸海軍大元帥。但是，即使是對擁有「失敗的英雄」之諷刺稱號的孫文而言，長年的革命同志兼同鄉身分的陳炯明，其叛變的行為帶給他沉重的精神打擊。加上廣東軍政府未能被華盛頓會議承認為中國的合法政府，因此未能派遣代表參與會議，這更加深了老革命家孫文的孤立感。

就在孫文已逐漸地被時代忘卻之時，發表「加拉罕宣言」令中國人感到驚喜的蘇聯，以及共產國際的代表馬林，向他伸出了援手。一九二一年十二月，來到中國參加中國共產黨第一次全國代表大會的馬林，前往中國南方視察之時，在桂林與孫文展開了歷史性的會談。

在此之前，孫文對馬克思主義是抱持著懷疑的態度。孫文所主張的民生主義，認為資本家與工人之間的對立矛盾，是應該防患於未然，在對立發生前進行調節；他不贊同階級鬥爭（或群眾運動）是推動歷史的原動力這一項觀點。然而，孫文聽聞馬林介紹列寧所實施的新經濟政策，發現與自己的實業計畫有許多共通的部分，讓他感到「非常地興奮」。此外，馬林遊說孫文道，華盛頓體制是要向中國與蘇聯施加壓力，因此兩國必須同心協力，攜手合作。對此，孫文深受打動。

第一次國共合作與蔣介石

第一次國共合作的成立

馬林勸說孫文與蘇聯合作，是基於共產國際援助殖民地民族運動的方針。馬林曾經親眼目睹陳炯明支援香港船員的罷工運動，深受感動，因此將孫文新成立的中國國民黨[4]視為民族布爾喬維亞[5]的代表，並寄予很高的期望。但是，當馬林在一九二二年四月提出國共合作的構想之時，卻遭到以陳獨秀為首的共產黨幹部的強烈反彈。

陳獨秀等人原本就與同為進步知識分子的國民黨人有所往來，孫文的專制態度以及對列強妥協的立場，他們也是早有耳聞。當時，陳獨秀等人考慮到共產黨所開展的勞工運動才正要起步，並沒有多餘的精力和打算藉由北伐以武力統一全國的國民黨攜手合作。此外，他們認為這項國共合作的構想，並非是站在雙方對等的立場上，而是採取共產黨員加入國民黨的形式，恐怕會危及到共產黨的存在意義。儘管如此，得到共產國際的認可後重回中國的馬林，八月在杭州西湖召開的共產黨中央特別會議上，將反對國共合作的意見壓制了下來。陳獨秀等人也不得不服從共產主義運動的大本營——共產國際的決定。

一九二二年八月抵達上海的孫文，與馬林、李大釗和陳獨秀等人會面。當時因為陳炯明叛變而遭受到巨大打擊的孫文，接受了蘇聯政府提出予以軍事援助的承諾，將之視為起死回生的機會。隨後，李大釗率先以個人身分加入國民黨，陳獨秀也協助國民黨，著手進行黨內改革。一九二三年一月，孫文與蘇聯政府代表越飛（Adolf Abramovich Joffe）發表了「孫文越飛宣言（孫越宣言）」，明確表示了接受蘇聯的援助，以達成中國統一與獨立的方針。

共產黨與蘇聯政府、共產國際方面也開始著手準備國共合作的計畫，一九二三年十月，鮑羅廷（Mikhail Markovich Borodin）以國民黨顧問的身分[6]被派往廣東。然而，因為與蘇聯的合作是孫文的獨斷決定，國民黨黨內出現了強烈的抗拒反應。

特別是鮑羅廷所要求的「耕地農有」宣言，當時在國民黨內部，不少人擔心像是土地重新分配的這種激進政策，恐怕會破壞國民黨的支持根基。最後，在孫文與鮑羅廷的協商之下，決定成立農民協會，並減輕佃農田租百分之二十五的負擔，在此基礎上推動國共合作的計畫。但是，孫文的長子，同時也是國民黨青年團體中的領袖孫科，則是要求應該取締共產黨的活動。孫文強制蠻橫的作法，導致國民黨的內部關係出現了嚴重的裂痕；在孫文逝世後，潛在的矛盾宛如火山噴發一般，一發不可收拾。

一九二四年一月，中國國民黨第一次全國代表大會在廣州召開。會上，國民黨提出反對帝國主義侵略、打倒軍閥統治、改善下層民眾生活的新三民主義。此外，將國民黨的活動目標，由原先的

「恢復《臨時約法》與國會」，改為「國民政府的成立」；並提倡以「聯俄容共」的方針為基礎，實施國民革命。這場會議的重大成果，便是實現了國民黨的改組，李大釗等三位共產黨員，入選了新成立的中央執行委員會。當時，雖有人提出臨時動議，反對共產黨員能夠保留原有黨籍，以個人身分加入國民黨的特權，但是在國民黨幹部廖仲愷（在孫文逝世後不久便遭到暗殺）費盡唇舌的勸說國共合作的必要性之下，終於說服了反對人士。

國民黨的改組顯示著國共合作的開始，也讓國民黨蛻變成為近代的政黨。在此次改組的過程中，國民黨接受了在俄國革命之中所淬煉而成的布爾什維克主義中的組織論，對後來的中國歷史產生了很大的影響。其最大的特徵是政治與軍事的一體化，由一群懷有堅定革命信念的人們，建立起嚴格的中央集權組織，制定並遵從明確的程序計畫，使奪權的目標得以實現。在改組之後，原先只不過是廣東地方政權的國民黨，逐漸朝向全國政權的方向擴大發展，就連新生不久的中國共產黨，也得以迅速地拓展勢力。

接納布爾什維克主義的作法，雖然打破了辛亥革命以來的渾沌局面，卻也為兩大年輕政黨帶來了很大的問題：為了維持權力而採用的一黨獨裁政治體制、中央集權組織下的官僚主義性格，以及堅持革命信念上的排他性格。先從其後的歷史來看，因為日本的侵略以及美蘇的對立關係，上述這些弊害受到了強化，並在國民黨及共產黨雙方的體質上，深深地刻劃出壓迫性的性格。或許可以這麼說，國民黨與共產黨兩黨，是布爾什維克主義所孕育出的雙胞胎，儘管雙方曾經歷過兩次的國共合作，但是圍繞著爭奪權力而爆發血流成河的內戰，則是他們的歷史性宿命。

黃埔軍官學校與蔣介石

對中國國民黨而言，接受布爾什維克主義後所孕育出的另一個成果，便是以蘇聯紅軍為模範而建立起直屬於黨的軍隊。這支軍隊的軍官們，在以實現國民革命為目標之思想教育的浸染下，具有高昂的戰鬥意志以及對黨的忠誠之心，這與以往的軍閥勢力，大不相同。此外，國民黨還開辦了教育軍官的機構「黃埔軍校」，曾經擔任過該校校長，發揮重要作用的人物，便是自詡為「中國拿破崙」的蔣介石。

蔣介石出身浙江省奉化縣，較毛澤東年長六歲。他也曾經是一位滿懷救國熱情的青年，選擇走上軍事專家的道路。一九〇七年，留學日本的蔣介石從振武學堂（清朝政府在東京設立的陸軍士官預備學校）畢業後，在新潟縣的日本陸軍砲兵連隊，以士官候補生的身分服役一年。

在日本加入中國同盟會的蔣介石，於辛亥革命爆發後立即回國，在上海等地參加軍事作戰。孫文成立中華革命黨後，蔣介石也加入該黨，為廣東軍政府的成立作出貢獻。關於蔣介石這號人物的評價，因為一九一〇年代他曾經參與了上海證券交易所的股票交易事件，因此較多人批評他是一位腐敗的政治家。不過，這當然只是因為蔣介石是一位反共主義者，因而出現的政治性觀點評價。即便如此，從他與上海地下團體青幫的領袖杜月笙等人有所往來的這一個面向來看，蔣介石肯定是一位黑白通吃的政治家。

辛亥革命後，政治情勢混亂，蔣介石曾經兩度提出希望赴歐美留學的請求，但是孫文看中他的能力，以「會成為革命陣營的損失」為由，不同意他前往國外留學。其後，在與陳炯明軍隊的苦戰之中，蔣介石深切感受到，軍事研究對於建設一支強大軍隊的必要性。一九二三年，孫文要派遣一

黃埔軍校大門

支訪問團前往蘇聯訪問，蔣介石自告奮勇，成為訪蘇團的代表。

當時蔣介石得知，史達林派的成員以及中國共產黨所派遣的留學生們，對孫文評價很低時，感到大受打擊。據說他在共產國際委員會上，進行有關三民主義的演講之時，也受到嘲笑奚落，因此對共產黨抱持著不信任的態度。不過，在視察蘇聯紅軍之後，蔣介石洞察到蘇聯紅軍強大的祕密，在於採取了專心於軍事指揮的指揮官，和負責政治思想教育的黨代表，兩者並行、職權分明的軍事體制。一九二四年，蔣介石出任黃埔軍校校長，親自負責軍事教育，與熱心推動國共合作的國民黨代表廖仲愷同心協力，致力於將士的教育事業。

黃埔軍校以國民黨的軍事優先路線與共產黨的群眾運動路線，兩者並行，作為國共合作的實驗台，黃埔軍校可說是發揮了重要的作用。以政治部主任周恩來為首，大批共產黨員在政治教育上發揮了實力。黃埔軍校的基本構想雖然是以蘇聯為模型，但是蔣介石等人活用留學日本的經驗，日常生活中的紀律及習慣等，大多是效法日本陸軍的模式。蔣介石認為，為革命獻身的精神以及組織的統管力量，正是革命成功的必須條件；他制定了「革命軍連坐法」等嚴格的軍紀法規，規定臨陣脫逃者一律槍斃處死。

另一方面，擔任黃埔軍校校長的職務，對蔣介石而言，也是成為他生涯中無可取代的政治資本。在科舉時代的中國，考官是考生

宋氏三姊妹　宋靄齡（中）、宋慶齡（左）、宋美齡（右）。

一生景仰的恩師；因此，對於從黃埔軍校畢業的青年軍官們來說，在他們心中，蔣介石是一個特別的存在。蔣介石本人也十分尊敬儒教出身的湘軍領袖曾國藩，對於中國的傳統文化，懷抱著肯定的態度。據說他經常在訓話中，將軍隊比喻為一個大家庭，也認為自己扮演著大家長的角色。

饒富興味的是，蔣介石與將近二十位的同志、部下成為結拜兄弟，在他掌握權力的過程中，非常細心地構築起自己的人際關係網絡。例如，繼陸榮廷失敗後成為桂系新領袖的李宗仁，便是在蔣介石的主動接近之下，成為結拜兄弟。據說李宗仁對於自己的長官突然提出如此「舊式」的要求，感到十分困惑，但是蔣介石則是對他說：「你不必客氣。我們革命和中國的舊傳統並不衝突。」

談到中國的結拜兄弟，最為人所知的就是劉備、關羽和張飛的桃園三結義。與地下組織的首領也有來往的蔣介石，深知如此傳統習慣在中國社會的重要性。換句話說，他在蘇聯紅軍的組織原理中，加入了中國傳統的「情義」理念，從而在僵硬的組織中注入了一股柔軟的溫情，這也可以說是布爾什維克主義這項異文化在傳入過程中的「中國化」。

蔣介石另一項不得不提出的政治資本，是他與宋氏三姊妹中的三妹、宋美齡的婚姻，這也是借助中國傳統所轉化而成的政治資本。一九二七年九月，蔣介石在北伐期間，到日本進行訪問，向當時待在神戶的宋美齡的母親提親。當時的蔣介石四十一歲，雖然宋美齡的年紀小了他十四歲，但是宋家的長女宋靄齡卻熱心地促成這樁婚事。

與不顧周遭反對而堅持結婚的孫文和宋慶齡夫婦相比，蔣介石與宋美齡的結合，並沒有什麼引人入勝的浪漫故事。但是這樁婚事卻帶來了十分巨大的政治效果，也就是蔣介石與孫文結為連襟兄弟。日後在蔣中正取得中華民國領導者地位的正統性上，這項姻親關係的事實可以說是起了十分重要的作用。

孫文的北上與逝世

回到北京的政局，一九二四年九月，爆發了第二次的直奉戰爭。接受日本援助並持續累積實力的奉系張作霖，聯合皖系與孫文的廣東軍政府，結成三角同盟，再次挑戰直系軍閥。直奉兩軍在東北三省與華北交界的山海關交戰；起初，直系軍隊暫居上風；十月，人稱「基督將軍」的直系武將馮玉祥倒戈，戰局出現逆轉的情勢，直系曹錕被囚禁於北京，吳佩孚失敗逃亡。

事實上，馮玉祥的陣前倒戈與日本軍部有所關係。當時，日本的外交大臣是以協調外交路線著名的幣原喜重郎，主張不干涉內政。但是，據說當時擔任張作霖軍事顧問的日本軍人，則是私下說服了幣原，籌備重金收買馮玉祥。還有另一種說法，則是袁世凱的顧問坂西利八郎得知曹錕向美國請求支援的消息後，便透過奉天特務機關長土肥原賢二，以及留學日本陸軍士官學校的黃郛（原中國同盟會會員），勸說馮玉祥倒戈。

這場戰爭也為住在紫禁城內的宣統皇帝溥儀帶來了災難。馮玉祥軍隊進駐北京後，廢止了原本對清朝皇室的優待條件。被派往接收宮城的將士們全副武裝，強迫清朝皇室人員必須在三小時以內遷出紫禁城。當時溥儀十八歲，對紫禁城的生活感到不滿與厭倦，面對司令官毫不客氣地質問：「溥儀，今後你還稱皇帝，還是以平民自居？」，溥儀答道：「我既已接受修正清室優待條件，當然廢去帝號，願意作一個中華民國平民」，據說周圍士兵們聞此，立即齊聲鼓掌。

不過，突然被逐出紫禁城的溥儀，要找到一個安全的落腳之地，並非易事。起初，他寄居在父親醇親王載灃的宅邸中，不久後在清末駐神戶總領事、後來成為滿洲國國務總理大臣的鄭孝胥的引介下，移居到北京的日本公使館內。一九二五年二月，溥儀進入天津的日本租界，在租界內生活七年的期間內，與日本之間的關係也不斷地加深。當時迎接溥儀到天津的人物，正是天津總領事，戰後成為日本首相的吉田茂。

在與直系的戰爭中取得勝利的張作霖和馮玉祥，推舉段祺瑞執掌權力空白的北京政府。同時，馮玉祥又催促孫文盡快北上，以牽制張作霖。一九二四年十一月，孫文發表北上宣言，自廣州出發。北上宣言申明，國民革命之目的在於「造成獨立自由之國家」，「不僅在推倒軍閥，尤在推倒軍閥所賴以生存之帝國主義」。此外，孫文還主張要從各階層團體中選出代表，召開國民會議，廢除不平等條約。

但是，孫文的北上，在上海時遭受到英國的阻礙，最後只好選擇轉經日本。正如前文所述，孫文正是在北上途中，於神戶進行了感動聽眾的「大亞洲主義」演講。十二月四日，孫文抵達天津，原先預計直赴北京，卻因胰臟癌的影響引發胃痛，將行程延期至十二月底。抵達北京後，孫文進入協和醫院接受手術的治療，但為時已晚。

一九二五年三月十二日上午九點三十分，孫文在宋慶齡的陪伴下，平靜地離開了人世。中國的武力統一尚未完成，北上主張的國民會議也未能召開，孫文留下了尚未實現的夙願，便與世長辭。正如他遺言所述：「余致力國民革命，凡四十年……現在革命尚未成功，凡我同志，務須依照余所著建國方略、建國大綱、三民主義及第一次全國代表大會宣言，繼續努力，以求貫徹。」身為一位革命家，是一段挫折無數的生涯。當然，正如本書多次指出，孫文是一介凡人，他也有著因高傲所導致的專制、蠻橫態度等許多缺點，絕非是毫無缺陷的聖人君子。

孫文逝世後，有些保守派的政治家喜出望外。魯迅曾撰寫追悼文，文中尖酸刻薄地諷刺這些人：「戰士（意指孫文）戰死了的時候，蒼蠅們所首先發見的是他的缺點和傷痕。嘬著，營營地叫著，以為得意，以為比死了的戰士更英雄。但是戰士已經戰死了，不再來揮去他們。于是乎蒼蠅們即更其營營地叫，自以為倒是不朽的聲音，因為它們的完全，遠在戰士之上。的確的，誰也沒有發見過蒼蠅們的缺點和創傷。然而，有缺點的戰士終竟是戰士，完美的蒼蠅也終究不過是蒼蠅。」

不管孫文擁有多少缺點，或是最後的結果如何的未臻完全，無庸置疑的是，孫文確實將中國的歷史向前推進。他所主張的革命理想雖然一敗塗地，但是不容否認的事實是，要是除卻了孫文這一號人物，中國近代史將無法成立。且孫文罹患重疾，在面臨生死關頭之際，卻仍親赴敵地北京。原本，華北地區的人民，對他的革命主張並不太瞭解，但是隨著他的病情被報導出來後，國民革命之理想得以在華北人民之間達到廣泛宣傳的效果。換言之，孫文之死，化為一股改變中國的「南來之風」；他耗盡了最後的力氣完成了「一個人的北伐」，而他的後繼者們也以此作為動力，繼續為了實現孫文的遺志而努力。

〈無花的薔薇〉與北伐開始

魯迅與三一八事件

這個時候，魯迅迎來了他人生中的重大轉機。《阿Q正傳》發表後的一九二三年，魯迅與弟弟周作人一家決裂；在此之前，魯迅是與弟弟一家人同住在一個屋簷下。翌年，魯迅搬到北京市內的西三條胡同（現為北京魯迅博物館）。兄弟關係惡化的原因之一，是魯迅與周作人的日本妻子羽太信子之間的對立與矛盾。當時魯迅作為大家庭的家長，維持著全家的生計；據說因為信子無法放棄日本人的生活方式，造成家中龐大的支出費用，使得原本就苦於遲發薪資的家計狀況，更加拮据。

一九二五年三月，在北京女子師範大學擔任臨時講師的魯迅，收到一位女學生的來信。來信人署名許廣平，是魯迅班上表現活躍的學生幹部。當時北京女子師範大學的校長，是一位保守人士，壓制校內的學生運動，並且命令學生不許參加孫文的葬禮，因為孫文是一位實行「共產公妻[7]」的男人。許廣平等學生領袖領導學生們，提出更換校長的要求，卻遭到政府當局的反對。走投無路的許廣平，因此寫信給自己的老師魯迅，傾訴心中的苦悶。

魯迅收到來信後，寫了一封長文回信，鼓勵許廣平，師生兩人也開始通信筆談。隨後，許廣平被處以退學處分；八月，北京政府決定解散北京女子師範大學。魯迅發表支持學生的聲明，並擔任由被趕出校園的師生所成立的校務維持委員會委員，繼續處理學校事務。北京當局下令，廢除魯迅在教育部的職務，即便如此，魯迅仍舊不屈從於政府的壓力。學生們開始經常出入魯迅的住處，據說魯迅還協助藏匿正被警察追捕的學生。

一九二五年五月，上海的日商紗廠發生勞資衝突，中國工人被射殺。此一事件引發了大規模的反帝國主義罷工運動、亦即五卅運動等事件，對於國內保守派分子的反對聲浪也日漸高漲。在北京女子師範大學事件中，魯迅表現出堅持反抗到底的態度，這不僅是出自於對許廣平等才氣洋溢學生們的同情，同時也是基於他對中國政治局勢的深度關懷。最終，政府不得不妥協，同意北京女子師範大學復校，並讓魯迅復職教育部。然而，在學生們的未來，卻已經有新的悲劇在等待著；翌年，北京發生三一八慘案。

當時的北京政府由奉系張作霖與段祺瑞、馮玉祥組成聯合政權。一九二五年十一月，奉系將軍郭松齡倒戈反奉。馮玉祥則是為了拉攏革命派，自稱國民軍，與張作霖展開作戰，於一九二六年三月擊潰張作霖軍。此時，想要借助張作霖維護東北權益的日本，出兵妨害郭松齡的作戰活動，將郭逼上敗北的死路。此外，日本政府還派遣兩艘軍艦進入大沽口，砲擊國民軍，並與英、美等八國公使，一同向北京政府發出最後通牒，提出停止天津一帶的軍事活動，限令四十八小時內撤出軍隊等等，干涉中國內政的要求。

魯迅與許廣平

對此感到憤怒的北京學生與市民，於一九二六年三月十八日，在天安門廣場前舉行抗議集會，決議向北京政府請願，要求政府採取堅定的態度，拒絕八國通牒的要求。當日早晨，許廣平抄寫完魯迅的書稿，正準備要出門參加集會時，被魯迅叫住：「為什麼這樣匆促？我還有些東西等著要抄呢！」許廣平深知魯迅的脾氣，在工作上必須專心致志、全力以赴，因此打消參加抗議集會的念頭，留在魯迅家中繼續抄寫書稿的工作。魯迅則是在裏頭的書齋埋頭撰寫作品〈無花的薔薇之二〉。

約莫在十點半左右，突然有人慌張地跑到魯迅家中，表示請願隊伍在國務院門前遭到軍警槍擊，出現許多傷亡者。許廣平聞訊後急忙趕回大學校內，隨後看見學生幹部，同樣也是魯迅學生的劉和珍等人被抬回，是一具具慘不忍睹的屍體。一問之下，得知是軍警以大刀和棍棒毆打已受傷的學生群眾。據當局公布的數字，死者四十七名，傷者多達一百五十餘名。據說率領遊行隊伍的領袖李大釗，強忍著自己頭部的傷勢，繼續在現場指揮，疏散參加者撤退。

得知消息的魯迅，在〈無花的薔薇之二〉中寫道：「現在，聽說北京城中，已經施行了大殺戮了。當我寫出上面這些無聊的文字的時候，正是許多青年受彈飲刃的時候。嗚呼，人和人的魂靈，是不相通的。」

北京政府將請願學生們貼上「暴徒」的標籤，試圖將屠殺行為正當化。一部分迎合政府的保守派知識份子，把事件的責任算在抗議遊行領導者的身上，亦即李大釗與學生領袖。對此，魯迅忍無可忍，帶著激憤的心情寫下「墨寫的謊說，決掩不住血寫的事實」。

在如此緊迫的局勢之下，魯迅已無法置身事外的當個局外人。北京政府唯恐事件發展為革命運動，對李大釗等五名請願運動領袖發出逮捕令，包含魯迅在內的五十名知識分子，也被列入政府的黑名單之中。預感到危險的魯迅，前往日本醫生經營的醫院避難；四月，張作霖進入北京後，魯迅又換到德國、法國體系的醫院躲避；五月，魯迅一度返回家中，但北京已不是能夠安心居住的地方。他將家人留在北京，帶著許廣平等人避赴南方。

蔣介石的崛起與中山艦事件

一九二五年七月，在廣州成立國民政府的中國國民黨，關於究竟要讓誰來繼承領導者孫文位置的問題，黨內出現了群雄角逐的局面。最具實力的人選之一廖仲愷，八月因試圖控制廣東軍事勢力而遭到暗殺。曾是孫文親信的胡漢民，成為暗殺廖仲愷事件的最大嫌疑者，因而被派往蘇聯。隨後，汪兆銘雖被選為國民政府的主席，但是在他的背後，缺乏強力的後台支持。此時，蔣介石在黨內迅速崛起，他在十月擊敗陳炯明，為廣東政權的確立作出很大的貢獻。

過往的說法大多認為，蔣介石是打從一開始就反對中國共產黨，中華人民共和國的研究中，將他定位為「新右派」的角色。蔣介石本人在與共產黨的內戰失敗，撤退至臺灣後，於其出版的著作中也主張自己「反共抗俄」的立場。然而，這只不過是在後來的時代，因應自己的需求而編織出來的說法，歷史的真相另在他處。事實上，蔣介石在擴大自身權力的同時，也將北伐的實踐視為至高無上的任務，在必要的時候，他也試圖維持國共合作關係。

對當時的國民黨而言，如何從三民主義的觀點出發、定位馬克思主義，是掌握國共合作主導權的關鍵問題。孫文曾表示：「本黨既服從民生主義，則所謂『社會主義』、『共產主義』與『集產主義』均包括其中。」如此曖昧的說法，在孫文逝世後也引發了論爭。最初提出異議的是理論家戴季陶，他基於孫文否定階級鬥爭的思想，決定重新確認國民黨的原則。此時，國民黨內反共產黨的黨員們趁勢展開行動，於一九二五年十一月，他們聚集在孫文遺體安放處的北京西山碧雲寺，同意取消共產黨員的國民黨黨籍、解雇鮑羅廷等十項決議。這批反共產黨的派系，被稱西山會議派。

國共兩黨對立的檯面化，也出現在有國共合作實驗台之稱的黃埔軍校內。一九二五年二月，共產黨員出身的學生成立青年軍人聯合會。為與之對抗，國民黨員出身的學生於四月創辦孫文主義學會，並計畫在十二月舉行聲援西山會議的遊行。廖仲愷死後，蔣介石與蘇聯軍事顧問團之間失去了溝通管道，顧問團團長季山嘉（Valerian Vladimirovich Kuybyshev）也反對蔣介石即刻北伐的提案，認為時期尚早。在廖仲愷死後當上黨代表的汪兆銘，表現出向蘇聯靠攏的傾向，被孤立的蔣介石，更加感受到自己在軍內領導權上受到威脅。

一九二六年三月二十日，國民革命軍的主力艦中山艦，在未經蔣介石的許可下開進黃埔港，並要求回航廣州。如此可疑的行動，加深了蔣介石的疑慮與危機意識，馬上下令廣州戒嚴，扣留中山艦，並逮捕中山艦上的五十多位共產黨員。除此之外，蔣介石還下令包圍蘇聯軍事顧問團的住所，並解除共產黨在廣州和香港所領導的工人糾察隊之武裝，此即歷史上的「中山艦事件」。

此一事件，最初的解釋是，蔣介石懷疑中山艦的行動為共產黨的叛亂行為，因而採取的突然對應。但是在國共合作關係破裂後，出現了其他說法，像是共產黨企圖將蔣介石綁架至蘇聯，或是蔣介石一連串的行動，都是為了鎮壓共產黨而早有預謀的規畫等。至今，中山艦事件仍舊是中國近代史上的一大謎團。姑且不論真相究竟為何，中山艦事件確實帶來了兩個結果。一是，蔣介石取代國民政府主席汪兆銘，在黨內的地位提高；二是，形成以蔣介石為中心的派系，同時，阻礙國共繼續合作關係的勢力，則被接連排除。

汪兆銘

首先來看第一點，蔣介石在未經汪兆銘的許可下，擅自動用軍隊的行為，實際上是在挑戰汪兆銘的權威。汪兆銘雖然憤怒，但蔣介石散布謠言，表示汪兆銘與季山嘉打算攻擊自己，反倒讓汪兆銘被迫稱病休養。蘇聯方面，為了避免與蔣介石發生衝突，捨棄汪兆銘，把他送往法國靜養。成功逼走汪兆銘後，蔣介石推舉自己的親信、同時也是浙江同鄉的張靜江，坐上中央委員會主席的位置，自己則是拿下黨內第一的寶座[8]。

接著來看第二點，蔣介石不分國共，凡是威脅到國共合作的勢力，他都採取強力壓制的策略。首先成為箭靶的，就是以孫科為中心的國民黨廣州市黨部內的反共派，其中心人物吳鐵城遭受到監禁處分。五月，青年軍人聯合會與孫文主義學會發生鬥毆事件，蔣介石以此為藉口解散兩會，並將成員吸收進自己擔任會長的黃埔同學會。

一九二六年五月，蔣介石在國民黨會議上提出「整理黨務決議案」，要求共產黨須將其加入國民黨之黨員名單提交國民黨中央，擁有雙重黨籍者，不得擔任國民黨內的重要幹部職務。起初，鮑羅廷表示反對，但後來不得不與蔣介石妥協。其結果，毛澤東辭去了代理宣傳部長的職務，其他原本在國民黨中央任職的共產黨員，也紛紛離開要職。對此，蔣介石表明，此舉是為了統一指揮權的措施；實際上，蔣介石將這些幹部大多換成了自己的親信，例如組織部祕書陳果夫[9]等。

如此一來，在黨內確立了權力基礎的蔣介石，開始連絡西北的馮玉祥、廣西的李宗仁以及湖南的唐生智（佛教徒，其部下也多是佛教信徒），著手準備軍事行動。為了鼓舞將士們的士氣，創作《國民革命歌》，歌詞內容為「……打倒列強，打倒列強，除軍閥，除軍閥，國民革命成功，國民革命成功……」。一九二六年五月，先鋒部隊往湖南前進；七月一日，蔣介石成為國民革命軍總司令。大權在握的蔣介石發表〈北伐宣言〉，孫文的遺願終於被付諸實現。

北伐的展開與湖南農民運動

魯迅的廣州行與北伐軍的勝利

一九二六年八月，離開北京的魯迅抵達上海，與許廣平告別後，獨自前往廈門。他在北京女子師範大學同僚林語堂的邀請之下，擔任廈門大學文學部教授。魯迅在廈門大學潛心研究古典文學的同時，仍維持與許廣平的書信往來，兩人發展成為師生戀愛的關係。從往來的書信之中，也可以看出魯迅對國民革命的熱切關注。例如，在十月十日雙十節（中華民國建國紀念日）的信件中，魯迅讚賞廈門慶祝的熱鬧氣氛，相較之下，北京城內則是「沉沉如死」。在十月十五日的信件中，記錄了廈門報紙報導北伐軍占領武昌、九江的消息，並寫道：「即使要打折扣，情形很好總是真的。」在辛亥革命時期的挫折後，魯迅鮮少對政治表現出熱情，但在北伐開始後，他十分關注北伐的戰局情勢。

實際上，北伐軍勢如破竹，持續乘勝追擊。先鋒部隊越過廣東與湖南交界的嶺南山脈，與李宗仁、唐生智軍隊匯合，組成西路軍（約十萬兵力），在民眾的支持下，於七月占領長沙。攻入湖北的西路軍以當年太平軍的氣勢，向武漢挺進，擊敗在兵力、裝備上均占有優勢的吳佩孚軍隊（二十五萬兵力）。吳佩孚槍斃逃亡軍官，懸首示眾，試圖殺一儆百，卻還是抵擋不住軍隊的崩壞。十月，武昌守軍投降，隨後在北伐軍的追擊之下，吳佩孚的主力部隊幾乎全軍覆沒。

在江西方面，蔣介石親自率領中路軍，與直系的孫傳芳軍隊展開決戰。起初，雙方互有進退，僵持不下；十一月，中路軍終於占領省府南昌。蔣介石下馬，向群眾揮舞著帽子，步行進入南昌城。往福建方面進擊的東路軍，並未受到太大的抵抗，一路向北，一九二七年二月，攻占浙江杭州。東路、中路兩軍更於三月拿下孫傳芳的根據地南京。北伐軍在一年之內，就幾乎控制住了中國的南方地區。

此時，魯迅與許廣平之間的關係也出現了新的進展。一九二六年十一月，以郭沫若為首的共產黨廣東支部，招聘魯迅至中山大學擔任文學科主任。魯迅下定決心，要前往許廣平所在的廣東，他

進入武昌的北伐軍隊

在一九二七年一月的信件中寫道：「我先前偶一想到愛，總立刻自己慚愧，怕不配，因而也不敢愛某一個人，但看清了他們的言行思想的內幕，便使我自信我決不是必須自己貶抑到那麼樣的人了，我可以愛。」

在此之前，魯迅將自己定位在舊時代的人，像是在〈狂人日記〉中發出「救救孩子」的疾呼，將希望寄託給年輕一代的人們。但是，與寂寞共同沉睡的魯迅的魂魄，因為國民革命的進展而被喚醒，並重新開始積極地與「現在」接觸、對話。三月，魯迅抵達廣州後，以「革命戰士」的身分受到了熱烈的歡迎，演講的邀請不斷。許廣平也被聘任為中山大學的助教，兼任廣東話的翻譯，開始與魯迅等人共同生活。

不久，魯迅便隱約感受到廣州這塊「革命發源地」的火藥味。他訝異地寫道：「原來往日所聞，全是謠言，這地方，正是軍人和商人所主宰的國土。」據說許廣平也被校長告誡，要她注意與共產黨人之間的關係。隨著北伐的節節勝利，國民黨內部以及國共兩黨之間因革命方向的議題，暗鬥日漸激化。魯迅的直覺，不久後就以最不幸的形式化為現實。

北伐下的政治抗爭與毛澤東的湖南農民運動視察

北伐開始後，汪兆銘的回歸問題，成為國民黨政府的重要政治課題。首先，對於蔣介石在黨內發言權增長而感到不滿的國民黨人，希望迎回汪兆銘，制衡以蔣介石為首的浙江派。其次，在中共方面，陳獨秀等人反對北伐，認為北伐不符合人民利益，主張對「中間派」的蔣介石採取嚴厲的態度。但是在這個時候，中共與蘇聯的方針並未統一，共產國際代表吳廷康是站在與蔣介石合作的立場。

另一方面，對蔣介石而言，當然不希望被他排擠走的汪兆銘重回黨中央。因此，他採取的策略是電請汪兆銘回國，但是不賦予汪有實權的職位。最後，蔣介石在這場權力角逐戰中取得了勝利。

伴隨著北伐的開展，國民政府的遷移問題也成為了討論的焦點。反對蔣介石獨裁的國民黨人聚集在武漢，試圖將國民政府遷移至武漢，強化黨的權力。對此，蔣介石的因應做法，是在前線司令部的所在地南昌另設一個國民政府。這樣的做法，在某種程度上，顯示出國民革命軍原本應該是「直屬於黨的軍隊」，卻要求擁有與黨組織同等的權限。為此感到震驚的反蔣派，試圖縮減國民革命軍總司令的權力，但是早已確立財政基礎的蔣介石，拒絕接受反蔣派的限制。

如此一來，蔣介石的獨裁體制，正一步步地向上構築。當然，不得不注意到的是，這樣的獨裁體制並非是由蔣介石一人獨力建造起來的。因為孫文的北伐計劃本身，就包含著軍事優先的一面，以及專制性統一國家的構想（因此在地方自治的議題上，孫文與陳炯明的意見相左）。或許我們也可以這麼說，蔣介石在實現孫文遺願的同時，也繼承了孫文所留下來的負面遺產。

與此同時，共產黨的態度也出現了變化。抵達武昌的鮑羅廷，聯合西路軍的唐生智，明確地擺

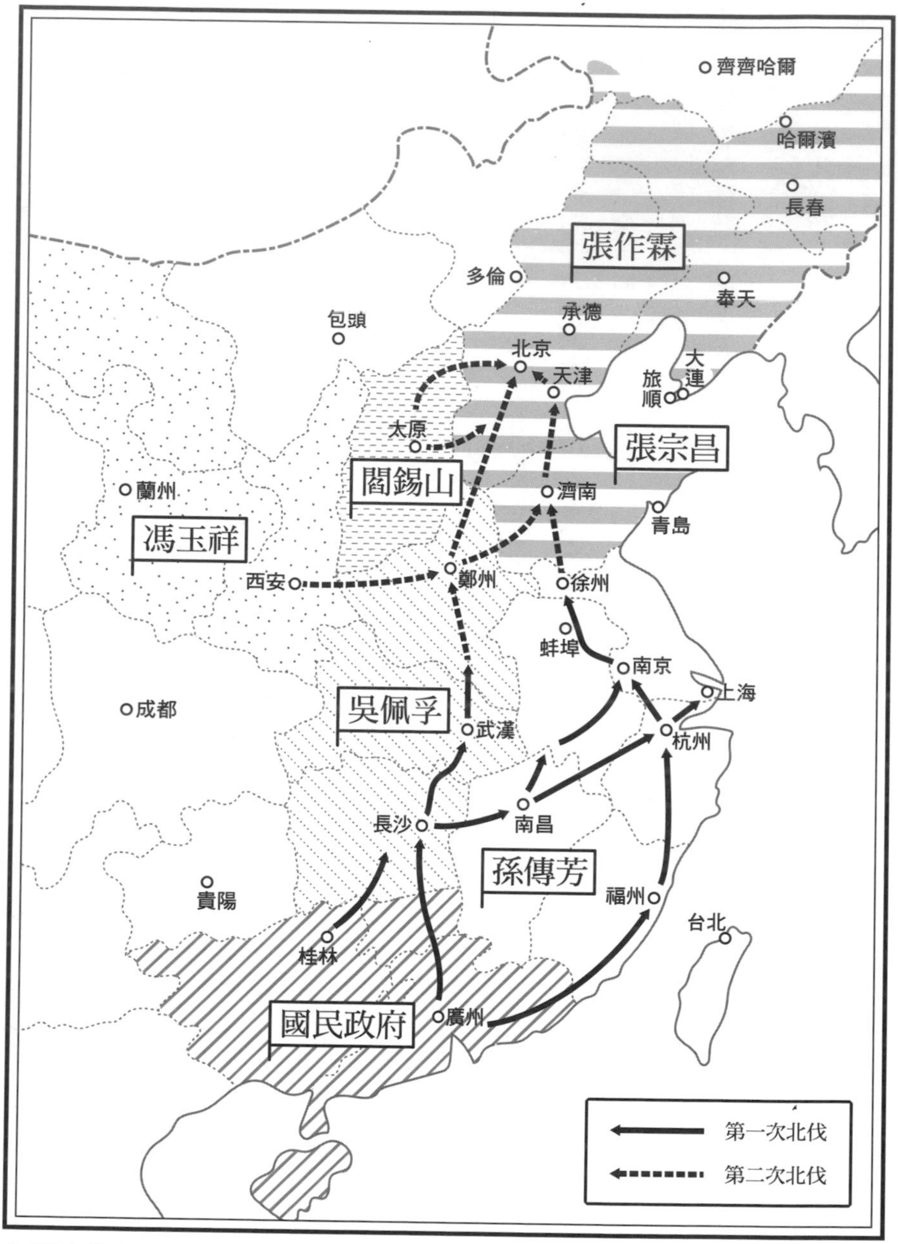

北伐及各地的軍事勢力　根據岩波新書《中国近現代史》繪製而成。

出與蔣介石對決的姿態。蔣介石則是派遣部下前往蘇聯，勸說史達林等人繼續維持與蔣合作的路線。為了鞏固自己的統治地位，蔣介石將支持江西國民黨組織的中共黨員，排擠出國民黨外。換言之，在對蔣介石的態度上，共產黨意見分歧這一點反倒被蔣介石巧妙地利用，導致他們未能採取有效的對策。

另一方面，毛澤東辭去國民政府代理宣傳部長的職務後，轉而擔任國共合作下成立的農民運動講習所的所長。當時，中國共產黨主要的重心是放在都市的工人運動上。但是出身湖南省湘潭農村的毛澤東，認為中國的現狀是以農村人口占絕多大數的比例，主張國民革命首先要從農民革命開始，唯有解決農民問題，獲得農民的支持，國民革命才會成功。毛澤東在少年時期曾反抗新興地主的父親，並投身新文化運動，他認為要是不打倒農村的封建勢力，便無法徹底擊潰軍閥與帝國主義的統治。

北伐開始後，在國民革命軍的占領區域內，毛澤東的弟子們深入農村，開展農民運動。特別是在湖南，兩百多名的黨員在各地設立農民協會，獲得了超過兩百萬人的會員支持。他們實行了孫文在國共合作時認可的減租減息制度，同時打算推翻傳統的社會秩序——祭祀祖先神祇、父權家長制等。將原先由地方實權者所組織的團練等自衛隊，改為農民的武裝組織；部分地區的農民協會成員還參與了縣政工作。前往視察這些農村狀況的毛澤東，寫成了實地記錄報告——《湖南農

青年時代的毛澤東

民運動考察報告》。

在這篇報告中，毛澤東承認農民運動確實存在著「過分」的行為，例如把沒擁有多少土地的人也定位為「土豪」、光是看到人穿著長衫就把對方叫為「劣紳」等擴大解釋。此外，報告中也記錄到，農民協會「動不動捉人（被貼上「土豪劣紳」標籤的人）戴高帽子遊鄉」，甚至擅自處以私刑的風潮逐漸蔓延開來，對於這些舉動，不只是國民黨，就連共產黨內的人也出現了「太過分」、「矯枉過正」的聲音。

儘管如此，針對這些批判的聲浪，毛澤東在報告中提出了反駁：「革命不是請客吃飯，不是做文章，不是繪畫繡花，不能那樣雅致，那樣從容不迫，文質彬彬，那樣溫良恭儉讓。革命是暴動，是一個階級推翻一個階級的暴烈的行動」、「現在農民起來槍斃幾個土豪劣紳，造成一點小小的鎮壓反革命派的恐怖現象，有什麼理由說不應該？」

從今日的角度看來，毛澤東的觀點很容易會受到批判。他在報告中表示，湖南軍人唐生智也支持著土豪劣紳的肅清運動；而實際上是因為，最先被殺害的都是不服從唐生智權力的人士。另外，農民協會在鄉村任意地逮捕、處刑等獨裁行為，最後發展到連共產黨都無法控制的程度，甚至還發生了省級官員遭到槍殺的事件。與國民革命軍進駐的大城市不同，在農村地區很難切實地感受到革命到來的氛圍。加上在太平天國「天朝田畝制度」中可以看到的平均主義烏托邦理想，深深打動了社會底層的農民。因此，毛澤東透過拒繳佃租的「沒收財產」方式，實踐激進革命計畫的作法，取得了農民們的支持。然而，因此而受到鼓舞的農民們，也將報復的心態訴諸於暴力。

若是將毛澤東的行為與蔣介石作一比較，可以發現兩人雖然分別重視群眾運動和倚重軍隊，但共通點是他們都認為武力是解決問題的關鍵。且如此崇尚武力的思考，不只是毛、蔣兩人獨有的特徵。戴季陶在《日本論》中也主張：「我們看見日本民族種種歷史上的思想，看見日本維新的思想根據，使我們愈加了解『武力』和『戰爭』這一個事實是建國的最要緊的手段。不經過很多的惡戰苦鬥，費過很大的犧牲，民族的平等、國家的獨立是決計得不到的。」

這些事實反映出，他們[10]皆是時代下的產物，同時也顯示出在中國社會底層所積累著一股狂暴的能量，如同在義和團運動中所爆發出來的一般。國民革命取得勝利的背後，也是這一股能量在底部的支撐。這股能量宛如「地鳴[11]」一般，與打倒帝國主義的民族主義能量一同噴發出來，並在隨後引起了劇烈的連鎖反應——南京事件與四一二事件。

四一二事件與國共合作的崩壞

南京事件的發生與蔣介石

一九二七年三月二十四日，北伐軍攻占南京後，前往領事館避難的日本人，卻反而安心了下來。因為當時北伐軍的評價很好，眾人認為，應該不會出現像是孫傳芳軍隊占領時期的搶劫行為。但是就在翌日早晨，北伐軍的兵士們以搜索敵軍為名，闖入領事館內，開槍恐嚇館內人員，並與一部分的南京市民們開始進行搶劫。位於南京的英、美兩國領事館也同樣遭到襲擊。於是，英、美派出軍艦向南京市內開炮，死傷人數兩千多人，是為南京事件。

類似的事件也頻繁地發生在中國各地。一九二七年一月在湖北漢口的英國租界內，因為中國人被殺害事件，引發了大規模的反英運動。成立不久的武漢國民政府藉機收回漢口和九江租界。後來，查明引起南京事件的元凶是北伐軍內的共產黨員，對此，蔣介石十分震驚。但是，國民革命的口號，原本就是打倒帝國主義。而北伐軍輝煌的勝利戰果，更是點燃了中國人的民族主義熱情，進而出現了襲擊領事館、外國人寓所以及基督教會等事件。

此時，日本並未像英、美兩國政府一樣採取報復行動，日本外務大臣幣原喜重郎認為，除了東北三省以外的中國領土，蔣介石比北京政府更擁有統治管理的能力。因此，日本政府只要求中國當局必須懲罰參與暴行的士兵，並賠償受害者；並希望蔣介石能盡量壓制共產黨的勢力、維持上海的治安——因為上海是各國利益集中之處。對此，日本軍部批評政府的軟弱外交，上海的日本人團體也主張應該向武漢政府強硬的表示抗議。最後，首相若槻禮次郎被迫辭職下台，主張強硬外交的田中義一內閣上台。

另一方面，美國則是認為，南京事件是讓蔣介石與蘇聯斷絕關係的機會。國務卿凱洛格（Frank Billings Kellogg）發表「新對華政策」，向蔣介石提供財政援助以鎮壓共產黨的活動，並催促蔣介石與張作霖停戰，以實現南北共同約制共產黨的行動。對此，蔣介石發表聲明，表示最終還是堅持國共合作，同時也向共產黨發出不得破壞「國民革命偉業」的警告。對蔣介石而言，列強要求他與共產黨和蘇聯劃清界線的壓力，終究是無法忽視的。

共產黨的上海起義與四一二事件

國民革命軍繼續北上期間，共產黨試圖在上海發動武裝起義，反抗支配上海的孫傳芳軍閥。一九二七年三月，東路軍白崇禧（新桂系）率軍逼近上海；二十一日，共產黨獲得青幫首領杜月笙的協助，策動了八十萬人參加總罷工。工人武裝組織糾察隊更對警察和守備隊進行攻擊；翌日，在上海成立自治政府。

三月二十六日，蔣介石抵達上海，由資本家組織而成的上海總商會要求蔣介石盡快穩定局面。其中最為積極的是代表浙江財閥的宋氏家族長女宋靄齡。宋靄齡承諾為蔣介石個人提供財政援助，希望蔣介石阻止工人收回上海租界的運動，以免妨礙中外貿易。事實上，共產黨體系的工會組合——上海總工會則是主張上海自治，獨斷地展開反蔣介石運動，並策劃大規模罷工與進攻租界的活動。

對此，國民黨自三月二十八日起召開中央監察委員會，譴責共產黨的「過分行為」。該委員會的會長為蔡元培，他前往歐洲後，辭去北京大學校長的職務[12]，成為國民黨的元老人物。蔡元培對於克魯泡特金（Pyotr Alexeyevich Kropotkin）提出「互助論」[13]的無政府主義有所共鳴，站在非暴力的立場，反對馬克思主義的階級鬥爭論。會上，蔡元培同意「共產黨破壞國民革命」的批判論調，親自做出報告，認同拘捕、監視共產黨員的必要性。

在這些來自內外的壓力、請求之下，蔣介石終於下定決心，要與共產黨決裂。他命令白崇禧在上海實施戒嚴令，並與杜月笙接觸，斷絕青幫對共產黨的支援。四月九日，蔣介石將親共的軍隊調往南京，自己也

杜月笙

離開了上海，將鎮壓共產黨的污名丟給了白崇禧和杜月笙。

另一方面，共產黨並未意識到眼前情勢的緊迫。其主要的理由在於，四月一日，在法國休養的汪兆銘經由海參威抵達上海，與蔣介石協商後，和陳獨秀一同發表聯合宣言，再次確認國共的合作關係。但是，汪兆銘於四月六日便啟程前往武漢，未能發揮阻止鎮壓共產黨活動的作用。六日，張作霖在北京搜索蘇聯大使館與共產黨支部，並逮捕李大釗等人，約制共產黨的局勢更加惡化。

一九二七年四月十二日清晨，白崇禧下令解除工人糾察隊的武裝。實際上，在前一天晚間，上海總工會的主席便被杜月笙暗殺。國民黨的策略是先讓青幫襲擊糾察隊，接著再出動國民革命軍，以調停仲裁為名目，解除工人糾察隊的武裝。但是卻也發生了青幫與國民革命軍共同攻擊的狀況，雙方槍戰的結果，一百二十名工人被殺害，並沒收了手槍、機關槍等三千支以上的武器。

十三日，上海總工會發動罷工，下午展開示威遊行，要求返還被沒收的武器。遊行隊伍在寶山路與國民革命軍發生衝突，國民革命軍向遊行隊伍開槍，死傷慘重。目睹這場衝突的上海知識分子們，向蔡元培等人發出抗議書信，並將信件公開在報紙上。然而，四月十五日，監察委員會[14]對於白崇禧「排除反黨分子（意指共產黨黨員）」的決定，表示支持。當時人在北京的周作人（魯迅之弟）得知此事後，指出四一二事件[15]的發生，蔡元培等人須擔負七成的責任。

得知四一二事件消息的共產國際，於四月十四日發表宣言，譴責蔣介石。十八日，以汪兆銘為代表的武漢國民政府，宣布開除蔣介石的國民黨黨籍，並對蔣發出逮捕令。然而，武漢國民政府並沒有足夠的軍事實力能夠與蔣介石對戰。另一方面，蔣介石一派同樣也在十八日成立了南京國民政府，由胡漢民出任主席。雙方在北伐持續進行的同時，形成了寧漢對峙的局面。在共產黨方面，則是試圖繼續重建上海的共產黨組織，但是在四月二十五日之後，又發生了肅清共產黨員的運動，因而大受打擊。

國共合作的崩壞與魯迅

四月十五日，上海四一二事件的影響也波及廣州。當日清晨，許廣平家中有人前來報信，說中山大學校內貼滿了大字報，裡頭的內容可能會牽連到魯迅，要魯迅速速離開。震驚不已的許廣平趕緊查看外頭的狀況，果然看到路上有許多軍隊，似乎正在伺機而動。廣州市內被下達了戒嚴令，共產黨團體與工會等遭到襲擊，許多人因此遇害，中山大學內也有四十多名的共產黨員被逮捕。

下午，中山大學召開系主任緊急會議，魯迅冒雨趕往學校。會議開始後，魯迅便提出營救被捕學生的請求，但是副校長卻回答「這裡是『黨校』，凡在這裡做事的人，都應服從黨國的決定，不能再有異議」，拒絕魯迅的要求。憤怒的魯迅拍案而起，質問在場的人「請問，被抓去的學生都犯了什麼罪？」全場鴉雀無聲。當晚，總算回到家中的魯迅憤而絕食。

其後，國民黨對共產黨的鎮壓越演越烈。四月十八日，畢磊被捕，他是中山大學的共產黨員，同時也是魯迅的好友。魯迅曾在文章中提及：「據我的推測，他一定早已不在這世上了，這看去很是瘦小精幹的湖南的青年。」六月，中山大學以「共產分子」為由，開除和辭去了數十位學生及員工。魯迅也主動提出辭呈，九月與許廣平共赴上海。

被殺害的共產黨黨員　在國民黨的清黨行動中，於廣東被殺害的共產黨員。

此時，在武漢國民政府中也發生了重大的變化。與占據東南沿海富庶之地的南京國民政府相比，武漢國民政府的財政狀況十分拮据。苦於資金不足的武漢國民政府，希望能夠透過制止工人的運動，以恢復生產活動增加稅收，但是共產黨未能有效的統率工人，成效不佳。不如沒收在各地與吳佩孚有所關連的人士的財產，較能確保稅收的來源。

確保軍糧的問題，以及軍隊與農民協會之間的衝突，造成武漢國民政府內部發生巨大裂痕。例如一九二七年五月發生的馬日事變[16]，在湖南長沙，唐生智部下率領軍隊襲擊農民協會，解除了農民自衛隊與工人糾察隊的武裝。

過往的研究認為，馬日事變是因國民政府的分裂情勢而感到動搖的軍官們，轉而走向反共產黨陣營的結果。但實際上的原因，則是在於農民協會禁止米穀的流通，造成軍用米不足；甚至出現農民殺害保護軍用米的兵士，搶奪已出售的軍用米的事件。此外，在共產黨打擊「土豪劣紳」的行動中，也有國民革命軍官兵的財產遭到沒收、家屬遭到迫害的案例發生。

在當時的報告中解釋，迫害軍人家屬的元兇是祕密幫會哥老會的成員，因為他們無法清晰地判別對象，並且把持著農民協會的實權。確實，在中國共產黨的領導階層中，有出身祕密幫會的成員，例如驍勇善戰的賀龍、彭德懷等人。其後，這些人在毛澤東建立江西井岡山革命根據地的過程中，發揮了十分重要的作用。但是馬日事變發生時，對於這些以往飽受壓抑的人們在參加革命運動時所爆發出來的負面能量，那個時期的共產黨並沒有足以控制的能力。

就這樣，武漢國民政府事實上已經陷入自我瓦解的境地。一九二七年六月，共產國際的新任代表羅易（Manabendra Nath Roy），要求陳獨秀等人實行共產國際的指令——中國共產黨繼續留在武漢國民政府內，同時開展土地革命，組織農民、工人隊伍的武裝化。這些指令的內容是完全無視於中國的現實狀況，就連鮑羅廷也認為不可能付諸實行。七月，共產國際又發出新的指令，要求中國共產黨不得退出國民黨，但是必須退出武漢國民政府。在共產國際的壓力之下，中國共產黨只好宣布退出武漢國民政府，共產黨員們紛紛辭去在武漢國民政府內的職務。對於汪兆銘等人而言，他們早已倦於持續國共之間的合作關係，中國共產黨的主動退出，或許可以說，是恰好為「分共」製造出機會。

一九二七年八月一日，退出武漢國民政府的共產黨，聯合了部分的國民革命軍，以國民黨革命委員會的名義，於江西南昌揭竿起義。南昌起義是由中國共產黨獨自計畫的行動，在起義前並沒有考慮勝算，僅僅是為了顯示共產黨員貫徹國民革命的氣概，是場胡來的作戰。結果，共產黨軍隊以失敗告終，武漢國民政府也以此為藉口，決定對共產黨施行鎮壓。九月，武漢國民政府與蔣介石的南京國民政府合併，亦即寧漢復合[17]。

至此，第一次的國共合作維持了約三年半的時間，便宣告破裂。承繼孫文遺志的國民革命，也在中途受挫。對於終止國共合作關係始終抱持著保留態度的蔣介石，在最後選擇與共產黨決裂的決定，使他獲得了國內外各界勢力的支持，並協助他在後來能夠迅速完成北伐大業。但是，也因為蔣介石在這項決定上的遲疑，導致了革命情勢走向不明朗，並造成許多人的無謂犧牲。

後來，關於四一二事件，魯迅曾說道：「國民黨把有為的青年推進了陷阱。最初他們說，共產黨是火車頭，國民黨是列車；由共產黨帶著國民黨，革命才會成功。所以青年們都很感動，當了共產黨。而現在又突然因為是共產黨的緣故，把他們統統殺掉了。在這一點上，軍閥還好一些。他們打從一開始就容不下共產黨，直到最後都貫徹著這個主義。國民黨的作法簡直就是個騙子。殺害的方法更是殘忍。從那之後，我對騙人又把人當虐殺材料的國民黨，說什麼都討厭。」

面對魯迅的批判，當事人蔣介石一定也會有相應的解釋與主張。不過，魯迅也是一介凡人，他所提出的觀點，一定也受到自身立場限制的影響。中國近現代史上最大的悲劇，是魯迅所說的「騙子」行為，並不只發生過一次。一九五七年，毛澤東自己向知識分子們尋求批判共產黨的意見，卻在百家爭鳴、百花齊放之後，一舉將知識分子們打為右派，發動反右派鬥爭。這樣的例子只不過是冰山一角。

血流成河、徬徨躊躇的革命，終點站究竟在哪裡呢？

註釋

1 【譯按】Lansing–Ishii Agreement，由美國國務卿藍辛（Robert Lansing）與日本外務大臣石井菊次郎所簽署的外交協定。
2 【譯按】准許外國人在該區域內自由居住、經營工商業及其他合法職業。
3 【譯按】日俄戰爭後，戰敗的俄國便將旅順、大連的權益轉讓日本。
4 與辛亥革命後成立的國民黨不同。
5 【譯按】民族資產階級之意。
6 【譯按】共產國際駐中國代表、蘇聯駐廣州政府全權代表，隨後任國民黨中央執行委員會與政治委員會顧問。
7 當時對於左傾化國民黨的汙衊之一。
8 【譯按】在實際上掌握了黨、政、軍大權。
9 蔣介石年少時期恩師陳其美的外甥。
10 【譯按】意指上文所提及的毛澤東、蔣介石、戴季陶的思維。
11 【譯按】地震發生前，因地震波能量傳入空氣，轉成聲波所形成的聲音，為地震的前兆。
12 【譯按】蔡元培曾七度辭去北京大學校長的職務，發表〈關於不合作宣言〉文章，表示不與軍閥政府合作。後期即使蔡元培不再到校，北洋政府仍舊沒有做出免職的決定。
13 【譯按】主張生物進化的關鍵為「互助」。
14 【譯按】如前所述，當時蔡元培擔任監察委員會之會長職務。
15 【譯按】在中國共產黨的歷史上稱之為「四一二政變」。
16 【譯按】「馬日」為中國電報紀日的表現，亦即二十一日。
17 【譯按】也有「寧漢合流」之稱。

第八章　內憂與外患之下——南京國民政府與九一八事變

北伐再起與出兵山東

張作霖遭炸死遇害與日本

一九二八年六月四日清晨，北洋政府陸海軍大元帥張作霖，正乘坐在開往奉天（現今的瀋陽）的特別列車上。他無法阻止蔣介石率領的國民革命軍向北京進軍，加上當時日本首相田中義一的勸告，因此決定退回東北三省，圖謀東山再起。蔣介石北伐的目的是占領北京，他向張作霖發出訊息，表示國民革命軍的攻擊不會越過華北與東北之間的山海關。

五點二十三分左右，列車通過了奉天附近的皇姑屯車站，來到京奉與南滿兩條鐵路的交叉點附近。正當張作霖所乘坐的列車要通過鐵橋下的瞬間，震天巨響伴隨著爆炸的發生，崩塌的鐵橋壓上了列車，車廂起火燃燒。張作霖被救出來的時候已經奄奄一息，經過約十五個小時後不治死亡。這起張作霖遇害的爆炸事件，是被日本稱為「滿洲某重大事件」[1]的開端。

這一樁恐怖攻擊事件，是由關東軍參謀河本大作等人所策畫的行動，這一點在今日已是眾人皆

張作霖遇害後，爆炸現場的列車殘骸

張作霖

知的常識。爆炸現場還留著兩具中國人的遺體，雖然被偽裝成國民黨的特務員模樣，但是一眼就能看出他們是鴉片成癮者。此外，附著在鐵橋支架上的炸藥，是只有日軍才會使用的強力炸藥，連接引爆開關的導線則是可以追尋到關東軍的鐵道監視所。據說時任奉天總領事的林久治郎，激動地對著恰巧在場的國會議員們說：「太惡劣了！是陸軍那幫傢伙幹的好事。這下子可沒那麼容易收拾。」

起初，河本大作計畫在殺害張作霖之後，採取進一步的行動。但是中國方面遲遲不公布張作霖的死訊，趁機扶持張作霖之子張學良作為後繼者，穩定奉系的體制；因此，河本無法開展進一步的計畫。田中義一在得知日本軍人參與事件後，為了恢復國內外對日本的信任，展開調查，並向昭和天皇報告事件的真相。然而，後來田中首相屈服於軍部所施加的壓力，轉變立場，在一九二九年六月上奏天皇之時，表示打算發表日本與事件無關的對外聲明，因而觸怒天皇，被迫辭職下台。

從中日關係史來看，張作霖遇害事件成為九一八事變的前哨戰。站在國民革命史的角度來看，在事實上催生了張學良的易幟，亦即東北勢力向蔣介石國民政府的靠攏。是什麼導致這項事件發生，對兩國的歷史又帶來了何種影響，以下就讓我們從南京國民政府與蔣介石的活動來加以探討。

蔣介石的下台與訪日

以中華人民共和國的成立為起點，探討中國共產黨勝利原因的革命史觀認為，成立於一九二七年四月的南京國民政府，是反共政變下的產物，是不值得給予正面評價的對象。近年來，對於中國國民黨是如何失敗、國民黨政權對於中國近代國家的形成以及國際社會地位的提高，究竟起了何種作用等，為了闡明這些問題，南京國民政府成為眾人關注的焦點。

甫經成立的南京國民政府，正面臨著兩道政治課題。第一道課題是，繼張作霖等人的北京政府，以及汪兆銘領導的武漢國民政府之後，南京國民政府作為第三個政府，有必要宣示在政權上的正統性。因此，在四月十八日南京國民政府的成立大典上，主席胡漢民等人頻頻強調，遷都南京是孫文的「遺志」。並在成立大典的宣言中，指責共產黨員的「破壞活動」是在扯國民革命的後腿，導致國共合作的失敗；目標是希望把上海的資產階級等過去對國民黨的激進化感到不安的新興勢力，轉化為支持政權的基礎。

第二道課題是蔣介石的進退問題。蔣介石培育國民革命軍、領導北伐大業的功績，當然是論誰也無法否認的事實；但是在當時的國民黨內部，不少人對於蔣介石懷有強烈的不滿，認為身為一介軍人的他，獨裁地掌控著權力，導致文官治軍（civilian control）的可能性遭到抹煞。特別是在中山艦事件中，被蔣介石逼到不得不稱病辭職休養的汪兆銘，他表示若要與南京國民政府合併，蔣介石的下台，將是不可讓步的條件。南京國民政府方面，為了促成再次統一的局面，因而表示同意。八月，曾是四一二事件執行者的新桂系勢力白崇禧，也規勸在徐州戰役敗北的蔣介石辭去總司令的職務。

最後，蔣介石自己宣布辭職，武漢、南京的兩個國民政府以及主張反共的西山會議派於九月正式合併，實現了國民黨的統一。事實上，蔣介石的辭職只維持了三個月的時間。東山再起後的蔣介石，反而發揮了更大的影響力。在韜光養晦、養精蓄銳的這段期間，蔣介石前往日本，請求宋家同意他與宋美齡的婚事，並與日本政界要人進行會談。其中最為重要的，便是與田中義一的會談。

蔣介石與宋美齡　一九二七年十二月，兩人在婚禮上的合影。

田中義一於一九二七年四月當上日本首相，兼任外務大臣。對照幣原喜重郎的「協調外交」，田中氏的外交政策被稱為「強硬外交」。據說在當年六月召開的東方會議[2]之後，他企圖征服滿蒙[3]而向天皇提出的「田中奏摺」，在史上極為有名。如今這份奏摺被認為是偽造的文書，實際上田中氏的對華政策，並未離開既有的核心框架——在滿蒙權益上與英美列強協調合作，並以張作霖為支柱，維護日本在中國東北地區的利權。

但是，在六月份北伐軍逼近山東一帶之後，田中義一為了保護日本僑民，毫不猶豫地採取武力手段，其中包括了第一次出兵山東等行動。在東方會議上，以關東軍為中心，商討了將滿洲從中國分離出來，捨棄張作霖，並發出自治宣言的計畫。同時，會議中還明確表示，支持國民黨鎮壓共產黨的方針。在上述田中外交方針的前提之下，蔣介石與田中的會談才能夠獲得實現。

一九二七年十一月五日，蔣介石前往田中義一的家中拜訪。正如前文所述，蔣介石曾經留學日本，並在一九二六年大正天皇逝世之時，派遣部下前往日本領事館弔唁等，展現出他十分周到、留心地維持與日本之間的友好關係。同時，蔣介石也讚賞日本的發展狀況，向田中表示中日兩國應該在「真正平等」的基礎上謀求共存，並以經濟為中心開展合作關係。此外，他還希望日本政府不要干涉國民革命軍的北伐，並表示在這方面需要田中的一臂之力以及詳盡的見解。

根據蔣介石的日記，當時田中詢問他：「閣下應該把北伐的目標定為南京，以統一長江以南為宗旨。為什麼要急於北伐呢？」田中義一擔心，一旦戰火延及華北，日本在滿蒙地區的權益便會遭受到損害。蔣介石回答：「中國革命的目標就是全國統一。我們不能重蹈太平天國失敗的覆轍。北伐必須盡快完成，如果中國不能統一，對日本也不利。」據說聽聞此言的田中，臉色驟然一沉。

最後，蔣介石與田中義一的會談，在沒有取得共識之下便告結束。蔣介石在日記中寫道，田中「毫無誠意」，並且認為重啟北伐後，日本定會加以阻撓。姑且不論這是否是田中義一的本意，但在事實上，一九二八年日本第二次出兵山東的行動，證實了蔣介石的預測。

另外，在會談中，蔣介石也提到日本支持張作霖的問題，也提出日本的支持行動導致近年來中國人反日情緒高漲的抗議。田中義一在擔任滿洲軍參謀之時，曾經救助過被視為間諜而遭到逮捕的張作霖，可以說是為張作霖的嶄露頭角創造出契機。然而，田中義一不但表示，日本並未提供張作霖任何援助，還宣稱自己「十分討厭」張作霖，他支持的是張作霖的參謀、同時也是親日派的楊宇霆。這些話到底有多少程度是發自內心的真心話，雖然不得而知，但是田中義一的此番發言，卻以最糟糕的方式實現。

汪兆銘將蔣介石趕下台，但他自己的天下也並沒有持續多久。一九二七年十二月，汪兆銘的部下掀起內部糾紛，汪被追究責任而引咎辭職，再次被迫出國。結果，蔣介石重回國民革命軍總司令的職位，翌年當上國民政府主席，鞏固了他作為國民黨領袖的地位。

濟南事件與佐佐木到一

回到總司令職位上的蔣介石，首先進行的就是重啟北伐。一九二八年四月開始的第二次北伐，總兵力約七十萬，分別由蔣介石、李宗仁（新桂系）、馮玉祥（西北軍）、閻錫山（晉系）統率各部軍團。自徐州出發的蔣介石，順利北上，五月二日進入山東省都濟南城內。

在北伐軍的總司令部裡，有一位日本人隨行其中。這位日本人名為佐佐木到一，與前文提及的柴五郎和坂西利八郎互有聯繫，皆是對華情報軍官。佐佐木氏充滿著叛逆精神，有「吵架到一」的稱號，曾在軍中備受冷落。日本所看重的段祺瑞、張作霖等北洋政府要人的軍事顧問職務，都輪不到他，只能屈就於誰都不感興趣的駐廣東武官職務。

在廣東與孫文相遇後，佐佐木氏完全拜服在這位「沒有個人野心的人」的風範之下，認為中國

佐佐木到一

國民黨是由「人格高潔」的成員所組成的政黨，對他們充滿了期待，並對他們所追求的國民革命理想產生了共鳴。佐佐木氏醉心於國民黨的背景，是因為他厭惡和排斥不斷爭權奪利的北洋政府軍事勢力，以及和這些人糾纏的日本軍人。他將目光著重在國民革命軍的高昂士氣和嚴正紀律，認為即使北伐會稍稍威脅到日本的權益，但是支持在殖民地狀態下追求自立的中國革命，以長遠的角度來看，也是符合日本的利益。

但是，日本軍部高層並沒有聽進佐佐木氏的諫言。北伐重啟之後，日本政府立即出兵山東（第二次出兵山東），日軍的先鋒部隊比北伐軍隊早一步抵達濟南。進入濟南城後，佐佐木氏接受蔣介石的請求，擔任與日軍之間的聯絡官，察覺到日軍殺氣騰騰的態勢。五月三日，佐佐木氏的預感應驗。按照日本方面的說法，中日兩軍因為一些小糾紛而發生「衝突」；翌日，日方死者二十三名，中方死者則是超過了一千人。

得知消息的蔣介石，認為日本開始了阻撓北伐的行動，請求佐佐木到一為停戰進行調停。但是日本駐軍要求中方謝罪，發出最後通牒，並於五月八日開始攻擊，其程度遠遠超過保護日本僑民所需防範、反擊的範圍，並殺害了國民政府的官吏及一般市民等三千九百人。在北伐軍的陣地，佐佐木氏因為被發現偷偷帶在身邊的太陽旗（日本國旗）而遭到逮捕，在蔣介石將佐佐木氏救出來之前，激動的中國士兵們對他施以私刑與恫嚇。包圍他的士兵們高聲喊著「打倒日本帝國主義」、

「殺了他！殺了他！」，據說當時佐佐木本人心裡也已經有了死亡的覺悟。

即便發生了這些事情，蔣介石還是以北伐的完成為優先選擇，變更軍隊的行進方向，避免與日軍的全面衝突。五月十八日，蔣介石在河南鄭州，與馮玉祥、白崇禧等人召開作戰會議，著手進行準備；六月一日，朝著北京的方向，開始發動總攻擊。張作霖意識到蔣介石軍隊的勢不可擋，於六月二日宣布撤往東北，並於三日離開北京。正如前文所述，在翌日清晨，張作霖便被炸死。六月十一日，被任命為新任司令長官的閻錫山進入北京城，宣告南京國民政府將北京改稱為北平。

至於被救出來的佐佐木到一，他在短暫的回國後，又再次前往南京。但是，正如他自己所說：「濟南事件讓我的夢想徹底地破滅了。廣東時代的我，實在是太年輕天真了。」當初對於國民革命的共鳴，已經消失殆盡。在佐佐木的眼中，國民革命軍已經「墮落」，並且與過往的軍閥勢力相同，「退化」成封建式的私兵集團。他還認為，正是因為國民黨的革命教育，才會造成兵士們的排外思想，追求中國自立的革命運動，最後卻讓中國人變得「傲慢不已」。因此，就像是在呼應日本國內強硬派所高呼的「膺懲暴戾支那」，佐佐木氏主張，為了維護日本在滿蒙的權益，不得不採取行使武力的手段。

佐佐木到一的中國觀，可說是近代日本知識階層所共通的問題點。在他過去還是一位軍人之時，因為對於異國文化欠缺充分的認識，因而將中國社會的某些部分加以理想化，當心中所勾勒的夢想破碎之時，就展現出拒絕、排斥中國的反應。其後，佐佐木成為滿洲國的軍政顧問，為了實現民族和諧的夢想，致力於滿洲國軍隊的建設。但是，日本只是將滿洲國視為殖民地的一部分，佐佐木對此感到失望，因而離開滿洲。中日戰爭爆發後，佐佐木參加了南京戰役[4]，在過去仰慕的孫文陵墓（中山陵）的跟前，以掃蕩殘兵的名義，指揮南京大屠殺，並表示：「孫文在天之靈，也會留下懊悔的眼淚吧。」

北伐成功與南京國民政府

佐佐木到一聲稱，關於張作霖被炸死的事件，提供河本大作這個想法的人就是他本人。據說他勸說河本大作，應該除掉不聽話的張作霖，讓張學良來繼承，並設法控制張學良，將滿洲問題一次解決。其實，除卻暗殺這個手段不談，排除張作霖的主張，早在東方會議上就有人提出，因此並不能說是佐佐木到一的原創想法。然而，根據近年的研究成果指出，河本大作並不一定擁有以軍事力量占領東北三省的意圖，他計畫擁立張學良或是楊宇霆（在田中義一和蔣介石會談中曾提過此人）。從這個意義上來看，佐佐木的說法合乎邏輯。

張學良的登場與南北統一

在此，就讓我們先來看看在本書最後談到的西安事變核心人物張學良。張學良生於一九〇一年，比末代皇帝的宣統皇帝溥儀大五歲。在ＮＨＫ（日本放送協會）的採訪中，張學良回憶道，他出生的那天，正好是父親張作霖首戰告捷之日；但是關於父親過去在清朝政府與革命派之間、俄國與日本之間，是如何堅撓不屈的擴張勢力之事，則是隻字未提。據說，張學良在孩提時期透過

YMCA（基督教青年會）而接觸到基督教，並希望將來能夠成為一位醫生，但是最後卻在父親的強迫下，成為一名軍人。

張學良的教官郭松齡，對他的青年時代有重大影響。郭松齡出身革命黨，為了改革東北三省，而投奔張作霖麾下。一九二五年十一月，郭松齡為了推翻張作霖，發動了政變；後來卻以失敗告終，並慘遭殺害。當時負責指揮鎮壓部隊的張學良，接到了郭松齡的信件，信中告誡他不能因為要向父親盡「孝」，而忘卻了對國家盡「忠」，並希望張學良將來能夠成為受百姓愛戴的「新世界的偉人」。

然而，張學良所面對的現實狀況十分地嚴峻。一九二八年四月，他在河北敗給了重興北伐的國民革命軍，看著在戰亂中逃命的難民們，張學良的內心受到了強大的震撼。此外，同為中國人卻自相殘殺的狀況，讓他深切感受到內戰的愚蠢，並苦惱著是否應該將東北軍改編為北方革命軍，加入北伐的行列。根據他後來對李頓調查團[5]的陳述，張學良曾經因為主張停止內戰，而與父親發生多次的意見衝突。

張學良

六月四日，張作霖因爆炸遇害，對張學良而言可說是晴天霹靂。六月十八日，張學良祕密返回奉天，在公布父親死訊的同時，就任東北三省的保安總司令，沒有留給關東軍趁虛而入的機會。七月一日，張學良派發電報給進入北京城的蔣介石表明意志，希望透過歸入南京國民政府，對國家統一作出貢獻。

換言之，日本暗殺張作霖的事件，加速了東北軍內部的世代交替，反而導致國民革命的影響擴展到東北三省的結果。

對於張學良所採取的方針，日本政府方面表達了強烈的反彈。田中義一派遣與張作霖關係良好的原駐華大使林權助出面，希望能夠說服張學良不要加入南京國民政府。不過張學良則是堅持，中國的統一與中日的友好關係，兩者並無衝突和牴觸之處。會談中，林權助等人嚴厲地警告張學良：「如果一定要實現南北統一，那就等於無視日本權益。希望你了解這是對日本的反抗。」對此，張學良反駁道：「我是中國人，所以我的想法自然是以中國為出發點。日本政府透過威脅來阻撓中國實現統一的做法，我非常地難以理解。」

一九二八年十二月二十九日，東北全境飄揚著南京國民政府的青天白日旗。與革命同時吹起的南來之風，終於在此刻吹拂到中國的最北端。先前處於分裂的中國，總算在此時回復到至少在形式上的統一。當然，這樣的統一並不包含實質上的內涵，其後，南京國民政府也面臨著國內外的嚴峻挑戰。儘管如此，繼承孫文遺志而開始的北伐，終於結出一個成功的果實。

恢復關稅自主權

國民革命的另一個目的，就是讓中國脫離列強的支配，讓中國回歸到中國人的手中。如前所述，在北伐的過程中，人民的民族主義情緒高漲，其實力展現在漢口與九江的租界接收事件以及南京事件上。但是，為了構建穩定的政權，南京國民政府必須要獲得列強各國的承認。與承認問題連帶出現的，便是關稅自主權的回收。

致力於關稅自主權回收問題的人，是曾經代表作廣東軍政府代表參加巴黎和會、中華民國的年輕新生代新任外交部長王正廷。王正廷在上任不久後，於一九二八年六月發表聲明，宣布在占領北京、北伐告一段落的現今，正是時候廢除鴉片戰爭以來的不平等條約，並站在平等、相互尊重主權的原則基礎上，締結新條約。

對這項聲明首先作出反應的是美國，七月與中國簽訂《中美關稅條約》，成為世界上第一個承認中國關稅自主權的國家。這也顯示出，過往承認北洋政府為合法政府的美國，開始轉換了方向，並於十一月正式承認南京國民政府。以英國為首的各大國也紛紛仿傚，至一九二八年年底，國際社會已經承認南京國民政府為代表中國的合法政府。

美國積極開展對華外交，其背景在於國際戰略上的企圖，也就是為了排除蘇聯對中國的影響力，培育出一個「民主的」資本主義國家。因此，在解決一九二七年三月發生的南京事件之協定上，美國也只有要求道歉和損失賠償，避免刺激中國國內激昂的民族情緒。

另一方面，已經與中國共產黨決裂的南京國民政府，一開始，在面對蘇聯的態度上，卻遲遲未有定見。主要原因在於孫文寫給蘇俄的遺囑，其中表示中蘇兩國，在世界上被壓迫民族的獨立運動中，定能獲得勝利，因此，希望國民黨與蘇聯能夠「通力合作」。南京國民政府將實現孫文遺志當作政權正統性的根基，因此當然不能對遺囑視而不見。

在這一點上，蔣介石正好是美國反共政策下最為合適的人選。共產國際與中國共產黨批判蔣介石為個人獨裁的新軍閥，甚至經常將蔣介石與墨索里尼進行比較。而蔣介石也曾經說過，蘇聯政府並未將中國視為平等、對等的民族，蘇聯政府已經蛻變成為「紅色的帝國主義」國家，這些對蘇聯懷抱著強烈的不信任感的想法。此時，上海經濟界的領袖宋氏家族，與十月革命後逃難到中國的猶太人資本家們注意到蔣介石，希望美國能夠對蔣介石施予援手。換句話說，美國承認南京國民政府的條件，是因為蔣介石能夠作為反共的堡壘。第二次世界大戰後所形成的冷戰局勢，可以說早在一九二〇年代後半葉的中國便已開始蠢蠢欲動。

以美國為首的列強各國，採取靈活外交的態度；與之相比，日本則是要等到一九二九年六月，才正式承認南京國民政府，在時間上可說是大幅地落後。至於承認關稅自主權的《中日關稅協定》，則是遲至一九三〇年五月才正式簽訂。在這段期間內，因為仍然存在著最惠國待遇的條款，中國與其他國家簽訂的新協定，實際上也沒有發揮作用。

當時日本的外交政策，並未認識到國民革命的展開與中國民族主義情緒高漲的現實，以強勢高壓的態度，強行維護自身的權益。加上日本兩度出兵山東以及張作霖遇害事件，導致中國國內的親日派無法開展活動。在此之前，中國的民族主義情緒發洩的對象，主要是針對英、美兩國，此時則是急遽地將矛頭轉向日本，這也意味著田中義一強硬外交的失敗。

中國的關稅自主回收問題之所以能較為順利推展的原因之一，在於南京國民政府急於締結新協定，因而在關稅的稅率等方面，採取了較為靈活、柔軟的態度。事實上，因大規模的軍事行動，南京國民政府的財政狀況十分地窘迫；因此即使放棄大幅提高關稅，也要確保眼前必要的稅收。南京國民政府的財政狀況，對統一之後的政局，也產生了負面影響，蔣介石與其他勢力派系之間，因縮減軍備的「裁軍」問題出現了對立。

北伐結束後的國民革命軍，兵力已經膨脹到二百萬人以上，其中許多都是參加北伐的各地軍事力量所擁有的兵力，每年所需軍費高達六億六千萬元。但是，南京國民政府並沒有足夠的財源來支付這些軍事費用。宋氏家族成員之一、財政部長宋子文（宋慶齡的弟弟，宋美齡的哥哥）曾提出警告，表示中央政府的財政完全是依靠江蘇、浙江與安徽三省的稅收，實際上的財政收入只有三億元。

中原大戰與廣州國民政府

完成北伐的蔣介石趕緊設法縮減軍備。一九二九年一月，蔣介石召開國軍編遣委員會，決定將全國陸軍裁減為六十五個師團，約八十萬人，同時將每年的軍費控制在財政收入的百分之四十。除此之外，還以自己所統率的第一集團軍為核心，改編軍隊，鼓吹軍政統一，試圖從地方勢力派的手中收回軍權。地方勢力派的領導者們當然不會輕易交出軍權，因此與蔣介石之間再次爆發內戰。

蔣介石的第一個攻擊目標，便是新桂系（李宗仁、白崇禧）。隨著北伐的進展，新桂系的軍隊從武漢拓展至北京，補給線拉得過長。一九二九年三月，蔣介石率先攻擊武漢，並對隸屬於北平白崇禧的原湖南軍將士們高喊：「打倒桂系回故鄉」，勸誘他們倒戈。被分裂的新桂系軍隊潰不成軍；六月，李宗仁、白崇禧下台，逃亡香港，史稱「蔣桂戰爭」。

接下來，與蔣介石對決的是西北軍馮玉祥。一九二九年五月和十月爆發的蔣馮戰爭，皆因閻錫山支持蔣介石，導致馮玉祥戰敗。留到最後的閻錫山，於一九三〇年四月組織反蔣聯盟，並以李宗仁及馮玉祥為副總司令，爆發中原大戰。大戰自五月開始，戰況慘烈，投入的一百萬名兵力中，死傷者達到三十萬人。在戰況最為激烈的時期，馮玉祥軍隊每天發射了兩萬發砲彈，據說就連中日戰爭中都沒有出現過如此激戰。

起初，戰局對蔣介石不利。決定這場戰爭的勝敗關鍵，是另一支軍事勢力張學良的動向。九月，張學良發表擁護蔣介石的聲明，進駐北平與天津，擊潰了反蔣聯盟。馮玉祥與閻錫山放棄了部隊的領導權，宣布引退；他們的部隊則是被蔣介石與張學良併吞，也算是實現了裁軍的政策。

雖然內戰再次爆發，但在北伐告一段落的一九二八年十月，南京國民政府還是宣布結束軍政，開始訓政。軍政與訓政是孫文設計的革命藍圖中之時期劃分，「軍政」是指進行國內武力統一的時期，「訓政」是指達成憲政（立憲政治）之前，政府代替政治上還不成熟的民眾掌握全權，指導並教育民眾的時期。蔣介石為了在訓政時期確立自己的統治地位，於一九二九年三月，召開第三次全國代表大會。

大會中，蔣介石將國民黨組織的改組視為首要課題。在國共合作時期，國民黨曾任命毛澤東擔任農民運動講習所所長，顯示出國民黨也有把群眾運動當成基礎的一面。但如今國共分裂，進入了訓政時期，群眾不再被定位為運動的主體，而是成為教育的對象，黨的主導性功能需要獲得加強。負責這項工作的是蔣介石的心腹、浙江派的陳果夫（中央組織部代理部長）以及陳果夫之弟、擔任國民革命軍總司令部祕書長的陳立夫。

由陳氏兄弟所推行的黨組織改組，首先是要排除共產黨的影響力。他們在上海結成祕密組織

「中央俱樂部」（Central Club，亦即所謂的CC團），為蔣介石的特務機關，令人聞之喪膽。其次是要強化黨中央的領導權，參加第三次全國代表大會的代表人員，有百分之八十是由中央所指名的人選。最後，大會代表的派系構成則是胡漢民派八十人、蔣介石派七十人、汪兆銘派三十五人，蔣派未能成為最大的派系。儘管如此，陳果夫將聽從自己意志的成員，推舉成為各機關的領導者，藉此擴大在國民黨內的勢力。

蔣介石的這些舉動，引起黨內外各股勢力的批判與反對。站在反對陣營前鋒位置的，就是武漢國民政府體系的汪兆銘派人士，譴責黨中央的獨裁傾向與腐敗現象為「墮落的革命」。他們拒絕承認第三次全國代表大會，要求國民黨改組，並在一九三〇年九月於北京建立以閻錫山為中心的新國民政府，試圖組成反蔣大同盟。不過，隨著閻錫山在軍事行動上的失敗，新政府也跟著一同崩解。

接著，與蔣介石對立的是胡漢民。一九三〇年十月，中原大戰的大勢已定，蔣介石提議召開國民會議，制定訓政時期的基本法規。胡漢民當時為立法院院長，十分不滿蔣介石的專制蠻橫，認為蔣想要採用總統制，企圖總攬全權，因而起身反對。於是，蔣介石軟禁胡漢民，並解除胡的職務，強行通過《訓政時期約法》，該法明確地鼓吹一黨獨裁的中央集權體制。面對蔣介石如此濫用武力的手段，胡漢民派系的人馬十分憤怒，於一九三一年五月與汪兆銘、孫科、李宗仁和白崇禧等實力派人士，聚集在廣州，建立廣州國民政府；並發起軍事行動，要求蔣介石立刻下台。

另一位對當時國民黨的體制丟出尖銳問題的人，則是文學革命的旗手、自由派的胡適。胡適將宣傳「以黨治國」口號的國民黨訓政體制，批判為壓制言論自由的獨裁政治。他還指出，目前沒有一部法律，明確地規定政府的權限與國民的權利，必須改善國家權力與黨的領導者不受法規拘束的現實。胡適是站在民主思想的立場上提出這些問題，卻被國民黨貼上「反革命」的標籤，拒絕回應。如此完全不接受批評的南京國民政府的「黨國（政黨國家）」體制，被中華人民共和國原封不動地繼承下來，這可以說是二十世紀中國最大的不幸。

毛澤東的山區革命與圍剿

在此，讓我們換一個角度，來看看中國近現代史上的另一位主角。在國共合作關係崩潰後，中國共產黨在南昌的起義也以失敗收場。一九二八年，陳獨秀被解除總書記的職務之後，新領導階層決定在秋收時期，發動湖南、江西等四省的起義運動。然而，農民們因為農民協會的瓦解而情緒動搖，無力協助這場秋收起義運動，皆以失敗收場。

偉大的鄉下人・毛澤東

當時的情勢十分緊迫，正在籌備進攻長沙的毛澤東，九月時曾一度被自衛隊抓住，好不容易才逃脫。起義的工農革命軍遭到叛徒出賣而失敗，原本五千名的兵力驟減至一千五百人。此時，毛澤東不顧黨中央以進攻城市為原則的命令，決定退往國民黨軍疏於防備的江西、湖南省境的山區。正如《水滸傳》的英雄好漢們迫不得已投身梁山泊、「逼上梁山」的情節一般，毛澤東試圖在統治權力鞭長莫及的邊境地帶，從事根據地的建設。

話說在毛澤東的身上，散發著不可思議的領袖氣質。當起義軍流落到江西省永新縣的三灣地區時，兵力更減少至不到一千。逃兵接二連三，留下來的人也士氣低落，相互交頭接耳的問道：「你走不走？」、「你準備上那兒去？」。

此時，毛澤東將垂頭喪氣的兵士們集合在一起，言道：「同志們！敵人只是在我們後面放冷槍，沒什麼了不起，大家都是娘生的，敵人他有兩隻腳，我們也有兩隻腳。賀龍同志兩把菜刀起家，現在當了軍長，帶了一軍人。我們現在不只兩把菜刀，我們有兩營人、七百支槍，還怕幹不起來嗎！」兵士們聽聞此言，紛紛想起賀龍從一介盜匪轉變為領導共產黨軍統帥的活躍事蹟，因而備受鼓舞，恢復了士氣。此外，毛澤東還說道：「（我們）好比是一塊小石頭，蔣介石好比是一口大水缸，可我們這塊小石頭總有一天要打爛蔣介石那口大水缸。」運用簡明易懂的比喻來激勵戰士。

正如後來紅衛兵對毛澤東的狂熱崇拜一般，毛澤東在取得天下後，要求眾人對他展示絕對的忠誠。事實上，毛澤東之所以能夠吸引眾人的崇拜，是出自於他擁有一種似乎能夠「觸摸到他人靈魂」的力量。孕育出毛澤東個人魅力的最大祕密，便是他「土生土長」的農村知識分子形象；簡單的說，就是他的農民身分。

毛澤東有別於當時的知識分子，沒有出國留學的經驗。如果我們來看看中國共產黨的領袖們，就會發現毛澤東的戰友們之中，朱德留德、周恩來與鄧小平留法；在中國國民黨內，蔣介石和汪兆銘也曾有留日的經驗。留學的經驗，對他們理想中的社會改革模式以及外交政策上，都產生了巨大的影響。與之對照，毛澤東除了在一九四九年訪問蘇聯之外，一直都待在國內。此外，毛澤東的博覽群書，在中國政治家中也是十分少見的，他的國學造詣十分深厚。

對於文化傳統有強烈執著的毛澤東，其言談中充滿了根植於中國大地的踏實感，並能讓人感受到彷彿是從地底湧出的、源源不絕的活力。當時的中國共產黨內部，對於共產國際忽視中國實際狀況所作出的指示，以及黨中央拘泥於馬克思主義教條的態度，感到十分地苦惱；而毛澤東的強大，在於他能夠精心挑選出眾所皆知的故事，並充滿自信的加以表述，帶給眾人莫大的安心感。由此，在重視眾人主體性的同時，又帶有濃厚宗教性格的革命理論——毛澤東思想，應運而生。

井岡山革命根據地的建設與梁漱溟

一九二七年十月，工農革命軍由三灣出發，朝著井岡山的方向前進。井岡山位於江西和湖南的交界，海拔約一千八百公尺，四周環繞著天然屏障，曾經活躍於太平天國運動的下層漢族移民——客家人，就曾經居住在此地。洪秀全等人曾進入廣西的紫荊山，創建拜上帝會；如今，毛澤東也同樣在深山之中，開始創建根據地的活動。

但是，井岡山上已經有了被稱呼為「山大王」的先到之客。他們是由曾經加入過共產黨的袁文才等人所率領的數百名綠林好漢（哥老會成員），並受到當地居民的支持。此時，工農革命軍內有人主張應該除掉袁文才等人，但毛澤東則是認為，高喊著「劫富濟貧」口號的祕密組織，或許可以改造工農革命軍。於是，毛澤東贈送他們最想要的槍枝，並經過多次推心置腹的交談後，袁文才等人拜倒在毛澤東的領袖魅力之下，加入工農革命軍的行列。

正如前文所述，國民革命時期，中國共產黨曾經接受過上海青幫領袖杜月笙的援助，農民協會中，也有許多成員是來自祕密幫派組織。然而，當時的共產黨無法壓制這些人所爆發出來的負面力量，也無法抓住他們的心，最後導致他們在四一二事件中的背叛。毛澤東因為秋收起義運動的失敗，努力加強軍事力量的同時，也深深感到有必要去面對這股包括綠林好漢在內的中國底層社會的力量。然而，共產黨的領導階層並未認同毛澤東的意見，在毛澤東離開井岡山後，共產黨便採取肅清袁文才等人的行動。

井岡山　帶起太平天國的客家人族群，和由毛澤東帶領的工農革命軍，都從這裡開始創造歷史。

其次，毛澤東致力於建立符合革命軍的軍規紀律。毛澤東原本就認為，軍隊不應該只是單純地從事軍事行動，也應該要展開群眾運動才是。但是在中國社會上，存在著「好男不當兵」的價值觀念，因此，首要工作即是嚴正軍紀，從而獲得民眾的信賴。一九二八年一月，毛澤東在井岡山腳下的遂川縣，對兵士們展開了宣傳活動，提出了「三大紀律、六項注意」。

首先是三大紀律，亦即（一）一切行動聽指揮；（二）打土豪要歸公；（三）不拿老百姓一個紅薯[6]。軍令的貫徹與要求，是決定軍隊命運的關鍵；而沒收財產的歸公，對於不允許發大財的共產黨軍隊來說，則是生死攸

袁文才 帶著哥老會成員加入毛澤東帶領的工農革命軍，卻在毛澤東離開後，遭到共產黨的肅清。

關的問題。井岡山上的生活貧困，人民各個吃不飽飯，哪怕只是一個紅薯，也是寶貴的糧食。

接下來的六項注意，則是與都市居民有關：說話和氣、買賣公平、借東西要還、損壞東西要賠、睡覺時使用過的門板一定要回復原位，鋪草也要捆好[7]。其後又加上不搜敵兵腰包等內容，整理成八項注意，這也成為後來人民解放軍的軍紀。

當然，革命集團制定軍紀，毛澤東的「三大紀律、六項注意」並非是首創。太平天國的東王楊秀清也曾經規定「右腳踏入民家門口者，斬右腳」，以嚴罰主義統率太平軍。蔣介石則是制定《革命軍連坐法》，對於戰時臨陣脫逃的官兵，一律採取槍斃的處置，希望能培育出樂意為革命獻出生命的將士們。

不過，與其透過恐懼來讓人服從，毛澤東更傾向透過具體的指示，喚起兵士們的積極性。他禁止軍官毆打部下，並允許士兵在會議上發言。出身教師的毛澤東，懂得如何讓人打從心底地拿出幹勁與衝勁，作為革命教育的領導者，可以說毛澤東比上述幾位技高一籌。

為了顯示革命根據地的存在意義，毛澤東發動了土地革命。在國民革命時期，毛澤東便已經經歷過湖南的農民運動，了解到貧苦農民們在取得耕地上的迫切需求。同時，若是無法滿足農民的需求，革命軍也就無法獲得他們的支持。一九二八年三月起，毛澤東派遣幹部至周邊各地，動員農民，展開「訴苦大會」以及鬥爭集會。此外還沒收了地主的所有地，並將沒收而來的土地根據家中人數的比例，分配給農民。

諸如上述在土地革命中的經驗，其後也由中華人民共和國所繼承。其實在當時，試圖解決農村問題的人物，不只是毛澤東一人，梁漱溟也是其中之一。梁漱溟年僅二十四歲就進入北京大學執掌教鞭，闡述以儒家思想為根本的中國文化的重構。梁漱溟自一九二八年開始，展開基於農本主義的鄉村建設運動。雖然他對社會主義展現出某種程度的理解，但是並不像毛澤東那樣，認為在中國社會上存在著階級的矛盾。梁漱溟認為，城市的知識分子應該到農村去，成為一位「鄉間人」，開展全人格的社會教育；農村也可以在中國傳統文化的基礎上獲得復興。此外，他站在反對暴力革命的立場上，認為「共產黨殺人放火，其危害亦與匪賊相去不遠」。

在一九三八年一月，梁漱溟到延安拜訪毛澤東，兩人一同談論中國的未來。當時，毛澤東以幽默詼諧的語調，明確地表示抗日戰爭必能取得勝利；對此，據說梁漱溟從中感受到了毛澤東巨大的個人魅力。但是在階級鬥爭的是非議題上，兩人的意見相左。毛澤東認為，如今中國需要的是徹底的革命，像是梁漱溟所主張的改良主義，是無法改變中國的。梁漱溟則是反駁，毛澤東過於重視階級問題，因而忽略了中國社會中固有的特性。而毛澤東為了在與國民政府的作戰中生存下來，因而研究出以農村革命根據地為基礎的武裝鬥爭道

梁漱溟　除了毛澤東之外，另一位在當時試圖解決農村問題的人。

路，也不被梁漱溟所接受——此為後話。

一九二八年四月，朱德率領南昌起義後的殘餘部隊前往井岡山，與毛澤東會合。工農革命軍的兵力增加至六千人，改稱紅軍第四軍（紅四軍），根據領導者的名字，又稱為朱毛紅軍。同年年底，彭德懷率領的紅軍第五軍（紅五軍）也前來會合，自一九二九年一月起，紅四軍的勢力範圍逐漸拓展到江西南部與福建西部。其他地區也正進行著根據地的建設，鄧小平在桂西少數民族地區創建了右江革命根據地。

圍剿共產黨與中華蘇維埃共和國

一九三〇年七月，蔣介石開始關注到共產黨的上述活動。隨著農村根據地的擴大，共產黨中央滿懷自信，趁著國民政府忙於中原大戰，共產黨再次下令對南昌、長沙等大城市發動攻擊。此時，毛澤東帶領的紅一軍團負責進攻長沙，使出奇策，讓牛群衝破守軍設下的電鐵絲網。但是，遠離根據地的戰鬥無法獲得民眾的支持，紅軍再次失敗。毛澤東獨斷地下令停止攻擊，撤回江西省南部，一面補充兵力，一面準備迎擊國民政府軍隊。

一九三〇年十月回到南京的蔣介石，將「肅清共匪」作為今後的政策課題之一。但是在一開始，他低估了紅軍的實力，在十二月開始的第一次圍剿戰中，只投入以地方軍閥為中心的四萬多名兵力。對此，毛澤東率領三、四萬兵士，採取誘敵深入陣地後，加以分散殲滅的作戰方式。僅僅經過一星期的戰鬥，國民政府軍就損失了一萬五千名兵力，師長被俘，全軍潰敗。

得知國民政府軍敗北的消息，蔣介石驚訝不已，於一九三一年二月發動第二次圍剿戰。蔣介石任命留日時期的盟友、軍政部長何應欽擔任總司令的職務，出動十一萬兵力。另一方面，毛澤東則是展開「敵進我退，敵退我追」之靈活的游擊戰術，集中攻擊國民政府軍中戰力較弱的部隊。五月，國民政府軍損失三萬兵力，圍剿作戰再次失敗。

接連吃下敗仗的蔣介石終於認識到，紅軍是「內憂」，是國內最大的強敵。六月，蔣介石親自擔任總司令，率領十三萬人，甚至動員空軍，展開大規模的掃蕩作戰。在兩次圍剿作戰中慘敗的國民政府軍，居然會馬上開始第三次圍剿的動作，是毛澤東始料未及之事。因此，準備不足的紅軍陷入苦戰，一時之間，幾乎丟失了所有的根據地，並被團團包圍。

八月，看準機會突破包圍網的紅軍，經過數次的戰鬥後，重創國民政府軍。面對熟知地形、善於利用群眾的紅軍，蔣介石認為，除了集中兵力，限制紅軍的行動自由，採取各個擊破的策略之外，別無他法。然而正在此時，廣州國民政府為了打倒蔣介石而發起軍事行動，蔣介石不得不分散兵力，阻止反蔣派的軍隊北上。到了九月十九日，蔣介石為了視察前線而來到南昌，卻得知在前一晚發生的駭人事件，也就是日本這個「外患」引發的九一八事變。

翌日，蔣介石急忙趕回南京，掃蕩紅軍的作戰，因而中斷。從沉重的壓力中解放出來的革命根據地，在此時更加的擴大，於一九三一年十一月的俄國十月革命紀念日[8]，成立以瑞金為首都的中華蘇維埃共和國。新政權宣布中華蘇維埃共和國是一個「工人和農民的民主專政的國家」，由毛澤東擔任政府主席，制定憲法大綱及土地法等。共產黨中央對根據地的控制，也因此獲得強化。對於毛澤東以中國社會現狀為基礎所設計的「農村包圍城市」之革命戰略，共產黨中央表示批判，認為是以「狹隘的經驗論」為基礎的「農民的落後思想」。

九一八事變與末代皇帝

柳條湖事件與日本

一九三一年九月十八日晚間十點二十分左右，位於奉天以北的柳條湖地帶的南滿鐵路發生爆炸。柳條湖距離張作霖被炸死的地點，只相差了六公里左右。實施爆破的，是駐屯在奉天的關東軍獨立守備步兵大隊的軍官們。爆破雖然發出了轟天巨響，但實際上受到破壞的範圍很小。[9]爆炸事件發生後，前往奉天的列車都還能夠運行。

但是到了十點四十分左右，正在奉天總領事館的領事森島守人接到特務機關的電話，表示「中國軍隊對滿鐵進行了爆破，關東軍已經出動」的消息。森島領事大吃一驚，連忙趕到特務機關處，發現應該已經外出的關東軍高級參謀板垣征四郎正在指揮作戰。原來出兵的指示是由板垣擅自發出的命令，森島得知後，要求透過外交交涉來解決問題。但卻遭到板垣粗暴地追問：「已經看到統帥權[10]的發動了，難道領事館還想干涉不成？」據說還有將官拔出軍刀，怒斥：「你這個國賊，還想阻攔嗎？」

關東軍對柳條湖附近的張學良部隊發動攻擊，占領陣地。接到報告的關東軍司令本庄繁認為，解除對方的武裝是較為恰當的處理方式，但是參謀們卻主張，應該擊破奉天附近的中國軍隊。最終的決定是集中兵力攻擊奉天，同時在與事件無關的南滿鐵路要地也發起軍事行動，並請求駐朝鮮的日軍部隊前來增援。制定作戰計畫的人物，就是以九一八事變主謀而聞名的石原莞爾。

石原莞爾是關東軍的作戰主任參謀，他以日蓮宗的信仰以及歐洲的戰史研究為基礎，得出了帶有預言性的世界觀——「世界最終戰論」。其內容是日本與美國之間，即將爆發爭奪世界領導權的最終戰爭。因此，石原提倡日本應該占據滿蒙並進行開發，為未來的戰爭作好準備。他的思想深深影響了關東軍的參謀們，在日本國內也有不少中堅階層的將官認為，應該以武力解決滿蒙問題。

起初，石原的計畫是讓日本人打扮成中國軍隊的模樣，襲擊日本領事館，好以此為藉口挑起軍事行動。但是該計畫卻被奉天總領事林久治郎發覺，並向外務大臣幣原喜重郎報告，展開調查。板垣征四郎隨即將日期提前，也將計畫更改為少數人便能實施的鐵路爆破。

九一八事變中的日軍　日軍騎兵部隊進入齊齊哈爾城。

當事件發生的消息傳到東京後，正在組織第二次內閣的若槻禮次郎，於九月十九日上午十點開始召開內閣會議。若槻詢問陸軍大臣南次郎，關東軍的行動是否真的是出於自衛的措施，南次郎則回答「當然如此」。但是根據接下來幣原外務大臣的報告，暗示出此次事件顯然是軍部的計謀。最後，內閣會議確定了不擴大方針，南陸軍大臣關於派遣增援部隊的提案，也無疾而終。

要從當時日本的殖民地朝鮮向外國（東北三省）派遣軍隊，需要下達天皇的出兵許可「奉勅命令」。若是內閣會議不認可出兵所需支出的費用，就不會發出奉勅命令，因此，在陸軍三長官的會議上，有人提出意見，認為應該迅速地將關東軍的佈署「恢復原狀」。陸軍中央對這項方針表達強烈的反對，關東軍則是擔心此事件會重蹈張作霖遇害事件的覆轍。

九月二十一日，情勢驟變。駐朝鮮的日軍部隊，在接到關東軍的增援請求後，在尚未等到奉勅命令下達的情況下，便越過國境往奉天的方向前進。事實上，這項行為可說是侵犯天皇大權的重大事件，也是板垣征四郎等人的計謀。他們強行說服堅持不擴大方針的本庄繁，以保護日本僑民的名義，向吉林派兵。板垣等人認為，如此一來，關東軍在東北地區的南部兵力將被削弱，駐屯朝鮮的日軍不忍坐視，定會越境增援。果然，駐朝鮮軍的司令官林銑十郎擅自發出命令，派軍隊前往奉天。在這個瞬間，日軍的邏輯開始自顧自地運轉了。[11]

當駐朝鮮軍隊越境行動的消息傳回日本時，東京正在召開內閣會議。當時，內閣幕僚全體一致同意，以柳條湖事件為契機，試圖全面解決滿蒙問題。但是，同意派遣駐朝鮮軍的人物，只有南和若槻兩人，其餘海軍大臣以下的幕僚皆持反對意見。但是，陸軍展現出十分強硬的態度，表示為了獲得派遣增援軍隊的認可，將不惜倒閣。翌日（二十二日）的內閣會議中，關於這項議題，便再也沒有人提出反對的意見。內閣幕僚們表示：「都已經越境了，也別無他法。」認可出動駐朝鮮軍隊的行為，並同意支出相關經費。此外，還決定此次事件按照「事變」模式處理，中日兩國因而進入未經宣戰的戰爭狀態。

九一八事變不僅僅是十五年戰爭[12]的開端，更成為了日本走向法西斯化的契機。這也是因為若槻內閣的軟弱態度，開了前所未有的先例，不問軍事行動的是非，僅僅予以承認的後果。由軍部所主導的思維與行動，不顧政府的不擴大方針與外交努力，而只打算用「事變」一詞來掩飾實際的狀況，這種手法也同樣出現在後來的盧溝橋事變（日本又稱為「北支事變」或「支那事變」）之中。剎車失靈的日本，也隨之與魯莽、失去控制的軍部，一同墜入地獄深淵。

戰火的擴大與南京國民政府

原本就擬定好計畫的關東軍，如今又獲得了日本政府的認可，便迅速地展開了行動。關東軍占領奉天之後，在市內實施戒嚴，並由特務機關長土肥原賢二出任市長。接著，日軍控制了南滿鐵路的終點站長春，於九月二十一日，在不流血的狀態下占領了吉林。至於中東鐵路[13]上的重要都市哈爾濱，因為牽涉到蘇聯的利權，在日本軍部中央的勸說之下，關東軍才放棄出兵攻占的念頭。

關東軍的作戰行動能夠順利推展的主要原因，在於張學良所率領的東北軍採取不抵抗並撤退的方針。當時張學良正在北平養病，十八日晚間，則是招待在外公使的相關人員觀賞戲劇。接到事件發生的報告後，張學良立即回到醫院內的辦公室，對奉天的部下們作出指示。在九月六日，張學良曾經下達祕密指令，表示不管日本採取什麼行動，都應該「隱忍自重」，不可為了抵抗而引起糾紛。這一晚對於奉天部下的指示，也只是重申這項祕密指令的內容。

一九三一年七月，住在長春附近的朝鮮移民，成了中國人與日本警察發生武力衝突的導火線，後來甚至發展為朝鮮反華暴動的萬寶山事件。萬寶山事件發生後，再次挑起中國的反日情緒。此外，在六月時則發生中村大尉事件——日本參謀本部人員中村震太郎大尉在大興安嶺進行情報蒐集的工作，卻被中國軍逮捕，被視為間諜而遭處死。這項事件在八月發展為外交問題，中國國內甚至出現傳言，表示日本有可能在近日訴諸強硬手段。

然而，當時的南京國民政府，並沒有足夠的力量去對付日本的軍事行動。蔣介石正忙於圍剿共產黨，還要應付廣州國民政府所挑起的軍事行動。加上這一年夏天，在長江的中、下游地帶發生大水患，受災人口高達二千三百萬人。更重要的是，蔣介石內心有數，擁有近代化裝備、編制的關東軍與國民政府軍之間的戰力，究竟有多大的差距。八月，蔣介石致電張學良，要求隱忍自重，指示他「千萬不要逞一朝之憤，置國家民族於不顧」。

張學良在晚年時期曾說：「九一八事變，我當時的判斷是錯了。後來人們罵我不抵抗，我不服。但如果說我作為封疆大吏，我沒把日本人的意圖看明白，那我承認。當時我就沒想到日本敢那麼樣來，因為這麼做，對日本沒好處。如果我知道日本真的要侵略，那我會拼命去打的。」

上述的發言，傳達出張學良被人稱為「不抵抗將軍」的屈辱感。不過，張學良說他沒看懂「日本人的意圖」，其實就連日本政府自己也沒有看清楚。石原莞爾原本的主張是滿蒙領有論，亦即以軍事行動占領東北三省以後，由日本進行直接統治。但是陸軍中央並不是很贊成該項計畫。因此，在事變爆發四天後的九月二十二日，關東軍不得不將目標變更為「建立獨立國家」，並且在表面上還必須採用「建立親日政權」此種較為溫和的說法。

此時，日本政府採取不擴大方針，幣原喜重郎為了收拾局面，試圖透過外交交涉來解決事態。

九月十九日，駐華公使重光葵在上海會見宋子文。宋子文雖然懷疑日本政府對軍部的控制能力，但還是提出了由中日兩國代表組成委員會的解決方案。這項方案雖然因為關東軍的擴大戰線行動而無法實現，但是日本政府模稜兩可的曖昧態度，確實干擾了中國方面的判斷。

南京國民政府無法捉摸日本政府本意，於是根據《巴黎非戰公約》（一九二八年）廢止侵略戰爭的精神，向國際社會提出申訴。九月二十一日，甫成為理事國的中國代表，正式向國際聯盟申請，要求派遣觀察員監視日本撤軍。

不幸的是，當時世界各國正忙於應付經濟大恐慌，英國也正苦惱於印度的獨立運動，無暇顧及中國；美國則是得知日本政府與軍部之間的對立狀況，打算暫時等待幣原在外交上的努力，無意介入其中。除此之外，在南京事件以及收回漢口等租界之時，中國國內所湧現的民族主義情緒，也讓列強們心生疑慮。以當時國際社會的常識來說，國際聯盟常任理事國的「文明國家」——日本，與政治混亂持續不斷的國家——中國，這兩個國家的主張，是不能放在同一個層次上來討論的。

但是到了十月，國際輿論出現了變化。因為關東軍採取了新的行動，使幣原氏的外交努力遭受挫折。首先是在十月四日，關東軍的司令部發表聲明，除了拒絕與張學良進行談判之外，還不允許張學良返回東北。八日，關東軍轟炸錦州（張學良軍隊從奉天撤退後，張學良將司令部設在錦州），導致市民的傷亡。

獲知消息的美國十分吃驚，表達激烈的抗議，指出關東軍對遠離南滿鐵路、毫無設防的城市，在未提前通知的狀況下就進行轟炸，這就算是在戰爭時期，也是不可饒恕的行為。幣原重喜郎勉強地辯解，此次的轟炸行為，並不代表日本政府的態度，而是當地駐軍擅自採取的軍事行動。儘管如此，日本政府在國際社會上的信譽一落千丈，各國紛紛發出警告，要求日本遵守《非戰公約》。在二十四日的國際聯盟理事會上，提出了日本應該在十一月十六日前撤軍的決議案。此案雖然因為日本的反對而遭到否決，但是幣原的協調外交儼然破產，更加深了日本的孤立狀況。

末代皇帝的再登場

一九三一年十二月，日本與中國各有一位政治家被迫辭職。一位是日本首相若槻禮次郎，不僅是他的「不擴大方針」遭到無視，其黃金出口解禁政策也宣告失敗，因而失去了財界的支持。十月，陸軍的激進派軍官發動了政變[14]，內務大臣安達謙藏為了抑制關東軍，推動與政友會的合作內閣運動，導致內閣內部的分裂。

另一位辭職的政治家，則是南京國民政府的主席蔣介石。九一八事變爆發後，來自東北三省的大量難民湧入北平、天津等地，其中有很多學生控訴日軍暴行，在各地引起了很大反響。

在北平，學生們要求政府對日宣戰，並提倡抵制日貨。在上海組織了學生抗日救國會，並派代表前往南京進行請願運動，要求停止不抵抗方針。九月二十八日，四千名學生在南京參加抗議遊行，蔣介石接見學生代表，盡力撫慰。但仍有一部分的學生無法接受，包圍外交部，將外交部長王正廷視為不抵抗方針的元兇，加以毆打，導致王正廷身負重傷。

在一陣騷亂之中，九月底，南京、廣州兩國民政府開始向和解邁出了第一步。十月，解除胡漢民的軟禁，南京國民政府也恢復了過去被開除黨籍的汪兆銘、馮玉祥、閻錫山、李宗仁等三百多人的黨籍。十月二十七日，在上海召開和平統一會議；並緊接著在十一月，南京國民政府召開了國民黨第四屆一中全會，會中蔣介石發表聲明，表示願意承擔罪責，犧牲一切為黨和國家做出貢獻，藉以贖罪。

與此相對，廣州國民政府的四全大會，則是由汪兆銘派（上海）與胡漢民派（廣州）分別召開，雙方都堅決主張蔣介石下台。十二月十五日，蔣介石提出辭呈，成立臨時政府，由孫科出任行政院長。但是孫科政權在隔年一月發生的錦州失陷問題上，無法對應處理，因此蔣介石重返中央（第三次）。隨後，新政權將要面臨的是日本所挑起的一二八事變。

此時又有一位主角登上了歷史的舞台，那就是在一九二五年二月遷往天津日本租界的末代皇帝溥儀。天津的住所與紫禁城相比，當然簡樸許多，但是少了繁瑣的規矩和內務府的干涉，讓溥儀十分滿意。原先，溥儀打算離開中國到國外去生活，但最後還是在天津度過了七年的時光。

天津時代的宣統皇帝溥儀　與妻子婉容。

與紫禁城時代的生活相似，在天津的時期，溥儀身邊依舊是圍繞著眾多想要利用他的政治人物。被日本炸死的張作霖也曾是其中一人，他曾勸誘溥儀：「如果陛下願意，請到奉天來居住。」但是這絕非是出自內心的誠摯邀請。此外，被蘇聯紅軍驅逐到滿蒙邊境地帶活動的帝俄將軍謝苗諾夫（Grigory Mikhaylovich Semyonov），找了無數藉口從溥儀手中騙走的金錢，幾乎到了不可計數的程度。

隨著時間的流逝，溥儀開始對日本寄予厚望，其契機是天津總領事吉田茂邀請他去參觀日本小學。溥儀看見沿路列隊整齊的小學生們，手搖紙旗高呼「萬歲」，感動得熱淚盈眶。後來，溥儀與日本軍司令部所派遣來的軍官們談話，讓他不知不覺地深信，日本政府期待宣統皇帝的復位。

一九二八年張學良易幟之後，溥儀派系人馬感到失望，情緒低落。而當南京國民政府展開沒完沒了的內戰，又讓溥儀決心等待時機的到來。

一九三一年七月，引領期盼的消息終於來到。從日本留學歸來的弟弟溥傑帶來一封信件，寫信的人是吉岡安直，他在滿洲國成立後成為溥儀身邊的御用祕書。吉岡在信中寫道：「張學良如今的態度真是豈有此理，但在不遠的將來，滿洲也許會發生些什麼事情。請皇帝陛下多多保重，希望還是有的。」

果然，在九一八事變爆發後，關東軍頻頻勸誘溥儀前來東北。然而，日本領事館方面卻警告溥儀，切勿聽信軍部的誘惑，溥儀身邊的人也大多抱持著慎重的態度。十一月，關東軍派遣土肥原賢二來到天津，於二日晚間與溥儀會面。席中，溥儀針對新國家的構想，提出了直搗核心的問題：「這個國家是共和制，還是帝制？如果能復位，我去；如果不能，那我就不去。」土肥原答道：「當然是帝政。」

雖然獲得了這樣的口頭保證，但是溥儀身邊的人還是小心翼翼，十分慎重。土肥原不耐等待，指派便衣部隊偽裝成中國人的模樣，在天津掀起暴動，接著再以治安惡化的理由，促使溥儀離開天津。溥儀躲藏在車子的後車廂內，離開天津，並在大沽登上了日本的運輸船淡路丸，穿過中方的警戒線，駛向遼寧省的營口。

旅途中，溥儀想像著東北民眾將夾道歡迎他的場面。但是，當船隻到港後，才發現現場除了日本人以外，一個中國人也沒有。日方對溥儀解釋，他進入東北的消息是機密，溥儀本身對此也沒有任何的懷疑。然而，中國人只是冷眼旁觀著日本人與溥儀狂熱地展開建設新國家的模樣。

註釋

1 【譯按】又稱「皇姑屯事件」。

2 【譯按】召集軍人、外務省、駐華公使及總領事等人，討論對華政策的會議。

3 亦即東北三省與熱河省。

4 【譯按】中國方面稱為「南京保衛戰」；日本方面稱為「南京攻略戰」。

5 【譯按】一九三二年十二月由國際聯盟派出的調查團，由英國的維克多・布爾沃・李頓（Victor Alexander George Robert Bulwer-Lytton, 2nd Earl of Lytton）所統籌，至上海調查中國與日本在滿洲的爭執，以及九一八事變的事件始末。

6 而後改為「不拿群眾一針一線」。

7 【譯按】當時兵士們向老百姓借用門板和稻草，出現沒有主動歸還，或是歸還時弄錯、睡過的地方沒有打掃乾淨等狀況。

8 【譯按】十月革命的紀念日為十一月七日，俄國曆法的十月二十五日。

9 上行和下行軌道加起來僅受損一公尺左右的距離，外加兩根枕木。

10 天皇對陸、海軍的指揮權。

11 【譯按】意即軍部不顧天皇、內閣等意見，並實際上根據自己的邏輯、論理開始行動。

12 【譯按】意指自一九三一年的九一八事變起，至一九四五年波茨坦宣言後日本無條件投降，前後約十五年的時間。

13 【譯按】中國東省鐵路或是中國東方鐵路的簡稱。

14 有十月事件、政變未遂事件之稱。

第九章　築建抗日長城——滿州國、長征、西安事變

滿洲國的成立與其現實

一九三一年二月，在不時傳來隆隆砲聲的上海內山書店中，魯迅與家人過著不安的避難生活。一九二七年九月，離開廣東的魯迅來到了上海的公共租界，與許廣平生下了小孩周海嬰。內山書店的老闆為內山完造，是出身於岡山的基督教徒。他在製藥公司工作期間出差來到上海，一九一七年在北四川路開設了一間販賣基督教相關書籍的書店。其後，內山書店成為中日文化人士聚集的沙龍，魯迅也是常客之一。

一二八事變的爆發與魯迅

性格認真的魯迅，和內山完造志趣相投。一九三〇年，與南京國民政府採強硬對決態度的魯迅，參加了左翼作家聯盟的成立大會，因而被下了逮捕令。當時，內山讓魯迅藏身自己家中，並替他找尋新的住所。翌年，年輕的革新派作家

魯迅與內山完造於內山的上海居所前合影　攝於一九三三年初夏。

位於上海的內山書店

們遭到逮捕，魯迅再次借助內山的幫助，隱身在日本人經營的旅館之中。正因為有著內山完造的支援，不顧禁止發行的處分，繼續代理銷售魯迅的著作，魯迅才能持續地以不屈不撓的態度，發表批判政府的論述。

一九三二年一月十八日傍晚，日蓮宗的五名日本僧侶托缽走過與租界鄰接的中國工廠，突然遭到數十名中國人的襲擊，其中一人因來不及逃走，慘遭殺害。對此，日本青年同志會的成員為了報復，燒毀工廠並殺害了一名中國警察。二十日，日本僑民前往日本海軍的陸戰隊本部前遊行抗議，要求派遣陸海軍，取締抗日運動。

此事件的主謀是公使館直屬的情報將官田中隆吉，他的目的是想要讓世界各國的注意力都集中到上海這個國際都市，以便能夠趁機推動滿洲國的建國工作。一月二十七日，上海總領事村井倉松要求中國在二十八日下午六點以前，解散所有抗日團體。上海局勢頓時變得十分緊張，上海市內的民眾被呼籲避難，市民陷入恐慌。

一月二十八日下午三點，上海市政府答覆日本政府，表示全面接受日方的所有要求。表面上看來似乎是避免了戰爭，但是在當天夜裡十一點二十分左右，戴著白色肩背帶的陸戰隊本部部隊長召集士兵，以裝甲車領頭出動，進行「市內護衛」。他們行進的方向是第十九路軍[1]的警備區域，第十九路軍是在第三次圍剿共產黨中斷後，從江西戰線調來的軍力，戰鬥力高強。對於採取戒嚴態勢的十九路軍，日本陸戰隊在未經警告的狀態下突然闖入，兩軍之間爆發了激烈衝突。

內山完造替魯迅提供的住所，正好是在日本陸戰隊本部的正對面。一月二十八日晚間，魯迅正在書齋寫作，突然斷電，並看見卡車部隊從司令部的庭院駛出。不久後聽見槍聲，許廣平爬上晾衣台查看，看見火光掠過頭頂，得知戰爭開始了。她匆忙地趕下樓來，發現魯迅的書齋也出現彈孔。

一二八事變　日本海軍陸戰隊在上海街頭巡視。

三十日凌晨，大批日兵突然拍打魯迅家門。日兵進到屋內後，看見除了魯迅之外全是婦孺，便轉身離開。不久，內山完造家中的傭人前來報信：「剛才有人從這棟樓向陸戰隊本部射擊。這裡的居民都是外國人，只有魯迅是中國人。往後若是再發生些什麼，將無法保證你的安全。全家應儘速移往書店。」魯迅和么弟周建人一家，連行李都來不及收拾，便急忙地趕到內山書店的二樓避難。

就這樣，魯迅一家開始了避難生活。對此，許廣平描述道：「我們躲在樓上的小房間裡，盡量不讓孩子大聲哭叫，每天戰戰兢兢。槍聲、路邊堆積的沙包旁放哨士兵的腳步聲彷彿就在耳邊。我們在自己的國土上，飽嚐了侵略者帶來的、令人窒息的壓迫。每個人都沉默不語，但是這種無以名狀的情緒有時如波濤般湧上心頭，讓人無法忍受。」

上述文字生動地傳達出魯迅等人在戰場的角落裡忍氣吞聲、飽受驚嚇、憤怒和焦躁的折磨。當然，日本人在太平洋戰爭時也體驗過空襲的恐懼感。然而，這與國土被侵略而遭受蹂躪的人們心中的傷痛，是完全無法相提並論的等級。

一二八事變中，日軍在十九路軍的抵擋下，可說是一場大苦戰，即使派出了三個師團和混合旅團，仍舊未能分出勝負。直至三月三日停戰之前，中日雙方軍隊的戰死者多達四千八百人，市民死傷與失蹤人數更是高達兩萬人。當天，國際聯盟的大會計畫在日內瓦召開，停戰也只是為了迴避國際聯盟制裁日本的措施。在兩天前的三月一日，謳歌「五族協和」的「王道樂土」的滿洲國宣布建國，關東軍的策略成功地獲得實現。

滿洲國的成立與善意的惡政

當魯迅一家在上海驚慌避難的一九三二年二月，溥儀在旅順會見了關東軍參謀板垣征四郎。對於東北三省新建設而成的國家，國名為滿洲國而非大清、自己的職位是執政而非皇帝之事，溥儀十分地反對。他認為「不能當皇帝的話，活著還有什麼意義」，但在不久後，則是畏懼於板垣的威脅。

當時在日本，有不少人反對搬出宣統皇帝來作為新國家元首的決定，認為此舉違背了時代潮流。而且想要讓東北三省獨立於南京國民政府的統治，若是不採取比中華民國更為優越的政治制度，便無法在國際社會上立足。因此，關東軍提出的計策，是在建國之時先讓溥儀就任執政，待數年後再以民眾推舉的方式，讓溥儀登上帝位。

一九三二年三月八日下午三點，無奈接受「執政」一職的溥儀，抵達了清朝的發祥之地、被改名為新京的滿洲國首都——長春。火車抵達後，軍隊的樂團開始演奏，在手持日本國旗的隊伍之中，也參雜了手持清朝時代黃龍旗的舊臣們，一同迎接溥儀的到來。緊接著在九日，舉行了溥儀的執政就職典禮。根據吉林總領事石射猪太郎的回憶，典禮就像是職業學校的畢業典禮一般的簡單樸素，且初次見面的溥儀「面露凶相」，令他十分吃驚。

至於滿洲國的建國宣言則是指出，在日軍的幫助下，從奉系軍閥（張學良）的嚴苛統治之下解放了出來，正是現在這個時候，為了滿蒙三千萬民眾，要與中國斷絕關係，建設王道的樂土。然而，溥儀與關東軍司令本庄繁中校之間，所簽署的祕密協定，暴露了滿洲國的真實性格。其祕密協定的內容如下。

（一）將滿洲國的國防和治安的維持，委託給日本，經費則是由滿洲國負擔。

（二）滿洲國委託日本或日本指定的機構，負責管理、修建及開設日軍在國防上所需的鐵路、港灣的交通設施。

（三）滿洲國將極力援助日軍所需的各項設施。

（四）任命有見識及名望的日本人擔任滿洲國參議，中央、地方各政府機關也任用日本人，其選任、解聘必須經過關東軍司令的推薦及同意。

透過這項密約，關東軍取得了在滿洲國境內的自由行動權，滿洲國則是成為關東軍的基地國家。關東軍司令擁有人事權，不須透過外交手段，就能控制滿洲國的內政。根據溥儀的自傳，這項密約是國務總理鄭孝胥「獨斷強行」下的產物，自己內心雖有不滿，但也只能無可奈何地「追認既定事實」。然而，實際上是溥儀聽從板垣的指示，在協定上署名，親手讓滿洲國淪落到傀儡國家的地位。

最初，溥儀以為就任執政是通往皇帝寶座的第一步，因此熱心於政務。不久後卻發現，「執政只是紙上的空職，而不在己手」。不光是溥儀，就連大臣們也只是每日喝茶、看報及閒聊，完全沒被賦予任何公務，實權全都掌控在副手的日本人手中。

滿洲國標榜五族協和，宣揚滿人[2]、朝鮮人、蒙古人、日本人以及俄國人等「各民族一律平等」的口號。然而，這只是為了保護身為少數統治者的日本人[3]所喊出的口號罷了，實際上，民族間的平等，根本就是癡人說夢。

代表的例子就是討論關於滿洲國官吏薪俸差距的會議。滿人官吏的薪俸被壓在日本人薪俸的六成左右，對此，大臣們批判是違背「日滿親善」的理想。總務廳長官駒井德三等人則是反駁道，日本人不管是在能力上，還是生活水準上，都比滿人較高，薪俸當然也要較高才行。且日本人以米為主食，不像滿人能夠吃高粱過活。況且日本人離鄉背井，專程前來為滿人建設王道樂土。若是真的要講親善，當然應該要感激日本人，讓他們領取更高的薪俸才是。

此時，一位大臣反論道：「日本要在哪裡建設王道樂土？難道不是滿洲嗎？如果沒有滿人，能建設嗎？」駒井聞言勃然大怒，叱責道：「你們知道滿洲的歷史嗎！滿洲是日本人用鮮血換回來的。是從俄國人的手上搶回來的。這是軍部的決定！」據說會場頓時鴉雀無聲，再也沒有人開口發言。

結果，滿洲國的日本人在「善意的惡政」，亦即主觀的善意意識之下，因為欠缺與他人共生的多民族社會的觀念，只能將自以為是的價值觀強行植入滿洲國。不只是薪俸和飲食上的差別，就連日本人搭乘的電車車廂，也與滿人所搭乘的車廂有著嚴格的區別。許多日本人絲毫沒有意識到自己對其他民族的歧視態度，封閉在內地延長線上的日本社會中，拒絕與異國文化接觸。

關於滿洲國的實態，殖民地學者矢內原忠雄觀察到，滿洲國的理想主義儼然「被掩埋得不見天日」，日本所貫徹的是帝國主義的法則。且這項法則與「反日分子得以當場擊斃」的暴力統治之間，存在著密不可分的關係。對於抵抗強制收購耕地的滿人農民們，採取毫不留情的鎮壓行動（土龍山事件）。日本採取這些以武力為後盾的高壓政策，代價便是在一九四五年日本戰敗後，留在東北全境的日本人拓荒團，遭遇到了完全相同的對待。

李頓報告書與侵占熱河

此時，日本首相犬養毅正陷入苦惱之中。他雖然沒有採取若槻禮次郎的不擴大方針，卻擔心在東北三省建設獨立國家，會與當初圍繞著中國問題而與各國簽訂的《九國公約》（一九二二年）發生衝突。與孫文私交甚篤的犬養，承認中國擁有對東北的主權，並與南京國民政府交涉，試圖建立親日政權。然而，就在犬養氏躊躇於滿洲國的承認問題之時，海軍的青年將官們襲擊首相官邸，槍殺了犬養毅。這就是以「有話好好講」、「多說無益」之對話[4]聞名的五一五事件。

其後，阻擋在關東軍野心面前的，便是李頓調查團。一九三二年十二月，國際聯盟決定派遣調

李頓調查團　一九三二年五月，團員正在調查柳條湖事件爆炸現場。

查團徹查九一八事變。翌年一月，以英國人李頓為首的五名成員，聚集在日內瓦。以參與成員身份加入的有日本的吉田伊三郎（土耳其大使）和中國的顧維鈞（張學良顧問）等人。他們在二月底抵達橫濱，與日本要人會談後，三月十四日進入戰痕斑斑的上海，開始本次調查活動。

李頓等人調查的焦點，是在中國的現狀問題上，中日兩方說法的分歧。日本方面主張，中國不是一個統一的國家，正在走向崩潰的道路，欠缺作為一個近代國家所具備的資格。於是，在調查團抵達北平後，一九三二年四月，張學良邀請調查團一行人前來中南海，發表了演說。

此時，張學良駁斥日本主張「東北並非是中國的一部分」之論點，並表示現今的中國，乍看之下雖然是一團混亂，但實際上卻是正走向近代化的途中，而日本當局卻不願正視這項事實。不如說，中日之間發生衝突的真正原因，正是因為日本不願意看見中國走向社會進步、政治統一的結果，因而使用武力，奪取中國人一手建設起來的東北三省。企圖將滿洲國政權加以正當化的日本，他們的「謊言和謠言」是無法對抗正義與真理的。張學良強調，日本雖然無視於國際聯盟理事會的決議，決定採取侵略、挑釁的方針，但是日本絕對沒有辦法否定，愛好和平的中華民族以及中華民族追求發展的權利，據說這場演說，深深打動了李頓。

日本眼看情況不利，自四月開始，便對東北三省的調查進行百般阻撓。像是滿洲國禁止調查團的參與員顧維鈞入境。而調查團在齊齊哈爾附近的嫩江橋一帶，打算與正在抵抗日軍的馬占山[5]取得聯絡，沒想到關東軍派出兩個師團攻擊馬占山，並在七月發表馬占山已「戰死」的消息（實為誤報）。犬養的後任首相齋藤實內閣，則是在九月簽訂《日滿議定書》，試圖藉由承認滿洲國的行動，使滿洲國成為既成之事實。

一九三二年十月二日，李頓報告書成果出爐，並在國際上發表。調查報告述及中國方面的排外宣傳以及缺乏法制狀態，導致了中日關係的緊張等，內容並不全然有利於中國。但是在柳條湖事件中，調查團則是認定關東軍的行動「無法承認其為合法的自衛措施」。至於滿洲國的問題，調查團也做出結論，認為滿洲國的成立並非是出自於「純粹且自發性的獨立運動」，而是日軍在未經宣戰的情況下，占領中國東北各地，並將東北領土由中國本土切割出來的結果。

在該份調查報告中還指出，單純的恢復原狀，並不能解決問題；應該代替滿洲國，在東北三省設置一個自治政府，置於中國的主權之下，並由列強各國共同管理；並在該自治政府內，聘請許多外國人擔任顧問，外國顧問人員以日本人為中心；除此之外，提議實現東北全境的非武裝化，中日兩軍都應該撤出東北。

關於上述李頓報告書的內容，日本政府認為是「偽國際管理」，表達強烈反彈。中國政府方面，雖然對列強共同管理東北三省之提案面露難色，但是關於東北非武裝化的提案，則是表示願意考慮。

一九三二年十二月召開國際聯盟臨時大會，多數國家提出採納李頓報告書以及否認滿洲國的要求。英國等大國雖然展露出擁護日本的立場，但是後來在一九三三年二月，關東軍侵占熱河省之後，原本擁護的態度出現了轉變。二月二十四日，國聯總會以四十二票贊成、一票反對（棄權）的表決結果，通過基於李頓報告書所作出的勸告方案。此時，日本代表松岡洋右只留下「日本已經達到合作的極限」，便起身退場，成為這段歷史上有名的小插曲。三月，日本政府宣布退出國際聯盟，在國際社會的孤立下，逐步加深了與德國、義大利的合作關係。

當關東軍開始對熱河發動進攻後，張學良主張徹底抗戰，但是熱河省的主席湯玉麟等人卻逃亡他處，中國軍隊敗退。三月，關東軍控制了整個「滿蒙」地區，張學良承擔責任，辭去陸海軍副司令的職務。接著，跨越長城進攻華北的關東軍，在一陣激戰後，五月簽訂《塘沽停戰協定》，停止進攻行動。此時，將與滿洲國鄰接的廣大地區劃定為非武裝地帶，從中國軍隊的撤退線[6]看來，帝國首都北平，可說是近在咫尺。

安內攘外與長征的開始

提出安內攘外政策與第五次圍剿

日本的侵略行動，帶給中國全境極大的衝擊。許多報章雜誌上都激憤地怒吼著殲滅「倭寇」，政府領袖之一的汪兆銘則是譴責張學良的不抵抗方針，憤而離開政府。儘管如此，蔣介石還是冷靜地分析敵我兩方的軍事力量。他採用「一面抵抗、一面交涉」的策略，亦即在上海及長城附近繼續抵抗日軍，並且期待與犬養毅的和平談判，和國際聯盟的仲裁，盡可能地採取忍耐和讓步來拖延時間。

此時，蔣介石提出的基本方針是「安內攘外」。他認為只有在平定國內的反對勢力後，才有能力抵抗外國的侵略；換言之，當前是以撲滅「赤匪」共產黨的行動為優先。在中國，蔣介石並非是第一位推出引起軒然大波的政策主導者，清朝領導階層將太平天國視為致命性的「心腹之害」，對於鎮壓太平天國運動的重視，更甚於第二次鴉片戰爭中與英、法兩國的戰鬥，蔣介石試圖再一次實現這種先安內後壞外的主張。

例如，蔣介石評價孫文的三民主義是「繼承了中國古來的思想傳統」，並批評高舉馬克思主義的共產黨是「違反中國倫理」的異教徒。這其實也是站在曾國藩的言論基礎上所發展出來的論理：亦即排斥太平天國的基督教色彩，集結湘軍保衛儒教的正統。施行降低佃租以及連坐制等措施，讓農民們遠離共產黨；軍事上採守備姿態的同時，縮小包圍網，採取「七分政治、三分軍事」的新戰略，也是從中國歷代王朝為了鎮壓叛亂所採取的常用手段——保甲制與堅壁清野政策所改寫而成的策略。換言之，蔣介石企圖透過討伐共產黨，來穩固自己作為正統王朝權力繼承者的地位。

另一方面，在江西蘇維埃政權中，毛澤東雖然位居臨時政府主席之位，實權卻是掌握在王明、秦邦憲等蘇聯留學生派系手中。一九三三年年初，從上海遷移過來的共產黨中央主張在共產國際軍事顧問李德（Otto Braun）的領導之下，正規軍開始積極進攻。並且將在革命根據地開展的游擊戰術批評為「右傾機會主義」，把毛澤東派的幹部排除在外。

隨後，他們在共產國際的「主要打擊中間勢力論」的基礎下，在蘇維埃地區展開土地改革運動，徹底沒收地主和富農的土地。然而，這項運動越演越烈，激起人民的恐慌，就連中農階級也逃離蘇維埃地區，造成生產停滯、糧食不足的後果。一九三三年十一月，曾在一二八事變中抵抗日軍的蔡廷鍇等人（十九路軍），反對蔣介石的安內攘外政策，因而組織福建人民政府。然而，共產黨中央卻將這股中間勢力視為「最危險的敵人」，不打算積極地與蔡廷鍇等人攜手合作，錯失了擴大勢力的機會。

一九三二年六月開始的第四次圍剿，因日軍進攻熱河的行動，圍剿受挫。蔣介石聘請魏澤爾上校（Georg Wetzell，被譽為德國國防軍之父）擔任軍事顧問，與清末的「常勝軍[7]」一樣，致力於新式裝備的軍隊近代化。一九三三年十月，蔣介石動員五十萬兵力，展開第五次圍剿。

在這場作戰中，國民政府軍整頓軍用道路，並進行嚴密的經濟封鎖，構築堅固陣地，一步步地縮小包圍網。對此，共產黨中央採取正面迎戰的方針：「不讓敵人踏入蘇維埃的土地一步。」但是在兩百架飛機以及混凝土建造的碉堡群前，紅軍瞬即敗退。一九三四年三月，蘇維埃的大門廣昌縣被國民政府軍攻下，死傷二萬四千人，共產黨已經喪失了維持根據地的力量。

後來，毛澤東曾說道：「我在井岡山等根據地建立紅色政權，提出開展游擊戰術，一些吃了洋麵包的傢伙（指蘇聯留學生）不信，說山裡不可能誕生馬克思主義。一九三二年秋，我失去了工作，整日沉溺在馬克思、列寧主義等書籍當中。後來我寫的《實踐論》、《矛盾論》便是這兩年的閱讀成果。」由此可知，毛澤東將江西蘇維埃時代受到冷淡對待的時期，化為自我充電的時間，獲得了十分貴重的機會，得以總結過往的體驗、加深思考的厚度。

起死回生的長征

一九三四年十月，紅軍第一方面軍的主力約八萬六千名士兵，離開江西蘇維埃的首都瑞金，朝著廣東、湖南、廣西的山區前進，這是場長達一萬兩千五百公里的生死存亡之戰，後來被傳誦為中國共產黨神話的「長征」開端。

長征途中充滿了想像不到的種種困難。首先，必須要在不讓國民政府軍注意到的情況下，準備移動事宜，還要突破層層封鎖的防線。行軍只能在夜裡啟程，扛著笨重器械的補給部隊，在移動上十分地艱難，接連有人摔落谷底。第一方面軍在廣西北部渡過湘江的途中，被國民黨圍捕，留在對岸的少年兵師團等多數部隊幾乎全軍覆沒。結果，離開瑞金後僅僅兩個月的時間，兵力就銳減至三分之一（三萬人）。不過，紅軍的這些犧牲，也換回了他們迅速的行動力。

其次，要如何在生活習慣迥異的少數民族地區進行活動，也成了一大問題。正如同蔣介石所承認的一般，紅軍強大的祕訣，在於他們能夠巧妙地拉攏下層民眾，形成軍民一體的作戰形式。然而，進入貴州、四川等山岳地帶的紅軍，所面對的是長期以來遭受到漢民族迫害的苗族、彝族等少數民族，紅軍必須與這群將漢族視為侵入者的民族，建立起信賴關係。

前人也有因為無法處理這項問題而敗北的經驗，例如在天京事變後，與洪秀全分道揚鑣的太平天國翼王石達開軍隊。一八六三年，石達開沿著幾乎是與紅軍相同的路徑進入四川，彝族人民拒絕與石達開軍隊合作，並加強防禦，在大渡河一帶擊潰了石達開軍隊。蔣介石也熟知這段歷史，發出

長征的要地——瀘定橋　在康熙年間修建、位於四川省大渡河。

激勵部下的電報，要他們在當地拿下戰果的殊榮。

這時，外號獨眼龍的紅軍先鋒部隊指揮官劉伯承，嘗試與彝族首領接觸。起初，彝族人的內心抱持著警戒，在劉伯承提出想要共飲雞血、交換誓約成為結拜兄弟的提議後，他們的態度便緩和了下來。此外，劉伯承表示，正如彝族內部有許多部落一般，漢人內部也有紅白兩種之分。雖然以蔣介石為領導的「白漢人」有壓榨少數民族的行為，但是我們「紅漢人」卻是站在你們這一邊的夥伴。彝族人聞言，便欣喜地為紅軍帶路。毛澤東與中國底層人民對話的努力，也是以這種形式取得了成果。

一九三五年五月，聚集在大渡河南岸的紅軍主力，擺脫了國民政府軍的守備部隊，開始渡河。但是當地河流湍急，無法搭橋，為了讓大批部隊人員過河，必須確保住瀘定橋的交通。瀘定橋位於北方一百七十公里處，紅軍僅花費兩天的時間便抵達該橋，將士全員平安渡河，抵達北岸。四川出身的朱德，自小就聽著上述石達開的故事長大，據說毛澤東和朱德向眾人宣布：「我們以行動證明了我們不是石達開第二。」

緊接著紅軍所面臨的試煉是萬年雪罩頂、海拔五千公尺高的群山（大雪山山脈）。紅軍將士多出身南方，幾乎沒見過下雪的模樣。且他們在行軍中穿的是破破爛爛的薄棉軍服。最為險要的夾金山，據說是連神仙也飛不過去的難關，令人望之生畏。

翻越大雪山的紅軍　一九三五年，在長征路途中。

一九三五年六月早晨，毛澤東一口氣喝下驅寒的辣椒湯，與其他兵士們穿上一樣厚度的衣服，朝著夾金山的方向出發。起初是冰雹的襲擊，天晴後冰雪反射的太陽光線，惡狠狠地刺向眾人的雙眼。越接近山頂，空氣變得稀薄，體力不支者重複著跌倒後爬起，爬起後跌倒的辛勞，最後身體終於無法動彈。登上山頂的兵士們接到指示，「不許休息。滑冰下山」，由於坡度十分地陡峭，不少人因此骨折，或是墜落山崖而下落不明。據說女性兵士在翻山越嶺之後，月經便停止來潮。

其後，紅軍面臨的是四川與甘肅邊境的大濕地。海拔三千三百公尺的大濕地，百花盛開，完全看不見人的蹤影。八月的天候變化多端，若遭遇到突如其來的大雨或是降雪，兵士們毫無遮蔽之處，且只要踏錯了一步，就可能會掉入無底的泥沼之中。許多將士深陷泥沼，就連前往救助的戰友也一同被拖入沼澤，溺死水中。行軍一週後，糧食幾乎見底，特別是鹽分不足的問題，導致許多兵士死亡。據說倒下的兵士們在死前會告知戰友自己的家鄉，留下「請告訴我的家人，我死去的消息」遺言。

一九三五年十月，抵達長征終點的陝西省吳起鎮之時，第一方面軍只剩下七千人。長征不僅僅是為了衝出絕境的悽慘奮戰，更是一場在中國邊境十一個省份播下革命種子的旅程。長征的路徑雖然與過去的兩次北伐[8]完全不同，但也可以算是將南方

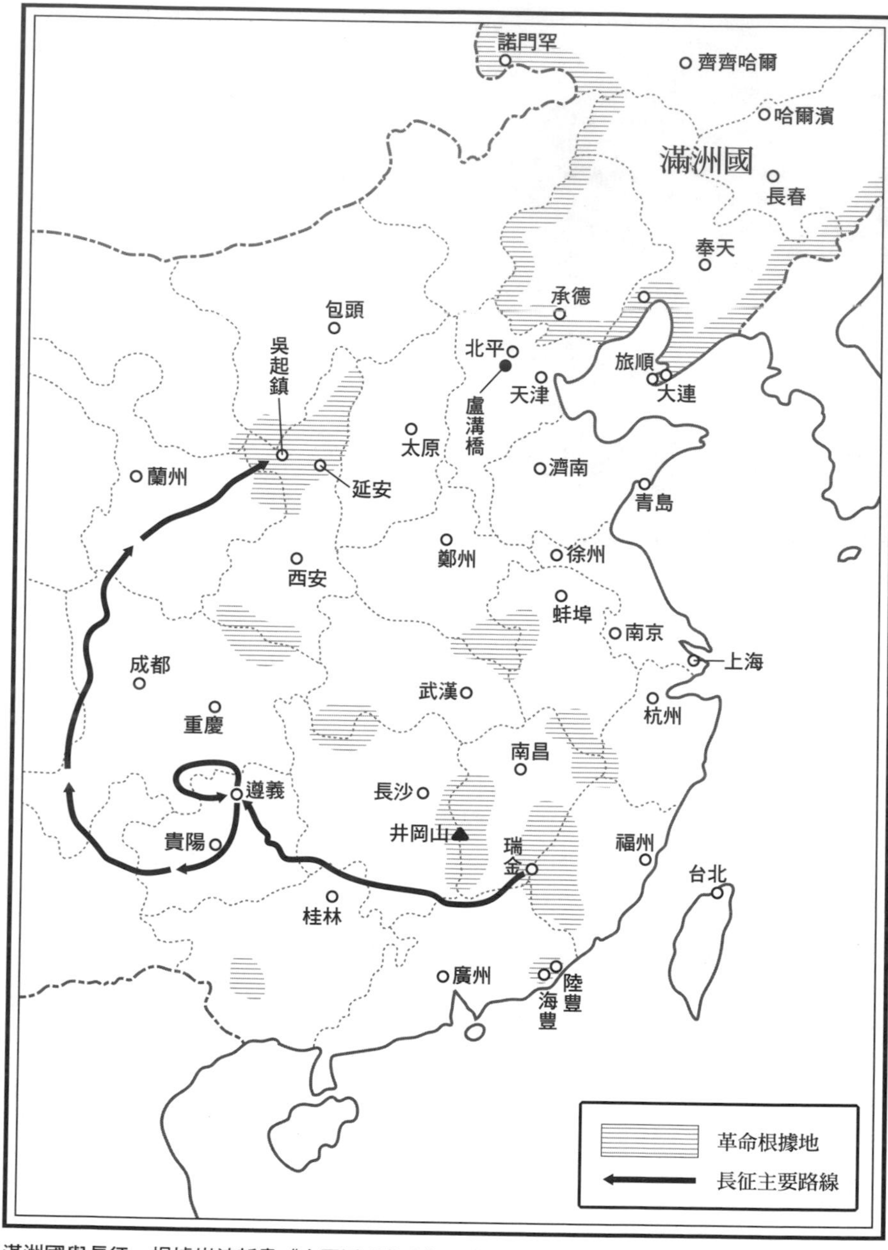

滿洲國與長征　根據岩波新書《中国近現代史》所繪製而成。

的新時代之風帶往西北大地的「第三次北伐」。

在長征的途中，中國共產黨的內部發生了巨大的變化。面對江西蘇維埃陷入崩潰境地、在湘江渡江戰鬥中大敗卻仍舊堅持強硬態度的黨中央[9]，人們爆發了不滿。

遵義會議與周恩來

自一九三五年一月十五日起連續三日，在貴州的北部城市遵義召開中央政治局擴大會議。與會者有秦邦憲、李德、毛澤東、朱德等二十人，後來成為改革開放政策領導人的鄧小平，也以中央祕書長的身分列席參加。會中對於第五次反圍剿失敗的原因發生了爭論。秦邦憲強調，接受「帝國主義諸國」援助的國民政府軍的實力過於強大，不願意承認自己的失敗。

此時，共產黨中央軍事部長周恩來出來發言。在西安事變中成為另一位要角的周恩來，生於一八九八年，比毛澤東年輕五歲。周恩來與毛澤東的生平也像是對照組一般，毛澤東出身農村，周恩來的本籍則是和魯迅一樣是浙江省紹興[10]。周恩來的家族是孕育出許多官僚的名門大家，他從天津當地以進步而聞名的私校南開學校畢業後，前往日本和法國留學。附帶一提，周恩來在日本留學時期住在神田，曾造訪過京都嵐山。雖然周恩來並未如願考上第一高等學校（後來的東京大學教養學部），但是據說在這個

年輕時的周恩來　一九二四年，時任中共廣東區委員長兼區委宣傳部長，兼任黃埔軍校政治部主任。

時期，受到河上肇對馬克思主義研究的影響。

一九二〇年抵達法國的周恩來，與鄧小平一同參加半工半讀的勤工儉學運動。一九二一年，周恩來加入中國共產黨，並以中國社會主義青年團歐洲分部成員的身分，活躍於法國。回國後，擔任黃埔軍校的政治部主任，支持著第一次的國共合作；並在四一二事件發生的前一晚，於上海指導工人們的武裝起義運動。在國共分裂後，周恩來也參加了南昌起義等活動。在中國共產黨引人注目、華麗顯赫的康莊大道部分上，周恩來是經常出現的一位菁英。

一九三一年十二月進入江西蘇維埃的周恩來，第一次和朱德共同指揮前線作戰。在抗日英雄十九路軍籌建福建人民政府之時，周恩來主張應該和他們共同戰鬥，但是黨中央並未採納他的意見。蔣介石發動第五次圍剿後，周恩來提出警告，認為「碉堡戰對碉堡戰」的陣地戰缺乏策略性，並且存在著分散兵力的危險。但是，周恩來的論點並沒有說服李德，最後紅軍被逼到差點全軍覆沒的境地，周恩來為此感到十分內疚。

在中央政治局擴大會議中，周恩來坦率的自我批評道，戰略的錯誤是導致這次戰鬥失敗的原因。接著，由毛澤東發表演說，指出李德的領導「極其惡劣」，認為李德無法採取靈活的戰略來有效地利用有限的兵力。毛澤東還斷定，紅軍兵士們也是血肉之軀，秦邦憲等人無視中國實情的紙上談兵，是絕對不可能會導向勝利的。據說演講結束後，會場歡聲雷動，掌聲不斷。

這場會議的結果，是毛澤東成為了中央政治局的常務委員，掌控了軍事方面的領導權；不久後，他北上建設陝西省北部的新根據地，決定了與日本作戰的方針。雖然毛澤東與蘇聯留學生派系之間仍舊存在著對立關係，但是中國共產黨逐漸地脫離共產國際的影響，以中國土生土長政治勢力的形式，開始走上獨立的道路。而毛澤東與周恩來的盟友關係，也是由此開始。

如今，有人認為在毛澤東發動文化大革命之時，周恩來應該要毅然決然地採取反對態度才是。周恩來雖然將許多人物從冤罪中救贖出來，卻屈從於毛澤東的權威，而未能挽救整個中國。其實，周恩來自己原本也是政治運動鎖定的目標對象，究竟當時的他，有沒有足夠的能力足以挽救整個中國，現在的我們也無從知曉。但是，在鄉村長大的激進派哲學詩人毛澤東，與留洋歸來、溫和派務實官僚的周恩來，直到一九七六年兩人相繼逝世前，他們之間的磨合與合作，筆筆勾勒成為中華人民共和國的臉孔。

高漲的抗日情緒

蔣介石的抗戰準備與獨裁體制

瓦解了江西蘇維埃的蔣介石，在追擊紅軍的同時，也開始著手準備與日本的作戰；他開始軍事色彩濃厚的經濟建設、建立起傳統且壓抑的政治統治體制，要求眾人對自己忠誠。

原本，蔣介石對於即將面臨的戰爭，心中已有預想。在不久的將來，將會因為中國利益問題掀起第二次世界大戰，而日本必定會吃下敗仗。一九三四年十二月，蔣介石以徐道鄰的筆名發表了論文〈敵乎？友乎？〉，表明了他對日本問題的基本態度。

蔣介石指出，若是日本侵略中國的話，中國將會付出巨大的犧牲，並說：「在兵力絕對不相等的國家，如日本同中國作戰，即無所謂正式的決戰。非至日本能占盡中國每一方里之土地，徹底消滅中國之時，不能作為戰事的終結。兩國開戰之際，本以占領政治中心為要，但在對中國作戰，如以武力占領了首都，制不了中國的死命。」他並且提出警告，中日戰爭要是繼續拖延下去，只會對日本不利；如果現在要和解的話，將東北三省及熱河歸還中國，是必須的條件。

果然，一九三七年中日戰爭爆發後，正如蔣介石所預測的一般，國民政府遷到重慶後仍繼續抗戰。與毛澤東的《論持久論》相比，蔣介石並未提及在抗日戰爭中，「人民」游擊戰抵抗的重要因素，不免讓人感覺蔣介石對於勝利的預測基礎有些過於薄弱。但是，也正因如此，蔣介石得以掌握四川、貴州等西南各省，這些過往國民政府的權力從未深入過的地方，並在此推動「大後方」的建設。

在此負責蔣介石抗戰準備的機關，是一九三二年十一月以非公開形式設置的國防設計委員會[11]。急速推展鐵道及道路網的整備，以軍需產業必要的鎢等礦物資源為主，開始嘗試發展重工業建設。此外，改革幣制、統一全國貨幣，將國內流通的白銀國有化，實施通貨管理制度，確立政府的金融統治體系。

這些政策屬於開發獨裁的一種，平息了因白銀流向美國而發生的金融恐慌，取得了一定的效果。在軍事方面，於盧溝橋事變爆發前，完成了一百七十萬兵力、六百架飛機的戰力編制。儘管如此，在軍事裝備上仍舊未能與日軍匹敵。藉由上述的種種準備，蔣介石依舊無法確信在全面戰爭中能夠取得勝利。

在戰力程度上揣揣不安的蔣介石，接下來著手進行的是建設國民總動員的體制。首先他在江西的廬山、四川的峨嵋山開設軍官訓練團，並親自進行講話，統一指揮官的思想。一九三四年二月，蔣介石發起了一種啟蒙運動——新生活運動。這項運動將「禮義廉恥」的傳統儒教道德作為國家統一的理想，重視衛生、杜絕鴉片、提倡愛用國貨以及勵行儉約，實現國民生活的合理化，並試圖統制管理國民之生活。

關於這項運動的目標，蔣介石描述道：「我可以相信，如果有六十萬以上真正革命軍，能夠絕對的服從我的命令，指揮統一，我一定有高明的策略可以打敗這小小的倭寇。」在此，蔣介石宣布只有「絕對的服從」才能將抗戰導向勝利的方向，就連孫文也無法抵抗的誘惑——中國固有的專制統治體制，蔣介石也試圖以「指揮統一」的方式再現。或許也可以說，日本的侵略使中國也產生了法西斯的連鎖現象。

中國民權保障同盟與魯迅

對於強化獨裁的蔣介石，孫文的遺孀宋慶齡表示反對；她在國共兩黨分裂後，移居德國。成立不偏袒國民黨、共產黨任一方的第三黨[12]人物鄧演達被蔣介石暗殺後，宋慶齡發表聲明：「國民黨不再是政治勢力。」明確表現出與南京國民政府的對立姿態。一九三二年十二月，魯迅與中央研究院院長蔡元培合作，成立了中國民權保障同盟，提出釋放政治犯、廢除不法監禁、主張言論自由等訴求。

對此，南京國民政府加強了審查制度，並且命令特務機關實施鎮壓。一九三四年二月，一百四十九冊的新書籍遭到禁止發行的處分；五月，成立圖書雜誌審查委員會，進行嚴格的審查檢閱。此時，魯迅比較了中日的言論鎮壓，「日本檢閱後把刪除部分留作空白，讀者可以看出。而中國的審查不允許空白，讀者無從發現審查的痕跡，文章意思不通，都變成作者的責任。這比日本前進了一大步，在中國的筆禍史上值得記載」，用來諷刺、批判政府當局。

另一方面，與陳果夫等人的CC團（中央俱樂部）共同負責鎮壓的是力行社（藍衣社）。力行社是一九三二年三月在南京由黃埔軍校的畢業生所組織而成的團體，成員宣示對蔣介石的絕對忠誠。與CC團相較之下，是採取直接行動的特務機關，不僅鎮壓共產黨員，鎖定的對象還有批評蔣介石的民主勢力。一九三三年六月，他們暗殺了中國民權保障同盟的中心人物楊杏佛，迫使同盟停止活動。

這時，上海因流傳著暗殺者名單，人心惶惶，社會上動盪不安，但魯迅仍舊堅持每天前往內山書店。由於政府下達了魯迅的逮捕令，內山完造十分擔心，魯迅卻泰然自若，「那其實是讓大家閉嘴。如果真要逮捕，應該不須命令把人帶走就行了。不用怕。」根據曾師事魯迅的增田涉回憶，魯迅為了避免被特務發現，保持警戒，即使在炎熱的夏天也不靠近窗戶，待在密不通風的房間內，使用各式筆名寫下批判政府的文章。關於魯迅頑強堅韌的模樣，增田寫下「感受到他為人的偉大」的記載。

日本分離華北與一二九學生運動

就在蔣介石致力於為抗戰作準備之時，日本加大了對長城以南地區（在《塘沽停戰協定》中成為非武裝地帶）的壓力。一九三五年五月，發生反日的恐怖攻擊事件，日本派遣軍要求中國方面的負責人何應欽，將國民黨和國民政府軍撤出河北省，並罷免河北省主席。六月，南京國民政府決定讓步，面對日本的要求，中國方面以「自行處理」的形式接受，亦即《何梅協定》[13]。同時，鄰接著河北的察哈爾省發生了拘禁日本特務機關人員的事件。六月，關東軍的土肥原賢二迫使宋哲元率領的國民政府軍撤出察哈爾，簽訂《秦土協定》[14]。

一二九學生運動　一二九當天，在街頭遊行的北平學生。

日軍透過這一連串的行動，在華北五省（察哈爾、綏遠、河北、山東、山西）建立起打著自治旗號的地方政權，這可以說是「分離工作」的開始——排除南京國民政府的影響力，擴大日本的統治範圍。當然，中國當局並非只能束手無策的旁觀，官方向對外高舉「日華親善」口號日本外務大臣廣田弘毅展開外交攻勢，要求使用和平手段解決一切問題，其中包含東北四省的歸還。

然而，蔣介石的方針——「和平未到根本絕望時期，決不放棄和平」，看在旁人的眼底，又是慎重又是軟弱，讓人焦急不已。在日本政府提出禁止抗日運動的要求下，南京國民政府發布睦鄰外交令，「抗日」兩字只能寫成「抗X」，更加激起民眾的憤怒情緒。

一九三五年十一月，日本拉攏閻錫山等舊軍閥勢力的工作，遲遲不見進展，十分焦急，因此在先前所提的非武裝地帶裡，以過去有留日經驗的政客殷汝耕為領袖，成立了傀儡政權——冀東防共自治委員會。受到衝擊的南京國民政府下令逮捕殷汝耕，關東軍則是作勢進攻北平，施加壓力，要求官方宣布察哈爾、河北兩省的自治。

此時，南京國民政府再度採取慎重的態度，十二月十一日命令從察哈爾撤退後，擔任北京、天津司令官的宋哲元為負責人，成立冀察政務委員會。表面上是由中央政府所設立的地方機構，在日本方面則是認為，冀察政務委員會是實現華北自治的行政機構。大多數的中國人都認為，官方的作法是十分屈辱的讓步。

一九三五年十二月九日，北平的學生們發起遊行示威運動，反對日本的華北分離工作，並要求停止內戰與實現言論上的自由。示威活動的中心是較能免於政府鎮壓的燕京大學及清華大學等處所，支援學生的是燕京大學的講師——艾德加・史諾（Edgar Parks Snow），他在翌年（一九三六年）受到毛澤東接見，透過報導著作《紅星照耀中國》[15]，向全世界宣傳中國共產黨的存在。

這一天，學生們計畫在上午十點集合於天安門廣場。得知消息的當局，立刻包圍各所大學，並關起北平城門，試圖封鎖學生們的行動。學生們只好變更計畫，打算前往何應欽的辦公室，遞交請願書；在宋哲元的司令部前，與警備人員發生衝突。隨後，從王府井大街向南行進的示威抗議隊伍，增加到四、五千人的規模，大家高喊著「反對華北自治運動」、「打倒漢奸（意指殷汝耕）」等口號，爆發出積累已久的怒氣。

此時，北平市當局在東長安街配置軍警，試圖阻止示威抗議隊伍靠近日本公使館。嚴寒中，學生們被水柱澆濕驅散，九一八事變後前來北平避難的東北大學等十八位學生遭到逮捕。冀察政務委員會成立後的十二月十六日，也發生了大規模的學生、市民示威抗議運動，四百人受傷，三十人遭到逮捕。一九三六年一月，南京國民政府下令禁止學生運動，學生們則是仿效五四運動時期，組織救國宣傳團，在農村開展活動。甚至有人還潛入東北軍的駐屯地，提出抗日訴求。

義勇軍進行曲與《八一宣言》

一二九學生運動之時，學生們齊聲演唱：「起來，不願做奴隸的人們。把我們的血肉築成新的長城……」。曲名為《義勇軍進行曲》，也就是現在中華人民共和國的國歌。作曲家為聶耳，是出身昆明的青年，母親為少數民族。他自小熟悉民族音樂，不久後接觸到小提琴。他曾經在雲南第一師範學校參加學校運動，並瞞著家人，加入了國民革命軍的行列。聶耳在十八歲時來到上海，埋頭於中國民間音樂唱片和電影主題曲的創作。一九三三年，他在劇作家田漢的推薦下，加入了中國共產黨。

《義勇軍進行曲》是一九三五年首映的電影《風雲兒女》的主題曲，故事描述被趕出東北三省的知識青年，為了救國而上戰場，捕捉了觀眾因日本侵略而加深危機感的心理，電影紅極一時。但是，聶耳未能等到電影上映，就因為國民政府特務的追殺，而逃亡到日本；七月在鵠沼海岸死於意

聶耳　中華人民共和國國歌《義勇軍進行曲》的作曲人。

外，得年二十四歲。如閃光一般一瞬即逝的生涯，訴說了當時敏銳的中國青年內心的想法及苦惱。

在如此的情勢下，一九三五年八月一日，中國共產黨發表了《為抗日救國告全國同胞書》，亦即《八一宣言》。事實上，發表宣言的並不是還在長征途中的毛澤東等人，而是以莫斯科的王明等人為首的黨中央。同年七月，共產國際召開第七次會議，修改與中間勢力為革命敵人的過往方針，呼籲成立廣泛的反法西斯統一戰線。《八一宣言》可以稱做該會議決議內容的中國版本，呼籲除了蔣介石以外的國民黨等各股勢力，一同組成抗日民族統一戰線。

早在一九三三年三月，宋慶齡就已經在上海聚集抗日團體，組成國民禦侮自救會，批判國民政府在抗日行動上躊躇曖昧的態度。翌年（一九三四年），宋慶齡發表了《中國人民抗日基本綱領》，有近一千八百名著名人士署名表示同意，向全國呼籲成立中國民族武裝自衛委員會。此外，上海律師會會長沈鈞儒、記者鄒韜奮等上海的文化界人士也組織了救國會；一九三六年五月，成立全國各界救國聯合會，要求「停止內戰，一致抗日」。對中國而言，共產國際可以說是在十分合適的時機下轉換了方針。

長征結束後的一九三五年十二月，毛澤東等人在陝西北部瓦窯堡召開會議，決定將抗日民族統一戰線作為自己的戰略。一九三六年二月，紅軍擴大在山西西部的勢力，已做好與日本交戰的準備。五月，蔣介石派出討伐軍，紅軍退出山西，並對外呼籲停止內戰。八月，共產國際下達指令，要求中國共產黨與國民黨「聯合抗日」，中國共產黨便將過去的反蔣立場，轉換為「逼蔣抗日」的方針。

雖然發生了上述情勢的變化，但是在長期的內戰之下，要讓國民黨與共產黨之間清算那血跡斑斑的過去，共同走向一致抗日的方向，則是需要更大的引爆藥劑。這也是本書的最後要討論的歷史大事件，發生於一九三六年十二月的西安事變。

西安事變與張學良

苦惱的東北軍統帥

一九三三年三月，因承擔熱河失守陷落的責任而下台的張學良，在治療鴉片毒癮的同時，遍訪歐洲各國。當時，他對義大利和德國的法西斯體制留下了深刻的印象，認為中國應該「由一位領袖來統一國家，振興民族」，並將這個願望寄託在蔣介石身上。一年後，張學良回國，被任命為「剿匪」副總司令，負責掃蕩湖北、河南、安徽方面的紅軍；一九三五年十月，為討伐陝西北部的紅軍勢力，赴任省都西安。

起初，張學良積極地致力於共產黨的討伐工作，但是在他的內心卻存在著巨大的矛盾。因為他支持蔣介石的目的，是希望蔣介石能夠藉由國內的統一，建設強大中國，從而將東北三省從日本手中奪取回來。但是國民黨中央的人士，卻只是將旁系的東北軍視為雜兵軍團，用完即扔。不僅沒有辦法達到充實兵力的期望，甚至因為第六次圍剿紅軍根據地的戰役，消耗了寶貴的戰鬥力。

此外，在張學良背上，還有一個不得不背負的十字架，也就是等待重返故土的東北軍將士，以及將士家屬等三十萬人的命運。九一八事變以來，他們成為「亡國之民」，跟隨著部隊流浪各地，嚐盡了被世人叫喊為「乞丐」、「叫化子」的屈辱。

一九三五年十一月，東北軍的精銳部隊一〇九師團殲滅紅軍後，已經忍無可忍的部下們激動地對張學良說：「你忘了你的殺父（張作霖）之仇，不顧對日本的抵抗，只是一個勁兒地聽從上頭（蔣介石）的命令，你想要的只是你的榮華富貴、升官發達罷了。你不只不吝惜兵士的犧牲，還要將我們大夥兒逼上絕路嘛！」面對部下的直言不諱，張學良感到十分地苦惱，對於蔣介石的安內攘外政策，開始懷抱著強烈地懷疑。

對「剿共」戰役心懷不滿的人，不只張學良一人，還有率領以西北地方為勢力基礎的十七路軍（西北軍）領袖——楊虎城。起初，他對被送到西安的張學良抱有戒心。但是當他看見被中央冷落的東北軍敗北之時，對於同為地方軍統帥的張學良，在內心深處產生了同情與共鳴。

一九三六年二月，東北大學學生以及一二九學生運動領袖宋黎（共產黨員）等人，前往拜訪張學良。他們是為了救出被逮捕的同伴們，來向東北大學校長張學良請求援助。宋黎在將領們面前進行演說後，楊虎城表明支持學生的態度，並說：「主張抗日同胞的共產主義者，我們無法跟他們打仗。」當時，西北軍中有共產黨員進行抗日宣傳的活動，楊虎城本人也與共產黨有所接觸。

早在一月，張學良也透過被紅軍俘虜的東北軍連隊長，開始與共產黨接觸。四月，張學良與周恩來在延安的天主教堂舉行祕密會談。會談從周恩來的「我也是在東北長大的」一句話，拉開了序幕，以和平協調的氣氛持續談話。意氣相投的兩人徹夜長談，在關於停戰以及解除對共產黨根據地經濟封鎖的問題上，達成了基本的共識。

其後，兩人繼續交涉，張學良同意加入共產黨，以及東北軍和紅軍的西北大聯合計畫，但是後來因為共產國際的反對，無疾而終。六月，張學良成立軍官訓練團，首次向自己的部下坦承自己的想法。張學良以「抗日是中國唯一的出路」為題闡述：九一八事變以來，我們犯下的最大過錯，便是委曲求全，不希望事態繼續擴大的態度。然而那只不過是一廂情願的想法。今後，我們只有抗日，絕不再重蹈覆轍。張學良還表示「抗日是天地之大義」，明確表明抗日的意志。

張學良堅定抗日的決心後，接下來所面對的問題，便是如何面對蔣介石。在與周恩來的祕密會談中，張學良指出，現在蔣介石正在進行戰爭的準備，在國民政府之中關於對日政策的意見也存在著分歧。並主張蔣介石有可能會採取抗日行動，自己可以嘗試說服他停止內戰。

事實上，當時的南京國民政府中，以陳立夫（陳果夫之弟）為首，已經開始透過各種途徑，與共產黨交涉「聯合抗日」一事。但是，南京國民政府提出的交涉條件十分強硬：（一）暫時承認共產黨這一個政黨的存在，但是不認可蘇維埃政權及紅軍；（二）解除紅軍各司令官的職務，並讓他們出國，縮小紅軍部隊的規模，並且置於國民政府軍的指揮之下。對蔣介石而言，軍權的統一是絕不退讓的條件，他也沒有打算要讓紅軍成為抗日戰爭的要角；且就算是為了要讓交涉順利地展開，在對共產黨根據地的攻擊行動上，也沒有手下留情的打算。

一九三六年十月，蔣介石為了推進第六次圍剿戰，增派國民政府軍，並親自造訪西安，督促張學良與楊虎城進攻紅軍的行動。此時，張學良表示，為何有必要繼續剿共戰，現在應該停止內戰，一致抗日才是。蔣介石聞言怒斥：「服從命令乃軍人之天職。無須多問！」不過張學良並未就此放棄，趁著蔣介石前往洛陽慶祝五十歲生日的時機，和山西派的閻錫山，一同再次試圖說服蔣介石，結果仍以失敗告終，蔣介石在翌日的演講中表示「聯合共產黨抗日的人是漢奸」，暗中譴責張學良。據說張學良像是被「潑了一頭冷水」般的大受打擊，說服蔣介石的念頭也就此打消，十分鬱悶。

用事實回答

與高漲的抗日輿論背道而馳，一九三六年十一月，南京國民政府逮捕了全國各界救國聯合會的沈鈞儒、鄒韜奮等人，亦即「抗日七君子」事件。十二月三日，張學良前往洛陽，要求釋放七人，與蔣介石之間發生了激烈的爭論。蔣介石斷言：「我就是革命政府。我幹的就是革命。違抗我就是反革命！」張學良則是認為，鎮壓這些愛國志士的作為，與袁世凱的高壓專政並無不同。

蔣介石眼見張學良有所動搖，十二月四日再次前往西安監督剿共。蔣介石抵達後，個別邀請東北軍與西北軍的師團團長吃飯，試圖離間他們與張學良、楊虎城的關係。十二月七日，張、楊兩人商討對策，決定再度說服蔣介石一次。張學良是打從心裡佩服蔣介石的領導能力。當日夜晚，張學良前往蔣介石下榻的華清池，含淚要求停止內戰，亦即「哭諫（泣訴諫言）」。

張學良說道：日本的侵略永無止盡。如果不反擊的話，國土被占領，我們將成為中國歷史上的千古罪人。共產黨已經數次提出團結，要求您領導抗日戰。內戰無論哪一方取勝，都只是對日本有利。我始終支持您，即使是在九一八事變中也服從您的不抵抗政策，忍受了全國的責難和侮辱。這一切都是為了保護您的威信，為了您和日本抗戰的那天到來而忍辱負重。現在抗日已是人心所向，請停止內戰，一致抗日。

蔣介石聞言，喝斥張學良年少無知，上了共產黨的當，拍桌說道：「就算你掏出手槍把我斃了，我也不會改變剿共計畫。」八日，楊虎城也前往華清池想要說服蔣介石，仍舊無效。蔣介石還對東北軍的師團長說：「你們頻繁地和紅軍用無線通信，難道以為我不知道嗎？」並施加壓力，要調動東北軍、處分將領。張學良和楊虎城意識到狀況的危急，不能再猶豫不決，因此下定決心採取「兵諫」，使用武力的方式逼迫蔣介石抗日。

十二月九日正好是一二九學生運動的一周年，西安的共產黨地下組織、救國聯合會和東北民眾救亡會等各團體約兩萬人，聚集在總司令部南院門廣場上舉行請願示威活動，要求停止內戰。後來因為警察開槍、造成小學生受傷，人民情緒激昂，打算向蔣介石直接請願，請願隊伍開始朝著華清池前進。

得知消息的張學良立即致電蔣介石在華清池的下榻處所，希望蔣介石能接見請願代表者。沒想到蔣介石卻在電話中訓斥，「這一切都是因為你的放任。絕不允許遊行隊伍來到我的面前」。早在前一日，蔣介石便已經對憲兵隊下達了開槍許可的命令。張學良為了避免出現流血衝突的事態，隻身一人開車追趕遊行隊伍，在灞橋上試圖說服大家。

此時，灞橋上已經架起了機關槍，在隊伍前方騎著自行車的數名學生遭到逮捕。張學良阻止了以宋黎為首的學生們，大聲叫喊：「不能再往前走了！」部分的學生還想繼續前進，張學良動之以情的勸說道：「請你們相信我。你們的要求也就是我的要求。如果你們相信我，我會在一週內用事實回答大家。」學生們聽後十分感動，大喊：「我們要和張副司令共同抗日！」

被監禁的蔣介石

張學良和學生們約定好期限後，立即和楊虎城著手準備兵變。他們得知防備華清池的兵力不多，因此計畫由東北軍的親衛隊進行襲擊。十日，張學良前往進行請願抗議的報告，蔣介石斥責張學良道：「你是站在學生那一邊，還是國家大官這一邊？」十一日，蔣介石宣布將東北軍屏除在掃蕩共產黨作戰之外。不過，蔣介石並未察覺張學良等人暗中的計畫。

一九三六年十二月十二日，東北軍親衛大隊隊長孫銘九等人率領武裝部隊抵達華清池。原先預定採取不開砲、解除武裝的動作，卻因為憲兵隊不配合，轉為雙方的槍戰。他們在闖進蔣介石臥室後，發現床上尚有餘溫，孫銘九確信蔣介石就藏匿在近處，命令士兵們搜索後山。

搜索行動進行約一小時後，清晨五點，一名士兵發現藏身在山洞裡的蔣介石。孫銘九趕到現場後發現，逃跑時傷了腰的蔣介石，已經凍得無法動彈。蔣介石認為東北軍試圖叛亂，看到孫銘九後便說：「殺了我吧！」但是孫銘九答道：「我奉張副司令的命令，前來接您去商量抗日問題。」用汽車接送蔣介石前往西安。住在西安市內的蔣介石的心腹們，也被楊虎城的特務部隊軟禁。

蔣介石受到監禁的消息震驚世界。率先報導這項消息的是日本同盟通信的上海分局。史達林接到來自東京的消息，甚至誤以為這項事件是日本間諜的陰謀。在中國國內，西安報紙《解放日報》發表了這項消息，並附上張學良、楊虎城的「八項要求」。內容包括停止內戰、召開救國大會、釋放抗日七君子等政治犯、保障民眾的政治自由、改組國民黨等。

十二月十二日的深夜，蔣介石受到監禁的消息傳到共產黨根據地。幹部們吃驚道：「蔣介石也會落得如此下場！」也出現了主張將蔣介石交由人民審判的聲音。不過，毛澤東沉著冷靜地釐清事態，認為應該先派遣周恩來前往西安，確認張學良等人的意圖後，再來計劃統一戰線的形式。共產國際也發來指示，表示無論事態如何發展，以和平解決為要。

另一方面，在絕對領袖被監禁的南京國民政府中，關於要如何因應，出現了意見的分歧。以何應欽、戴季陶為中心的主戰派認為，應該解除張學良的官職，要求正在外訪的汪兆銘回國，派遣國民政府中央軍進攻西安。對此，議和派的宋氏家族（宋美齡與宋子文、宋靄齡的丈夫代理行政院長孔祥熙）與陳氏兄弟（陳果夫、陳立夫）則是將蔣介石的顧問、同時與張學良關係密切的威廉・亨利・端納（William Henry Donald）送往西安。

此時，張學良對蔣介石頑固的態度束手無策。原本他在發動兵變之時，就沒有收拾殘局的明確計畫。他打算和蔣介石好好的溝通，多次前往蔣介石被監禁的房間。但是蔣介石打從一開始就拒絕與張學良見面，只是不斷地重複「讓我回南京」。

十二月十四日，端納出現在蔣介石面前，蔣介石生氣地說道：「張學良為了和我談而把我關起來，太過分了。」端納幽默地回答：「你不也是經常把人抓來談話嗎？」據說在旁擔任翻譯的張學良情不自禁地笑了出來。

宋美齡等人透過端納的電話，得知蔣介石安然無恙，便希望端納代為傳話，希望蔣介石能阻止主戰派的行動，防止內戰擴大。十二月十六日，端納將宋美齡等人的要求轉達給張學良、蔣介石之後，蔣介石寫下三日停戰的命令，張學良則是解除了蔣介石心腹（與何應欽關係親近的人）的監禁，命他回南京送信。二十日，宋子文來到西安，原本一心想要以武力解決的蔣介石，在態度上有所緩和。宋子文將這項消息帶回南京，主戰派失去了在國民政府內的發言權。

蔣介石和周恩來的會談

十二月二十二日，宋美齡飛抵西安。她的到來使蔣介石大吃一驚，宋美齡描述了南京的情況，告訴蔣介石全國人民都在擔心他，希望他能考慮中國的前途後採取行動。宋美齡與張學良會談時，張學良也說明，此次的兵變只是為了讓蔣介石「同意抗日」的手段，絲毫沒有要加害蔣介石的意思。

十二月十七日進入西安的周恩來，謹慎觀察張學良與南京方面交涉的同時，也發現被監禁的蔣介石，仍然在國民政府內部擁有絕大的影響力。二十三日，周恩來會見宋子文與宋美齡，表示共產黨雖然與這次的事件無關，但是還是希望能夠和平收場，只要蔣介石同意抗日，共產黨將會把蔣介石視為全國的領袖，予以支持。周恩來還說：「除了蔣委員長，在中國無人能勝任。」這句話深深打動了宋美齡等人。

十二月二十四日，宋美齡、宋子文與張學良、周恩來、楊虎城舉行五人會談。宋美齡說：「我等皆為黃帝裔胄，斷不應自相殘殺，凡內政問題，皆應在政治上求解決，不應擅用武力。」同意停止內戰。同時，宋美齡也承諾，撤退中央軍，維持共產黨根據地的現狀，清掃國民黨內部的親日派，成立抗日內閣，召開救國大會等。

會中的焦點是關於釋放蔣介石的條件，宋美齡、宋子文要求，在下令停戰、撤軍之後，立即釋放蔣介石；對此，張學良也表示同意。但是，楊虎城卻強烈的反對，認為沒有協定文書等保證，絕不能放人，周恩來也支持他的說法。為了解決這項問題，只能夠讓蔣介石與周恩來直接會談，這是蔣介石一直以來堅持拒絕的會談。

抵達西安的宋美齡　在西安事變發生後，抵達當地的宋美齡下機時表情嚴肅。

十二月二十五日早晨（也有一說是二十四日晚上），周恩來在張學良的陪伴下，來到蔣介石的房間。張學良通報說：「委員長，以前的部下來看您了，請！」周恩來進屋後，立即向在黃埔軍校時一樣敬禮稱呼：「校長！」蔣介石愣了半餉，才從床上起身，讓周恩來坐在旁邊。

周恩來先開口道：「蔣先生，十年不見，您老了很多啊。」蔣介石嘆了口氣道：「恩來，你是我的部下，應該聽我的話。」周恩來說：「只要蔣先生停止內戰，一致抗日的話，不僅是我一人聽先生的話，我們紅軍也都服從先生的指揮。」旁邊的宋美齡也說：「不討伐共產黨了。這次周先生不遠千里前來斡旋，實在是感謝。」

「不能再內戰下去了……」，蔣介石喃喃自語。這句話不只是共產黨，更是全中國人民引領期盼的話語。蔣介石接著說道：「內戰時也經常想起你們。在打仗的時候，也沒忘記你們曾為我效力的時候。能再合作一次也好。」

十二月二十五日下午四點，蔣介石夫婦出現在西安的機場。決定釋放蔣介石後，東北軍、西北軍的將領們十分不滿，表示反對。張學良與楊虎城擔心出現混亂，急忙將蔣介石夫妻帶出住處，驅車直奔機場。蔣介石夫婦先飛往洛陽，並於翌日（二十六日）平安的抵達南京，震驚世界。用受過美國教育的宋美齡的話來說，這可以說是遲到一天的聖誕節禮物。

不過，這時又發生了一件事情——張學良提出要送蔣介石回南京。他用紅色鉛筆寫下指示：今後將由部下于學忠統率東北軍，聽從楊虎城的指揮。接著讓宋子文、端納乘坐自己的專機，前往追趕蔣介石。根據張學良晚年的回憶，他當時其實是抱著以死謝罪的念頭。周恩來接到孫銘九的電話非常吃驚，立刻趕往機場阻攔，卻為時已晚。周恩來對張學良固執又死心眼的行動，感嘆道：「他聽舊戲聽多了，哪有自己要去受罰的。」

如此，持續九年的國民黨與共產黨之間的內戰，在要求築起抗日長城的人們的叫喊聲之中，終於迎來了結束。當然，在第二次國共合作成立後，兩方的暗鬥仍舊持續進行著，並在日本戰敗後，再次爆發內戰。這場悲劇中西安事變的主角們也受到命運的捉弄。張學良一度被判刑十年，後被取消，卻為了逃避戰火輾轉中國各地，過著被軟禁的生活，並在一九四六年被送往臺灣。楊虎城被解除西北軍的指揮權，一九四九年在重慶被國民政府的特務暗殺身亡。

即使付出犧牲也不願成為歷史罪人的張學良，他的心願是將（孫文嘆為）「一盤散沙」的中國人，聚集在抗日民族主義之下。雖然說這也是二十一世紀中國必須跨越的課題，但不容否認的是，這是我們在中國近代史上所看到的，最夢寐以求的成果。就這樣，中國的一九三六年進入了尾聲。僅僅七個月之後，北平郊外的盧溝橋槍聲大作，中日兩軍進入全面戰爭。

註釋

1 軍團長為蔡廷鍇。
2 漢族與滿族，即中國人。
3 人口比例約占百分之一。
4 【譯按】據傳在槍殺前，犬養毅曾說：「有話好好講」，對方只回答：「多說無益，開槍。」
5 原黑龍江省的代理省主席。
6 【譯按】撤至延慶、昌平、高麗營、順義、通州、香河、寶坻、林亭口、寧河、蘆台所連之線以西以南地區。
7 【譯按】華飛烈（Frederick Townsend Ward）所率領的洋槍隊，為一傭兵部隊。一八六二年，清廷下令將洋槍隊改名為常勝軍。後來曾加入太平天國的鎮壓活動。
8 指太平天國與國民革命。
9 秦邦憲和李德。
10 不過周恩來的出身地則是江蘇省淮安，是交通樞紐之地。
11 後改編為國家資源委員會。
12 中國國民黨臨時行動委員會。
13 【譯按】由何應欽與梅津美治郎所簽署的協定。
14 【譯按】秦德純與土肥原賢二所簽署的協定。
15 【譯按】又譯為《西行漫記》。

第十章　邊境的街道與人們——香港、臺灣及上海

異文化的窗口：香港與上海

顯示時代活力的邊境

你最熟悉的中國城市是哪裡呢？如果你去過中國，對於最初到訪的地方以及長時間停留的城市，應該會有特別的感情。近年來，雖說從日本飛往中國內陸的直航班機有所增加，但是大家大多還是會舉出北京或上海，以及一九九七年起，主權從英國移交給中華人民共和國的特別行政區、也就是香港這些城市吧？

此外，我們也不能忘記，對我們來說十分親近的另一個中華世界——臺灣。以「便當[1]」為代表的和式中文，更不用說那些至今仍佇立在街角的日治時代建築物。許多人因與中國交涉的煩瑣而感到疲憊之時，對臺灣逐漸發展為健全市民社會的樣貌產生了共鳴，進而成為熱烈的臺灣迷。

香港、臺灣、上海這三個地區還有一個共通點，它們都是地處中國世界的邊緣地帶，以殖民地或是租界的體制接受外國的統治，在與異國文化交流之下積累而成的社會。換言之，這三個社會都是在中國象徵著「近代」的地方，無論喜惡與否，它們都具備著中國其他地區所沒有的特性。也可

一八四〇年代的香港

以說，正因為它們是中國世界的邊境，所以才蘊含著近代中國的潛在可能性和能量。[2]

在國際都市的香港和上海，以及多民族社會的臺灣，各式各樣的思想、制度和文化反覆不斷地衝突與融合。許多人活躍在這些舞台上，他們的目光擴及中國的周邊以及全世界。正如本書所反覆闡述的一般，中國的近代史與日本有著密切的關聯，而這三個地區也不例外。比起現在的我們，對於當時的日本人而言，這三個地區是非常親近的場所。

接著，讓我們將焦點放在生活在這裡的日本人身上，來觀察這三個地區的近代史。並且試著思考二十一世紀的日本，應該如何與中國這一個「最親近的他人」互動、共存。

草創時期的香港與上海

香港成立的契機，無疑是在一八四二年《南京條約》中，香港島被割讓給英國。英國原本就一直希望能夠擁有相當於葡屬澳門（一九九九年歸還中國）一般的中國南部貿易據點。而香港島地處清代唯一開港口岸——廣州的入口，恰巧是符合英國要求的場所。香港原先是運輸香木的小港，在割讓當時，客家移民和閩南人的水上人家，約有七千四百五十人在島上居住。若是香港未被選為殖民地，那麼或許香港就像今日廣東沿海的島嶼一樣，是個一貧如洗的不毛之地。

最初負責建設香港的人，是來自澳門和廣州的商人和傳教士們。以香港總督為首的行政機構已整備完全，並建設港口、倉庫和監獄等設施。然而，被寄予厚望的「自由港」香港的貿易額，並未出現大幅度的增長；擺脫清朝的統治後，成長的項目是鴉片貿易和中國勞工輸出的苦力貿易。曾有美國人嚴厲地評價一八四〇年代的香港，是「鴉片販子、士兵、官吏和好戰分子的聚集地」，且據說當時的香港也十分困擾於海盜以各島嶼為據點的橫行狀況。

一八五〇年代，香港的發展逐漸步上軌道。呼應太平天國的天地會軍在廣州一帶起義，廣州的富商家族為躲避戰亂，移居香港。香港的中國人人口，在一八五四年有五萬四千人，到九龍半島也被租借的一八六〇年代，已經超過了十一萬人。港口的貿易額也有所成長，一八六五年香港上海銀行成立後，金融、保險、造船、海運業等公司也相繼誕生。

而上海都市成立的契機，則是一八四二年英國占領上海縣。一八四五年簽訂《上海土地章程》，作為治外法權居留地的「租界」因而誕生。這片方圓約六公里的「外國」，在一八五三年呼應太平天國進攻南京的小刀會起義之後，而有了重大的意義。小刀會是天地會體系的祕密組織，他們占領了上海縣，使清朝權力出現空白，英國領事阿禮國（Sir Rutherford Alcock）等人在租界設立了由外國人組成的自治政府，並設置參事會作為行政機關。關稅的徵收，也是由外國人的稅務司所負責。

一八六〇年，李秀成率領太平軍進入江南，江南地方的富商們爭先恐後的逃進上海租界。上海

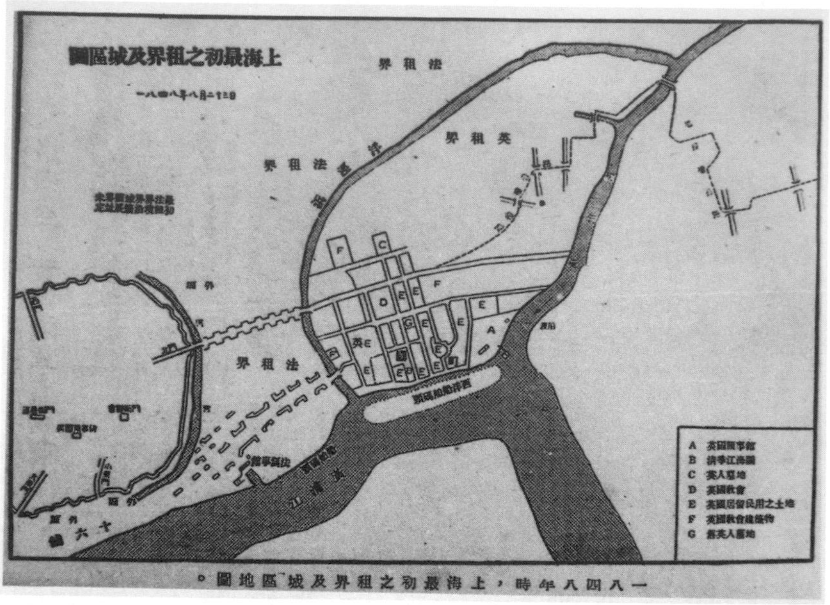

上海租界地圖　一八四〇年代，上海外灘最早的租界與區域地圖。

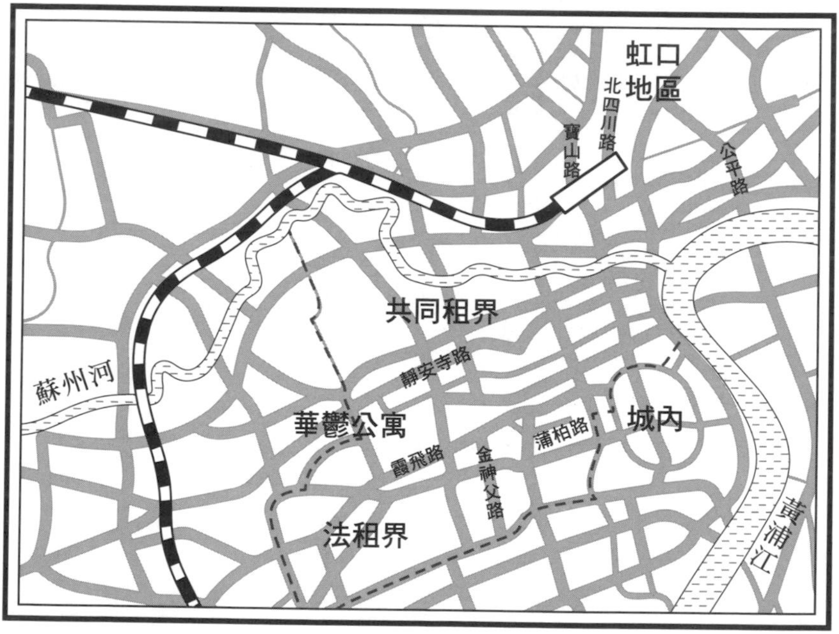

民國時期的上海地圖

成功阻擋了兩次太平軍的進攻，因而成為支持清朝政府的英國與法國鎮壓太平軍的據點，英國軍人戈登（Charles George Gordon）率領的常勝軍，以及李鴻章所創建的淮軍，皆是從上海出擊。

太平天國滅亡後，相對獨立於中國統治權力之外的香港與上海，其存在反而變得更為重要。革命派的孫文首先是在香港著手進行革命的準備，在二次革命失敗後，也經常潛伏在上海。中國共產黨的第一次全國代表大會，也是在上海的法國租界召開；四一二事件後直到一九三三年，共產黨的本部也都是設置在上海。也就是說，在歐洲列強侵略之下所誕生的殖民地，為專制國家中國帶來了城市的「自由」空氣。雖然這種自治絕非是認同中國人參與政治的民主政治制度，但是卻也顯示出中國的「近代」所具備的複雜性格。

日本音吉與唐行者

以歐洲列強貿易據點為出發點的上海，約在一八五三年前後，出現了日本人的身影。他的名字是「日本音吉（にっぽん音吉）」，出身尾張國的船夫。一八三二年，首次出海的音吉才十三歲，遭遇船難，在海上漂流一年兩個月的時間，最後抵達美國西海岸。不久後被轉賣給英國人[3]，送往澳門，在德國人傳教士郭士立（Karl Friedrich August Gützlaff，曾參與《南京條約》的簽訂事務）的身邊協助翻譯日文版聖經。一八三七年，音吉乘坐美國船隻莫里森號（Morrison）前往江戶，進行開國的交涉，下令驅趕外國船隻的幕府，在浦賀開砲。因為莫里森事件而無法回國的音吉，又一次前往美國後再進入上海，在英國體系的商行寶順洋行（Dent & Beale Company）工作。

音吉　第一位定居新加坡的日本人

寶順洋行與怡和洋行（Jardine Matheson）都是由活躍於鴉片貿易的地方貿易商人所組成。他們在面對黃浦江的外灘建立商行，從事鴉片、中國產的生絲、茶葉等貿易。音吉被委任管理倉庫的職務，私下則是致力於救濟來到中國的日本漂流難民。根據接受他關照的漂流難民講述，音吉在現在的九江路附近擁有豪華氣派的房子，和馬來人的妻子共育有三名子女。

一八五四年，音吉以英國艦隊的翻譯身分，造訪睽違二十三年的日本，致力於協助《日英通商航海條約》的簽訂。當時，長崎奉行[4]水野忠德勸他留在日本，他則是指著英國國旗說：「我不能拋妻棄子」，作為一個國際人才，他決定了自己的人生道路。一八六〇年，音吉移居妻子的故鄉新加坡。香港和新加坡都是支撐英國殖民地經營的據點，上海也位於貨物和人才運輸網的延長線上。

那麼，音吉為何會選擇離開上海呢？音吉曾經協助過日文版聖經的翻譯，對於受到基督教影響的太平天國的庶民性格，懷抱著親切感。當列強出面參與太平天國的鎮壓活動之後，音吉對英國的對華政策感到失望，並且對於與鴉片交易息息相關的上海的生活，感受到了矛盾。

一八六〇年，日本幕府派出包含福澤諭吉在內的遣歐使節團，途經新加坡之時，剛移居到新加坡的音吉便前往使節團一行人下榻的住所拜訪。當時，音吉表示「世界上戰亂不斷」，提醒他們要特別警戒英國的侵略。一八五七年，英國鎮壓了印度的民族起義[5]，推進印度的殖民地化，不久後便與支持薩長同盟和幕府的法國發生衝突。音吉指出內戰與殖民地化的危機，希望能拯救祖國的同胞們。

一八七〇年代後，日本在上海設置日本領事館，上海與日本航線的開通，使得許多日本人得以造訪上海。雖然其中也包括了三井物產等貿易商，但是當時日本與清朝之間的貿易，大多是由中國商人把持著利益，日本的貿易公司、商人很難打進這個貿易圈。同樣的狀況也發生在香港，在香港創辦分店的日本貿易公司，在數年後也只能無奈的撤出。

最初在上海取得「成功」的日本人，是被稱為「唐行者」的娼妓們。她們大多是出身九州，特別是貧困的島原、天草地方，透過人口販子偷渡到上海、香港，甚至經由新加坡，被轉賣到東南亞各地。一八八〇年代，被稱為東洋茶館（這裡的「東洋」指的是日本）的日式青樓，在上海很受歡迎，曾有約八百名日本娼妓在此工作。據說在新加坡，也有許多日本娼妓成為白人的小妾。

這是明治時期日本人走向國外的常見途徑，先讓「唐行者」進入上海，隨後日本的雜貨商人再因應她們的需求，渡海前來做買賣。然而，日本政府認為她們在上海的行為有損「國家體面」，十分不悅。一八八三年前後，日本領事館開始取締「唐行者」，並制定《清國上海居留日本人取締規則》，要求上海的日本人，不戴帽子不許外出、男女外出時必須穿著「一定程度的衣裝」等。如此舉動，代表日本正卑屈地意識著「列強會如何看待我們？」，顯示出日本在嘗試參與近代世界的過程中，緊張萬分的心情。不久，租界的日式青樓逐漸式微，日本設立公娼制度，後來被日軍慰安所承繼。

包含日本人在內，許多外國人聚集的上海和香港，成為歐洲近代文明的窗口，不斷地發展出「文明開化」的現象。這兩個城市都有完備的瓦斯燈和自來水設備，上海在一八八二年設置了公共電話，香港在一八八八年開通了往維多利亞山（太平山）的纜車。後來，香港設置有軌電車和鐵路，在上海，鐵路建設曾一度因為人們的反對而被迫中止，最後於一八九八年重新開通。順帶一提，一八七四年日本的人力車出口到上海，被稱為東洋車，並在當地開始普及。

近代文明的洗禮與東亞同文書院

伴隨著城市的發展，衛生問題也更加嚴重。一八九四年，香港流行鼠疫，造成兩千五百人死亡。香港政廳為防止疫情擴大，採取了將感染者隔離、清掃受到感染的地區、破壞和燒毀建築物等措施，並召集世界各地的醫師，進行研究和治療。北里柴三郎便是其中一人，當時他在日本國內不被認可，經營一家私立的傳染病研究所。抵達香港的他，不費數日就發現了鼠疫的病原菌，並將之發表於英國的醫學雜誌中，驚動全世界。

除了引進歐洲的技術和制度之外，香港和上海的移民都市性格，也吸引了許多中國人前來。與世界各地的唐人街一樣，成立了許多同鄉、同業的互助組織，稱之為「會館」或是「幫」；在上海，以寧波幫為中心的四明公所，擁有很大的影響力。在香港，以供奉戰死者的祠堂為前身而設立的東華醫院，以及為保護被人口販子誘拐的少女而設立的保良局，成為中國人相互交流的中心。這些團體的領袖，也以中國人代表的身分，與殖民地、租界當局進行交涉。

一八八四年創刊的《點石齋畫報》，反映出歐洲近代文明與中國傳統文化在上海交錯的模樣。

《點石齋畫報》相當於今日的周刊畫報，每月發行三刊。由專業的畫師們，以新聞和謠言閒語為題材繪製圖畫，每冊都有數張石版印畫。以視覺訴諸大眾娛樂這一點上，是十分嶄新的手法，同時也繪製了近代建築、賽馬場、火車、氣球、兵器等各式各樣舶來品的新奇事物，反映出上海的地方特色。此外，對於時事問題也十分敏銳，將中法戰爭及甲午戰爭的種種情況，和一些小插曲一同介紹說明。

《點石齋畫報》中還刊載了不少中國傳統文化方面的作品。特別是被稱為牛鬼蛇神的妖怪神仙，大多是引用自中國古代的博物誌《山海經》。畫報裡所採用的遠近法技巧，是歐洲繪畫技巧的一種，結合中國傳統的妖怪圖像，正好體現出傳統與近代在上海交錯的模樣。據說少年時代的魯迅，也是《點石齋畫報》的忠實讀者。《點石齋畫報》在中國各地販售，勾起了人們對近代都市上海的嚮往與憧憬。

與報刊出版業同時興盛發展的還有教育事業。香港最早建立的歐式學校，是一八四二年從澳門遷移過來的馬禮遜（Morrison）學校。洪秀全的族弟洪仁玕（太平天國干王）居住在香港期間，曾在英華書院任教。馬禮遜學校與英華書院都是將重點放置在基督教的傳教事業上。一八六〇年代以後，香港政廳開始致力於教育事業，設立中央書院[6]，將重點放在英語教育上。

北里柴三郎　日本細菌學之父，在一九〇一年被提名首屆的諾貝爾生理學或醫學獎（但未獲獎），也是第一位亞洲人、日本人、非白種人的候選人。

上海最早成立的近代教育機構，則是一八六三年李鴻章所設立的上海外國語言文字學館（後來的上海廣方言館）。曾任教師的傳教士傅蘭雅（John Fryer）以及科學家徐壽，在一八七六年創建格致書院（今日的格致中學），將歐式的學問編入課程之中。十九世紀末葉，十分流行創立以中國人為對象的教會學校。現今著名的復旦大學，也是其中之一。

另外，在上海也有以日本學生為主的專科學校，例如在一九〇一年創建的東亞同文書院[7]。經營者為東亞同文會（曾於本書第三章提及的政策推進團體），在中日合作的方針下營運，直至一九四五年日本戰敗為止，共有四千七百一十一名的學生（其中包括四十七名中國學生）從該校畢業。東亞同文書院的前身，是一八九〇年荒尾精在上海建立的日清貿易研究所。

在本書中反覆登場的陸軍情報將官，荒尾精也是其中一人，他在一八八六年被派遣至中國。他拜訪了在上海租界經營眼藥店樂善堂的岸田吟香，對於岸田以開拓中國市場為目標，荒尾表示了贊同。岸田因而委託荒尾負責湖北省漢口的樂善堂分店。荒尾精召集了一群關心中國的青年，裝扮成行商小販的模樣，在中國各地進行調查，最後將結果歸納為報告書《清國通商綜覽》。以此經驗作為基礎，荒尾成立了日清貿易研究所，但是在甲午戰爭爆發後，僅僅維持數年，便宣告關閉。荒尾逝世後，他的盟友根津一就任東亞同文書院的院長，繼承他的遺志。

有上述歷史背景的東亞同文書院，十分重視田野調查，由學生的旅行調查報告為基礎完成的《支那經濟全書》、《支那省別全誌》，成為日本對華戰略的重要情報來源。雖然他們的足跡，被視為是中日戰爭這一段不幸歷史中的先行侵略者，但在實際上，卻有許多學生為了中日合作在理想與現實上的差距而苦惱不已。此外，對於魯迅的知音內山完造而言，東亞同文書院可說是最好的客戶，據說內山夫婦總是被學生們親切地稱呼為「叔叔、阿姨」。

臺灣與日本型近代的走向

常有人說，根據一八九五年《馬關條約》被割讓給日本的臺灣，與同為殖民地的韓國相較，就算是現在，也還是保持較為親日的立場。這種相對親日的立場，與日本戰敗後臺灣的歷史不無關係：戰後接管臺灣的國民政府，人民對其高壓統治及腐敗感到憤怒，在一九四七年因取締私菸而爆發了二二八事件，臺灣民眾遭受到政府殘酷的鎮壓。其後，國民黨在與共產黨的內戰中失敗，撤退至臺灣，並發布戒嚴令，直到一九八七年解嚴為止的四十年間，臺灣人民持續生活在高壓統治之下。

臺灣總督府與後藤新平

在日本統治時期，臺灣人民引領期盼著從殖民地統治中獲得解放，然而，理念上的「祖國」，與現實中的國民政府之間所顯露出的巨大鴻溝，讓臺灣人民深受打擊。「狗去豬來」，這句話表現出當時臺灣人民對國民政府的失望，這裡要注意的是指稱日本的「狗」，在中文的涵義裡並不是很好的形容。如果是隻看門狗，或許還有點用處，但如果只是隻狂吠擾人的狗呢？被以「狗」來形容的日本殖民地統治，究竟是什麼樣子呢？

臺灣是日本取得的第一個殖民地，因此，究竟該如何統治，在當時日本政府的心中，並沒有明確的計畫。在本書第二章所看到的臺灣民主國，因為日軍的進攻而崩壞瓦解，日本在臺北設立了臺灣總督府，作為殖民地統治的中心機構。其後，臺灣民眾仍舊持續著游擊式的抵抗運動，為了鎮壓而支出的費用，成為日本政府財政上的負擔。

一八九八年三月，以民政長官身分上任的後藤新平，是日本統治臺灣後，第一位拿出成果的人物。他出生於岩手縣的士族家庭，與因為莫里森號（Morrison）事件而批判幕府鎖國政策的蘭學者高野長英同屬一族。明治維新後雖然家道中落，但發憤圖強的後藤新平努力學醫，在留學德國後，擔任日本的衛生局局長。甲午戰爭後，後藤氏在日軍將士的檢疫工作中表現卓越，被第四代臺灣總督兒玉源太郎提拔。

後藤新平統治臺灣的特徵，便是所謂「生物學」式的殖民地經營，配合當地的實際情況來推動統治方針。後藤曾說：「不能將比目魚的眼睛換成鯛魚的眼睛。比目魚的眼睛長在頭的同一側。不能因為奇怪就把它換成鯛魚的眼睛。因為比目魚的眼睛，就是在生物學上有所需要，才會長在同一側。在政治上也是一樣，這點十分重要。所以當我們統治臺灣時，首先，要詳細地用科學調查這個島上的舊慣風俗，因應民情來施行統治。若是不理解這一點，便打算貿然地將日本內地的法治，原封不動地搬到臺灣施行的人，就像是把比目魚的眼睛突然換成鯛魚的眼睛一般，是一群不懂得政治真意的傢伙。」

立基在後藤新平的觀點上，一九〇一年，臺灣總督府開始施行臺灣舊慣調查。因為這項大規模的調查，明確了臺灣的習慣法[8]以及產業情況，成為往後殖民地經營的基礎。此外，後藤新平還推

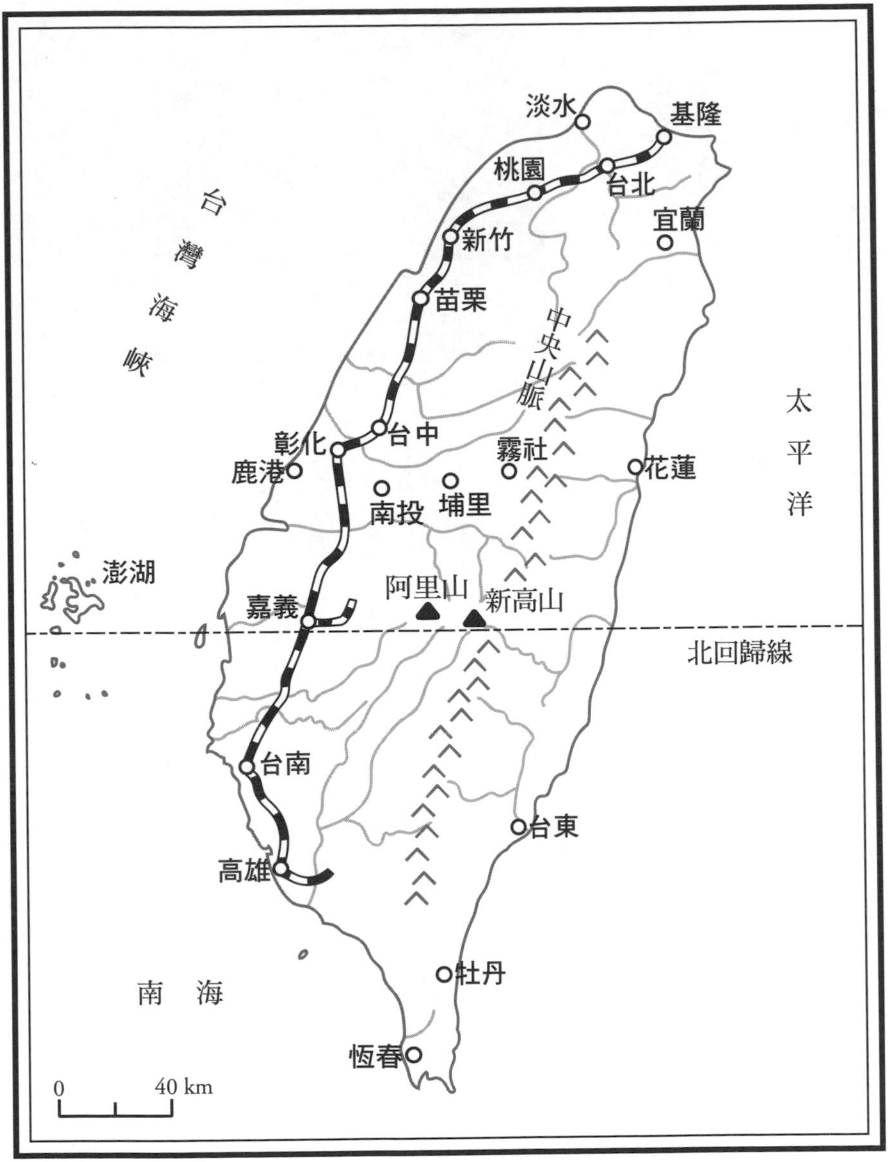

日本統治時代的臺灣　根據社會思想社，戴國煇編著《台灣霧社蜂起事件・研究と資料》繪製而成。

臺灣總督府　也就是臺灣人很熟悉的總統府。

動了在徵收租稅上不可欠缺的土地和人口調查，將錯綜複雜的土地所有權，整理成近代的形式。接著，他也推動基礎建設的整備，擴建北部基隆、南部高雄這兩個港口，並建設連接兩個港口的南北縱貫鐵路與公路網。這些事業都是繼承清代臺灣巡撫劉銘傳所嘗試過的改革，且後藤新平與劉銘傳相同的一點是，整備建設的所需經費，幾乎都是來自在臺灣本地所籌措出的經費。

在後藤新平的政策中，臺灣本地製糖業的培育，是一項不可或忘的成果。原本日本的砂糖多倚賴進口，後藤說服日本資本家，讓他們在臺灣設立新式設備的製糖工廠。並且聘請農學家新渡戶稻造（後來成為國際聯盟的事務局次長）來擔任殖產課長，讓他研究甘蔗的品種改良以及種植方法。據說新渡戶起初以病疾為由推辭，後來後藤表示願意提供新渡戶前所未有的超優待遇，積極地說服了他。於是，根據新渡戶稻造提出的《糖業改良意見書》，對農家指導後，臺灣的砂糖生產值出現了飛躍性的成長。此外，後藤新平還推進了水利灌溉事業，後來開發出新品種的米穀——蓬萊米，使臺灣在日本的穀倉地帶中站上了重要的位置。

後藤新平在臺灣經營上留下了許多成績，但是我們也不能忘記，在另一方面，他也是一位殖民地主義者，他將臺灣與日本內地以不同的法律制度區別開來，並把臺灣編入日本的經濟構造之中，置於從屬性的地位。他進行的實地調查，也是為了讓殖民統治能夠順利地推進，因為明白臺灣精英們重視面子，便慷慨地頒布勳章，實行懷柔政策。此外，在後藤新平的統治手段中，也存在著另一種面向——藉由讓臺灣人民見識到「近代」的威力，在他們心中種下敬畏之感。一九一九年完工的臺灣總督府，可以說是在這些政策總決算之下所完成的建築物，直至今日也未被拆除，而是成為臺灣的總統府，聳立在臺北街頭。

《臺灣青年》與議會設置請願運動

第一次世界大戰後，在世界各地掀起的民族自決情緒的高漲，也為日本的殖民地統治帶來了很大的變化。一九一九年，朝鮮爆發了反抗日本統治的三一獨立運動，被稱為「平民宰相」的原敬內閣，一改過去殖民地的武官統治，採用文官統治的方式，高喊「一視同仁」的口號，實行同化主義政策。這項改革也影響到臺灣，一九一九年，文官取代武官，成為臺灣總督。

文官總督的臺灣統治，首重於在內地延長主義基礎上的教育改革。在過往的臺灣島內，沒有中等以上的教育機構，想要繼續升學的學生，只能到日本或是中國留學。於是，臺灣人民開始募集有志者的捐獻，提出請求，希望能夠成立讓臺灣人就讀的中學。臺灣公立臺中中學[9]因而成立。一九二二年，

臺灣民報　前身為《臺灣青年》雜誌。創刊於日本東京，後增加日文版，遷入臺灣。之後更名《臺灣新民報》。

頒布《新臺灣教育令》，規定臺灣的學制得以遵從日本內地的制度。一九二八年臺北帝國大學（現今的臺灣大學）的設立，便是《新臺灣教育令》頒布後的成果。

彷彿是符合教育改革的步調一般，接受近代教育的青年知識分子，也開始推動啟蒙運動，主張臺灣人在政治上的權利。其源頭便是一九二〇年的新民會（後來的臺灣青年會），由留學日本的蔡培火等人所創建，他們利用休假期間，巡迴臺灣各地進行演講，向民眾宣傳個人主義、自由結婚、女性解放等新思潮。後來，他們邀請臺灣屈指可數的資產家林獻堂，擔任新民會的會長，並在東京發行《臺灣青年》雜誌。

《臺灣青年》是出自臺灣人之手的出版業先鋒，不久後，發展成為在臺灣發行的日報《臺灣新民報》。五四運動時期，為救助在東京被逮捕的中國留學生而四處奔走的吉野作造，為《臺灣青年》創刊號寫了祝辭。因為蔡培火與吉野同為基督徒，加上在吉野身邊學習的中國留學生與朝鮮留學生，皆與蔡培火有所往來。

吉野作造在祝辭中指出，不能因為臺灣是日本的殖民地，就無視臺灣的傳統，而原封不動地將日本內地的文化移植到臺灣，指責同化主義的錯誤。他認為日本和臺灣構築合作關係的基礎，應該要建立在臺灣文化的獨立之上，主張：「沒有獨立的協同是盲從，是隸屬。我們作為日本國民，首先要求臺灣人是獨立的文化民族。」聲援臺灣知識份子的文化運動。這正是吉野作造才有辦法提出的見解，因為他認知到世界上民族自決的趨勢，並且正視朝鮮的獨立運動，因而鼓勵臺灣民眾構築出作為「臺灣人」的認同。

接受到日本大正民主思潮刺激的蔡培火等人，自一九二一年起開始要求設立臺灣議會。雖然是要求參政權，但卻不是要求日本帝國議會的選舉權，而是希望能夠設立擁有審查預算及法律權限的議會。這項臺灣議會設置請願運動，是在承認日本統治權的前提下進行，並未要求行政權，是十分低姿態的請願運動。他們的訴求雖然傳達到在野黨親臺議員的耳中，但只是被拿來當作攻擊執政黨的材料，並未被議會採納。儘管如此，這項請願運動仍舊每年持續舉行，直到日本政黨政治受挫的一九三五年為止，也替許多臺灣人提供了參加政治運動的機會。

在要求參政權的同時，臺灣也受到中國的影響，展開文學革命。一九二三年前後，留學中國的張我軍，將胡適等人的作品介紹到臺灣。甚至還有人不滿足於只是將文言文改成白話文的作法，更進一步地探求臺灣固有語彙，收集諺語和俗語。

然而，這項臺灣版的「白話」運動，因為臺灣人所使用的閩南語與中國的北京語（國語）之間，存在著很大的差異，以及臺灣人在小學所學習的官方語言是日文的緣故，無法持續地滲透發展。雖然曾經提倡以臺灣風土為題材的「第三文學」，但是一九三七年臺灣總督府下令，禁止在雜誌上刊登漢文（中文）文章。與世界各地的殖民地相同，臺灣民眾嚐到了無法使用自己的母語，表達思想和感情的苦澀滋味。然而，這也帶來了另一種結果，因為透過日文介紹世界文學，加深了臺灣與中國之間的文化差異。

附帶一提，臺灣的社會主義思想，與中國一樣是經由日本的途徑傳入。受到山川均影響的激進派連溫卿等人，於一九二七年加入了林獻堂等人所設立的啟蒙團體——臺灣文化協會。因為他們的加入，使文化協會左傾化，元老幹部林獻堂、蔡培火等人表示反對，另外成立臺灣民眾黨。這是臺灣的第一個政黨，在黨的綱領中加入了參政權的要求，但是在一九三一年，就被臺灣總督府下令解散了。

霧社事件與《莎韻之鐘》

一九三〇年十月二十七日早晨，位於臺灣中部名為霧社[10]的深山小鎮中，正要舉辦公學校的運動會。住在當地的少數民族賽德克人[11]和日本人學生及其家人都集合在一起，就在日本國旗正要升起之時，校園瞬間化為喋血地獄。

馬赫坡社的頭目莫那魯道率領了三百人，為抵抗日本的統治，憤而起義。

他們一面叫喊著「內地人（日本人）就算是小孩也不能放過，不要殺本島人（臺灣的漢族人）」，一面襲擊四處逃竄的日本人。一名日本警察向友人賽德克青年叫喊「別開槍」，那位青年卻回道：「就是因為是朋友，我才要開槍。這一切會變成現在這個樣子都是日本種下的罪過。我一槍給你個痛快，別動！」便開槍射擊。還有一位賽德克族的少年發現槍口正對著自己學校的老師，崩潰哭喊著：「我開不了槍，開不了啊！」最後，霧社事件中有一百三十四名日本人被殺害，據說其中約有五十名是未滿十歲的兒童。

霧社事件的發生，帶給臺灣總督府沉重的打擊。先前，霧社有「番界第一都會」之稱，被視為是日本統治的高砂族中，最為成功的地方。特別是協助統治的賽德克人巡查花岡一郎（原名拉奇斯・諾敏），其實是霧社事件的中心成員，顯示出日本在臺灣少數民族統治上的失敗。[12]

清朝時代，賽德克族被稱為「生番」，不接受漢人政府的統治。臺灣割讓給日本後，總督府將隘勇線（漢番界線）向內推進，強化對高砂族的管理。一九〇三年，日本授意布農族殺害賽德克族，許多賽德克族人被殺害[13]；一九〇七年，馬赫坡社也舉行了和解儀式，歸屬在南投廳埔里社支廳的管轄之下。

臺灣總督府邀請年輕首領莫那魯道前往日本進行參觀旅行，並促成他的妹妹與日本警察之間的婚姻，藉以拉攏莫那魯道。但是，被徵召從事討伐隊以及公路建設等各項勞役的賽德克族，對於經常暴力相向的日本警察十分反感。加上公學校的教育內容，否定了他們的民族習慣，強迫族人內地化，高砂族的小孩們「對於被稱為蕃人之事，感到非常的恥辱及憤慨，悔恨自己生為蕃人」，卻必須忍受作為二等國民的屈辱。長期下來積累的鬱悶與不滿，爆發為掃蕩日本人的完全殺戮事件。

莫那魯道（中）

事件發生後，臺灣總督府與臺灣軍司令部立即派出兩千六百名軍隊及警察前往鎮壓，並且組織未參加起義的部落為「友藩」，對起義的部落進行討伐。由於起義軍善於利用山地地形進行游擊式的抵抗，拖延了戰鬥的時間；日軍則是出動各式大砲和飛機，更有一說是使用了毒氣攻擊，且日軍因為傷亡慘重，甚至出現機關槍被起義軍奪取的醜聞。

結果，至十二月為止，以莫那魯道為首的許多領袖連同家屬自殺，投降者則是被關押在保護蕃收容所之中。一九三一年四月，在鎮壓戰時失去頭目的友蕃們，受到日本當局的唆使，殺害了收容所內的二百一十名賽德克人，挑起第二次霧社事件。接著，臺灣總督府把生還者強制遷移到埔里社北部的川中島，試圖讓他們成為平地農民。

一九四一年，日本發動太平洋戰爭後，又為高砂族人帶來了新的悲劇。軍部看中他們的高戰鬥力，打算活用在叢林戰，因而組織高砂義勇隊。許多高砂族青年被送往激戰不斷的南方戰線，命喪黃泉。中日戰爭爆發以來，日本動員臺灣人成為「軍屬[14]」，一九四〇年開始實施皇民化政策，強迫臺灣人參拜神社、改用日本姓名等。一九四四年在臺灣實行徵兵制，二十萬以上的臺灣人以兵士、「軍屬」的身分被送上戰場，除此之外，還有許多臺灣人被徵用為少年軍需工和隨軍慰安婦。

戰況惡化的一九四三年，在日本上映了一部電影，題名為《莎韻之鐘》，描述一名利有亨社的少女，在運送正要出征的日本「恩師」行李途中，遇難身亡的故事。主角是「歌唱大東亞共榮圈」的李香蘭（山口淑子），扮演惹人憐愛的少女莎韻，觀看電影的臺灣人因而被「教育」對日本的忠誠。較電影早先上映的演劇之中，讚賞「莎韻已經不是一介蕃社少女了，而是一位勇敢、值得讚揚的大和撫子，死得壯烈」。然而，就算是使用這些華麗的詞藻來綴飾，也無法掩蓋日本所實施的殘酷殖民地統治之現實。

大革命時代的上海與香港

接著，我們將目光再次轉向大陸的邊境城市。在一九二〇年代的上海和香港，工人罷工以及抵制日貨的運動相當盛行，目標是打倒帝國主義。其中著名的是在一九二五年發生的五卅運動。

五卅運動與省港罷工

五卅運動的契機，是五月十四日在上海日資的內外棉紡織工廠中，日本監工開槍射殺一名正在爭吵中的中國工人，並造成十多人受傷。該工廠在二月時也曾發生罷工事件，抗議廠方虐待童工，抗議行動擴大到上海和青島的三十多家日系工廠。雖然公司方面決定暫時讓步，但是上海的日本紡織同業會為了防止抗議行動再次發生，確立了壓制工會運動的方針，內外棉紡織工廠解僱了工會幹部，並關閉工廠。

當這項事實為人所知後，上海的學生們開始舉行街頭活動，呼籲支持工人，並要求救濟犧牲者。租界當局以「擾亂治安」為由逮捕學生，並決定於五月三十日進行審判。在同一時間，青島的日資紡織工廠內，又發生八名工人被張作霖派系的保安隊射殺的事件，引發眾怒。

五月三十日，上海南洋大學的兩千名學生要求釋放被捕學生，散發寫有「上海人的上海」、「回收租界」等字語的傳單，並舉辦演說，譴責殺害工人的行徑。在英國的警察隊逮捕一百多人後，抗議逮捕行為的學生及市民約一萬人聚集在主要街道的南京路上，英國警察隊開槍造成十三人

省港罷工　攝於一九二六年，抗議的工人高舉「收回海關」的布條標語。

死亡、數十人受傷的慘劇。這項事件更加激化了反帝國主義的聲浪，中國共產黨的劉少奇[15]等人成立工會組織——上海總工會，自六月一日起，在上海全市施行總罷工。

五卅運動是以工人、學生和中小企業家為中心，組織工商學聯合委員會，召開市民大會。六月七日召開的這場大會聚集了二十萬人，提出十七項要求，包括撤銷領事裁判權以及外國軍隊撤出上海等。當時在上海外資工廠勞動的工人苦於低工資、長時間勞動以及惡劣的勞動環境，因此他們也主張制定保護工人法，禁止虐待、保障罷工、言論與集會自由。然而，租界當局卻試圖以武力鎮壓，反而讓運動擴大至全國各地。

其中，受到較大影響的是同為國際都市，與上海關係密切的香港，以及成為革命運動據點的廣州。一九二五年六月，中華全國總工會和中國共產黨向香港政廳提出六項要求：支持上海工人提出的十七項要求、取消對中國人的歧視、主張中國人的選舉權、言論、集會與罷工的自由等，並展開抵制英貨的運動。

省港罷工持續了十六個月，在香港工作的十三萬勞工陸續撤退至廣州。廣州租借地沙面的勞工們也群起呼應，六月二十三日在租界附近舉行示威抗議運動，參加者超過十萬人。英、法兩軍向示威群眾開槍，造成二百三十人傷亡；工人方面則是組織兩千名的糾察隊，對香港執行嚴密的經濟封鎖，最後讓有「東方之珠」稱呼的香港，化為一座「死港」。

五卅運動嚴重打擊了列強的中國管理，他們領悟到強力的鎮壓已經來到了極限，只好答應修改不平等條約，其中以恢復關稅自主權為代表的一項。此外，五卅運動也顯示出，在外資工廠聚集的沿海地區，工人們急速增長的實力，支持運動的廣東政府也隨之發展為全國性的政權。而國內外的保守勢力，也因為工人運動的活躍而感到恐懼，在一九二六年十月宣布停止罷工的同時，保守勢力們也開始有了動作，想要讓開始北伐的蔣介石與共產黨斷絕合作關係。在邊境城市所孕育出的新時代能量，成為左右國民革命動向的重要因素。

臺灣共產黨與朝鮮人的獨立運動

香港與上海，這兩個中央公權力無法深入的城市，替中國內外的革命以及獨立運動提供了絕佳的據點。例如，一九二六年，越南的革命領袖胡志明以共產國際東方局委員的身分來到廣州，成立越南青年革命同志會。一九三〇年，胡志明在香港創立越南共產黨；翌年，患有結核病的他被香港的英國警察逮捕，一直被囚禁到一九三三年的春天。在這些以中國邊境都市為舞台的民族獨立動向中，特別值得注意的是日本殖民地：臺灣與朝鮮。

後來成為臺灣文化協會中心人物的林獻堂，於一九〇七年曾在奈良與逃亡日本的變法派梁啟超會面。當時梁啟超表示：「三十年內，中國絕無能力可以救援你們。」提議在日本統治的體制下，進行改良主義運動。後來，中國發生辛亥革命，與孫文同為客家人的中國同盟會會員羅福星[16]，雖然打算將革命引入臺灣，卻在一九一三年被日本逮捕、殺害。

一九二〇年代，前往中國留學的臺灣人學生們，接受了革命思想的洗禮。最早是一九二四年在上海成立的臺韓同志會，是由在上海設立支部的臺灣青年會（新民會）的有志之士，與朝鮮革命青年一同聯合組織而成的反日團體。此外，也有臺灣青年加入中國的革命團體，像是上海大學的許乃昌在陳獨秀的介紹下前往莫斯科留學，女性留學生謝雪紅加入中國共產黨，並活躍於五卅運動。在廣州成為國民革命的據點之後，許多臺灣人前往中山大學等學校留學，並於一九二七年三月成立廣東臺灣革命青年團。

廣東臺灣革命青年團主張，要使臺灣從日本獨立，首先需要的是反帝國主義的國民革命成功。當時的國民黨支持他們的活動，南京國民政府也在學校教材中編入關於「歸還臺灣」的內容。然而，這並無法成為國民政府的正式政策，正如「中國本身就已經多災多難，哪裡還顧得上三十多年前就拋棄的兄弟」的說法，直到中日戰爭爆發為止，中國方面完全沒有向日本提出歸還臺灣的要求。甚至出現另一種風潮：因為日本政府的情報管制，臺灣的實際狀況無法完全地傳達至中國，導致中國的革命家輕蔑臺灣人，將臺灣人視為日本的走狗。

在這樣的情況下，一九二八年四月，強調「臺灣革命」的臺灣共產黨在上海的法國租界成立，是由從莫斯科歸來的謝雪紅等人主導。雖然臺灣共產黨是在中國共產黨的支援下所成立的組織，奇妙的是，他們竟然被視為是日本共產黨的臺灣民族支部。當時在共產國際內部，並沒有認識到臺灣和中國本土之間的歷史關係，以及臺灣人大多是漢族的背景，因此只將臺灣視為日本統治下的殖民地之一，做出機械性的劃分。一九二九年四月，日本共產黨遭到鎮壓（四一六事件）後，失去基礎的臺灣共產黨的活動，也立即受到影響。

基於一九二八年召開的共產國際第六屆大會決議，亞洲各地的共產黨組織將進行重組；一九三〇年，臺灣共產黨也在中國共產黨的支援下重新改組。然而，總督府在臺灣也設置了和日本一樣的特別警察高等課[17]，並在一九三一年，對召開臨時大會的臺灣共產黨展開強烈的鎮壓活動。因為這場鎮壓，第一個提倡臺灣固有革命的組織因而崩解。希望能從日本獨立出來的臺灣人的民族主義運動，不管是面對中國大陸或是共產國際，都無法得到任何一方的理解。

另一方面，在上海以及中國大陸，朝鮮人的獨立運動卻是不屈不撓的持續進行著。其中心人物，是三一獨立運動不久後，於一九一九年四月成立大韓民國臨時政府的金九。他可說是與韓國首任總統李承晚並列，發揮巨大作用的角色，後來為了樹立南北的統一政府而遭到暗殺。

金九　推動韓國獨立，成立大韓民國臨時政府。

李承晚與金久皆是出生於黃海道，不過李承晚是出身名門貴族，金久則是出身於貧窮的沒落兩班[18]。在科舉中失意落榜的金九進入東學，一八九四年東學黨起義爆發，他以先鋒大將的身分進攻海州城。起義失敗後，金九又加入抗日運動的義兵鬥爭和新民會（爭取國權恢復運動），也殺害過日本的軍人。兩度入獄後，自一九一五年起展開農民啟蒙運動。

一九一九年大韓民國臨時政府成立後，金九前往上海擔任該政府的警務局長；一九二六年，被推選為臨時政府的最高領導者——國務領。雖然他們的活動受到日本領事館的追究，但很多時候由於法國租界當局事先向他們透漏情報，得以安然度過危機。不過在一九三二年一月，金九的部下在東京犯下了暗殺天皇未遂事件之後，便無法繼續期待法國的保護。一二八事變後的四月，他們在虹口公園發動了天長節（昭和天皇生日）祝賀會的恐怖炸彈攻擊事件，此後金九遭到日本當局嚴厲地搜捕，輾轉流亡中國各地。

一九三〇年，金九召集朝鮮的民族主義者們，成立了韓國獨立黨；一九三五年與義烈團等激進派團體聯合，組成了韓國民族革命黨。然而，金九認為：「我們的獨立運動，是我大韓民族自己的運動。受第三者的領導和命令，是倚靠他人之行為，違反我臨時政府的憲章。」對於是否接受共產國際的領導，抱持著否定的態度。日本戰敗後，金九依舊貫徹這項原則，當李承晚打算接受美國的支援來建立大韓民國時，他展開嚴厲地批判，認為有損完全地獨立自主。因此，金九四處樹敵；一九三八年五月，金九被朝鮮革命黨的黨員開槍擊中而受傷。

一九三三年，金九在國民黨組織部長陳果夫的介紹下，前往南京蔣介石官邸進行訪問。此時，蔣介石依據自己的經驗，提供建議：「為了將來的獨立戰爭，培養武官如何？」於是，金九在河南洛陽召集了一百名朝鮮青年，開辦軍官學校。後來雖然因為日本的抗議，而被迫廢校，但是他在一九四〇年，於國民政府所在地的重慶成立了韓國光復軍，並開始接受美國的援助。

最後，這些努力還沒有派上用場，日本在一九四五年八月宣布投降。接到「倭敵降伏」消息的金九，在一片萬歲呼聲之中，擔憂地表示：「我們在這場戰爭中沒發揮任何的作用，所以在將來的國際關係上也沒有太大的發言權。」金九的預言不幸應驗，不過，這絲毫無損金九等志士們追求殖民地獨立活動的意義，以及為金九等人的活動提供可能性的上海、這個城市的存在意義。邊境的城市，正因為其邊緣性的特質，而隱藏著許多與世界相連的可能性。

順道一提，金九曾經指出，中日戰爭時期的重慶，由於人口激增的緣故，造成許多中國難民被迫露宿街頭，在糧食的配給上，也經常出現大排長龍，打架鬥毆的事件。日軍的空襲，造成許多民眾死亡，堆積成山的屍體被卡車運走，死者的衣服破損露出肌膚等現象，都是他們在臨死之際痛苦掙扎的證明。

尾聲：魯迅的遺言與日本人

魯迅之死與內山完造

魯迅在晚年時身體狀況不佳，特別是在一九三六年後，他患有嚴重的氣喘，總是臥病在床。儘管如此，魯迅仍未放下筆桿，依舊持續地書寫文章批判政府。並且與標榜著革命文學的郭沫若等人展開論戰，對於他們粗糙的主張「只要接受了無產階級精神的洗禮，那麼寫出來的作品就是無產階級文學」，進行嚴厲的批判。為了這場論戰，魯迅還翻譯了普列漢諾夫（Georgi Valentinovich Plekhanov）的作品《藝術論》等，學習馬克思主義。一九三三年，日本的無產階級作家小林多喜二被特高警察拷打、殺害後，魯迅在日本的雜誌上刊登了追悼小林的文章。

病中的魯迅仍舊堅持前往內山書店。內山完造在與魯迅的「漫談」之中受到啟發，發行了《活中國的姿態》等對中國友好的隨筆集，魯迅雖然表示：「老闆，您的漫談太誇獎中國了。這只會增長中國人的劣根性，使革命後退。」但還是很高興地為內山氏書寫序文。

魯迅指出中國社會的病根在於「馬馬虎虎（毫不在乎、不認真的生活態度）」，並對日本人做出以下的描述：「於是我又想到日本的八千萬民眾。日本人的長處，是不拘何事，對付一件事，真是照字面直解的『拼命』來幹的那一種認真的態度。雖然我看得很清楚，最近的傾向有點相反，然而縱令現在有這樣相反的傾向也罷，而其成就到今日的事實，卻是不能否定的。中國把日本全部排斥都行，可是只有那認真卻斷乎排斥不得。無論有什麼事，那一點是非學不可的。」

正如在本書第六章所提到的內容，魯迅在仙台時代，受到指導教授藤野嚴九郎的細心指導，終其一生都對藤野氏心懷感激與敬意。魯迅對日本人的評論，是建立在當時的體驗之上；而他拚了命的「認真」模樣，與內山完造相同。內山完造在一二八事變之時，雖然說出充滿嘲諷語氣的玩笑話：「但你也知道這一次戰爭，海軍說是為了保護在上海居住的日本人，用了幾千萬日圓而進行的。」卻還是在槍林彈雨之下，堅守內山書店。

當然，魯迅強烈地反對日本的侵略行為。一九三五年，他與詩人野口米次郎對談時，對方問道：若是中國也像英屬印度那樣，被納入到日本的殖民統治之下，那會如何？魯迅答道：「事情如果發展到那種地步，就是感情的問題了。同樣是喪失財產，但比起被強盜偷去，還是被放蕩子浪費的好；同樣是被虐殺，但我希望被同國人殺害。」此外，魯迅也預言，只要中國的軍力無法壯大起來，中日關係便不可能會好轉，近期之內將會再發生軍事衝突。

一九三六年十月十九日，魯迅因心病性氣喘[19]而逝世。他生前留下最後的字跡，是委託內山完造為他請醫生看病的日文紙條。內山氏看見字跡潦草的紙條後，心中忐忑不安，匆忙地趕往魯迅家中，卻已無力回天。二十二日的告別式結束後，魯迅的遺體被安葬在萬國公墓，內山完造將宋慶齡、蔡元培，以及人在延安的毛澤東等人的名字，都聯名在葬儀委員的名單之中。在中日兩國的戰火正炙熱地延燒之下，魯迅與內山完造兩人的友情，仍舊深深的相互牽絆，持續到人生的最後一哩路。

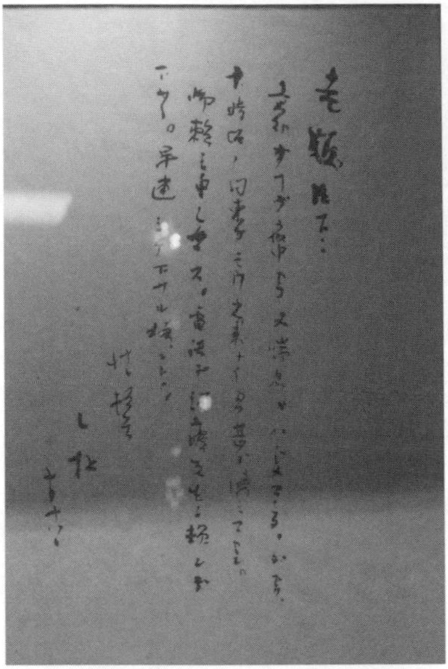

魯迅最後的筆跡　委託內山完造請醫生看病的字條。

鹿地亘的日本人反戰同盟

在舉辦魯迅的葬禮之時，還有一位日本人，協助內山完造一同抬棺。他名叫鹿地亘，是一位無產階級作家，於一九三六年一月來到上海，在內山完造的介紹之下，向魯迅學習中國文學。一九三八年三月，鹿地前往武漢，受到周恩來及郭沫若的推薦，在國民政府內

日本人反戰同盟 由作家鹿地亘率領的在華日人反戰同盟，在前線對日軍進行喊話。

從事對日軍的宣傳活動。這是以日本人俘虜為中心的反戰運動的開始。

正如同當時在日軍中所流傳的一句話：「寧死不受囚禁之辱」，日本兵士認為成為俘虜是一件非常不光彩的事；加上曾被告誡，中國兵是多麼的冷酷殘忍，導致許多人在成為俘虜後，也會因為太過恐懼而起身反抗。然而，幾乎所有的日本兵士在前線戰鬥時，內心都懷抱著一個疑問：「為什麼中國要打仗呢？戰力如此的懸殊，就算是抵抗也是沒有用的，不是嗎？」對此，鹿地亘則是耐心的教導他們「要站在被侵略者的立場去思考」，將他們培育成反戰的兵士。

一九三九年十二月，鹿地亘在桂林創建日本人反戰同盟，朝著當時正打算切斷援蔣路線而在廣州灣登陸的日軍方向南下。當他們抵達南寧郊外的交通要道崑崙關之後，手持傳話筒，向第五師團的兵士們勸說，戰爭是毫無意義的事情，切勿白白的送死犧牲，讓家人悲痛傷心。這時日軍開槍，有三名反戰兵士[20]倒臥在血泊之中。

一九四〇年七月，回到重慶後的鹿地亘設立了日本人反戰同盟總部，自九月起開始在各地展開反戰的活動。他們所射出的「語言子彈」發揮了效果：「聽得非常清楚。士兵們都豎起了耳朵。大家都被言語打動，陷入了沉默。大家都不對戰爭懷抱著希望。」有時在反戰士兵與前線士兵之間，甚至還開始出現了議論。

那是發生在一九四〇年十二月，戰況膠著的湖北宜昌戰線。反戰兵士們因為日軍陣地沒有反應而感到焦急，便大喊道：「兄弟們，你們在不在？沒聽到聲音我們很寂寞啊。你們在的話就請出個聲吧！」結果在一片黑暗中，傳來了震耳欲聾的回應：「喂，我們在呢！」

聽見回應的反戰兵士們欣喜若狂，馬上展開慰問廣播，不久後變成了相互的喊話。「你們是哪裡人啊？美國人還是日本人？」「我們是純粹的日本人！」「哪裡出身的啊？」反戰兵士答道：「北海道函館」於是對方傳來：「北海道的兄弟，回去以後代我問個好啊！」

如此的喊話持續了一陣後，反戰兵士回到正題，問道：「你覺得為什麼會發生戰爭啊？」前線的兵士們似乎開始討論，隨後回答：「是蔣介石挑起的！」反戰兵士說：「不是這樣的！讓我來告訴你們吧！」前線兵士們偶爾會插嘴搗亂，但幾乎沒有顯示出敵意。「要不就別打仗了，回家去吧？女朋友等著你們呢！」、「當然，想回家呢」、「要不要一起想想回家的辦法呢？昨天我們這裡提的和平條件，你們明白嗎？」、「明白！」

鹿地亘等人，一方面向不清楚日本戰局惡化的前線兵士們傳達世界的情勢，另一方面也將前線兵士們殷切要求的八個項目，編寫成為《日本軍兵士的要求》。包括「打開它們是我們的樂趣！反對開封包裹、慰問袋、信件」、「公平對待受傷士兵的薪資與待遇」、「反對二度徵召！反對徵用支撐家計的人！」等，提出了平時日本兵士們不敢說出口的怨言。鹿地氏還高喊口號「士兵們團結起來吧！一起要求馬上停戰，馬上撤退回家吧！」、「與中華民族的抗戰一起同心協力，打倒共同的敵人——日本帝國主義吧！」，不只是停留在宣傳反戰的階段，而是更進一步的要求改革日本國內及軍隊的體制。

在第二次國共合作成立後改為八路軍的共產黨軍隊，其根據地延安，也推動著以野坂參三為中心的日本人兵士反戰運動。八路軍所推行的俘虜政策為：不加害日軍俘虜、治療傷兵、希望歸隊的士兵便立刻釋放、害怕受到軍法會議等懲罰而希望留下的士兵，則是給予工作或是學習的機會。

此時，日軍在共產黨根據地正實行著「燒光、殺光、搶光」的三光作戰，日軍的殘暴行為引起人們的憤怒，導致優待俘虜的政策難以順利推行。不過，八路軍不殺害俘虜的政策，透過反戰兵士的宣傳，傳到了日軍耳裡，不僅讓答應投降的人數增加，甚至還有日本兵自行逃脫陣營前來投奔。最後，到了一九四四年五月，據說在八路軍保護下的日本俘虜人數多達兩千五百名。

面對馬克思主義者的鹿地亘所推動的反戰活動，重慶國民政府感到不悅。一九四一年一月發生皖南事變，國共關係惡化，批判鹿地亘「親共」的呼聲高漲；三月，發生反戰兵士出走的事件，以此為契機，重慶國民政府對反戰同盟發出解散命令。一九四一年，英國為了新加坡防衛戰而請求反戰同盟出動，翌年（一九四二年）三月，鹿地等人前往印度，卻因為國民黨方面的阻饒，反戰同盟的派遣計畫因而中止。

然而，鹿地亘並不會輕易屈服於外界壓力。一九四四年美軍戰略活動局（OSS）為了發行日文報紙而要求合作，鹿地反對「忠誠於美國政府」這一項條款，因而拒絕簽署。一九四六年，鹿地回到日本，一九五一年被美國情報機關「加農機關（the Canon Unit）[21]」拘捕。當時，為鹿地和魯迅搭線的內山完造，展開了救援行動，親自在眾議院的法務委員會上出席作證。就像是在一二八事變後，援助面臨險境的魯迅一家一樣，內山再次向身受苦難的友人伸出了援手。

這樣看來，從居住在邊境城市的人們充滿個性的模樣中，可以發現出一個共通點——他們都是靠著自己的雙手，開創自己的命運，對於權力及體制的壓迫，展現出不屈不撓、風骨非凡的氣魄，並且擁有不忘同理弱者的勇氣。

二十一世紀的日本與中國

魯迅在生前曾對內山完造說過：「世上本無路，走得人多了，也就成了路。」這句話不僅適用於在本章登場的人物，也非常適合於從邊境展開革命的洪秀全與孫文，以及在中國大地深植根基的毛澤東。又或者，從本書的內容來看，這句話表現出在前途迷茫、看不見出口的混亂局勢下，近代中國不斷找尋著革命方向與途徑的腳步。

一九四五年八月十五日，日本播放「玉音放送」，宣告接受波茨坦宣言；蔣介石也在重慶發表了廣播講話。他宣布抗日戰爭勝利後，想到「要愛敵人」這一句基督教的教誨，「令我發生無限的感想」，並說：「但是我們並不要報復，更不可對敵國無辜人民加以污辱，……。要知道如果以暴行答覆敵人從前的暴行，以奴辱來答覆他們從前錯誤的優越感，則冤冤相報，永無終止，決不是我們仁義之師的目的。」

據說，在第二次世界大戰中，日本犧牲的人數為三百一十萬人。相對之下，在中日戰爭中，中國的犧牲人數為一千五百萬人，也有超過二千萬人之說，直至今日，仍舊沒有準確的數字。而蔣介石在發表演說的當時，日本的國家元首正以最大的「犧牲者」自居，試圖維護國家的體制。姑且不論蔣介石的發言中隱藏著多少政治企圖，能夠說出「不要報復」這句話，所表現出中國社會氣量的寬宏，不得不讓我們日本人脫帽致敬。

二十一世紀的日本，將會和中國保持著什麼樣的關係和互動呢？會像本書中所看見的一百年前的日本那樣，對急速成長的中國感到威脅，並敵視它嗎？還是能夠像那些不隨波逐流，加深與中國人交流的日本人那樣，努力且認真地以平等的立場去構築兩者之間的關係呢？

要理解日本和中國的歷史，從中學習，不被任何的偏見和既有觀念所拘泥，並用自己的雙眼去觀察真實的中國——雖然我們還有許多課題需要探討，但這也正反映出一個事實，那就是中國是個充滿魅力、引人入勝的社會。

註釋

1 日文中的「弁当」，在中國並沒有這個語詞。

2 【編按】作者菊池秀明在為繁中版所寫的序文中提到，「在第十章中大篇幅地記述關於日本統治時期的臺灣，其原因是為了說明臺灣與香港相似，皆是作為中華世界的邊境，帶有與中國大陸相異的歷史特質，並非主張臺灣是中國不可分割的領土。」

3 【譯按】在美國時被印地安人救起，作為奴隸，而後印地安人將音吉賣給英國船。

4 【譯按】日本平安時代至江戶時代的官職。

5 西帕依的叛亂，Sepoy是印度兵之意。

6 Government Central School，而後改稱Queen's College，中文為皇仁書院。

7 【譯按】現今的愛知大學。東亞同文書院於一九三九年升格為東亞同文書院大學，日本戰敗後，國民政府接收並關閉東亞同文書院大學。一九四六年，東亞同文書院大學的校友，於日本愛知縣名古屋市成立愛知大學。

8 【譯按】不成文的法律、規範。

9 【譯按】現今的臺中第一高級中學。

10 現今南投縣仁愛鄉。

11 日治時期的原住民稱高砂族，後改稱高山族，與平埔族相對應。在日本統治時代，賽德克族被視為泰雅族的分支，直到二〇〇八年方才終於正名。

12 【編按】因霧社事件的當事人多已遇害，許多狀況為口述與傳言，關於花岡一郎和另一位賽德克族警察花崗二郎是否參與並計畫事件、以及他們的立場等等，還有很多疑點尚未釐清。

13 【編按】即「姊妹原事件」。布農族以共同抵抗日軍和交換日用品為由，誘使當時因日軍封鎖缺乏日用品的賽德克族至兩族交界地姊妹原，待酒宴過後大舉殺害賽德克族壯丁。

14 【譯按】軍隊、軍事機關中的非軍人職務。

15 後來在文化大革命中被視為走資派（走資產主義道路的實權派）而受到迫害。

16 直到臺灣成為日本領土的一八九五年以前，居住在臺灣苗栗縣。

17 【譯按】簡稱特高警察或特高，為日本戰前的政治警察、思想警察，取締危害國家政體的活動、組織。

18 【譯按】「兩班」為古代高麗、朝鮮的世族階級，原為世襲，後因賣官等措施，導致兩班人口不斷增加，固有的兩班階級因而失勢沒落。

19 【譯按】日文原文為「心臓性の喘息」，英文為cardiac asthma。另有一說，魯迅是因肺結核與肺氣腫誘發的氣胸症狀而過世。

20 其中一人為臺灣出身的少數民族陳松泉，日本姓名為松本速夫。

21 【譯按】由（聯合國）盟軍最高司令官總司令部（General Headquarters，簡稱GHQ）的參謀第二部所直接統轄的祕密情報機關。名稱由來為司令官傑克・加農（Jack Y. Canon）陸軍少將的名字。

主要人物略傳

洪秀全（一八一四～一八六四）

太平天國的最高領導者（天王）。本名洪仁坤，為廣東省花縣（現今的廣州市花都區）的客家人。科舉考試失敗後，因病昏睡，作夢見到天上的「至尊老人」。不久，閱讀基督教傳教小冊子《勸世良言》後皈依基督教，認為自己是天父耶和華的次子，天兄基督的弟弟，身負救世之使命。接著，與同鄉馮雲山創建拜上帝教，主要在廣西省進行傳教活動。起初，他們的傳教活動並未超出宗教活動的框架。一八四七年，馮雲山被科舉菁英所率領的團練（自警團）所抓，楊秀清藉由表演天父附體的巫術，主張洪秀全才是新王朝的君主。洪秀全接受了這種說法，展開打倒清朝的政治運動。一八五〇年，太平天國在廣西省桂平縣金田村起義，以南京為首都（天京），推進新王朝的建設工作。然而，洪秀全卻終日在天王府內閉門不出，埋頭研究教義。一八五六年，楊秀清借天父下凡，試圖擴大勢力，洪秀全因而命令北王韋昌輝等人誅殺楊秀清，引發太平天國的內鬨，是為天京事變。其後，洪秀全起用李秀成（忠王）等青年將領，試圖重建政權，但是由於曾國藩所率領的湘軍崛起，加上英、法兩國對於清朝政府的支持，終究未能挽回太平天國的頹勢。一八六四年，洪秀全在太平天國滅亡前夕病逝，留下「朕即上天堂，向天父天兄領到天兵，保固天京」之遺詔，享年五十一歲。

曾國藩（一八一一～一八七二）

創設湘軍的文人官僚。出身湖南省湘鄉縣，號滌生。回鄉為服母喪期間，適逢太平天國進攻湖南，曾國藩奉清朝政府之命，在家鄉操辦團練。他致力於組織義勇軍，替代清廷的正規軍，活用與弟子之間的人際關係網絡，組織湘軍。起初，湘軍屢遭失敗，不久後充實戰力，成長為太平軍最強大的對手。一八六四年太天天國滅亡後，曾國藩因功績顯赫，成為首位受封侯爵的漢人官員。但是因為害怕清廷懷疑他的野心，因而解散湘軍。其後，曾國藩雖然升官到直隸總督的位置，卻因為一八七〇年天津教案的處理不當而遭到非難，被迫辭職，並在失意中病逝。曾國藩不僅是鎮壓太平天國的第一功臣，還是桐城派的名儒。在後進的指導上也十分熱心，湘軍出身的左宗棠、張之洞等眾多朝廷重臣、軍人也是出自於曾國藩的拔擢。

李鴻章（一八二三～一九〇一）

主導自強運動的清朝官員。安徽省合肥出身，字少荃，一八四七年考上進士。太平天國起義後，曾在家鄉操辦團練，卻未獲成功。一八五九年在江西省，進入曾國藩門下，成為曾國藩的幕僚。一八六二年，因為曾國藩的推舉，李鴻章成為江蘇巡撫，仿照湘軍在安徽組織淮軍，率領淮軍前往上海，與英國軍人戈登率領的常勝軍合作，對戰太平軍。因鎮壓太平天國與捻軍有功，李鴻章在一八七〇年成為直隸總督兼北洋大臣，權力達到頂峰。特別是他身為自強運動的帶領人，創建官辦工礦企業以及北洋陸、海軍。此外，清朝政府的外交交涉也幾乎由他一手攬下，日本在明治時期與中國所締結的條約，皆是由李鴻章全權代理清廷簽署。一八九四年的甲午戰爭，戰前李鴻章以北洋海軍的衰退為理由，反對開戰，但是在戰敗後仍然被追究責任而降職左遷。其後，李鴻章依舊對朝政保有隱性的影響力，一九〇〇年的義和團戰爭失敗後，再次被起用，負責外交交涉。李鴻章逝世後，北洋軍由袁世凱繼承。

康有為（一八五八～一九二七）

戊戌變法領袖，廣東省南海縣人，字廣夏。康有為在廣州開設萬木草堂，批判古文學派，致力於研究改革的理論基礎。他以社會進化論的視角，重新解讀中國古代的大同思想，主張人人平等的大同社會終將到來。一八九五年，康有為向清朝政府上書（公車上書），抗議《馬關條約》的簽訂，設立強學會作為推進改革的政治勢力。一八九八年，又創設保國會，但是因為組織中有思想激進的過激分子，保國會的活動遭到了禁止。康有為推崇日本式的改革，其主張打動了光緒皇帝，一八九八年六月推動戊戌變法。然而多數官員不贊同激進的改革方案，光是依靠沒有實權的光緒皇帝，變法未見成果。加上以慈禧太后為中心的保守派籌備政變，九月二十一日，光緒皇帝被囚禁，康有為與梁啟超逃亡日本（戊戌政變）。逃亡日本的康有為創立保皇會，一九〇〇年的義和團戰爭時，曾經策劃讓光緒皇帝復出，因為支持帝制的立場，與孫文等革命派對立。辛亥革命後，康有為也參加了宣統皇帝溥儀的復辟運動。

梁啟超（一八七三～一九二九）

清末民初評論家、政治家。廣東省新會縣人，字卓如。拜康有為為師，致力於維新變法事業，在上海發行《時務報》，宣傳啟蒙思想。梁啟超也是戊戌變法的領袖之一，在保守派發起政變後，亡命日本。其後，梁啟超在華僑圈中展開保皇運動。一九〇三年，將美國排斥中國移民的情形介紹到國內，提倡抵制美貨運動。革命派崛起後，梁啟超曾經嘗試與革命派合作，卻因為康有為的反對而放棄。一九〇五年左右，梁啟超在《新民叢報》上與革命派展開論戰，他主張帝制，認為反滿革命將會招致列強對中國的瓜分，但是他的主張並未得到留學生們的支持。中華民國成立後，梁啟超組建民主黨，涉足政界，在日本占領山東以及帝制運動的議題上，批判袁世凱政府。不過，他主要的活動範圍仍舊是在言論界，一九一九年，凡爾賽會議對中國要求收回德國在山東權益的提案置之不理，這一項消息便是由梁啟超傳回國內。

慈禧太后（一八三五～一九〇八）

清末的「女帝」，出身葉赫那拉氏，以秀女身分入宮，被咸豐皇帝立為妃子，並介入朝政。咸豐皇帝逝世後，慈禧太后與恭親王奕訢（咸豐皇帝之弟）聯手發動政變，開始了兩宮太后垂簾聽政的體制，輔政同治皇帝（慈禧太后之子）。同治皇帝病逝後，西太后不顧周遭的反對，立光緒（慈禧太后妹妹之子）為帝。東太后逝世後，更進一步地鞏固了慈禧太后的獨裁體制。在慈禧太后的統治下，有著起用曾國藩、李鴻章等優秀的漢人官僚並推動近代化事業的積極面，但是另一方面，慈禧太后始終獨攬大權，不願放棄手上的政治權力。特別是在一八九八年光緒皇帝實行戊戌變法後，慈禧太后發起政變，讓變法受挫，並軟禁光緒皇帝。一九〇〇年，義和團勢力在北京日益壯大，慈禧太后對大臣說：「所仗者人心耳」，決定依賴義和團的力量，向列強宣戰。然而，當八國聯軍逼近北京，慈禧太后逃往西安后，又轉而下令鎮壓義和團。一九〇一年，慈禧太后回到北京，推行光緒新政，主要內容為軍隊與教育制度的近代化改革。一九〇八年，慈禧太后罹患痢疾病倒，指名宣統皇帝溥儀為皇太子後，繼光緒皇帝之後離開了人世。

孫文（一八六六～一九二五）

被稱為「中國革命之父」的革命家，廣東省香山縣（現今的中山市）人。在歐洲以孫逸仙之名而廣為人知，流亡日本時所使用的化名「中山」，也十分有名。孫文與洪秀全同為客家人出身，少年時代遠渡夏威夷，回國後畢業於香港醫學校。孫文與同鄉友人陸皓東等人立志於革命事業，一八九四年在夏威夷成立革命組織興中會，目標是打倒清朝，建立共和制國家。一八九五年，廣州起義失敗後，孫文遊歷日本與歐洲，繼續宣傳革命。在橫濱與孫文會面的宮崎滔天，拜倒於孫文的風采之下，讚譽他為「亞洲之珍寶」。一九〇五年，孫文在犬養毅等人的援助下，在東京成立中國同盟會，提出三民主義（民族主義、民權主義、民生主義）為革命之綱領。但是，同盟會在中國各地所發起的起義運動皆告失敗，孫文因而被諷為「孫大砲」。由於孫文的自尊心強，不願意傾聽他人的意見，不久後，中國同盟會陷入分裂狀態。一九一一年，辛亥革命爆發，孫文回國就任中華民國臨時政府的臨時大總統，但不久便讓位給袁世凱。後來因為反對袁世凱的獨裁統治，孫文發起二次革命，以失敗告終，逃亡日本。一九一四年，孫文組成中華革命黨，在護法運動後的一九一七年組織廣東軍政府，又因內部矛盾而被排擠至上海。一九一九年，孫文組織中國國民黨，一九二〇年被有「社會主義將軍」之稱的陳炯明迎往廣東。翌年，陳炯明主張聯省自治，與孫文對立，孫文再次退居上海。此時，共產國際的代表馬林向備受孤立的孫文伸出援手。一九二一年，孫文與馬林會談後，決定嘗試與蘇聯合作。於一九二四年改組國民黨，開始第一次國共合作，孫文提出在「聯俄容共」的方針下實行國民革命。後來，孫文為主張國民會議的召開，北上北京，途中在神戶進行「大亞洲主義」的演講。一九二五年三月，罹患癌症的孫文客死北京，留下著名的遺言：「革命尚未成功。」

宣統皇帝溥儀（一九〇六～一九六七）

中國歷史上最後的皇帝。光緒皇帝之弟醇親王載灃之子。一九〇八年，慈禧太后下旨，兩歲的溥儀被立為清朝的第十二代皇帝。攝政王父親載灃實行皇族內閣和鐵路國有化等不當政策，因而喪失民心。一九一一年，武昌爆發辛亥革命，宣統皇帝在總理大臣袁世凱的逼迫下退位。清朝滅亡後，溥儀被以張勳為首、打著復辟帝制口號的各派政治勢力所利用。一九二四年，溥儀一家被逐出紫禁城；翌年，前往天津的日本租界，自此與日本的關係日益加深。一九三一年，爆發九一八事變，關東軍派土肥原賢二將溥儀帶出天津。一九三二年，滿洲國成立，關東軍讓溥儀就任執政。一九三四年，溥儀雖然即位皇帝，卻沒有任何的實權。一九四五年，日本戰敗，溥儀被蘇軍逮捕，以證人的身分在東京審判庭上出庭。其後被押送中國，一九五九年獲得特赦釋放。其自傳《我的前半生》記錄了其波瀾萬丈的人生。

袁世凱（一八五九～一九一六）

清末民初的政治家，北洋軍閥的領袖。河南省項城縣人。一八八〇年代被派駐到朝鮮半島，逐漸嶄露頭角。甲午戰爭後，李鴻章失勢，袁世凱接下了北洋軍的創建工作。一八九八年，袁世凱因為將維新派政變計畫密告朝廷，獲得慈禧太后的信賴。一九〇〇年，因在山東省鎮壓義和團而受到列強各國的讚譽。西太后逝世後，袁世凱曾一度失勢；在一九一一年辛亥革命爆發後，再度被清廷起用為總理大臣，與革命派交涉，促使宣統皇帝退位，自己就任臨時大總統。一九一三年，二次革命爆發，為徹底清掃反對勢力，鞏固中央集權的體制，袁世凱解散議會，將大總統的任期改定為終身制。一九一五年，因接受日本的二十一條要求而飽受批評，揣揣不安的袁世凱開始推行帝制運動，自稱洪憲皇帝。但是其稱帝之舉，並未獲得日本等列強各國的支持，加上蔡鍔等人發起的護國運動，帝制受挫。一九一六年，放棄帝制的袁世凱，在失意中病逝。

蔡元培（一八六八～一九四〇）

北京大學校長、學者、革命家。浙江省紹興人。進士出身的他，卻投身革命運動，與章炳麟等人組織光復會。辛亥革命後，擔任南京臨時政府的教育總長。擔任北京大學校長時期，廣納人才，為新文化運動點燃了火苗。一九一九年五四運動發生後，為了營救被逮捕的學生而四處奔走。每當他提出辭呈，學生們總是極力挽留。遊歷歐洲回國後，蔡元培成為中國國民黨的元老。在國民革命時期的一九二七年三月，在中央監察委員會上批評共產黨的過份激進行為，從結果看來，是為四一二事件做了準備。另一方面，蔡元培於一九三二年與宋慶齡一同組織中國民權保障同盟，反對蔣介石的獨裁。

陳獨秀（一八七九～一九四二）

新文化運動之旗手、北京大學教授、中國共產黨的首任書記。安徽省懷寧縣人。一九一五年在上海創辦《新青年（青年雜誌）》，領導新文化運動，受到蔡元培的邀請，前往北京大學任教。在五四運動期間，進一步地加深了對政治的關注，自一九二〇年起，標榜馬克思主義，接受開明派將軍陳炯明的邀請，前往廣東。並與吳廷康取得聯繫，著手進行中國共產黨的籌備工作。一九二一年，中國共產黨召開第一次全國代表大會，陳獨秀雖然缺席，卻仍然被選為書記，推進國共合作。蔣介石發動四一二事件後，陳獨秀聽從共產國際無視中國國情之指示，帶領共產黨員退出武漢國民政府。而後，陳獨秀因領導能力受到質疑，被迫辭去書記職務，一九二九年被貼上「托派（【譯按】托洛斯基主義者（Trotskyism），為馬克思主義中的流派之一，主張「不斷革命論」。後被史達林主義者解釋為「反對史達林主義人士」，中國共產黨人士在打倒異己時，經常將對手貼上「托派」的標籤）」標籤並開除黨籍。

魯迅（一八八一～一九三六）

中國近代文學之父。本名周樹人，浙江省紹興人。起初是在日本仙台留學習醫，不久後在東京參加革命運動。辛亥革命後，受聘於北京政府教育部。新文化運動開始後，陸續發表〈狂人日記〉、〈孔乙己〉等作品，尖銳地批判中國傳統社會的黑暗面。其代表作《阿Q正傳》於一九二一年開始連載，對於像是個「不長進的兒子」的祖國，和國人「馬馬虎虎」的態度，語帶哀愁地進行批判。一九二六年發生三一八事件，魯迅向政府提出抗議後，逃離北京。而國民革命的開展，帶給了魯迅新的希望，翌年受郭沫若之邀，前往廣州中山大學任教。與學生許廣平之間的愛情，也在此時萌芽。四一二事件發生後，魯迅主張營救被捕學生，與大學當局的主張發生矛盾，同時也加強了魯迅對國民黨的不信任感。一九二七年，移居上海共同租界的魯迅，與出身岡山縣的基督徒內山完造相識，在內山完造的協助下，繼續寫作。一九三六年魯迅逝世後，內山完造與宋慶齡、毛澤東等人共同列名治喪委員會的委員。

蔣介石（一八八七～一九七五）

孫文的後繼者、軍人、政治家。浙江省奉化縣人，名中正，字介石。留學日本陸軍士官學校，一九一一年參加辛亥革命。受到孫文信任的蔣介石，於一九二三年訪問蘇聯，回國後擔任黃埔軍校校長，仿照蘇聯紅軍的模式，致力於培養、訓練革命軍。孫文逝世後，蔣介石利用中山艦事件，排擠競爭對手汪兆銘，使其失勢，自己成為國民革命軍總司令，掌握強大權力。一九二六年，遵循孫文遺志開始北伐，但是武漢國民政府與中國共產黨之間的矛盾日益加劇，一九二七年四月，發動四一二事件，成立南京國民政府。其後曾一度下野，赴日訪問，並透過與宋美齡的婚姻，鞏固作為孫文後繼者的地位。一九二八年，北伐軍攻入北京，完成北伐大業後，蔣介石提出裁軍主張，與其他將領之間爆發戰爭（中原大戰）。在排除胡漢民派系等國民黨內的反蔣勢力後，穩固一黨獨裁的中央集權體制。一九三〇年起，對江西省的共產黨根據地展開圍剿；翌年，因九一八事變爆發而停戰。蔣介石認識到與日軍之間的軍事實力相差甚遠，因此在當下盡量避免軍事衝突，抓緊時間，從事軍隊近代化建設以及軍事權的統一。因此，對一九三五年發生的一二九學生運動等要求抗日的輿論，加以鎮壓。一九三六年，張學良向蔣介石要求停止內戰、一致抗日，卻未被蔣介石採納；十二月，發生西安事變。被軟禁的蔣介石與周恩來直接會談，同意停止內戰。一九三七年中日戰爭爆發後，國共開始了第二次的合作關係。日本戰敗後，爆發國共內戰，國民黨節節敗退，於一九四九年撤退至臺灣。

毛澤東（一八九三～一九七六）

中國革命的領導者。出身湖南省湘潭縣的農村，就讀長沙的師範學校，組織新民學會，參與政治運動。一九一八年畢業後，任職於北京大學圖書館，在圖書館主任李大釗的介紹下，接觸馬克思主義。一九二一年，中國共產黨成立，毛澤東以湖南代表的身分，參加中國共產黨第一次全國代表大會。一九二四年，開始第一次國共合作，毛澤東擔任國民黨宣傳部代理部長、農民運動講習所所長等職務。國共合作關係破裂後，一九二七年發起秋收起義，失敗後前往江西省井岡山從事革命根據地的建設。在此提出獨有的革命理論──「農村包圍城市」。雖然在瑞金曾多次擊退國民黨軍隊，卻受到共產國際派的黨中央指導部的排擠。一九三四年，共產黨軍在國民政府軍的圍剿下，被迫離開瑞金。一九三五年，毛澤東在貴州省遵義站穩了黨內的主導權地位，並在陝西省延安建設新的革命根據地。一九三六年，張學良發動西安事變後，毛澤東派遣周恩來前去交涉，呼籲停止內戰，建立抗日民族統一戰線。日本戰敗後，中國共產黨在國共內戰中取得勝利，於一九四九年建立中華人民共和國，毛澤東擔任國家主席。一九五八年，實施激進的社會主義政策──大躍進，失敗後將國家主席的職位讓給劉少奇。一九六六年，發動無產階級文化大革命，造成中國社會為期十年的動盪不安。

周恩來（一八九八～一九七六）

毛澤東的盟友、革命政治家。江蘇省淮安縣人。畢業於天津的私立中學──南開學校，前往日本留學一年的期間，接觸馬克思主義。一九二〇年留學法國期間，參加勤工儉學運動；一九二一年在法國加入中國共產黨。一九二四年回國後，擔任黃埔軍校的政治部主任，參與國共合作。四一二事件前夕，在上海領導了工人的武裝起義運動。一九三一年，進入瑞金的周恩來，擔任中央軍事委員會副主席，提出反對黨中央魯莽作戰方針的意見，卻未被採納。一九三五年的遵義會議上，周恩來承認戰略的錯誤，並與在會議上掌握主導權的毛澤東結成盟友。一九三六年，國內要求抗日的輿論日益高漲，周恩來與剿匪副總司令張學良會談，雙方就國共停戰之議題達成共識。十二月，張學良發動西安事變，軟禁蔣介石。周恩來飛至西安，與蔣介石進行直接會談，為成立抗日民族統一戰線奠定了基礎。一九四九年，中華人民共和國成立後，周恩來擔任國務院總理。一九五五年參加萬隆會議，活躍於外交界。此外，周恩來在一九六六年開始的文化大革命中，救助了許多蒙受冤罪的人士；但是周恩來也被後人評論，他屈服在毛澤東的權威之下，因而未能拯救中國。

張學良（一九〇一～二〇〇一）

被稱為救國英雄的東北軍統帥。奉天軍閥張作霖之子。一九二八年，張作霖被關東軍炸死，張學良祕密返回東北，不讓關東軍有機可乘，並不顧日本的反對，果斷地宣布東北「易幟」，與南京國民政府合流。一九三〇年，中原大戰爆發，張學良支持蔣介石，出任陸海空軍副司令。一九三一年，九一八事變爆發，張學良遵從蔣介石的指示，採取不抵抗政策，因而背上「不抵抗將軍」之名。一九三三年，日軍占領熱河，張學良承擔責任宣布下野，赴歐洲考察。回國後擔任負責圍剿共產黨軍隊的剿匪副總司令，一九三五年前往西安。張學良夾在要求抗日的部下與剿匪優先的蔣介石之間，左右為難。一九三六年，與周恩來會談後，達成國共停戰的共識。張學良多次勸說蔣介石停止內戰，卻遭到蔣的拒絕；最後張學良終於在十二月發動西安事變，軟禁蔣介石。事變解決後，張學良與蔣介石共赴南京，開始了他長年的監禁生涯，消失在歷史的前台。一九九〇年，事隔半個世紀，張學良接受日本ＮＨＫ（日本放送協會）電視台的專訪，希望將這段歷史傳達給日本年輕世代的模樣，令人印象深刻。

歷史關鍵詞解說

天父、天兄下凡

太平天國領袖楊秀清、蕭朝貴所進行的巫術（【譯按】神靈附體）。拜上帝會的創始人洪秀全，起初是禁止這一類傳統宗教的儀式。但是在一八四七年馮雲山被捕後，信眾之間的動搖情緒開始擴散，並出現許多藉由神靈附體宣告預言的案例。楊秀清等人所表演的耶和華和耶穌下凡附體，也是其中之一。洪秀全藉由承認這類儀式的方式，收拾了當時混亂的局面。且楊秀清等人透過這類儀式，宣傳洪秀全才是新王朝的真命天子，將原本屬於宗教活動的拜上帝會，轉化為政治性的團體。在楊秀清和蕭朝貴的指示下，拜上帝會祕密進行武裝起義的準備。起義後，借天父之名，肅清外通清廷的內奸。此外，制定像是「擅入民房者，右腳進砍右腳」等嚴格的軍紀，使太平軍達到了歷代農民起義軍所不具備的高道德水準。這種「天父、天兄下凡」的儀式，顯示出推動太平天國運動的能量來源，是來自於過著貧苦生活的邊境移民。但是，抵達南京之後，「天父下凡」成為楊秀清展開權力鬥爭的道具，不只是洪秀全，北王韋昌輝等眾多領袖都曾受到「下凡天父」的斥責。一八五六年，楊秀清在最後一次的「天父下凡」儀式下，說出：「朝內諸臣不得力，未齊敬拜帝真神」，預示了隨後發生的天京事變。楊秀清逝世後，天父下凡的儀式不再被使用，洪秀全改用託夢傳言的方式取而代之。

中體西用

自強運動時期的口號。與日本幕府晚期所提出的「和魂洋才」如出一轍。中體西用即是在絕對信賴中國傳統儒家文化的基礎之上，嘗試接受歐洲近代文明。其最顯著的特徵，便是認為議會制度等先進的政治體制，皆是來自於中國古典中的原型，換言之，歐洲文明是在實現中國古代的理想，因此現在應該將這些制度引進中國。此外，不能容忍違反傳統規範的事物，也是其特徵之一。例如，強烈抵制西洋服裝和破壞風水的鐵路建設等。洪秀全之所以接受基督教，也是因為他認為耶和華是古代中國所崇拜的神祇，而不是歐洲固有的神靈，因而入教。由此可見，自強運動的目的，與致力於西洋化的明治日本有所不同，中體西用的思想，是擁有輝煌古典文明的中國社會，嘗試接受異族文化的一種方式。

扶清滅洋

義和團的口號，依字面解釋即為「扶助清，消滅洋」。在此要注意到的是「清」的內涵，並非直指清朝本身，而是受到外國勢力（洋）以及宗教（基督教）入侵而衰退的故鄉，或是中國傳統的價值觀、倫理以及社會秩序。使用「扶」字，也帶有由上往下蔑視清朝政府的微妙語感。事實上，當清朝政府開始鎮壓義和團之後，他們便立即提出「掃清滅洋」的口號。義和團宣稱，透過一種名為「馬子」的巫術，召喚中國古代的神靈附體，從而可以達到刀槍不入的不死之身。事實上，他們藉由這種宗教性的宣傳，表現出了原始的民族主義情感。此外，戊戌變法時期的保國會的「國」，其含義也與義和團的口號相似，保守派表示，保國會的目的是保「中國」，而不是保「大清」。不過，康有為在戊戌政變後，也未能跳脫出（以光緒皇帝為中心）支持帝制的立場。

清國留日學生

二十世紀初葉，前往日本留學的中國留學生。中國人的海外移民在十九世紀後半葉達到高峰，孫文便是以夏威夷的華僑為基礎，建立了以推翻清朝為目標的興中會。當時，留學日本是取代科舉考試，步入仕途的管道之一，在留學生之中，也有許多知識青年，正在努力摸索救國之道。戊戌政變後流亡日本的康有為，與將日本視為「第二故鄉」的孫文等人，也在日本就革命與保皇的議題，展開激烈的論爭。一九〇五年，中國同盟會在東京成立。當時的日本，作為東亞世界的邊境，可以說是復興中國的搖籃。然而，對於這些中國留學生的作為，日本人則是以冷眼相待。日本政府順應清朝的要求，下令取締留學生的革命活動，為此，湖南省出身的革命家陳天華在大森海岸投海自盡，以表抗議。日俄戰爭開始後，日本人將中國蔑視為「東亞病夫」，對待中國人的態度也多採傲慢。日俄戰爭結束後，日本與美國爭奪南滿鐵路的經營權，面對日本政府的野心，當初聲援日軍的中國留學生徹底的失望。孫文表示：「日本政府雖然反對革命，民間卻表同情。」後來，周恩來、李大釗等人也曾赴日留學，但留日熱潮已然退卻。

《臨時約法》

一九一二年中華民國臨時政府所制定之憲法。明確地提倡主權在民、廢除所有的身分差別歧視、保障言論自由等，遠比《大日本帝國憲法》更為超前、激進。《臨時約法》最大的特徵在於，採取議院內閣制，承認議院擁有最大限度的權力，臨時大總統也必須經由議會的選舉選出。這部《臨時約法》的起草人是湖南省出身的革命家、國民黨的實際領導人——宋教仁。當時，在北京的臨時大總統袁世凱，與南京的臨時政府處於對峙狀態，宋教仁試圖透過以法律來制約大總統的權力，防止袁世凱的獨裁。此外，宋教仁等人的這種限制大總統擅權的考量，同時也是針對孫文所做出的制衡，孫文在同盟會時期便被批評為「專制跋扈」之人。因此，孫文對於《臨時約法》的內容，也是心懷不滿。一九一三年，二次革命失敗。翌年，依據袁世凱的意向，制定了《中華民國約法》（新約法），大幅度地擴張了大總統的權限，從而使得《臨時約法》被賦予了象徵革命原點的意義。一九一六年的護國運動便是一個例子，西南各省將領們在袁世凱取消帝制後，要求基於《臨時約法》的規定，立副總統黎元洪為大總統。此外，段祺瑞掌握北京政府實權後，孫文與要求恢復國會的議員等人，於一九一七年建立廣東軍政府，打著「護法（《臨時約法》）」的旗號，發起護法戰爭。

復辟

讓清朝皇帝復位統治之意。具體指稱的是讓末代皇帝、宣統皇帝溥儀復位。根據溥儀自傳《我的前半生》所述，這種利用他來實現政治目的的復辟活動，「沒有一天停頓過」。一九一七年，辮子將軍張勳的復辟事件，便是其中一例，袁世凱的智囊徐世昌等人也曾參加會議。一九三一年，九一八事變發生後，溥儀詢問新國家（滿洲國）的體制為共和抑或帝制之時，關東軍土肥原賢二答道「當然是帝制」，催促溥儀盡快前往滿洲。

民主與科學

新文化運動的口號。一九一五年在上海創刊的《青年雜誌》（後來改名為《新青年》）上，陳獨秀發表在創刊號的〈敬告青年〉一文中，可以看見「民主與科學」一詞。陳獨秀將民主與科學視為時代之精神，對立於封建的儒家道德，主張唯有具備民主與科學思想的自主青年們，才有能力挽救瀕臨滅亡的中國。當然，關於民主與科學思想的內涵，因人而異。提倡白話文運動的胡適，將美國式的自由主義視為理想的典範。一九二〇年「加拉罕宣言」發布後，中國開始關注蘇聯的蘇維埃政府，馬克思主義也被視為科學的一種。一九二一年，李大釗在北京大學組織馬克思學說研究會，認為只要「宇宙尚存」，就可以透過民眾的道德覺醒，實現社會的變革。這種對馬克思主義的獨特解釋，在當時的社會上產生了重大的影響。日本當時也正處於大正民主時代，李大釗等人的活動得到了（以吉野作造為中心的）日本知識分子們支持。近年，馬克思主義經由日本傳入中國的史實已得到證實。

北伐

進攻北京之意。在近代中國歷史上反覆上演。第一次北伐是一八五三年，太平軍經由山西向北進攻，在天津郊外，因嚴冬與清軍的反擊而敗北。第二次北伐是孫文在辛亥革命前夕所籌劃，原定在兩廣獨立後，先取南京再攻北京，但該計畫未能實現。其後，孫文仍舊不放棄北伐，一九二四年單身前往北京，呼籲召開國民會議，但不幸在翌年客死異鄉。繼承孫文遺志的國民革命軍總司令蔣介石於一九二六年七月，發動北伐戰爭。中途因國共對立、南京與武漢兩國民政府的分裂而一時中斷；一九二八年，北伐再度開始；六月，國民革命軍抵達北京。十二月，張學良果斷宣布東北易幟，與國民政府合流。換言之，近代中國的變革，是由南方向北方開展。本書將北伐所代表的近代中國的腳步，視為「由南方邊境吹來的改革之風」。

革命是暴動

年輕時代的毛澤東，在《湖南農民運動考察報告》中所留下的一句話。第一次國共合作時期，毛澤東擔任農民運動講習所所長。在北伐開始的同時，他的學生們進入農村，組織農民協會。國民黨實施減租政策的作為，無法滿足這些人的期待，因此他們打算顛覆傳統勢力以及過往的社會秩序，進行激進的運動。《湖南農民運動考察報告》對於這些運動做出了肯定的評價，主張革命是一個階級推翻另一個階級的暴力行動，對土豪劣紳處刑等「過分」的舉動，是革命所需要的作為。當然，共產黨所做出的這些行動，不僅受到國民黨的批判，也使軍用米糧的調度出現困難，讓武漢國民政府陷入困境。然而，國民黨領袖蔣介石也主張「重要的是指揮的統一」，認為解決問題的關鍵在於武力。雖然國共雙方採取的形式不同，一方重視群眾運動，一方依靠軍隊力量，但是國民黨與共產黨都是那個時代下的產物，試圖運用中國社會蘊藏的暴力能量來改變社會。

五族協和、王道樂土

日本在滿洲國建國時所提出的口號。為了使滿洲國有正當化的理由，宣揚滿洲國將會實現軍閥與國民政府所無法做到的「安民」政治，達到漢、滿、蒙、日、朝五族（有時也將漢族和滿族統稱為「滿人」）一律平等，共存共榮。此外，這裡的「五族協和」，也是為了與孫文在辛亥革命時所提出的「五族共和（由漢、滿、蒙、回、藏五族為代表建立共和體制）」思想相互對抗，所塑造出的意識形態。實際上，各民族的平等不過是痴人說夢，從飲食到薪資等，日常生活的所有層面，少數派的日本人都處於優勢地位。關於滿洲國的現實，殖民地研究者矢內原忠雄評論道：理想主義儼然「被掩埋得不見天日」，日本所貫徹的是帝國主義的法則。並且與強制收購耕地、鎮壓抵抗的中國農民等暴力性的統治，存在著不可分割的關係。

「最後關頭」與「一致抗日」

一九三〇年代中葉，中國在面對日本侵略時所提出的口號。滿洲國建國後，日本依舊沒有停止侵略中國的腳步。一九三五年，進行華北分離工作，企圖在華北五省建立地方政權，排除國民政府的影響，擴大日本的支配範圍。蔣介石深知中日雙方在軍事實力上的差距，表示「未到最後關頭，絕不輕言犧牲」，在對日開戰上採取十分謹慎的態勢。並主張「攘外必先安內」，剷除國內的反對勢力，特別是對在陝西建立新根據地的共產黨軍，繼續推進圍剿戰。中國國內對於蔣介石「攘外必先安內」作法的反對聲浪逐漸高漲，一九三五年年底，北平發生一二九學生運動。一九三六年五月，成立全國各界救國聯合會，要求「停止內戰，一致抗日」。中國共產黨也在共產國際的指示下，於一九三五年發表《為抗日救國告全國同胞書》（亦即《八一宣言》），並於翌年，放棄反蔣立場，改走「逼蔣抗日」的共同抗日路線。面對如此變局，蔣介石仍舊堅持己見，一九三六年十二月，發生西安事變，蔣介石遭張學良軟禁。張學良提出「八項主張」，要求停止內戰、召開救國會議、釋放因要求抗日而被捕的抗日救國會「七君子」等政治犯。「八項主張」顯示出苦於內戰和日本侵略的中國人，其忍耐的限度已經到了「最後關頭」。

議會設置請願運動

臺灣在日本統治下所推行的政治運動。一八九五年因《馬關條約》而納入日本統治版圖的臺灣，一九二〇年代後，基於內地延長主義而開始施行教育改革。其結果，使得臺灣知識青年日益成長，受到要求民族自決的世界情勢以及日本大正民主的影響，自一九二二年起，開始向日本帝國議會要求參政權。這項議會設置請願運動，是在承認日本統治的基礎上，要求在臺灣設置具有立法權與審查預算權的臺灣議會，是一項低姿態的政治運動。然而，他們的要求只是被當成日本在野黨攻擊執政黨的材料，並未被議會所採納。這些臺灣青年的努力，正如「中國本身就已經多災多難，哪裡還顧得上三十多年前就拋棄的兄弟呢？」的說法，也無法取得中國方面的理解。儘管如此，這樣的活動也促進了臺灣人民作為「臺灣人」認同意識的形成。

參考文獻

與全書相關的文獻

（1）小島晋志・丸山松幸《中国近現代史》，岩波新書，一九八六年。

雖然年代已久，但卻是一本描繪中國近現代史全貌的優秀著作。內容方面也十分豐富，對照以下六本書籍一同閱讀，較易理解。

（2）姫田光義等，《中国近現代史》上，東京大學出版會，一九八二年。

（3）並木頼壽・井上裕正，《中華帝国の危機》〈世界の歴史〉一九，中央公論社，一九九七年。

（4）狭間直樹・長崎暢子，《自立へ向かうアジア》〈世界の歴史〉二七，中央公論社，一九九九年。

（5）松丸道雄等編，《中国史　五　清末～現在》〈世界歴史〉，山川出版社，二〇〇二年。

（6）山本英史，《現代中国の履歴書》，慶應義塾大學出版會，二〇〇三年。

（7）小島晋治・並木頼壽編，《近代中国研究案内》，岩波書店，一九九三年。

推薦給想要學習中國近代史的人的入門書。不僅介紹研究的動向與文獻，更選錄了重要史料，增添了閱讀的樂趣。作為研究的入門讀物，以下兩本書籍也頗有助益。

（8）辛亥革命研究會編，《中国近代史研究入門》，汲古書院，一九九二年。

（9）野澤豐編著，《日本の中華民国史研究》，汲古書院，一九九五年。

（10）山根幸夫等編，《近代日中関係史研究入門》，增補版，研文出版，一九九六年。

關於中日關係的歷史事實，詳細介紹目前的研究成果。

（11）西順藏編，《原典中国近代思想史》，一—六，岩波書店，一九七六—七七年。
儘管出版年代已久，但是將中國近代史的重要史料譯為日文，實為一套珍貴的叢書。千萬不要只閱讀概說，希望讀者能夠使用這本書籍對照原典。

（12）濱下武志，《近代中国の国際的契機》，東京大學出版會，一九九〇年。
（13）溝口雄三，《方法としての中国》，東京大學出版會，一九八九年。
這兩本書籍雖然有些艱澀難懂，但是在中國近代史研究上，提出了不少值得探討的問題，是一本優秀著作，希望讀者至少能夠看過一次。另外，由許多研究者所共同撰寫的論文集，如下所列。

（14）野澤豐・田中正俊編，《講座中国近現代史》，一—七，東京大學出版會，一九七八年。
（15）姫田光義等，《中国20世紀史》，東京大學出版會，一九九三年。
（16）溝口雄三等編，《アジアから考える》，一—七，東京大學出版會，一九九三—九四年。
（17）曾田三郎編，《中国近代化過程の指導者たち》，東方書店，一九九七年。
（18）曾田三郎編著，《近代中国と日本—提携と敵対の半世紀》，御茶之水書房，二〇〇一年。
（19）並木賴壽等編著，《20世紀の中国研究—その遺産をどう生かすか》，研文出版，二〇〇一年。

第一章

（20）小島晋志，《太平天国革命の歴史と思想》，研文出版，一九七八年。
（21）小島晋志，《洪秀全——ユートピアをめざして》，〈中国の英〉，集英社，一九八七年。後改書名《太平天国と》，岩波現代文庫，二〇〇一年。
（22）小島晋志，《太平天国運動と現代中国》，研文出版，一九九三年。
（20）是日本研究太平天國史的代表著作。讀者若是初次閱讀，（21）較能掌握歷史的全貌。（22）了解戰後中國近代史的研究，是在何種動力之下推進？與現代中國的動向有何關聯？內容發人深省。

(23)柳父章，《ゴッドと上帝——歴史のなかの翻者》，筑摩書房，一九八六年。

(24)菊池秀明，《広西移民社会と太平天国》【本文編・史料編】，風響社，一九九八年。

(25)菊池秀明，《太平天国にみる異文化受容》世界史リブレット65，山川出版社，二〇〇三年。

(24)是跟據田野調查所收集到的新史料所做成的研究，對於探討今後中國近代史研究的可能性上，頗具啟發性。(25)內容簡明易懂。

(26)倉田明子，〈洪仁玕とキリスト教——香港　在期の洪仁玕〉，《中国研究月報》六四一號，中国研究所，二〇〇一年。

(27)呤唎(Augustus Frederick Lindley)著，增井經夫・今村與志雄譯，《太平天国——李秀成の幕下にありて》，一~四，平凡社東洋文庫，一九六四~六五年。

作者年僅十九歲便遠赴中國，沉醉於太平天國運動。該書是他撰寫的同時代證詞。雖然作者的觀察有些過於強調太平天國的基督教性質，但是其中批評英國鎮壓太平天國的政策，呼籲「非侵略」的部分，則是帶有超越時代的魄力。

第二章

(28)濱久雄，《西太后》，〈歴史新書東洋史〉，ニュートンプレス，一九八四年。

描寫支撐起同治中興的「女帝」傳記。搭配中國電影《慈禧太后》一同閱讀，也不失為一種方法。

(29)鈴木智夫，《洋務運動の研究》，汲古書院，一九九二年。

(30)班傑明・史華慈(Benjamin Isadore Schwartz)著，平野健一郎譯，《中国の近代化と知識人——厳復と西洋》，東京大學出版会，一九七八年。

(31)坂野正高，《中国近代化と馬建忠》，東京大學出版会，一九七八年。

(32)佐藤慎一，《近代中国の知識人と文明》，東京大學出版会，一九九六年。

(33)王曉秋著，小島晉治審譯(中曾根幸子、田村玲子譯)，《アヘン戦争から辛亥革命——日本人の中国観と中国人の日本観》，東方書店，一九九一年。
(34)張偉雄，《文人外交官の明治日本——中国初代駐日公使団の異文化体験》，柏書房，一九九九年。
與自強運動有關的六本書籍：(29)講述各地的近代化事業。(30)(31)以嚴復、馬建忠兩位人物為中心，探討自強運動的內容。(32)闡明清末知識分子以政治變革為目標的原委始末。(33)中國學者撰述的近代中日交流史。(34)分析《日本國志》作者黃遵憲的日本體驗。
(35)容閎著，百瀬弘譯註，《西学東漸記——容閎自伝》，平凡社東洋文庫，一九六九年。
作者為中國首批留美學生，該書為作者的自傳。內容提到，作者向太平天國獻策，卻未被採納，後來因為曾國藩的個人魅力而參與自強運動，內容十分有趣。
(36)茂木敏夫，《変容する近代東アジアの国際秩序》，世界史リブレット41，山川出版社，一九九七年。

將十九世紀後半葉圍繞著中國的國際情勢，簡明易懂的歸納成書。另外，關於新疆及越南的動向，可以參考下面三本書籍。
(37)片岡一忠，《清朝新疆統治研究》，雄山閣，一九九一年。
(38)山本達郎編，河原正博等人合著，《ベトナム中国関係史——曲氏の抬頭から清仏戦争まで》，山川出版社，一九七五年。
(39)坪井善明，《近代ヴェトナム政治社会史》，東京大學出版会，一九九一年。
(40)糟谷憲一，《朝鮮の近代》，世界史リブレット43，山川出版社，一九九六年。
平衡地講述近代日本與朝鮮的關係。
(41)姜在彥，《朝鮮の攘夷と開化——近代朝鮮にとっての日本》，平凡社選書，一九七七年。
(42)藤村道生，《日清戦争》，岩波新書，一九七三年。
(43)毛利敏彦，《台湾出兵——大日本帝国の開幕劇》，中公新書，一九九六年。
(44)黃昭堂，《台湾民主国の研究》，東京大學出版会，一九七〇年。

關於甲午戰爭的研究很多，（42）綜觀歷史全貌的入門書。（43）是圍繞著出兵臺灣所進行的外交交涉。（44）關於臺灣民主國的經典研究。

第三章

（45）彭澤周，《中国の近代化と明治維新》，同朋舍出版部，一九七六年。

（46）深澤秀男，《戊戌変法運動史の研究》，国書刊行会，二〇〇〇年。

以戊戌變法為題材的新舊兩本研究專書。另外，關於梁啟超，可以參考下面這一本書籍。

（47）狹間直樹編，《共同研究梁啓超——西洋近代思想受容と明治日本》，みすず書房，一九九九年。

（48）村松祐次，《義和団の研究》，厳南堂書店，一九七六年。

（49）野原四郎，《中国革命と大日本帝国》，研文出版，一九七八年。

（50）小林一美，《義和団戦争と明治国家》，汲古書院，一九八六年。

（51）三石善吉，《中国、一九〇〇年——義和団運動の光芒》，中公新書，一九九六年。

（52）佐藤公彥，《義和団の起源とその運動——中国民衆ナショナリズムの誕生》，研文出版，一九九九年。

關於義和團的五本代表性著作。其中，（52）是根據新史料和實地調查所寫成的最新研究成果。

（50）書中介紹許多日本方面的動向。

（53）大山梓編，柴五郎、服部宇之吉等人合著，《北京籠城・北京籠城日記》，平凡社東洋文庫，一九六五年。

（54）ウッドハウス暎子，《北京燃ゆ——義和団事変とモリソン》，東洋経済新報社，一九八九年。

以上兩本書聚焦在義和團戰爭中的北京籠城戰。

（53）親身經歷這場戰役的日本人的回憶錄。

（54）從歐洲人的觀點來描繪義和團。

（55）吉澤誠一郎，《天津の近代——清末都市における政治文化と社会統合》，名古屋大学出版会，二〇〇二年。

（56）吉澤誠一郎，《愛国主義の創成——ナショナリズムから近代中国をみる》，岩波書店，二〇〇三年。
以上兩本書是活躍於學界的研究者對近代中國城市與民族主義的研究專著。（56）也可以視為「梁啟超論」。
（57）可兒弘明，《近代中国の苦力と「豬花」》，岩波書店，一九七九年。
（58）斯波義信，《華僑》，岩波新書，一九九五年。
（59）胡垣坤等人編，村田雄二郎、貴堂嘉之譯，《カミング・マン——19世紀アメリカの政治諷刺漫画のなかの中国人》，平凡社，一九九七年。
以上是關於華僑的研究，「豬花」意指女性移民。（59）介紹了美國報紙上刊登的排斥中國移民的狀況，發人深省。

第四章

（60）さねとうけいしゅう（【譯按：漢字為実藤恵秀，以平假名署名居多】），《中国人日本留学史》，くろしお出版，一九六〇年。
（61）黃尊三著，さねとうけいしゅう、佐藤三郎譯，《清国人日本留学日記　一九〇五～一九一二年》，東方書店，一九八六年。
（62）嚴安生，《日本留学精神史——近代中国知識人の軌跡》，岩波書店，一九九一年。
（63）大里浩秋、孫安石編，《中国人日本留学史研究の現段階》，御茶の水書房，二〇〇二年。
以上四本書籍是有關清末留日學生的著作。（60）經典名著。（62）反映留學生的思想，十分有趣。（61）當時留學生日記的日文翻譯。（63）收錄最新研究成果。
（64）藤井昇三，《孫文の研究——とくに民族主義理論の発展を中心として》，勁草書房，一九六六年。
（65）宮崎滔天，《三十三年の夢》，平凡社東洋文庫，一九六七年。
（66）日本孫文研究會編，《孫文とアジア》，汲古書院，一九九三年。
（67）藤村久雄，《革命家孫文——革命いまだ成らず》，中公新書，一九九四年。

（68）橫山宏章，《孫文と袁世凱——中華統合の夢》，〈現代アジアの肖像〉一，岩波書店，一九九六年。

以上是關於孫文的五本基本文獻。（64）日本人研究孫文的經典代表著作。（67）與（68）分別從同情和批判兩個截然不同的視角，描繪孫文的人物形象，饒富興味，發人深省。

（69）小野川秀美，《清末政治思想研究》增補版，みすず書房，一九六九年。

（70）野澤豐，《辛亥革命》，岩波新書，一九七二年。

（71）中村義，《辛亥革命史研究》，未来社，一九七九年。

（72）橫山宏章，《孫中山の革命と政治指導》，研文出版，一九八三年。

（73）俞辛焞，《孫文の革命運動と日本》，〈東アジアのなかの日本歴史〉九，六興出版，一九八九年。

以上是關於辛亥革命的五本基本文獻。（69）廣泛述及革命派的思想。（70）描繪辛亥革命的經過。（73）對於想要了解中國方面見解的人，是十分方便的文獻。但是現在這個領域的研究十分活躍，想要了解最新的研究動向，建議還是要查閱中文文獻。

（74）中井英基，《張謇と中国近代企業》，北海道大学図書刊行会，一九九六年。

（75）愛新覺羅溥儀著，小野忍等人合譯，《わが半生——「満州国」皇帝の自伝》，筑摩書房，一九七七年。

此書為主角末代皇帝——宣統皇帝溥儀的自傳。生動地描繪出以皇帝身分所度過的紫禁城時代，以及在天津、滿洲國被日本玩弄於股掌之上的生活。不可否認，書中存在著個人觀點的偏頗之處，請讀者以「專訪末代皇帝」的心情來閱讀此書。

第五章

（76）橫山宏章，《中華民国史——専制と民主の相剋》，三一書房，一九九六年。

（77）深町英夫，《近代中国における政党・社会・国

家——中国国民党の形過程》，中央大学出版部，一九九九年。
（78）松本英紀，《宋教仁の研究》，晃洋書房，二〇〇一年。
以上三本書籍是關於民國初期政治動向的研究。（77）追溯革命前夕以來，中國政黨形成的過程。（78）以宋教仁的日記為基礎，描繪出孫文本人的一些問題。以下兩本書籍也可當作參考。
（79）横山英、曾田三郎編，《中国の近代化と政治的統合》，溪水社，一九九二年。
（80）嵯峨隆，《近代中国の革命幻影——劉師培の思想と生涯》，研文出版，一九九六年。
（81）波多野善大，《中国近代軍閥の研究》，河出書房新社，一九七三年。
（82）陳志讓著，守川正道譯，《袁世凱と近代中国》，岩波書店，一九八〇年。
（83）楊格（Ernest P. Young）著，藤岡喜久男譯，《袁世凱総統——「開発独裁」の先駆》，光風社出版，一九九四年。
以上三本書籍是有關袁世凱的研究。（81）日本人的經典研究。（82）（83）歐美人的研究成果。袁世凱被嚴厲指責為「竊國大盜」的評價，導致強人政治的研究出乎意料之外的稀少；但是現在，這樣的狀況出現了改變。
（84）臼井勝美，《日本と中国——大正時代》，原書房，一九七二年。
（85）山根幸夫，《近代中国のなかの日本人》，研文出版，一九九四年。
關於一九一〇年代中日關係的兩本著作。（84）經典研究，除此之外，臼井氏還有許多關於日中關係的著作。（85）講述坂西利八郎與袁世凱的關係。

第六章

（86）竹内実，《周樹人の役人生活——五四と魯迅・その一側面》，〈五四運動の研究——京都大学人文科学研究所共同研究報告第3函〉八，同朋舎出版，一九八五年。
（87）丸尾常喜，《魯迅——花のため腐草となる》，〈中国の人と思想〉一二，集英社，一九八五年。

（88）尾上兼英，《魯迅私論》，汲古書院，一九八八年。

（89）片山智行，《魯迅——阿Q中国の革命》，中公新書，一九九六年。

（90）阿部兼也，《魯迅の仙台時代——魯迅の日本留学の研究》，東北大学出版会，一九九九年。

（91）藤井省三，《魯迅事典》，三省堂，二〇〇二年。

（92）增田涉、松枝茂夫編，竹內実譯，《魯迅選集》全十三卷，岩波書店，一九八六年。

關於魯迅研究的七本著作。初次閱讀的讀者，建議從（89）開始，內容簡明豐富。另外，（91）是在最新研究成果的基礎上，廣泛地介紹魯迅研究的現狀。當然，想要了解魯迅，重要的是要直接與（92）他的著作對話。

（93）中目威博，《北京大学元総長蔡元培——憂国の教育家の生涯》，里文出版，一九九八年。

（94）佐藤慎一編，《近代中国の思索者たち》，大修館書店，一九九八年。

（95）小谷一郎等人合編，《転形期における中国の知識人》，汲古書院，一九九九年。

關於五四運動時期中國知識分子的三本著作。其中（94）簡要的介紹了許多人物。

（96）艾達・普伊特（Ida Pruitt）著，松平いを子譯，《漢の娘——寧老太太の生涯》，せりか書房，一九八〇年。

（97）夏曉虹，《纏足をほどいた女たち》，朝日選書，一九九八年。

以上是以當時中國女性為考察對象的兩本著作。完全不同於秋瑾那種女革命家的生涯，而是描寫普通婦女的形象。尤其是（96），作者是一名歐洲人，記錄了清末時期一位山東老太太的回憶，每回閱讀都別有一番趣味。可惜的是書籍已經絕版，請讀者前往圖書館等處尋找。

（98）狹間直樹，《中国社会主義の黎明》，岩波書店，一九七六年。

（99）狹間直樹，《五四運動研究序説》一，〈五四運動の研究——京都大学人文科学研究所共同研究報告第1函〉一，同朋舍出版，一九八二年。

（100）松尾尊兌，《民本主義と帝国主義》，みすず書房，一九九八年。

（101）愛知大學現代中國學會編，特輯〈五四運動と現代中国〉，《中国21》第九號，二〇〇〇年。

關於五四運動的三本著作以及雜誌特刊。（99）詳細介紹五四運動的經過，這家出版社還發行了五四運動時期不同主題的研究成果。（100）闡述吉野作造與中國的關係。

（102）宇野重昭，《中国共産党序説》上，日本放送出版協会，一九七三年。

（103）石川禎浩，《中国共産党成立史》，岩波書店，二〇〇一年。

關於中國共產黨成立過程的兩本著作。特別是（103），提出許多顛覆過去中國發表的官方說法，像是中國接納馬克思主義的經過，以及中國共產黨成立時期等。希望讀者能夠找來閱讀。

（104）金沖及編，村田忠禧等人合譯，《毛沢東伝——一八九三—一九四九》上、下，みすず書房，一九九九～二〇〇〇年。

毫無疑問地，這是中國人所寫的毛澤東傳記，分上下兩冊。講述一九四九年以前的事情。建國後的內容，另有中文版。

第七章

（105）山田辰雄，《中国国民党左派の研究》，慶應義塾大学出版会，一九八〇年。

（106）伊地智善继、山口一郎審譯，《孫文選集》三，社会思想社，一九八九年。

（107）狹間直樹編，《一九二〇年代の中国——京都大学人文科学研究所共同研究報告》，汲古書院，一九九五年。

（108）野村浩一，《蒋介石と毛沢東——世界戦争のなかの革命》，岩波書店，一九九七年。

（109）嵯峨隆，《戴季陶の対日観と中国革命》，東方書店，二〇〇三年。

（110）易勞逸（Lloyd E. Eastman）著，上田信、深尾葉子譯，《中国の社会》，平凡社，一九九四年。

關於一九二〇年代中國的六本著作。（106）收錄了本書開頭提及的「大亞洲主義」的演講內容。

（108）研究現代中國的著名學者們很少涉及到的蔣介石的另一面。（110）講述近代中國的社會構造，關於婚姻和家庭制度的內容，十分有趣。

（111）栃木利夫、坂野良吉，《中国国民革命——戦間期東アジアの地殼変動》，法政大学出版局，一九九七年。

（112）狹間直樹編，《中国国民革命の研究》，京都大学人文科学研究所，一九九二年。

（113）北村稔，《第一次国共合作の研究——現代中国を形成した二大勢力の出現》，岩波書店，一九九八年。

（114）戸部良一，《日本陸軍と中国——「支那通」にみる夢と蹉跌》，講談社選書メチエ，一九九九年。

（115）家近亮子，《蔣介石と南京国民政府——中国国民党の権力浸透に関する分析》，慶應義塾大学出版会，二〇〇二年。

關於第一次國共合作與國民革命的五本著作。（113）超越了以往分析的框架，以嶄新的視角重新檢視第一次國共合作與蔣介石。（115）也是這類的成果之一，重點是重新評價南京國民政府。而（111）則是詳細的介紹北伐的過程。（114）提及佐佐木到一的活動。

第八章

（116）臼井勝美，《満州事事變——戰争と外交と》，中公新書，一九七四年。

（117）林久治郎，《満州事変と奉天総領事——林久治郎遺稿》，原書房，一九七八年。

（118）馬場明，《日中関係と外政機構の研究——大正・昭和期》，原書房，一九八三年。

（119）大江志乃夫，《張作霖爆殺——昭和天皇の統帥》，中公新書，一九八九年。

從日本史的角度，看待張作霖炸死事件以及九一八事變的四本著作。（117）的作者林久治郎是張作霖被炸死時的奉天總領事。

（120）NHK取材班、臼井勝美，《張学良の昭和史最後の証言》，角川書店，一九九一年。

（121）西村成雄，《張学良——日中の覇権と「満州」》，〈現代アジアの肖像〉三，岩波書店，一九九六年。
（122）黃仁宇著，北村稔等人合譯，《蒋介石――マクロヒストリー史観から読む蒋介石日記》，東方書店，一九九七年。
關於張學良與蔣介石的三本傳記。（120）是將張學良接受日本NHK（日本放送協會）採訪時的內容，加以重新整理而成。（122）是以蔣介石日記作為基礎的分析，生動地描繪出蔣介石與田中義一會談的內容等。
（123）山田辰雄編，《近代中国人物研究》，慶應義塾大学地域研究センター，一九八八年。
（124）小島晋治等人，《歴史と近代化》，〈岩波講座現代中国〉四，岩波書店，一九八九年。
（125）福本勝清，《中国革命を駆け抜けたアウトローたち――土匪と流氓の世界》，中公新書，一九九八年。
（126）中尾友則，《梁漱溟の中国再生構想――新たに仁愛共同体への模索》，研文出版，二〇〇〇年。

第九章
（127）吉田曠二，《魯迅の友・内山完造の肖像――上海内山書店の老板》，新教出版社，一九九四年。
（128）內山完造，《魯迅の思い出》，社会思想社，一九七九年。
（129）今村与志雄，《魯迅と一九三〇年代》，研文出版，一九八二年。
關於晚年的魯迅與內山完造的三本著作。（128）是內山氏本人所出版的魯迅回憶錄，本書第十章所引用的魯迅對日本人的印象，也出現在該書中。
（130）江口圭一，《十五年戦争小史》（新版），青木書店，一九九一年。
（131）山室信一，《キメラ――満州国の肖像》，中公新書，一九九三年。
（132）山本有造編著，《「満州国」の研究》，京都大学人文科学研究所，一九九三年。
（133）塚瀬進，《満州国――「民族協和」の実像》，吉川弘文館，一九九八年。

關於滿洲國以及日本軍事行動的四本著作。首先推薦的是（131），是論點獨特的滿洲國論。（133）簡要的說明了中國人在滿洲國所遭受到差別待遇的實際狀況。

（134）艾德加・史諾（Edgar Parks Snow），《中国の赤い星》，〈エドガー・スノー著作集〉二，筑摩書房，一九七二年。

（135）哈里森・薩伯利（Harrison Evans Salisbury）著，岡本隆三審譯，《長征——語られざる真実》，時事通信社，一九八八年。

（136）金沖及主編，狹間直樹審譯，《周恩来伝・一八九八—一九四九》上、中、下，阿吽社，一九九二～九三年。

關於中國共產黨長征以及延安活動的三本著作。（134）將中國共產黨的存在，向世界宣告的著名報導文學。（135）基於田野調查的基礎，以記錄片的風格講述長征的過程。（136）提及西安事變中蔣介石與周恩來的會談內容。

（137）長野広生，《西安事変——中国現代史の転回点》，三一書房，一九七五年。

（138）岸田五郎，《張学良はなぜ西安事変に走ったか——東アジアを揺るがした二週間》，中公新書，一九九五年。

（139）斎藤孝治，《聶耳——閃光の生涯》，聶耳刊行会，一九九九年。

（140）宇野重昭編，《深まる侵略　屈折する抵抗——一九三〇—四〇年代の日・中のはざま》，研文出版，二〇〇一年。

第十章

（141）菊池貴晴，《中国民族運動の基本構造》增補版，汲古書院，一九七四年。

（142）歴史教育者協議會編，《香港・マカオ・台湾》，〈知っておきたい中国〉三，青木書店，一九九六年。

（143）浜下武治，《香港——アジアのネットワーク都市》，ちくま新書，一九九六年。

（144）高橋孝助等人合編，《上海史——巨大都市の形成と人々の営み》，東方書店，一九九五年。

（145）上海研究プロジェクト編，《国際都市上海》，大阪産業大学産業研究所，一九九五年。
（146）日本上海史研究會編，《上海人物誌》，東方書店，一九九七年。
（147）日本上海史研究會編，《上海——重層するネットワーク》，汲古書院，二〇〇〇年。
（148）中野美代子、武田雅哉，《世紀末中国のかわら版——絵入新聞「点石斎画報」の世界》，福武書店，一九八九年。
關於上海與香港的八本著作。初次閱讀的讀者，推薦（142）和（146），簡明易懂。（141）講述五卅運動與省港罷工。（148）透過插圖介紹《點石齋畫報》的內容。
（149）戴國煇編著，《台湾霧社蜂起事件——研究と史料》，社会思想社，一九八一年。
（150）北岡伸一，《後藤新平——外交とヴィジョン》，中公新書，一九八八年。
（151）伊藤潔，《台湾——四百年の歴史と展望》，中公新書，一九九三年。
（152）駒込武，《植民地帝国日本の文化統合》，岩波書店，一九九六年。
（153）若林正丈，《台湾——変容し躊躇するアイデンティティ》，ちくま新書，二〇〇一年。
（154）若林正丈，《台湾抗日運動史研究》增補版，研文出版，二〇〇一年。
（155）藤井省三等人合編，《台湾の「大東亜戦争」——文学・メディア・文化》，東京大学出版会，二〇〇二年。
關於臺灣史的七本著作。首先，（151）整體架構十分平衡，其中（5）的第四章吳密察的論文也從臺灣人的視角，講述殖民地時代的臺灣。（152）是以殖民地教育的觀點來比較臺灣、朝鮮與滿洲國的狀況，為一本優秀的著作。（154）日本的臺灣史研究的代表性成果，論述臺灣議會設置請願運動以及臺灣共產黨。
（156）金九著，梶村秀樹譯，《白凡逸志——金九自叙伝》，平凡社東洋文庫，一九七三年。
（157）鶴園裕，〈金九——貧農の子から民族の指導者へ〉，歴史科學協議會編，《歴史が動く時——人間とその時代》，青木書店，二〇〇一年。
支持上海的大韓民國臨時政府的民族運動家所書

寫的自傳，以及有關於金九生涯的論文。

（158）鹿地亘，《日本兵士の反戦運動》，同成社，一九八二年。

（159）藤原彰、姫田光義編，《日中戦争下　中国における日本人の反戦活動》，青木書店，一九九九年。

（160）內田知行，《抗日戦争と民衆運動》，創土社，二〇〇二年。

（161）菊池一隆，《日本人反戦兵士と日中戦争——重慶国民政府地域の捕虜　容所と関連させて》，御茶の水書房，二〇〇三年。
與抗日戰爭有關的四本著作，像是鹿地亘等人的日本人反戰同盟等。（158）是出自鹿地亘本人之手，栩栩如生地描繪出反戰宣傳時的模樣。

（162）約翰・道爾（John W. Dower）著，三浦陽一、高杉忠明譯，《敗北を抱きしめて——第二次大戦後の日本人》增補版，上、下，二〇〇四年。

年表

西元	年號	中國	日本・世界
一八一四	嘉慶一九	洪秀全出生於廣東省花縣客家農村。	
一八一九	嘉慶二四		英國占領新加坡
一八三七	道光一七	洪秀全科舉落榜，因發熱病倒，病中作怪夢。	（日）莫里森號事件，漂流難民日本音吉未能回國。
一八三九	道光一九	欽差大臣林則徐沒收外國商人鴉片，將之燒毀。	
一八四〇	道光二〇	鴉片戰爭爆發，英國封鎖廣州等地。林則徐被除去欽差大臣之職務。	
一八四二	道光二二	英國攻占上海、鎮江。與英國簽訂《南京條約》，割讓香港島給英國。	
一八四三	道光二三	與英國簽訂《虎門條約》。上海開港。洪秀全在廣東創設拜上帝教。	
一八四四	道光二四	洪秀全在廣西傳教，馮雲山進入桂平縣紫荊山，創設拜上帝會。	
一八四六	道光二六		美墨戰爭（～一八四八）

一八四七	道光二七	拜上帝會展開破壞偶像運動，加深與移民權貴之間的對立關係。	
一八四八	道光二八	馮雲山被捕。楊秀清、蕭朝貴自稱「天父、天兄下凡」。	法國二月革命。德國三月革命。
一八五〇	道光三〇	三月，咸豐皇帝即位。廣西天地會的反清活動越演越烈。 十一月，拜上帝會在廣西省桂平縣金田村起義，太平天國運動開始。	
一八五一	咸豐元	三月，洪秀全即位天王。 九月，太平天國攻占廣西省永安州，由楊秀清等五王建立起領導體制。	
一八五二	咸豐二	九月，太平軍進攻湖南長沙，西王蕭朝貴戰死。	
一八五三	咸豐三	一月，太平軍占領武昌。 二月，為鎮壓太平軍，曾國藩著手編制湘軍。 三月，太平軍占領南京，並改名為「天京」，定都於此。 五月，太平天國的北伐軍由天京出發。 九月，上海小刀會起義，試圖與太平天國合作，起義失敗。 十月，北伐軍抵達天津郊外。	（日）培理（Matthew Calbraith Perry）率領美國軍艦在日本浦賀登陸。 克里米亞戰爭爆發（～一八五六）。

一八五四	咸豐四	太平天國公布《天朝田畝制度》。	
一八五五	咸豐五	五月，北伐軍在山東馮官屯全軍覆沒。 七月，捻軍集結在安徽亳州。 十月，貴州苗族起義。	
一八五六	咸豐六	九月，天京事變。北王韋昌輝殺害東王楊秀清。 九月，杜文秀率領雲南回族穆斯林在大理起義。 十月，廣州發生亞羅號事件。	
一八五七	咸豐七	五月，翼王石達開出走天京（一八六三年死於四川）。 十二月，英法聯軍攻占廣州。	印度民族起義（士兵叛變）爆發（～一八五九）。
一八五八	咸豐八	五月，英法聯軍占領天津郊外大沽砲台。 五月，清朝與俄國簽訂《璦琿條約》。 六月，清朝與俄、美、英、法四國簽訂《天津條約》。 十一月，太平軍在安徽三河鎮擊敗湘軍。	（日）簽訂《日美修好通商條約》。 印度・蒙兀兒帝國滅亡。
一八五九	咸豐九	四月，洪仁玕抵達天京，翌年公布《資政新篇》。 六月，英、法、美公使赴北京換約（《天津條約》），途中遭清軍擊退。	

一八六〇	咸豐十	六月，美國人華爾組建洋槍隊（後來的常勝軍）。 八月，太平軍第一次進攻上海。曾國藩被任命為兩江總督。 十月，英法聯軍進入北京城，破壞圓明園。 十月，清朝與英、法、俄簽訂《北京條約》。	
一八六一	咸豐十一	一月，清朝設立總理各國事務衙門。天津開港。 八月，咸豐皇帝於熱河駕崩。 十一月，慈禧太后發動政變，與東太后開始垂簾聽政。同治皇帝即位。	美國南北戰爭爆發（～一八六五）。
一八六二	同治元	三月，李鴻章率領淮軍抵達上海，與常勝軍合作。 六月，太平軍第二次進攻上海。 七月，北京設置同文館。	
一八六三	同治二	三月，英國軍人戈登成為常勝軍的司令官。 三月，李鴻章設立上海外國語言文字學館（廣方言館）。	
一八六四	同治三	六月，天王洪秀全病逝。 七月，湘軍攻陷天京，太平天國滅亡。太平軍的殘餘部隊與捻軍合作，繼續抵抗（～一八六八年左右）。	

一八六五	同治四	九月，李鴻章在上海創辦江南機器製造局。	
一八六六	同治五	七月，左宗棠提案，設立福州船政局。	
一八六七	同治六		十月，（日）大政奉還。
一八六八	同治七		一月，（日）明治維新。
一八七〇	同治九	六月，發生天津教案。 十一月，設立天津機器局。	七月，普法戰爭爆發（～一八七一）。
一八七一	同治十	七月，俄國侵占伊犁地方。 九月，簽訂《中日修好條約》。	
一八七二	同治十一	八月，首批官派赴美留學生出發。 十二月，李鴻章在上海設立輪船招商局。	
一八七四	同治十三	二月，王韜在香港創辦《循環日報》。 五月，日本出兵臺灣（十二月撤退）。	法國與越南簽訂《第二次西貢條約》。
一八七五	光緒元	一月，同治皇帝駕崩，光緒皇帝即位。 二月，英國探險隊隊員馬嘉理（Augustus Raymond Margary）在雲南被殺。 五月，清朝派左宗棠督辦新疆軍務。	九月，（日）日本軍艦砲襲朝鮮江華島（江華島事件）。
一八七六	光緒二	九月，清朝與英國簽訂《煙臺條約》（《芝罘條約》）。	二月，（日）簽訂《日朝修好條規》（《江華條約》）。

一八七八	光緒四	左宗棠收回伊犁地方。 七月，設立開平礦務局，開始近代化採煤。	
一八七九	光緒五	十月，崇厚與俄國擅自簽定《里瓦幾亞條約》，被憤怒的清朝政府判處死刑。	四月，（日）日本併吞琉球。
一八八一	光緒七	二月，曾紀澤在彼得堡與俄國簽訂《中俄伊犁條約》。 四月，東太后逝世。	
一八八二	光緒八	七月，朝鮮爆發壬午之亂。 八月，清軍將朝鮮大院君祕密押送至天津。 這一年，法國占領河內，黑旗軍開始抵抗。	
一八八三	光緒九	十一月，清軍與法軍在越南發生衝突（中法戰爭）。	
一八八四	光緒十	四月，恭親王奕訢失勢（甲申易樞）。 六月，中法兩軍在越南涼山再次發生衝突。 十二月，朝鮮爆發甲申政變，中日兩國出兵朝鮮。	
一八八五	光緒一一	六月，中法簽訂《天津條約》，承認法國在越南主權。 十月，設立海軍事務衙門。設置臺灣省。	（日）福澤諭吉發表《脫亞論》。
一八八六	光緒一二	七月，中英簽訂《緬甸條約》，承認英國在緬甸主權。	（日）清軍水兵與日本人在長崎發生互毆事件，兩國國民的感情惡化。

一八八八	光緒一四	十一月，康有為首次上奏變法自強。 十二月，成立北洋艦隊。
一八八九	光緒一五	三月，光緒皇帝親政。 （日）頒布《大日本帝國憲法》。
一八九〇	光緒一六	黃遵憲刊行《日本國志》。
一八九一	光緒一七	康有為出版《新學偽經考》。
一八九二	光緒一八	鄭觀應著述《盛世危言》。
一八九四	光緒二〇	二月，東學在朝鮮全羅道起義，東學黨起義開始。 六月，朝鮮國王請求清政府出兵鎮壓。 七月，日本海軍在豐島海面突襲中國艦隊（中日甲午戰爭）。 八月，中日兩國宣戰。 九月，黃海海戰。 十一月，孫文在夏威夷成立興中會。
一八九五	光緒二一	四月，中日簽訂《馬關條約》。 四月，俄、德、法三國干涉，要求日本歸還遼東半島。 五月，丘逢甲等人在臺灣建立臺灣民主國，抵抗日本。 五月，康有為等人上奏變法自強（公車上書）。 八月，康有為等人在北京設立強學會。

一八九六	光緒二二	四月，清朝開始向日本派遣官費留學生。 六月，李鴻章與俄國簽訂祕密同盟條約，承認東清鐵路的鋪設權（～一八九七年開工）。 八月，黃遵憲、梁啟超等人在上海發行《時務報》。	
一八九七	光緒二三	十一月，梁啟超等人創立時務學堂。 十一月，山東大刀會殺害德國人神父（巨野教案）。	
一八九八	光緒二四	三月，德國租借山東膠州灣。 三月，俄國租借旅順、大連。 四月，嚴復出版《天演論》。 六月，英國租借九龍半島新界地區（～一九九七）。 六月，光緒皇帝發布變法維新上諭。 七月，英國租借山東威海衛。 七月，清朝創立京師大學堂（北京大學前身）。 九月，慈禧太后等人發起政變，戊戌變法失敗。 這一年，義和拳在山東冠縣襲擊教會。	（日）東亞同文會成立，提倡「中國保全論」。
一八九九	光緒二五	五月，張謇在江蘇省南通開辦大生紗廠。 八月，朱紅燈率領的神權在山東省平原縣襲擊教會。 九月，美國國務卿海約翰（John Milton Hay）提倡中國門戶開放。	十月，南非戰爭（波耳戰爭）爆發（～一九〇二）。

一八九九	光緒二五	十一月，列強要求撤換山東巡撫毓賢（後任為袁世凱）。 十二月，義和拳與神拳在山東合併，義和團誕生。	
一九〇〇	光緒二六	四月，義和團勢力擴及天津、北京。 六月，清朝要求各國撤去公使館，北京籠城戰開始。聯軍占領大沽砲台，清政府向列強宣戰。 八月，八國聯軍攻入北京城，慈禧太后出逃。 九月，清朝政府下令鎮壓義和團。 十月，孫文在廣東發起惠州起義。	
一九〇一	光緒二七	一月，慈禧太后發佈上諭，承諾實施新政。 七月，清朝將總理衙門改稱為外務部。 九月，簽訂《辛丑和約》（《北京議定書》）。 十一月，李鴻章逝世。袁世凱就任直隸總督兼北洋大臣。	
一九〇二	光緒二八	二月，梁啟超在橫濱創刊《新民叢報》。	一月，（日）簽訂《日英同盟》。
一九〇三	光緒二九	五月，鄒容在上海出版《革命軍》。 六月，《蘇報》事件。 十一月，黃興、宋教仁等人在湖南成立華興會。	

一九〇四	光緒三十	二月，日俄戰爭爆發，清朝發表中立宣言。 九月，英國與西藏簽訂《拉薩條約》。 十月，蔡元培等人在上海成立光復會。	二月，（日）日俄戰爭。
一九〇五	光緒三一	五月，針對美國限制華人移民的政策，發起抵制美貨運動。 八月，孫文、黃興等人在東京成立中國同盟會。 九月，清朝廢止科舉制度。 九月，在朴茨茅斯簽署《日俄講和條約》。 十一月，日本政府公布《取締清國留學生規則》。 十二月，清朝政府派五大臣前往列強各國考察，為立憲做準備。 十二月，陳天華在大森海岸投海自盡。	一月，俄國彼得堡發生「流血星期日」事件。 九月，（日）簽訂《朴茨茅斯條約》。
一九〇六	光緒三二	三月，魯迅從仙台醫學校退學。幻燈片事件。 九月，清朝發布預備立憲詔書。 十一月，清朝廢除六部，實施中央官制改革。	十一月，（日）南滿洲鐵道股份有限公司成立。 十一月，伊朗立憲革命。
一九〇七	光緒三三	中國同盟會會員在廣東、廣西各地發動武裝起義。 七月，光復會會員秋瑾被逮捕殺害。	
一九〇八	光緒三四	九月，清朝頒布《欽定憲法大綱》。 十一月，光緒皇帝、慈禧太后逝世。 十二月，末代皇帝——宣統皇帝溥儀即位。	七月，青年土耳其革命。

一九〇九	宣統元	十月，各省開述諮議局。 十一月，各省諮議局代表在上海召開大會，要求組織內閣。	
一九一〇	宣統二	十月，清朝開設資政院（預備國會）。	五月，（日）大逆事件。 八月，（日）併吞韓國。
一九一一	宣統三	四月，中國同盟會在廣州發動黃花崗起義。 五月，成立以攝政王載灃為中心的皇族內閣。 五月，公布鐵道國有令。四川等地開始推展保路運動。 十月，新軍在武昌起義（辛亥革命開始）。 十一月，清朝政府任命袁世凱為內閣總理大臣。 十二月，外蒙古宣布獨立。	
一九一二	民國元	一月，成立中華民國。孫文就任臨時大總統。 二月，宣統皇帝溥儀退位，清朝滅亡。 三月，袁世凱繼任孫文臨時大總統職位。 三月，公布中華民國《臨時約法》。 八月，中國同盟會改組，成立國民黨。	

一九一三	民國二	一月，參、眾兩院選舉在北京舉行，國民黨成為第一大黨。 三月，宋教仁在上海火車站遭到暗殺。 四月，袁世凱與五國借款團簽訂二千五百萬英鎊的善後大借款協定。 七月，反袁的二次革命爆發，失敗。 八月，孫文等人亡命日本。 十月，袁世凱就任正式大總統。 十一月，袁世凱下令解散國民黨。 這一年，達賴喇嘛十三世宣告西藏的獨立。	二月，（日）大正政變，大正民主開始。
一九一四	民國三	一月，袁世凱解散國會，撤銷國會議員職務。 五月，公布《中華民國約法》（廢止《臨時約法》）。 六月，孫文在東京組織中華革命黨。 八月，袁世凱發表第一次世界大戰中立宣言。 十一月，日軍占領青島。	一月，（日）西門子事件。 七月，第一次世界大戰爆發。
一九一五	民國四	一月，日本向袁世凱提出二十一條要求。 五月，面對日本的最後通牒，袁世凱允諾二十一條要求。 八月，袁世凱開始籌備帝制。	

一九一五	民國四	九月，陳獨秀等人在上海創辦《青年雜誌》（後改名為《新青年》）。 十月，英、法、俄、日各國勸告袁世凱，延遲帝制活動。 十二月，參政院推舉袁世凱稱帝。 十二月，蔡鍔等人組織護國軍，反對帝制（護國革命開始）。	
一九一六	民國五	三月，袁世凱取消帝制（六月病逝）。 四月，張作霖取得東北軍政大權。 十二月，蔡元培就任北京大學校長。	一月，（日）吉野作造主張民本主義。
一九一七	民國六	一月，胡適在《新青年》發表〈文學改良芻議〉（文學革命開始）。 一月，日本的寺內正毅內閣向段祺瑞政府提供西原借款。 七月，張勳的復辟事件。 八月，段祺瑞政府決定加入第一次世界大戰。 九月，廣東軍政府成立（孫文任大元帥）。	十一月，（日）藍辛石井協定。 俄國革命（二月革命、十月革命）爆發。

一九一八	民國七	五月，魯迅在《新青年》發表〈狂人日記〉。 五月，北京學生爆發反對《中日軍事協定》的遊行示威活動。 十月，段祺瑞推舉徐世昌，取代馮國璋擔任大總統。	一月，美國總統威爾遜提出十四條和平原則。 八月，（日）出兵西伯利亞。米暴動。 十一月，第一次世界大戰結束。
一九一九	民國八	一月，顧維鈞等人在巴黎和會上提出歸還山東權益的要求。 四月，巴黎和會承認日本繼承德國在山東權益。 五月，北京學生舉行要求歸還山東的大遊行（五四運動開始）。 六月，上海工商界罷工。 六月，顧維鈞等人拒絕在《凡爾賽和約》上簽字。 十月，孫文將中華革命黨改組為中國國民黨。	三月，朝鮮爆發三一獨立運動。共產國際成立。 七月，加拉罕宣言（第一次，第二次在一九二〇年）。
一九二〇	民國九	六月，陳獨秀在上海組織社會共產黨（上海共產主義小組）。 七月，直皖戰爭爆發。 十一月，陳獨秀所發起的中國共產黨正式成立。	

一九二一	民國十	一月，林獻堂等人在台灣發起臺灣議會設置請願運動。 五月，廣東護法軍政府成立。 七月，中國共產黨第一次全國代表大會在上海召開。 十月，臺灣文化協會成立。 十一月，李大釗等人在北京創設馬克思學說研究會。 十二月，魯迅開始發表連載小說《阿Q正傳》。 十二月，孫文與馬林在桂林會談。	十一月，華盛頓會議召開。
一九二二	民國一一	一月，香港船員罷工。 二月，華盛頓會議簽署有關中國的《九國公約》。 四月，第一次直奉戰爭開始。 六月，陳炯明反叛孫文。孫文逃往上海。 八月，中國共產黨同意國共合作方針。	
一九二三	民國一二	一月，孫文越飛共同宣言。 三月，收回旅大（旅順、大連）運動。 十月，共產國際顧問鮑羅廷抵達廣州。 十一月，中國國民黨發表改組宣言。	九月，（日）關東大震災。流言造成許多朝鮮人、中國人被殺害。

一九二四　民國一三	一月，中國國民黨在廣州召開第一次全國代表大會，決定國共合作方針。 六月，廣州成立黃埔軍校。 九月，第二次直奉戰爭爆發。 十月，馮玉祥在北京發動政變。末代皇帝——宣統皇帝溥儀被逐出紫禁城，隨後移居天津日本租界。 十一月，孫文的北上宣言，途中在神戶進行「大亞洲主義」演講。	
一九二五　民國一四	二月，中國國民黨反對段祺瑞的善後會議。 三月，孫文因胰臟癌病逝北京。 五月，上海的警察隊向遊行學生開槍。 六月，英、法軍隊在廣州向遊行隊伍開槍，省港罷工開始。 七月，中華民國國民政府在廣州成立（主席為汪兆銘）。 八月，廖仲愷遇刺。 十一月，郭松齡反張作霖（十二月戰敗死亡）。 十一月，國民黨右派在北京西山召開會議（西山會議派）。	四月，（日）公布《治安維持法》。 五月，（日）公布《普通選舉法》。

一九二六	民國一五	三月，三一八事件（八月，魯迅與許廣平逃離北京）。 三月，中山艦事件（蔣介石逮捕共產黨員）。 七月，廣州國民政府開始北伐。 十月，北伐軍占領武昌。	
一九二七	民國一六	一月，武漢國民政府成立。 三月，北伐軍占領南京。發生南京事件。 四月，上海發生四一二事件。南京國民政府成立。 五月，日本出兵山東（第一次）。 七月，中國共產黨退出武漢國民政府（第一次國共合作破裂）。 十月，秋收起義失敗後，毛澤東在江西井岡山建立革命根據地。	三月，（日）金融危機。 十一月，（日）蔣介石、田中義一會談。
一九二八	民國一七	四月，南京國民政府重新開始北伐。 四月，臺灣共產黨在上海成立。 五月，濟南事件（第二次出兵山東的日軍與北伐軍衝突）。 六月，張作霖遇害。國民革命軍進入北京城（北伐結束）。 七月，美國承認中國關稅自主權。 十月，蔣介石宣布實施訓政。	

一九二八	民國一七	十二月，毛澤東等人公布井岡山土地法，展開土地革命。 十二月，張學良易幟，與國民政府合流。	
一九二九	民國一八	一月，蔣介石重組國民革命軍（三月，蔣桂戰爭；五月，蔣馮戰爭）。 三月，中國國民黨第三次全國代表大會。	一月，紐約股市大跌，全球經濟大恐慌。
一九三〇	民國一九	五月，日本承認中國關稅自主權。 六月，中原大戰爆發（~九月）。 十月，蔣介石圍剿江西共產黨根據地（第一次）。 十月，臺灣發生霧社事件，賽德克族反日起義。	一月，（日）施行「黃金出口解禁」政策失敗（昭和恐慌）。 二月，胡志明在香港成立越南共產黨。 四月，倫敦海軍裁軍會議。
一九三一	民國二十	五月，蔣介石召開國民會議，通過《訓政時期約法》。 五月，中國國民黨內反蔣派成立廣州國民政府。 六月，蔣介石對共產黨根據地發起第三次圍剿。 九月，關東軍發動柳條湖事件。九一八事變爆發。 十月，日軍砲襲錦州，日本受到國際輿論的譴責。 十一月，中華蘇維埃共和國在江西瑞金成立。	

一九三二	民國二一	一月，南京、廣州國民政府統一。 一月，一二八事變爆發，魯迅一家前往內山完造住處避難。 三月，滿洲國發表建國宣言。末代皇帝溥儀就任滿洲國執政。 四月，李頓調查團開始在滿洲國進行調查。 十月，李頓報告書公布。	五月，（日）五一五事件。 九月，（日）簽訂《日滿議定書》。
一九三三	民國二二	三月，日軍進攻熱河。 五月，《塘沽停戰協定》成立。 十月，蔣介石對江西蘇維埃發動第五次圍剿。 十一月，第十九路軍蔡廷鍇等人建立福建人民政府。	一月，德國希特勒內閣上台。 三月，（日）退出國際聯盟。 三月，美國實行羅斯福新政。
一九三四	民國二三	二月，蔣介石提倡新生活運動。 三月，滿洲國實行帝制，溥儀即位皇帝。 五月，宋慶齡呼籲成立中國民族武裝自衛委員會。 十月，中國共產黨開始長征（～一九三五年十月）。	
一九三五	民國二四	一月，中國共產黨召開遵義會議。 六月，簽訂《何梅協定》。 八月，中國共產黨發表《八一宣言》。 十一月，南京國民政府實施幣制改革。 十一月，冀東防共自治委員會在河北成立。 十二月，北平學生抗日遊行（一二九學生運動）。	七月，共產國際召開第七次大會，提倡反法西斯統一戰線。

一九三六	民國二五	二月，紅軍到山西展開抗日活動。 五月，全國各界救國聯合會成立。 十月，魯迅逝世。 十一月，抗日七君子事件（全國各界救國聯合會的沈鈞儒等人遭到逮捕）。 十二月，西安事變。	二月，（日）二二六事件。 七月，西班牙內亂。 十一月，（日）簽訂《日德防共協定》。
一九三七	民國二六	七月，盧溝橋事件。中日戰爭爆發。 八月，戰火擴大至上海。 九月，第二次國共合作成立。 十一月，國民政府發表遷都重慶聲明。 十二月，日軍占領南京。南京大屠殺。	
一九三八	民國二七	三月，國民黨臨時全國代表大會召開，通過《抗戰建國綱領》。 五月，日軍攻占徐州。毛澤東在延安發表〈論持久戰〉。 十月，日軍占領武漢。	一月，（日）近衛文麿首相發表「不以國民政府為對手」之聲明。
一九三九	民國二八	五月，日軍首次對重慶進行大轟炸。 十二月，鹿地亘的日本人反戰同盟在廣西崑崙關開始活動。	九月，德軍進攻波蘭（第二次世界大戰的開始）。

一九四〇	民國二九	三月，汪兆銘成立南京國民政府。	九月，（日）德義日三國同盟。 十月，（日）大政翼贊會成立。
一九四一	民國三十	一月，國民政府軍在安徽省攻擊新四軍（皖南事變）。 十二月，太平洋戰爭爆發。日軍占領香港。	
一九四三	民國三二	十一月，開羅會議。討論日本戰敗後臺灣歸還中國問題。	二月，（日）日軍在瓜達康納爾島戰敗（簡稱瓜島戰役）。
一九四四	民國三三	四月，豫湘桂會戰（日軍稱為「大陸打通作戰」）。 十月，日本在臺灣施行徵兵制。	
一九四五	民國三四	八月，日本無條件投降。蔣介石透過廣播發表「不要報復」的聲明。	
一九四六	民國三五	六月，國共內戰開始。	
一九四七	民國三六	二月，臺灣發生二二八事件。	
一九四八	民國三七		八月，大韓民國成立。 九月，朝鮮民主主義人民共和國成立。
一九四九	民國三八	一月，人民解放軍進入北京城。 十月，中華人民共和國成立。 十二月，國民政府遷往臺北。	

一九五〇	民國三九	六月，韓戰爆發（～一九五三）。
一九五一	民國四十	九月，《舊金山和平條約》，中國方面的北京、臺北政府皆未受邀參加。
一九五二	民國四一	四月，簽訂《中日和平條約》（【譯按】日本與中華民國簽訂）。
一九七二	民國六一	九月，中華人民共和國與日本建交。
一九七八	民國六七	八月，簽訂《中日和平友好條約》（【譯按】日本與中華人民共和國簽訂）。

ISBN 978-957-305-075-9

中國・歷史的長河

10

末代王朝與近代中國

晚清與中華民國

初版一刷—2017 年 5 月
初版五刷—2022 年 9 月
定價—新台幣 500 元

作者　菊池秀明
譯者　廖怡錚
發行人　王春申
總編輯　張曉蕊
責任編輯　賴秉薇、王育涵
封面設計　吳郁婷
內頁編排　菩薩蠻
地圖繪製　吳郁嫻
印務　李哲文
出版發行　臺灣商務印書館股份有限公司
地址　23141 新北市新店區民權路 108-3 號 5 樓
電話　(02) 8667-3712
傳真　(02) 8667-3709
讀者服務專線　0800056196
郵撥　0000165-1
郵件信箱　ecptw@cptw.com.tw
網路書店網址　www.cptw.com.tw
臉書　facebook.com.tw/ecptw
局版北市業字第 993 號

末代王朝與近代中國：晚清與中華民國／菊池秀明著；廖怡錚譯 .-- 初版一新北市：臺灣商務，2017.5
面；14.8x21 公分
ISBN 978-957-05-3075-9（平裝）
1. 晚清史 2. 中華民國史
627.6　106003645

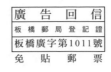

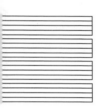

讀者回函卡

感謝您對本館的支持，為加強對您的服務，請填妥此卡，免付郵資寄回，可隨時收到本館最新出版訊息，及享受各種優惠。

姓名：＿＿＿＿＿＿＿＿＿＿＿＿＿＿＿ 性別：□ 男 □ 女

出生日期：＿＿＿＿＿年＿＿＿＿＿月＿＿＿＿＿日

職業：□學生 □公務(含軍警) □家管 □服務 □金融 □製造
□資訊 □大眾傳播 □自由業 □農漁牧 □退休 □其他

學歷：□高中以下（含高中）□大專 □研究所（含以上）

地址：＿＿＿＿＿＿＿＿＿＿＿＿＿＿＿＿＿＿＿＿＿＿＿＿＿＿

＿＿＿＿＿＿＿＿＿＿＿＿＿＿＿＿＿＿＿＿＿＿＿＿＿＿＿＿＿

電話：(H) ＿＿＿＿＿＿＿＿＿＿＿＿＿＿ (O) ＿＿＿＿＿＿＿＿＿＿＿＿

E-mail：＿＿＿＿＿＿＿＿＿＿＿＿＿＿＿＿＿＿＿＿＿＿＿＿＿＿

購買書名：＿＿＿＿＿＿＿＿＿＿＿＿＿＿＿＿＿＿＿＿＿＿＿＿＿

您從何處得知本書？

□網路 □DM廣告 □報紙廣告 □報紙專欄 □傳單
□書店 □親友介紹 □電視廣播 □雜誌廣告 □其他

您喜歡閱讀哪一類別的書籍？

□哲學．宗教 □藝術．心靈 □人文．科普 □商業．投資
□社會．文化 □親子．學習 □生活．休閒 □醫學．養生
□文學．小說 □歷史．傳記

您對本書的意見？（A/滿意 B/尚可 C/須改進）

內容 ＿＿＿＿＿＿編輯＿＿＿＿＿校對＿＿＿＿＿翻譯＿＿＿＿＿

封面設計＿＿＿＿＿價格＿＿＿＿＿其他＿＿＿＿＿＿＿＿＿＿＿

您的建議：＿＿＿＿＿＿＿＿＿＿＿＿＿＿＿＿＿＿＿＿＿＿＿＿

＿＿＿＿＿＿＿＿＿＿＿＿＿＿＿＿＿＿＿＿＿＿＿＿＿＿＿＿＿

※ 歡迎您隨時至本館網路書店發表書評及留下任何意見

臺灣商務印書館 The Commercial Press, Ltd.

23141新北市新店區民權路108-3號5樓 電話：(02)8667-3712
讀者服務專線：0800-056196 傳真：(02)8667-3709
郵撥：0000165-1號 E-mail：ecptw@cptw.com.tw
網路書店網址：www.cptw.com.tw 網路書店臉書：facebook.com.tw/ecptwdoing
臉書：facebook.com.tw/ecptw 部落格：blog.yam.com/ecptw